风险管理与内部控制系列手册之五

王士民　高立法　阎　莹 / 主　编
成春芳　张建伟　宋方红 / 副主编
黄　炜　王东普 / 主　审

内部控制评价指引手册

NEIBU KONGZHI PINGJIA ZHIYIN SHOUCE

经济管理出版社
ECONOMY & MANAGEMENT PUBLISHING HOUSE

图书在版编目（CIP）数据

内部控制评价指引手册/王士民，高立法，阎莹主编．—北京：经济管理出版社，2016.6
ISBN 978-7-5096-4388-4

Ⅰ.①内…　Ⅱ.①王…②高…③阎…　Ⅲ.①企业内部管理—研究　Ⅳ.①F270

中国版本图书馆CIP数据核字(2016)第102298号

组稿编辑：谭　伟
责任编辑：杨国强　张瑞军
责任印制：黄章平
责任校对：张　青

出版发行：经济管理出版社
（北京市海淀区北蜂窝8号中雅大厦A座11层　100038）
网　　址：www.E-mp.com.cn
电　　话：(010) 51915602
印　　刷：三河市延风印装有限公司
经　　销：新华书店
开　　本：720mm×1000mm/16
印　　张：26.5
字　　数：534千字
版　　次：2016年8月第1版　2016年8月第1次印刷
书　　号：ISBN 978-7-5096-4388-4
定　　价：68.00元

风险管理与内部控制系列手册
编　委　会

主　任：黄　炜　中国风险管理者联谊会常务副会长兼秘书长

副主任：高立法　中国风险管理者联谊会委员、高级顾问

委　员：周海泉　中小企业合作发展促进中心、绿色产业促进工作委员会副秘书长

宋方红　上海财苑企业管理咨询有限公司　总　裁

成春芳　北京质安环质量认证咨询公司　总经理

王士民　上海财苑企业管理咨询有限公司　副总裁

本书参编人员

主　　编：王士民　高立法　阎　莹

副 主 编：成春芳　张建伟　宋方红

主　　审：黄　炜　王东普

参编人员：阎　莹　张建伟　马志芳　高　蕊　郝章海

王晓雷　赵朝辉　马金煜　李丽艳　杜偲瑶

袁万年　王晓楠

从书总序

在新常态下风险时时有处处在，风险为企事业单位的成功提供了机会，也对企事业单位构成了威胁。为使企事业单位提高经营管理水平和风险防控能力，促进企事业单位健康发展，财政部制定的“十二五”规划纲要就明确指出：“完善内部控制规范体系、推动内控规范有效贯彻实施”，确定为“十二五”期间的重要任务之一。为推动内控规范体系建设，财政部联合证监会、审计署、银监会、保监会等五部委，于2008年、2010年分别发布了《企业内部控制基本规范》和《内部控制配套指引》，要求自2011年1月1日起，在上市公司和大中型企业分步实施。这标志着我国企业内部控制规范体系基本建成。内控规范体系的建设与实施，不仅可以提高我国企业经营管理水平和防范风险的能力，促进企业可持续发展，也对反腐倡廉、防范欺诈、抑制舞弊等行为发挥了重要作用，在国内外引起了强烈的反应和广泛的关注。

为推动行政事业单位管理水平提高，规范内部控制，加强廉政风险防控机制建设，财政部于2012年11月29日发布了《行政事业单位内部控制规范（试行）》（以下简称《内控规范》），要求自2014年1月1日起在我国行政事业单位范围内全面实行，标志着我国内控建设又上了一个新台阶，内部控制的范围进一步扩大，由单一的企业主体，向行政事业单位扩展。

党的十八大以来，习近平总书记强调要加强对权力运行的制约和监督，把权力关进制度的笼子里，形成不敢腐的惩戒机制，不能腐的防范机制，不易腐的保障机制。李克强总理也指出，要用制度管权、管人、管钱，给权力涂上防腐剂、戴上“紧箍咒”，真正形成不能贪、不敢贪的反腐机制。从一定意义上讲，搞好内部控制能够起到制度笼子的作用。实施《内控规范》，建立完善的内控制度，推行防腐倡廉，对于建立健全权力运行的制约和监督体系，减少自由裁量权的空间，用制度限制权力的滥用，具有重要的促进作用。

内部控制体系是企事业单位管理层运用的制度与流程，是为了确保按照规定的要求执行组织的任务、政策、程序、计划和遵从的法律法规。内部控制是管理层的责任，包括组织、指导和控制的基本职能，是从管理层起自上而下的扩展，直至一线的操作者。它有利于保证各级职工按照管理层的意图正确地进行各项运营活动。内部控制也要求员工自下而上的反馈需要关注和解决的问题及例外事项，有助于管理层及时采取纠正缺陷的措施。每位职工都应认真了解和执行内控规范，确保目标任务完成。但是内部控制能否做到“设计的有效性和运行的有效性”？领导的楷模作用至关重要，否则就不能充分发挥内控应有的作用。

内部控制的核心理念是目标、为实现目标就需要评估风险实施控制，风险与控制涵盖领导与业务两个层面，内容涉及组织结构、决策机制、关键岗位、会计系统、电子政务以及预算、生产经营、资产管理、建设项目、购销合同管理等经营管理的核心业务及主要活动。如何使这些活动合规有效地运行实现企事业单位的目标？内控规范的发布与实施，为企事业单位完善制度及流程、克服薄弱环节，实现目标任务等指明方向、路径与方法，是企事业单位治理的基石。

廉政风险防控是内控体系中的重要组成部分，廉政风险表现有思想道德风险、岗位职责风险、业务流程风险、制度机制风险和外部环境风险等，嵌入投资决策、财务管理、资产管理、物资采购、工程建设、土地出让、产权交易、选人用人、行政执法和监督检查等职能，特别在人事权、执法权、司法权、审批权和监管权等领域及岗位，对内控目标的实现具有极大的损害，防范舞弊和预防腐败是企事业单位一项重要任务。廉政风险防控手册描述了廉政风险的表现及防控的措施与方法，可为企事业单位建立廉政风险防控参考。

内部控制评价是优化内部控制自我监督机制的一项重要制度安排，是内部控制体系的重要组成部分。通过内部控制监督与评价，有助于企事业单位自我完善内控体系、有助于提升企业的市场形象和公信力、有助于实现与政府监管的协调互动，从而推动内部控制的完善与提高，促进内部控制目标的实现。

企事业单位在设计和运用内部控制体系方面，多数单位面临的挑战是：领导和职员缺乏足够的认识和实务的培训，很少有人能够恰当地定义内部控制系统及控制目标、编制结合业务实际的业务流程、评估面临风险及拟定可行的应对措施，使内控体系的建设迟迟不能全面落实，作用未能充分发挥。

为推动内部控制体系建设深入开展，适应新常态的需要，我们组织了具有风险管理与内部控制专业知识的中国风险管理者联谊会专家、长期从事内控咨询的专家学者深入企事业行政单位，与经营管理者们密切合作，经过多年多单位的摸索实践，总结编辑了“风险管理与内部控制手册”丛书，包括《企业内部控制手册》、《行政事业单位内部控制手册》、《企事业单位廉政风险防控手册》、《内部控制评价指引手册》等，供企事业行政单位参考。该丛书具有以下特征：

一是从实践中形成的特征。丛书作者是在认真学习财政部发布“内控规范”

的基础上，通过为多家企事业单位进行内控体系建设，在建设中逐步完善、提高的基础上形成的，既符合财政部、上市公司内控体系的要求，又切合企事业单位的实际情况，将文件精神与“地气”有机结合。

二是具有原汁原味的特征。丛书是在“企事业单位内部控制实务”的基础上形成的，向读者提供的是原原本本的内控实务，它不是教你应该怎么做，而是告诉你应该这样做，使读者能看到企事业单位的“内控手册”、“廉政风险防控手册”等的真面目。

三是有较强的可操作性特征。由于手册是企事业单位在内控体系建设中的真实“产品”，读者可以“手册”为参照样本，结合本单位的具体情况，“依葫芦画瓢”，编写自己的“内部控制手册”，解决不知怎么编的难题。但是在使用中需要关注的是，某一个单位的具体业务往往不是全面系统的，可能与你单位的具体业务不完全一致，仍需要删减或补充提高，这样的“手册”才具有生命力，才能发挥应有功能，实现建立内控体系的目的。

根据财政部要求参照本丛书设计的内部控制系统，通过实施后，企事业单位可受益于以下几方面：

（1）有助于完成财政部及主管部门要求实施的“内部控制体系建设”。

（2）有助于及时发现及纠正违法违规行为，实现既定的目标，完成受托责任。

（3）将管控重心前移，有效识别和管控风险，有助于转危为安。

（4）有助于厉行节约反对浪费，防范舞弊和预防腐败。

（5）内部控制的文档记录可以用于法律诉讼。

鉴于此，企事业单位的经营管理者应尽快建立与完善单位的内部控制机制，提高内控能力、推行廉政建设，以适应新常态下管控风险的需要。

中小企业合作发展促进中心主任　**黎志明**

2015 年 9 月 10 日

前　言

财政部发布的《关于全面推进行政事业单位内部控制建设的指导意见》（财会［2015］24 号）（以下称《指导意见》）指出："监督检查和自我评价，是内部控制得以有效实施的重要保障。单位应当建立健全内部控制的监督检查和自我评价制度，通过日常监督和专项监督，检查内部控制实施过程中存在的突出问题、管理漏洞和薄弱环节，进一步改进和加强内部控制；通过自我评价完善内部控制。同时，单位要将内部监督、自我评价与干部考核、追责问责结合起来，并将内部监督、自我评价结果采取适当的方式予以内部公开，强化自我监督、自我约束的自觉性，促进自我监督、自我约束机制的不断完善。"

根据以上指示，本书理论与实际相结合以及在介绍财政部要求的基础上，着重收集了部分企事业及行政单位自我评价所运用的各种文件、表格及测评方法，以供参考。

全书分上、中、下三篇，共计 9 章及 13 篇附录。具体内容介绍如下：

上篇——内部控制评价指引，是根据财政部发布的《企业内部控制评价指引》要求，分三章进行介绍：

第一章从四个方面说明企业内部控制评价指引的具体内容、方法及要求：①介绍了内部控制评价的概念、评价的主体及对象，评价应遵循的原则，以及评价的依据、内容、标准和要求等，为内控评价指明方向；②介绍了评价的四个阶段及常用的 8 种方法，为开展内控评价提供操作工具；③指出内控缺陷的定义及分类、缺陷认定的依据及标准，并举例说明标准的内涵，为评价工作提供依据；④内部控制评价报告的内容、报出程序及要求，并附有报告实例供参考。

第二章介绍了行政事业单位如何对内控实施自我评价：①明确内部控制评价含义、主体、执行部门及评价的具体内容，坚持原则，以及影响评价客观性的 5 项要素；②内部控制自我评价报告，列举了报告应披露的主要内容；③内部控制评价结果的运用。

第三章介绍了内部控制自我评价核心指标体系，列举了 80 多项具体指标。

中篇——内部控制诊断测评实例，根据部分单位诊断评价的具体做法归纳整理，分三章介绍如下。

第四章介绍了行政事业单位内部控制审计评价的内容与重点。分析了当前存在的问题，提出审计评价的方法及要求，从而促进内控五项目标的实现。

第五章介绍了××公司的内部控制诊断评价报告。报告从四个方面进行介绍：①总体诊断情况的说明及评价结果；②内部控制五要素的诊断情况说明；③六项业务循环风险的诊断报告；④内部管理制度体系梳理的报告，指出内控体系建设方面存在的缺失，为强化内部控制建设指明方向。

第六章介绍了××公司内部控制评价实例。首先介绍内部控制评价实施方案的编写，其次介绍内部控制评价测试的具体内容（约 380 多项指标），最后介绍内部控制评价报告的内容，形成一部完善系统的内部控制评价报告。当然，内控报告如何撰写应根据单位内控评价的具体情况和要求而定。

下篇——内部控制评价测试清单，首先介绍了××企业内部控制评价测试底稿，详细列示了测试的具体内容及方法；其次列示了行政单位内部控制评价测试清单及其打分评价方法；最后介绍了财政部等部委联合推出的“企业内部控制知识竞赛试题”供单位学习。

本手册还附录 13 篇相关文章，从而提高对内控评价重要意义的认识。

本系列手册具有“新、实、用”三个特点。所谓“新”，是指手册取材注重新的方针大政的颁布及创新方法的出现，以适应新常态需要；所谓“实”，是指手册的具体事例来自企事业单位实际，通过实践总结而来，带有“原汁原味”特色；所谓“用”，是指手册介绍的方法具有可操作性，是通过实践而来，但是由于各单位的具体业务千差万别，在运用时一定要结合内控对象的具体情况灵活运用，切忌生搬硬套，从而取得理想效果。当然，任何事物都有局限性，手册在编写过程中尽管做了最大努力，得到中国风险管理者联谊会领导及专家的指导，但仍有不少缺点，希望广大读者赐教。

编者

2016 年 5 月 2 日

于北京科技大学

目 录

上篇 内部控制评价指引

中篇 内部控制诊断测评实例

下篇 内部控制评价测试清单

上篇　内部控制评价指引

第一章介绍了企业内部控制自我评价的内容及方法，缺陷认定依据及标准，评价报告内容及例示。

第二章介绍了行政事业单位内部控制自我评价的内容、依据及方法，缺陷认定依据及标准，自我评价报告编写等。

第三章介绍了财政部公布的自我评价核心指标体系，作为内控评价参考。

第一章　企业内部控制评价指引

《企业内部控制评价指引》（以下简称《指引》）界定了内部控制评价的定义，提出了内部控制评价遵循的原则、规范了具体的内部控制评价的程序、要求和方法，内部控制缺陷的认定与标准，内部控制评价报告内容及披露，明确了企业董事会应对内部控制评价报告的真实性负责等。

一、内部控制评价概述

（一）内部控制评价的概念及意义

> 《企业内部控制评价指引》（以下简称《指引》）指出："内部控制评价是企业董事会或类似权力机构对内部控制的有效性进行全面评价、形成评价结论，出具评价报告的过程。"

内部控制体系建立和实施后的效果如何？是否符合内控规范的要求与单位的实际情况，取得成效如何？只有通过检查评价、才能得出结论、才能发现缺陷及时促其改进使内控体系不断完善与提高。可见实施内部控制评价是优化内部控制、自我监督机制的一项重要制度安排，也是内部控制体系的重要组成部分。通过内部控制评价有助于企业自我完善内控体系、有助于提升企业的市场形象和公众认可度、有助于实现与政府监管的协调互助。从而推动内部控制的完善与提高，促进内部控制目标的实现。

（二）内部控制评价的主体及对象

1. 内部控制评价的主体

评价内部控制有效性的主体，不仅有内部审计和外部审计，也包括公司的董事会（或单位的最高权力机构，下同）。这是由于董事会作为管理层的最高决策机构，为了实现企业（或单位，下同）的目标，规避风险的产生，需要对内部控制的有效性进行检验与评价，从而发挥内控的有效性。

2. 内部控制评价的对象

内部控制评价的对象是企业实施内部控制的有效性。所谓有效性是指企业建立与实施内部控制，对实现控制目标提供合理保证的程度，包括内部控制设计的有效性和内部控制执行的有效性。

（1）设计的有效性，指为实现控制目标所必需的内部控制要素是否都含在其内，并且设计恰当。判断设计是否有效的标准，应看所设计的内部控制是否能为内部控制目标的实现提供合理保证。具体做法可通过下列目标进行判断，如表1-1所示。

表1-1　控制目标及判断标准

控制目标	判断内控设计是否有效的标准
财务报告目标	是否能够防止或发现并纠正财务报告的重大错报
合法合规目标	是否能够合理保证遵循适用的法律法规
资产安全目标	是否能够合理保证资产的安全、完整，防止资产流失
战略/经营目标	是否合理保证董事会和经理层及时了解目标实现程度，从而及时采取有效措施
防范舞弊目标	是否能有效防范舞弊与预防腐败，不作为或滥作为

（2）执行的有效性，指对设计有效的内部控制制度能够得到正确执行。评价内部控制运行的有效性应重点考虑以下三个方面：①相关的控制程序在评价期内是如何运行的？②相关的控制程序是否得到了持续一致的运行？③实施控制的人员是否具备必要的权限和能力，权力运用如何？

（3）需要强调事项，即使内部控制设计的有效性和运行的有效性都符合标准要求，但对目标的实现也只能提供合理保证。因为内部控制目标的实现受多种因素影响。比如：①人的判断可能出现失误；②内部控制可能因误解、疏忽等原因而失效；③经理层凌驾于内部控制之上；④两个或多个人串通作弊；⑤受成本与效益制约等。这些因素均可能导致内控失效。因此只能立足于“合理保证”，而不能达到绝对保证，故评价时必须提高警惕。

（三）内部控制评价遵循的原则

《指引》指出：企业实施内部控制评价至少应当遵循下列原则：

1. 全面性原则

评价工作应包括内部控制的设计与运行，涵盖企业及其所属单位的各种业务和事项。

2. 重要性原则

评价工作应在全面评价的基础上，关注重要业务单位、重大业务事项和高风险领域。

3. 客观性原则

评价工作应准确揭示经营管理的风险状况，如实反映内部控制设计与运行的有效性。

实务中，影响评价客观性的原因很多，但重点应关注以下五项：①管理层对内部控制评价的认识不到位；②内部控制的评价者与设计人员未独立分开；③评价人员专业知识和业务能力不足，依靠印象评价；④评价人员独立性不强，被评价单位干预评价结果；⑤专业部门、审计部门与内控部门缺乏良好的沟通机制，评价范围和重点把握不准、测试样本选择不当，以偏概全等。这些因素的存在，会影响评价结果的正确性。

（四）内控评价的组织形式与职责

《指引》第四条指出：企业应当根据本评价指引，结合内部控制设计与运行的实际情况，制定具体的内部控制评价办法，规定评价的原则、内容、程序、方法和报告形式等，明确相关机构或岗位的职责权限，落实责任制，按照规定的办法、程序和要求，有序开展内部控制评价工作。企业董事会应当对内部控制评价报告的真实性负责。

1. 评价的组织形式及要求

企业可授权内部审计机构或专门设立的评价机构，负责内部控制评价的具体组织实施工作。但这一组织必须具备一定条件，否则难以完成其任务。

内控评价组织应该具备的条件主要有四项：①能独立行使对内控有效性的监督评价权；②评价人员具备相应的专业胜任能力和职业道德素养；③在评价中能与其他职能机构及部门协调一致、相互配合、相互制约，在效率上能满足评价的要求；④能够得到董事会和经理层的支持。

此外，企业（或单位）可以委托第三方——会计师事务所等中介机构实施内部控制评价。但为保证评价的独立性，为企业提供内部控制评价的机构，不能同时为同一家企业提供内部控制咨询服务。

2. 评价的责任和任务

（1）董事会或类似机构对内部控制评价承担最终责任；

（2）经理层负责组织实施内控评价，或授权内控评价机构负责实施；

（3）内控评价机构根据授权，承担内控评价的具体组织和实施任务；

（4）各专业部门应负责组织本部门的内控自查、测试和评价工作；

（5）企业所属单位也应逐级落实内部控制评价责任，建立日常监控机制，开展内控自查、测试和定期检查评价，认定内控缺陷，编制内控评价报告。

（五）内部控制评价的依据、内容和标准

1. 内控评价的依据

内部控制评价应以《企业内部控制基本规范》应用指引以及本企业的内部控制制度为依据，行政事业单位以《行政事业单位内部控制规范》、《财政部关于全面推进行政事业单位内部控制建设的指导意见》为依据，紧紧围绕内部控制“五项要素”及权力运行，确定内部控制评价的具体内容，通过调查测试对内部控制设计与运行的情况进行全面的认定及评价。

2. 内控评价的内容

企业内部控制的评价应紧紧围绕以下五方面进行：

（1）对内部环境评价。应以组织架构、发展战略、人力资源、企业文化、社会责任等应用指引为依据，结合本企业的内部控制制度，对内部环境的设计及实际运行情况进行认定及评价。

（2）对风险评估机制评价。应以《企业内部控制基本规范》有关风险评估的要求，以及各项应用指引中所列的主要风险为依据，结合本企业的内部控制制度，对日常经营管理过程中的风险识别、风险分析、应对策略等进行认定及评价。

（3）对控制活动机制评价。应以《企业内部控制基本规范》和各项应用指引中的控制措施为依据，以内控能否为实现目标提供有效保障为准绳。结合本企业的内部控制制度，对相关控制措施的设计和运行情况进行认定及评价。

（4）对信息与沟通机制评价。应以内部信息传递、财务报告、信息系统等相关应用指引为依据，结合本企业的内部控制制度，对信息收集、处理和传递的及时性、反舞弊机制的健全性、财务报告的真实性、信息系统的安全性以及利用信息系统实施内部控制的有效性等进行认定及评价。

（5）对内部监督机制评价。应以《企业内部控制基本规范》有关内部监督的要求，以及各项应用指引中有关日常管控的规定为依据，结合本企业的内部控制制度，对内部监督机制的有效性进行认定及评价，重点关注监事会、审计委员会、内部审计机构等是否在内部控制设计和运行中有效地发挥监督作用。

> 行政事业单位评价除参照上述内容外，更需要关注权力的运行，是否按照决策、执行、监督相互分离、相互制衡要求，科学设置内部机构、管理层级、岗位职责权限、权力运行规程，切实做到分事行权、分岗设权、分级授权，并定期轮岗，做到依职定权、责权清晰，明确授权范围、授权对象、授权期限、授权与行权责任、一般授权与特殊授权界限，防止授权不清、越权办事等。

3. 内控评价的标准

内部控制评价标准分为一般标准和具体标准。一般标准以具体标准为基础，同时也是具体标准的升华，两者相辅相成。

（1）内部控制评价一般标准。内部控制评价一般标准是指应用于评价内部控制各个方面的标准，包括内部控制的完整性、合理性和有效性标准。

1）完整性标准。完整性标准包括两层含义：一指根据企业生产经营的需要，应该建立和设置的内部控制制度均应设置；二指对企业生产经营的全过程实施自始至终的控制。另外，完整性标准还有系统性含义，即对某项业务活动、采用不同方法进行内控评价时，均能呈现出一种系统性状态，而不是孤立的就某一关键点的控制，是全面系统的控制。

2）合理性标准。合理性标准包括两层含义：一指内部控制设计是适当的，即企业建立的内部控制制度，适合本企业的生产经营特点和要求；二指内部控制设计的经济性，即设计的制度在执行时经济可行，符合成本效益原则。

3）有效性标准。有效性标准包括两层含义：一指企业的内部控制制度不得与国家法律法规相抵触；二指设计内控制度简便易行，能有效地防止错误与弊端的发生，能够为提高经营效率和效果、财务报告的可靠性以及法律法规的遵循提供合理保证。这不仅要求企业的内部控制从总体上看有效，而且各项具体制度也要充分发挥其自身的控制作用。因此，内部控制系统既要相互协调，不能顾此失彼、自相矛盾，又要相互牵制（制约），而且牵制要适度。所以，在评价有效性时，一定要强调其适用性。

> 评价适用性必须关注以下三点：①控制点设置是否合理，既不要安排过多、设置一些不必要控制点，也不能过少，存在该建而未建立控制点，出现控制漏洞；②人员间的分工和牵制是否恰当，防止过严与过松；③控制职能是否划分清楚，控制责任是否明确。当然这三方面综合考虑要注意其经济性。

（2）内部控制评价具体标准。具体标准包括内部控制要素评价标准和作业层级评价标准。

1）控制要素评价标准是以作业层级评价标准为基础，作业层级评价标准是控制活动要素评价标准的细化。对控制活动要素的评价，以作业层级的评价为基础。

根据《内部控制基本规范》规定，内部控制要素包括内部环境、风险评估、控制活动、信息与沟通、监督。每个要素又细分为多个项目，如内部环境分为治理结构、机构设置、内部审计、人力资源政策、企业文化和法制观念等。因此，评价标准应是《内部控制基本规范》的具体要求和企业的内部控制制度。

2）作业层级评价标准。它是对控制活动要素评价标准的细化。控制活动要素包括不相容职务分离、授权审批控制、会计系统控制、财产保护控制、预算控制、运营分析控制和绩效考评控制等。作业层级的控制活动主要是针对控制点而采取的控制措施，是确保管理层指令得以实现的政策和程序。所以，作业层级评价标准是以“对风险控制点的控制策略与措施”是否得以贯彻与实施为内容，比内部控制要素评价标准更为详细与复杂。

4. 内控评价模式的评价标准

评价实践中，无论是控制要素评价标准，还是作业层级评价标准，都需要有统一的评价标准模式。这一模式由以下三部分构成。

（1）控制目标。实践中的任何业务工作都应建立控制目标，因此，对任何工作项目的内控评价，首先要确定评价目标的标准，即控制目标的标准。

（2）控制点。各项控制目标需要通过一定的业务流程才能实现。其流程过程由许多环节构成，其中影响目标实现的关键环节中又有关键控制点。因此，对内控评价标准确定，必须明确设定关键控制点的评价标准。

（3）控制措施。不同的控制点有不同的业务内容和控制目标，潜有不同性质的风险，需要采取不同的控制策略与措施，才能防范和发现各种差错与弊端。因此，应根据不同的控制措施，设定不同的评价标准。

以上三项构成了内控的评价模式的评价标准。

（六）内控评价的要求

1. 对评价工作人员的要求

内部控制评价工作是一项非常复杂细致的工作，不仅需要一定专业技术，而且政策性极强，还需要了解被评价单位的生产经营者特征。因此，参与内控评价工作的人员，不仅需要具备相应的专业胜任能力，如财会知识、营销知识、相关法规知识等，而且还要具备较高职业道德素养和组织人际之间的沟通能力，才能完成测评任务，做出正确的评价。

2. 对评价工作重点的要求

内部控制涉及企业单位的方方面面，内容较多、要求较严、工作量大。因此在日常测评时，应针对内控存在的缺陷，抓住重点、做深、做细、做彻底。找出薄弱环节和短板，并加以改进与提高，测评的效果会更理想。如果要求全面评价，就要按要求进行。

3. 对评价工作底稿的要求

《指引》要求：内部控制评价工作应当形成工作底稿，详细记录企业执行评价工作的内容，包括评价要素、主要风险点、采取的控制措施、有关证据资料以及认定的结果等。

评价工作底稿应当设计合理、简便易行、证据充分、便于操作。例如某公司内部控制有效性评价的部分工作底稿，如表1-2~表1-5所示。

表1-2 企业内部环境评价底稿

被检查单位： 检查期间：自 年 月 日至 年 月 日

检查小组组长（副组长）

评价项目	测试与评价方法（以0.1分为扣分单位）	测试记录（访谈部门责任人，取得的书面文件名称、编号等）	是否符合控制要求（或不适用）。如否，有无替代控制措施	基础分值	评价得分
1 责任分配与授权（满分1分）					
1.1 分（子）公司经理层应有明确的职责分工及授权。公司经理层的任职资格、人数范围和岗位职责应符合总公司规定	取得分（子）公司经理层人员名单及其职责分工等相关资料。了解任职人数与既定的岗位是否匹配，是否按照授权履行工作职责				
1.2 分（子）公司经理层应明确规定本单位重要岗位管理人员的任职资格、人数范围和岗位职责	访谈技术、经营、财务等重要部门，判断重要岗位管理人员的资源是否充足，能否满足公司持续发展的需要				
2 组织结构（满分1分）					
2.1（子公司适用）董事会、监事会应按照公司章程行使工作职责，董事须在所有董事会会议记录和重大决策文件上签名，监事会须监督公司董事和其他高级管理人员是否滥用权力或侵害公司利益。审计委员会应制定行使职责的详细说明，并定期向董事会报告工作。公司每年至少召开一次股东大会，董事长向股东大会阐述公司目标并报告公司发展的最新情况	取得公司章程。查询董事会、监事会主要工作职责以及相关会议记录或文件，检查董事、监事是否符合任职资格并切实履行职责。查询审计委员会主要工作职责及相关会议记录、报告等，检查委员是否符合任职资格并定期向董事会报告工作。检查股东会议相关资料				
3 管理哲学与经营风格（含风险管理机制）（满分1分）					
4 人力资源政策与实务（满分1分）					
5 信息与沟通（满分1分）					
总分					
综合评价					

表 1－3 《一般物资采购供应业务流程》评价底稿

被检查单位： 检查人（签字）： 检查期间：自 年 月 日
复核人（签字）： 至 年 月 日

控制点描述	适用单位	不相容岗位	检查步骤及方法	相关制度索引	控制点相关资料	控制点分值	检查评价得分	检查记录（文件号/凭证号等，或注明不适用或未发生）	未有效执行的原因
1 物资供应职责界定									
1.1 物资装备部负责制定股份公司物资供应管理规章制度，对各分（子）公司物资采购供应实施监管	物资装备部		检查是否制定物资供应管理规章制度	物质供应管理规定					
1.2 物资装备部按照总部集中采购物资目录，负责在全球范围内搜寻资源，实施总部集中采购。总部组织集中采购由物资装备部牵头组织优选确定供应商、采购价格	物资装备部（国际事业公司）分（子）公司		物资装备部：①总部直接集中采购是否由物资装备部实施采购。②总部组织集中采购是否由物资装备部签订框架协议。 分（子）公司： 检查合同是否与框架协议一致	总部集中采购实施办法等	集中采购目录和采购框架协议或合同				
1.3 物资装备部或分（子）公司与供应商签订框架协议，分（子）公司采取合同（订单）方式执行框架协议。总部组织集中采购中的进口物资由国际事业公司实施采购操作			抽查进口采购合同，检查总部组织集中采购中的进口物资是否由国际事业公司实施采购						
合计				100	0				

本流程共有控制点 30 个，其中不适用控制点××个，未发生控制点××个，应执行控制点 30 个，未执行控制点××个，本流程应得分值为××分，检查评价得分为××分。

表 1-4　内部控制业务流程评价汇总表（年度）

被检查单位：　　　　　　检查期间：自　　年　　月　　日至　　年　　月　　日

序号	适用业务流程名称	控制点总数	不适用控制点数	应执行控制点数	未发生控制点数	未执行控制点数	应得分值	实际得分
04	1.4 一般物资采购供应业务流程							
07	2.1 全面预算管理业务流程							
08	3.1 生产成本管控业务流程							
10	3.3 管理费用、销售费用业务流程							
11	3.4 营业外支出管理业务流程							
12	3.5 修理费用业务流程							
13	3.6 科技开发费业务流程							
16	4.3 一般产品销售业务流程							
25	5.1 筹资业务流程							
26	5.2 货币资金业务流程							
37	7.5 固定资产业务流程							
41	9.1 编制财务报表业务流程							
43	10.2 担保业务流程							
44	10.3 利率汇率风险管理业务流程							
45	10.4 企业并购管理业务流程							
46	11.1 信息系统管理业务流程							
48	11.3ERP 系统 IT 一般性控制流程							
50	11.5 基础设施 IT 一般性控制流程							
51	12.1 生产调度运行业务流程							
54	13.1 安全环保业务流程							
55	14.1 税务管理业务流程							
56	15.1 一般合同管理业务流程							
57	16.1 人力资源管理业务流程							
58	17.1 内部审计管理业务流程							
59	18.1 信息披露业务流程							
……								
控制点得分合计								

表 1－5　内部控制评价汇总表

检查期间：　　自　　年　　月　　日至　　年　　月　　日

被检查单位：　　　　检查小组组长（副组长）：

<table>
<tr><th>行次</th><th colspan="3">评价项目（评价部门）</th><th>总分</th><th>检查评价得分</th></tr>
<tr><td>1</td><td colspan="3">一、企业内部环境检查评价</td><td></td><td></td></tr>
<tr><td>2</td><td colspan="3">二、企业内部监督检查评价</td><td></td><td></td></tr>
<tr><td>3</td><td colspan="3">三、业务流程综合检查评价</td><td></td><td></td></tr>
<tr><td>4</td><td colspan="3">综合评价得分</td><td></td><td></td></tr>
<tr><td>5</td><td rowspan="8">四、缺陷认定</td><td rowspan="6">财务报告缺陷</td><td rowspan="3">影响会计报表缺陷</td><td>错报指标 1（‰）</td><td rowspan="8"></td></tr>
<tr><td>6</td><td>错报指标 2（‰）</td></tr>
<tr><td>7</td><td>缺陷等级</td></tr>
<tr><td>8</td><td>其他会计信息质量缺陷</td><td>缺陷数量（个）</td></tr>
<tr><td>9</td><td>IT 控制缺陷</td><td>缺陷数量（个）</td></tr>
<tr><td>10</td><td>内控重大事故事件缺陷</td><td>缺陷等级及数量（个）</td></tr>
<tr><td>11</td><td colspan="2">非财务报告缺陷</td><td>缺陷数量（个）</td></tr>
<tr><td>12</td><td colspan="3">综合扣分比例</td></tr>
<tr><td>13</td><td colspan="4">修正后综合评价得分</td><td></td></tr>
</table>

二、内部控制评价的程序和方法

（一）内控评价的程序

内部控制评价的程序通常按以下四个阶段共九个步骤进行。

1. 准备阶段

（1）制订评价工作方案。评价工作方案应当明确评价工作主体的范围、工作任务、人员组成、时间进度和费用预算等相关内容。评价工作方案应以全面评价为主，也可根据需要采用重点或专项方案。一般而言，内部控制建立与实施初期，实施全面综合评价有利于推动内部控制工作的深入开展；内部控制系统趋于成熟后，可以在全面评价的基础上，更多地采用重点评价或专项评价，以提高内部控制评价的效率和效果。评价工作组成员对本部门的内部控制评价工作应当实行回避制度。评价工作方案制订后报经董事会批准后实施。

（2）组成评价工作组。应根据企业的经营规模、机构设置、经营性质、制度状况和工作任务等设立评价机构，挑选具备独立性、业务胜任能力强和职业道德修养高的人员。吸收企业内部相关机构熟悉情况，参与日常监控的负责人或业务骨干参加。企业应根据自身条件尽量建立长效内部控制评价机制。培训内部控制评价人员，使其熟悉内部控制专业知识、相关规章制度、业务流程及需要重点关注的问题；明确评价工作流程、检查评价方法、工作底稿的填写、缺陷认定标准，以及评价人员的权利与义务等内容。

2. 实施阶段

（1）了解评价对象的基本情况，包括经营范围、发展战略和企业文化，组织机构设置及其职责分工、领导层成员构成及分工、生产经营计划和预算的完成情况、财务管理及会计核算体制、内部控制工作概况、目标责任体系的建立及目标责任完成情况，风险评估及控制情况，近一年发生的问题和整改情况等。

（2）确定检查评价的范围和重点。根据了解的情况和要求，确定评价范围、检查的重点和抽样数量，并结合评价人员的专业背景进行合理分工、设定目标任务。

（3）进入现场检查测试。应综合利用各种评价方法对内部控制设计及运行的有效性进行现场检查与测试，按要求填写工作底稿、记录相关测试的结果，并遵循客观公正原则，对发现的内部控制缺陷进行初步认定，与被评单位进行沟通，核实存在缺陷及原因。

3. 总结报告阶段

（1）汇总整理评价情况。评价小组汇总评价工作底稿、相互交叉复核，初步确定内部缺陷，形成现场评价报告，并经过组长审核后签字确认。然后向被评价单位进行通报，由被评价单位相关责任人签字确认后，提交企业内部控制评价机构。

（2）确定评价结果。对评价人员现场认定的内部控制缺陷进行全面复合、分类汇总，对缺陷的成因、表现形式及风险程度进行定量和定性的综合分析，按照对目标的影响程度及评价标准判定缺陷等级。

（3）评价报告确认及披露。内控评价机构以汇总的评价结果和认定的内控缺陷为基础，综合内控评价工作的情况，客观、公正、完整地编制内部控制评价报告，并报送企业经理层、董事会和监事会，最终由董事会审定后对外披露。

4. 报告反馈和跟踪阶段

对已认定的内部控制缺陷，内控评价机构应当结合董事会及审计委员会要求，提出整改建议，要求责任单位及时整改，并追踪整改的实施情况；已经造成损失和负面影响的，企业应当追究相关人员的责任。

（二）内部控制评价方法

> 《指引》指出：内部控制评价工作组应当对被评价单位进行现场测试，综合运用个别访谈、调查问卷、专题讨论、穿行测试、实地查验、抽样和比较分析等方法，充分收集被评价单位内部控制设计和运行是否有效的证据，按照评价的具体内容，如实填写评价工作底稿，研究分析内部控制缺陷。

1. 符合测试法

对重要业务和典型业务事项进行测试，按照规定的业务流程及处理程序进行检查。如合同管控、招投标管控等，确认有关控制点是否符合规定并得到认真执行，以判断内部控制的遵循情况；对某项控制的特定环节，应选择若干时期的同类业务进行检查，确认该环节的控制措施是否一贯或持续发挥作用。

2. 个别访谈法

事前拟好访谈提纲，寻找相关人员，了解有关内控的某些问题，如人才流失现象，责任目标设定及完成情况等，权力运行情况等。访谈时要记录访谈内容，关注对同一问题的不同解释，并形成访谈纪要。

3. 调查问卷法

事先设计好调查问卷，题目要有针对性，且简洁易答，注意调查内容保密性，尽量扩大对象范围，做好发放和搜集的统计记录、问卷保存等。

4. 穿行测试法

穿行测试法是从内部控制流程中任选一笔交易作为样本，追踪该交易从最初起源直至最终，在财务报表或其他经营管理报告中反映出来的全过程。从而了解控制措施设计的有效性和执行的有效性。

5. 抽样测试法

抽样测试法分为随机抽样和其他抽样。前者是指按随机原则从样本库中抽取一定数量的样本进行检查。后者是指由人工任意选取或按某一特定标准从样本库中抽取一定数量的样本进行审查。使用抽样法时一定要注意样本库应包含符合测试要求的所有样本。为此，测试人员首先要对样本库的完整性进行确认，其次选取的样本应做到充分和适当。

6. 实地查验法

实地查验法是通过使用统一的测试工作表，与实际的业务情况、财务单证进行核对，用以验证内控方法的有效性。如实际盘点某种存货与账面结存数核对、收付款流程及手续的遵循等。

7. 比较分析法

比较分析法是通过数据分析、识别评价关键控制点的方法。数据分析可以与历史数据、行业标准数据、行业最优数据等进行比较，从而评价控制的有效性。如通过预算的执行情况分析识别控制的有效性。

8. 专题讨论会

专题讨论会是召集有关人员就内部控制执行情况或控制问题进行座谈分析，既可讨论控制评价的手段，也可讨论形成缺陷整改方案的途径。如对于涉及财务、业务、信息技术等方面的控制缺陷，需要由内部控制管理部门组织召开专题讨论会议，综合各部门的意见，确定整改方案。

9. 抽取样本量选择

表1－6　人工测试控制的最小样本量区间

控制运行频率	比较运行总次数	抽样测试最小样本量区间	在决定人工控制范围时应该考虑的因素
每年1次	1	1	控制的复杂程度 对控制运行进行判断的依据 执行控制必须具备的能力 控制运行的频率 控制数量变化以及人员变化的影响 控制的重要性 对应多个财务报表认定 期末的检查性控制 针对某个特定财务报表认定的唯一控制
每季1次	4	2	
每月1次	12	2～5	
每周1次	52	5～15	
每天1次	250	20～40	
每天多次	>250	25～60	

此外还有观察、重新执行等方法，对内控的设计与运行情况进行全面评价。

（三）评价内控体系的建设情况

内控体系由《内部控制手册》与《内部管理制度》构成。《内部控制手册》（也称内部管理手册）是从内部控制角度出发，按基本规范要求的框架，结合企业（单位）的具体情况而设置的内部控制活动的体系文件。《内部控制手册》全面、系统反映了企业内部机构设置、岗位职责、权力运行、业务流程、风险评估、权责分配等情况，包括内控目标、公司治理、风险评估、应对措施及控制活动，并按企业的主要经济与业务活动、关键岗位等分别设定控制目标、业务流程、关键控制点、潜在风险、应对风险的措施以及控制责任者等。《内部管理制度》（也称内控制度）是对单位的经济活动、业务活动及权力运行等所做的行为规范。通过《内部控制手册》及《内部管理制度》具体内容，可以全面了解企业内部控制体系设计的有效性；通过对手册及制度内容实施情况的检测，可以了解内控体系执行的有效性，才能做出客观、正确的有效评价。

三、内部控制缺陷的认定

（一）内部控制缺陷及其分类

内部控制缺陷是指在内控体系的建设与执行中，不符合内部控制规范的要求，不能实现预期的控制目标。

1. 按内部控制缺陷形成的原因，可分为设计缺陷和运行缺陷

设计缺陷是指现有的内部控制体系缺少为实现控制目标所必需的内容，或现

行的内部控制设计不适当，如流程图不正确、关键控制点不明确、权责不清等，这种不完善的内控体系即使正常运行也难以实现控制目标。

运行缺陷是指对设计完好的内控体系没有按照设计的意图运行，或因执行者没有获得必要授权，或缺乏胜任能力而无法有效地实施控制规范的内容。这种缺陷是企业普遍存在的现象，有的企业往往是为了应付检查或出于其他目的，使设计完好的内部控制形同虚设，没有得到有效的贯彻执行。此外，内部控制还普遍存在授权不明、权责不清的情况，这也是造成内部控制无法有效运行的原因。

2. 按内部控制缺陷对目标的影响，可分为影响财务报告目标缺陷和影响其他目标缺陷

前者主要表现在对财务报告的影响，后者主要表现在对其他目标的影响。这些影响都是不可忽视的缺陷。

3. 按照内部控制影响的后果，可分为重大缺陷、重要缺陷和一般缺陷

具体划分标准及内涵，由企业根据自身特性自行确定。

（二）内控缺陷的认定及其标准

《指引》规定：企业对内部控制缺陷的认定，应当以日常监督和专项监督为基础，结合年度内部控制评价，由内部控制评价部门进行综合分析后提出认定意见，按照规定的权限和程序进行审核后予以最终认定。

1. 判断内控缺陷应考虑的因素

评价内部控制的缺陷应考虑以下因素：内部控制缺陷导致错误发生的可能性；内部控制缺陷对企业目标实现的影响程度；其他补偿控制的有效性；多个一般缺陷组合的汇总影响。具体而言，企业判断和认定内部控制缺陷是否为重大缺陷，应重点考虑：

（1）影响整体控制目标实现的多个一般目标组合是否构成重大缺陷；

（2）针对同一细化控制目标所采取的不同控制活动之间的相互作用如何；

（3）针对同一细化控制目标是否存在其他补偿性控制活动。

2. 内控缺陷认定的依据

企业对内部控制评价过程中发现的问题，应当从定量和定性等方面进行衡量，判断是否构成内部控制缺陷。企业存在下列情况之一的，应当认定为内部控制存在设计和运行缺陷：

（1）未实现规定的控制目标；

（2）未执行规定的控制活动；

（3）突破规定的权限；

（4）不能及时提供控制运行有效的相关证据。

需要强调的是，内部控制缺陷的严重程度并不取决于是否实际发生了错报、漏报，而取决于是否存在不能及时发现并纠正潜在错报的可能性。换句话说，如果企业的财务报表存在错报，则表明该企业的财务报表内部控制存在缺陷；如果企业的财务报告不存在缺陷，也不一定表明该企业的财务报告内部控制就不存在缺陷。

3. 内部控制缺陷的认定标准

（1）认定标准。按其影响程度分为重大缺陷、重要缺陷和一般缺陷。

重大缺陷，指一个或多个控制缺陷的组合，可能导致严重影响内部控制整体的有效性，进而导致单位无法及时防范或发现偏离整体目标的情形。

重要缺陷，指一个或多个一般控制缺陷的组合，其严重程度低于重大缺陷，但导致单位无法及时防范或发现偏离整体控制目标的严重程度依然存在。

一般缺陷，指除重大缺陷、重要缺陷之外的其他缺陷。

（2）构成重大风险因素。单位判断和认定内部控制缺陷是否构成重大缺陷，应当考虑以下因素：

1）影响整体控制目标实现的多个一般缺陷的组合是否构成重大缺陷；

2）针对同一细化控制目标所采取的不同控制活动之间的相互作用；

3）针对同一细化控制目标是否存在其他补偿性控制活动。

（3）不同缺陷性质之间的关系。如表 1－7 所示。

表 1－7 不同缺陷性质之间的关系

缺陷性质	设计缺陷	运行缺陷
一般缺陷	个别不重要的设计缺陷	个别不重要的执行缺陷
重要缺陷	若干个一般设计缺陷的组合，其严重程度低于重大缺陷，但导致单位无法及时发现和有效控制重要风险，须引起单位管理层的关注	若干个一般执行缺陷的组合，其严重程度低于重大缺陷，但导致单位无法及时发现和有效控制重要风险，须引起单位管理层的关注
重大缺陷	控制设计可能严重影响内部整体控制的有效性，进而导致单位无法及时发现或有效控制重要风险	控制执行可能严重影响内部整体控制的有效性，进而导致单位无法及时发现或有效控制重要风险

《指引》规定：重大缺陷、重要缺陷和一般缺陷的具体认定标准，由企业根据上述要求自行确定。

4. 内控缺陷认定标准实例

（1）定性标准实例。如某企业集团规定：具有下列特征的缺陷，至少定为重大缺陷：①公司管理层存在的任何程度的舞弊；②已经发现并报告给管理层的重大内部控制缺陷在经过合理的时间后，并未加以改正；③控制环境无效；④影响收益趋势的缺陷；⑤影响关联交易总额超过股东批准的关联交易额度的缺陷；⑥外部审计发现的重大错报（不是由公司首先发现的）；⑦其他可能影响报表使用者正确判断的缺陷。

下列迹象通常表明内部控制可能存在重大缺陷：①国有企业缺乏民主决策程序，如缺乏“三重一大”决策程序；②企业决策程序不科学，如决策失误，导致并购不成功；③违反国家法律、法规，如对环境污染、安全事故；④管理人员和技术人员纷纷流失；⑤媒体负面新闻频现；⑥重要业务缺乏制度控制或制度系统性失效；⑦内部控制评价的结果特别是重大缺陷和重要缺陷未得到整改。

（2）定量标准实例。如某企业集团规定的省级公司财务报表存在的错报/漏报的定量等级标准，如表1－8所示。

表1－8 内控缺陷评价标准（财务报告部分）

重要程度 / 指标内容	一般缺陷	重要缺陷	重大缺陷
利润总额存在错报	错报＜利润总额的3%或0.5亿元	错报＞利润总额的3%或0.5亿元；错报＜利润总额的5%或1亿元的	错报≥利润总额的5%或1亿元
资产总额存在错报	错报＜资产总额的0.5%或2.5亿元	错报＞资产总额的0.5%或2.5亿元；＜资产总额的1%或5亿元的	错报≥资产总额的1%或5亿元
营业收入存在错报	错报＜营业收入总额的0.5%或0.5亿元	错报＞营业收入总额的0.5%或0.5亿元；错报＜营业收入的1%或1亿元	错报≥营业收入总额的1%或1亿元
所有者权益存在错报	错报＜所有者权益总额的0.5%或1亿元	错报＞所有者权益总额的0.5%或1亿元；错报＜所有者权益总额的1%或2亿元	错报≥所有者权益总额的1%或2亿元

（3）非财务报告型内控缺陷认定实例，如某企业对非财务报告内控缺陷规定的等级标准，如表1－9所示。

表1－9　内控缺陷评价标准（非财务报告部分）

缺陷分类	公司声誉	安　全	营　运	环　境
一般缺陷	负面消息在某区域流传，对公司声誉造成（特定程度的）损害	严重影响（特定数目）职工或公民健康	减慢营业运作受到法规惩罚或被罚款等 在时间、人力或成本方面超出预算（特定幅度）	对环境造成中等影响需要特定时间才能恢复 出现个别投诉事件 需要执行一定程度的补救措施
重要缺陷	负面消息在全国各地流传，对企业声誉造成重大损害	导致一位职工或公民死亡	无法达到部分营运目标或关键业绩指标 受到监管者的限制在时间、人力或成本方面超出预算（幅度）	造成主要环境损害 需要相当长的时间来恢复 大规模的公众投诉 应执行重大的补救措施
重大缺陷	负面消息流传世界各地，政府或监管机构进行调查，引起公众关注，对企业声誉造成无法弥补的损害	导致多位职工或公民死亡	无法达到所有的营运目标或关键业绩指标 违规操作使业务受到中止 时间、人力或成本方面严重超出预算	无法弥补的灾难性环境损害 激起公众的愤怒 潜在的大规模的公众法律投诉

（4）值得注意的事项：

1）上述例子并不一定适用于所有企业单位，也不一定覆盖所有的缺陷类别。公司需要根据实际情况制定适用的领域（如合规性、资产完整性），以及相关的指标（或额度）。除非有明确的指标或额定作为参考，否则缺陷评价将不可避免地出现随意性，导致评价的口径不一致。

2）为了避免企业操纵内部控制评价报告，非财务报告缺陷的认定标准一经确定，必须在不同评价期间保持一致，不得随意变更。

3）需要强调的是，在内部控制的非财务报告目标中，战略和经营目标的实现往往受企业不可控制的诸多外部因素的影响，企业的内部控制只能合理保证董事会和管理层了解这些目标的实现程度。因而，在认定针对这些控制目标的内部控制缺陷时，不能只考虑最终的结果，而应主要考虑企业制定战略、开展经营活动的机制和程序是否符合内部控制要求，以及不适当的机制和程序对企业战略及经营目标实现可能造成的影响。

（三）内部控制评价质量的控制与监督改进

1. 内部控制评价的质量控制

《指引》第十八条提出了对内部控制评价的质量要求：①企业内部控制评价工作组应当建立评价质量交叉复核制度；②评价工作组负责人应当对评价工作底稿进行严格审核，并对所认定的评价结果签字确认后，提交企业内部控制评价部门。

评价质量交叉复核制度及组长严格审核工作底稿，是提高内控评价工作质量、确保内部控制评价结果的有效手段，也是审计评价工作的常规做法，从而确保评价结果的客观公允。

2. 内部控制评价质量的监督与改进

《指引》对内部控制评价质量的监督与改进提出了两项原则性要求：

（1）企业内部控制评价部门应编制内部控制缺陷认定汇总表，结合日常监督和专项监督发现的内部控制缺陷及其持续改进情况，对内部控制缺陷及其成因、表现形式和影响程度进行综合分析和全面复核，提出认定意见，并以适当的形式向董事会、监事会或经理层报告。重大缺陷应当由董事会予以最终认定。

（2）企业对于认定的重大缺陷，应当及时采取应对策略、配备必要资源、落实控制责任，切实将风险控制在可承受度之内，否则要追究有关部门和相关人员的责任。

现以某公司为例，内部控制缺陷认定汇总表如表1－10、表1－11、表1－12所示。

表1－10　内部控制缺陷认定汇总表

被评价单位：　　　　　　　　　　评价期间：自　　年　　月　　日至　　年　　月　　日

被评价单位内部控制领导小组组长（副组长）：　　　　评价小组组长（副组长）：

<table>
<tr><td colspan="6">一、财务报告内部控制缺陷</td></tr>
<tr><td colspan="6">1. 影响会计报表缺陷评价</td></tr>
<tr><td colspan="2">影响的会计科目</td><td colspan="2">流程—控制点</td><td colspan="2">可能影响会计报表错报金额（万元）</td></tr>
<tr><td colspan="2"></td><td colspan="2"></td><td colspan="2"></td></tr>
<tr><td colspan="2"></td><td colspan="2"></td><td colspan="2"></td></tr>
<tr><td colspan="2"></td><td colspan="2"></td><td colspan="2"></td></tr>
<tr><td colspan="5">可能影响会计报表错报金额合计（万元）</td><td></td></tr>
<tr><td colspan="3">被检查单位期末资产总额　　　　（万元）</td><td colspan="3">被检查单位当期主营业务收入　　　　（万元）</td></tr>
<tr><td colspan="6">股份公司当期主营业务收入　　　　（万元）</td></tr>
<tr><td>错报指标1（‰）：（错报指标1＝潜在错报金额合计/被检查单位当期主营业务收入与期末资产总额孰高）</td><td></td><td>错报指标2（‰）：（错报指标2＝潜在错报金额合计/股份公司当期主营业务收入）</td><td></td><td>影响会计报表缺陷等级：</td><td></td></tr>
<tr><td colspan="6">2. 会计基础工作缺陷（一般缺陷）评价</td></tr>
<tr><td colspan="3">缺陷事项</td><td colspan="3">判定依据（××流程××控制点/判定相关资料及原因）</td></tr>
<tr><td colspan="3">（1）会计人员缺乏必要的任职资格和胜任能力</td><td colspan="3"></td></tr>
<tr><td colspan="3">（2）会计凭证未按规定装订、保管和归档或会计凭证丢失</td><td colspan="3"></td></tr>
<tr><td colspan="3">（3）会计工作交接不完整使会计凭证、会计账簿、会计报表和其他会计资料丢失，或现金、有价证券、票据、印章和其他实物等丢失</td><td colspan="3"></td></tr>
<tr><td colspan="3">（4）未建立或未执行内部会计管理制度，如内部会计管理体系、岗位的职责和标准等</td><td colspan="3"></td></tr>
<tr><td colspan="3">……</td><td colspan="3"></td></tr>
<tr><td colspan="3">会计基础工作缺陷合计（个数）</td><td colspan="3"></td></tr>
<tr><td colspan="3">3. 财务报告相关的信息系统控制缺陷（一般缺陷）</td><td colspan="3"></td></tr>
<tr><td colspan="3">（1）信息化管理机构不健全，职责不到位</td><td colspan="3"></td></tr>
<tr><td colspan="3">（2）ERP系统关键业务权限过大或未能实现不相容岗位分离</td><td colspan="3"></td></tr>
<tr><td colspan="3">（3）系统安全管理员、系统管理员、应用系统管理员等角色设置未进行不相容岗位（职务）分离</td><td colspan="3"></td></tr>
</table>

续表

缺陷事项	判定依据（××流程××控制点/判定相关资料及原因）
（4）重要系统未按数据备份或数据备份不能恢复	
……	
财务报告相关的信息系统控制缺陷合计（个数）:	
缺陷等级及数量（个）	
二、非财务报告内部控制缺陷	
缺陷事项	判定依据（××流程××控制点/判定相关资料及原因）
1. 通过投资收益分析，表明投资失败，发展战略与企业内外部环境实际不符	
2. 内部职能机构职责界定不清，交叉现象较多，个别职责缺位，或内部制衡不足	
3. 对子公司的重大投融资、重大担保、大额资金使用等重要事项失控	
4. 企业员工结构、薪酬不合理，关键岗位不足，员工明显缺乏责任感	
5. 物资采购质次价高，严重影响生产经营需要	
6. 存在舞弊事件	
7. 由于违章行为导致安全环保事故（事件）发生	
8. 通过调查基层员工，与其直接利益相关文件未能有效传达并受到影响	
……	
一般缺陷：直接财产损失10万（含10万）~500万元或受到省级（含省级）以下政府部门处罚未对股份公司定期报告披露造成负面影响	
重要缺陷：直接财产损失500万（含500万）~1000万元或受到国家政府部门处罚但未对股份公司定期报告披露造成负面影响	
重大缺陷：直接财产损失1000万元及以上或已经对外正式披露并对股份公司定期报告披露造成负面影响	
非财务报告缺陷合计（个数）	
经检查小组判定，缺陷合计：一般缺陷______个；重要缺陷______个；重大缺陷______个	
综合扣分比例（%）	

表1－11 内部控制缺陷对财务报表的影响汇总表

被评估单位： 评估截止日期

报表项目	影响金额（万元）		报表项目	影响金额（万元）	
	多计	少计		多计	少计
货币资金			短期借款		
……			……		
……			负债合计		
……			实收资本		
……			……		
……			所有者权益合计		
资产合计			负债和所有者权益合计		

报表项目	影响金额（万元）	
	多计	少计
主营业务收入		
……		
……		
……		
净利润		

表1－12 内部控制缺陷及改进建议汇总表

缺陷类型	编号	缺陷描述	发生时间	产生原因	已造成或潜在的影响	已采取的改进措施	目前的改进情况	缺陷未完全消除的原因	缺陷来源（业务部门/内控部门/审计部门/外审）	下一步改进计划
重大缺陷										
重要缺陷										
一般缺陷										

四、内部控制评价报告的内容及报出

（一）内部控制评价报告的种类及内容

> 《指引》规定：企业应当根据《企业内部控制基本规范》、应用指引和本指引，设计内部控制评价报告的种类、格式和内容，明确内部控制评价报告编制程序和要求，按照规定的权限报经批准后对外报出。

《关于全面推进行政事业单位内部控制建设的指导意见》指出："建立内控报告制度，促进内控信息公开。针对内部控制建立和实施的实际情况，单位应当按照《单位内控规范》的要求积极开展内部控制自我评价工作。单位内部控制自我评价情况应当作为部门决算报告和财务报告的重要组成内容进行报告。积极推进内部控制信息公开，通过面向单位内部和外部定期公开内部控制相关信息，逐步建立规范有序、及时可靠的内部控制信息公开机制，更好发挥信息公开对内部控制建设的促进和监督作用。"

1. 内部控制评价报告的种类

根据《指引》规定，内部控制评价报告应当分别按照内部环境、风险评估、控制活动、信息与沟通、内部监督等要素进行设计，并对内部控制评价过程、内部控制缺陷内容及整改情况、内部控制的有效性的结论等相关内容做出披露。

2. 内部控制评价报告的内容

《指引》规定：内部控制评价报告至少应当披露下列八项内容：

（1）董事会声明。声明董事会及全体董事对报告内容的真实性、准确性、完整性承担个别及连带责任，保证报告内容不存在任何虚假记载、误导性陈述和重大遗漏。

（2）内部控制评价工作的总体情况。明确企业内部控制评价工作的组织、领导体制、进度安排，是否聘请会计师事务所对内部控制有效性进行独立审计。

（3）内部控制评价的依据。说明企业开展内部控制评价的依据是《企业内部控制基本规范》、《企业内部控制应用指引》、《企业内部控制评价指引》、企业制定的内部控制及相关制度、评价办法等。

（4）内部控制评价的范围。评价涵盖的单位、纳入评价范围的业务事项，重点关注的高风险领域。评价范围如有所遗漏，应说明原因及其对评价报告的真实性、完整性产生的重大影响等。

（5）内部控制评价的程序和方法。描述内部控制评价工作遵循的基本流程，评价过程中采用的主要方法。

（6）内部控制缺陷及其认定情况。说明使用本企业的认定标准，并声明与以往年度保持一致，如做出调整应说明调整的原因；根据其标准确定期末存在的重大缺陷、重要缺陷和一般缺陷。

（7）内部控制缺陷的整改情况。对评价发现、期末已完成整改的重大缺陷，说明企业有足够的测试样本显示，与该重大缺陷相关的内部控制制度及运行有效。对评价期末存在的缺陷，说明公司拟采取的整改措施及预期效果。

（8）内部控制有效性的结论。对不存在重大缺陷的，应出具内部控制有效结论；对存在重大缺陷的，不准做出内部控制有效的结论，并取得描述该重大缺陷的性质，对实现相关控制目标的影响程度，可能带来的相关风险。自内部控制评价报告基准日至评价报告发出日之间发生重大缺陷的，企业须责成内部控制评价机构予以核实，并根据核查结果对评价结论进行相应调整，说明董事会拟采取的措施。

（二）内部控制评价报告的编制及披露要求

1. 内部控制评价报告的编制要求

> 《指引》要求：企业应当根据年度内部控制评价结果，结合内部控制评价工作底稿和内部控制缺陷汇总表等资料，按照规定的程序和要求，及时编制内部控制评价报告。

（1）内部控制报告编制流程：①收集梳理核实有关资料；②认定内控缺陷及内控的有效性；③撰写内部控制评价报告；④上交经理层审核，再报董事会批准；⑤向有关部门递交报告及对外披露。

（2）内部控制评价报告的编制要求：①要突出重点、繁简得当；②对内部控制缺陷及其认定情况，内部控制缺陷的整改情况，以及重大缺陷拟采取的整改措施要详细描述；③其他方面的内容能表述清楚即可，不要过于复杂；④企业内部控制评价报告的正文切忌太长，要尽量使用附图、附表和附件，要突出对重要缺陷以及缺陷可能导致风险的描述，要根据具体缺陷及风险提出具体建议，避免大而空的口号。

2. 内部控制评价报告的披露要求

《指引》规定：内部控制评价报告应当报经董事会或类似权力机构审核批准后对外披露和报送相关主管部门。

（1）企业内部控制审计报告应与内部控制评价报告同时对外披露和报送。

（2）内控评价部门应关注内部控制评价报告自基准日至内部控制评价报告

发出日之间是否发生了影响内部控制有效性的因素，如有应根据其性质和影响程度对评价结论进行相应调整。

（3）企业应当以12月31日作为年度内部控制评价报告的基准日。内部控制评价报告应于基准日后4个月内报出。

（三）内部控制评价的档案管理

> 《指引》规定：企业应当建立内部控制评价工作档案管理制度。内部控制评价的有关文件资料、工作底稿和证明材料等应当妥善保管。

评价档案的建立应从评价工作之始就注意，评价过程中每一步骤的测试都要遵照要求填写相关记录并留有痕迹，需要签字确认的，要求被评价人员必须签字确认；评价结果的所有支持性文件要统一编号，与评价点对应，以便日后查阅。评估过程中产生的所有记录文档，如访谈记录、收集的规章制度、控制测试底稿、评估表单等，应妥善保管，保管期由企业确定。

第二章　行政事业单位内部控制评价指引

财政部印发的《全面推进行政事业单位内部控制建设的指导意见》（财会［2015］24号）（以下简称《指导意见》）指出："监督检查和自我评价，是内部控制得以有效实施的重要保证。"

《行政事业单位内部控制规范（试行）》（以下简称《单位内控规范》）确立了内部控制自我评价主体、评价内容、流程和方法、评价结果报告等内容。由于财政部尚未公布行政事业单位内部控制评价指引。评价时可参考财政部颁布的《企业内部控制评价指引》进行。

一、内部控制自我评价概述

（一）内部控制评价含义、主体及内容

行政事业单位内部控制评价是指单位领导对负责实施的内部控制的有效性进行全面评价，形成评价结论，出具评价报告的过程。

强化内控评价是推动内控建设的一项重要措施，各单位领导只有通过评价才能了解单位内部控制建设的有效性及其存在缺陷，才能有针对性地采取措施加以改进，进一步推动内部控制建设。

1. 内部控制评价的主体

> 《单位内控规范》指出："单位负责人应当指定专门部门或专人负责对单位内部控制的有效性进行评价并出具单位内部控制自我评价报告。"

评价内部控制有效性的主体，通常由单位内部控制建设领导小组负责，具体业务由内控部门或者牵头部门承担。

内部控制自我评价实施组织应根据经批准的评价方案，组成内部控制自我评价工作组，负责具体实施内部控制自我评价工作。评价工作组应吸收单位内部相

关机构熟悉情况的业务骨干参加。

单位也可以委托中介机构实施内部控制自我评价。为单位提供内部控制服务的会计师事务所，不得同时为本单位提供内部控制自我评价服务。中介机构受托为行政单位实施内部控制自我评价是非保证服务，内部控制自我评价报告的责任者仍然由行政单位自身承担。

各附属单位要逐级落实内部控制自我评价的责任，建立日常监控机制，开展自查、测试和定期检查评价，发现问题并认定存在的缺陷，拟定优化方案和实施计划，报本单位负责人审定后，督促整改，并编制内部控制自我评价报告。

2. 内部控制评价的内容

内部控制自我评价的内容是对单位实施内部控制有效性发表意见。所谓内部控制有效性，是指单位建立与实施内部控制对实现控制目标提供合理保证的程度，包括内部控制设计的有效性和内部控制执行的有效性。

（1）设计的有效性，是指为实现控制目标所需的内部控制要素及程序是否都含在其内，并且设计恰当。判断设计是否有效的标准，应看所设计的内部控制能否为内部控制目标的实现提供合理保证。具体做法可通过下列 6 项控制目标实现情况进行判断：

表 2－1　判断内控有效性标准

控制目标	判断内控设计是否有效的标准
经济活动合法合规	能否遵循适用的国家的法律法规和单位的规章制度
资产安全使用有效	能否合理保证资产的安全、完整，防止国有资产流失且使用有效
财务信息真实完整	能否规范会计行为，保证会计信息真实完整，防止或发现、纠正财务报告的重大错漏
防范舞弊和预防腐败	能否使得各类舞弊和腐败现象受到约束而降低发生的可能性，一旦发生也能很快披露出来
提高服务效率与效果	能否合理保证单位经济活动及服务的效率与效果提高，防止不作为行为发生
权力制衡与运行机制	是否实施分事行权、分岗设权、分级授权及定期轮岗的运行机制；是否按照决策、执行、监督相互分离、相互制衡要求科学设置内部机构

（2）执行的有效性，是指在内部控制设计有效的前提下，内部控制能够得到有效的执行。评价内部控制执行的有效性应重点考虑以下三个方面：

1）相关控制程序在评价期内如何运行？

2）相关控制是否得到了持续一致的运行？

3）实施控制的人员是否具备必要的权限和能力，权力运用如何？

根据以上三点可通过图 2－1，评价单位内控建设的有效性。

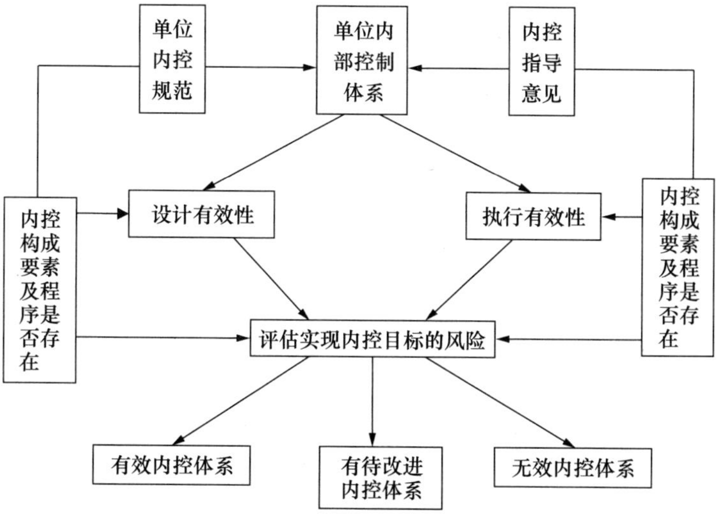

图2－1　评价内控体系有效性思维

（3）需要强调事项。即使内部控制设计的有效性和执行的有效性都符合标准要求，但对目标的实现也只能提供合理保证。因为内部控制目标的实现受多种因素影响。比如：①人的判断可能出现失误；②内部控制可能因误解、疏忽等原因而失效；③领导层凌驾于内部控制之上；④两个或多个人串通作弊；⑤受成本与效益制约等。这些因素均可能导致内控失效。因此只能立足于"合理保证"，而不能达到绝对保证，故评价时必须高度警惕。

（二）内部控制评价应关注原则

《指导意见》指出：对本单位内部控制制度的全面性、重要性、制衡性、适应性和有效性进行自我评价、对照检查，并针对存在的问题，抓好整改落实，进一步健全制度，提高执行力，完善监督措施，确保内部控制有效实施。

1. 全面性原则

应当评价内控是否贯穿经济活动的决策、执行和监督的全过程，实现对经济活动的全面控制。

2. 重要性原则

评价工作应当在全面评价的基础上，关注单位的重要经济活动、重大业务事项活动和高风险领域的重大风险，是否采取更为严格的全面控制措施。

3. 制衡性原则

评价内控应关注在单位内部的部门管理、职责分工、业务流程等方面是否按照决策、执行、监督相分离的要求形成相互分离、相互制约和相互监督。

4. 适应性原则

评价应关注内部控制符合国家有关规定和单位的实际情况，并随着外部环境的变化、单位经济活动的调整和管理要求的提高，内控机制不断修正和完善。

5. 有效性原则

内部控制体系的建设需要付出一定资源，评价时要充分考虑成本与预期效益的关系，是否以适当的耗费实现有效控制。

评价工作应当准确地揭示行政管理的风险状况，如实反映内部控制设计与执行的有效性。

在实务中，影响评价客观性的原因很多，但重点应关注以下五项：①领导层对内部控制评价的认识不到位；②内部控制的评价者与设计人员未独立分开；③评价人员专业知识和业务能力不足，依靠印象评价；④评价人员独立性不强，被评价单位干预评价结果；⑤专业部门、审计部门与内控部门缺乏良好的沟通机制，评价范围和重点把握不准、测试样本选择不当，以偏概全等。这些因素的存在，都会影响评价结果的正确性。

二、内部控制自我评价报告

行政事业单位内部控制自我评价的结果，最终以书面报告的形式体现。

> 《指导意见》要求："单位应当针对内部控制建立和实施的实际情况，按照《单位内控规范》的要求积极开展内部控制自我评价工作。单位内部控制自我评价情况应当作为部门决算报告和财务报告的重要组成内容进行报告。积极推进内部控制信息公开，通过面向单位内部和外部定期公开内部控制相关信息，逐步建立规范有序、及时可靠的内部控制信息公开机制，更好发挥信息公开对内部控制建设的促进和监督作用。"

（一）自我评价报告内容

行政事业单位内部控制自我评价报告应当分别就单位层面和业务层面对内部控制的有效性发表意见，同时披露对内部控制缺陷认定及整改意见。内部控制制度和评价报告至少应当披露下列内容：

（1）管理层对内部控制报告真实性的声明。

（2）内部控制自我评价工作的总体情况。

（3）内部控制自我评价的依据。

（4）内部控制自我评价的范围。

（5）内部控制自我评价的程序和方法。

（6）内部控制缺陷及其认定情况。

（7）内部控制缺陷的整改情况及重大缺陷拟采取的整改措施。

（8）内部控制有效性的结论。

单位应当对根据年度内部控制自我评价结果，结合内部控制自我评价工作底稿和内部控制缺陷汇总表等资料，按照规定的程序和要求，及时编制内部控制自我评价报告。内部控制自我评价报告应当经单位领导班子会议讨论批准后报送至相关部门。

（二）自我评价报告底稿

内部控制自我评价应当形成工作底稿，详细记录单位执行评价工作的内容，包括评价要素、主要风险点、采取的控制措施、有关证据资料以及认定结果等。评价工作底稿应当设计合理、证据充分、简便易行、便于操作。为了提高内部控制自我评价报告的质量，可借鉴企业内部控制工作底稿。工作底稿是形成评价的依据。在财政部尚未制定“行政事业的单位内部控制评价指引”之前，可结合内部控制信息披露的目的，借鉴“企业内部控制评价报告”的格式。

（三）自我评价报告样本

可参考财政部发布《企业内部控制评价指引》报告的内容及格式。

三、内部控制评价结果的运用

单位内部控制自我评价的目的是完善内部控制体系、规范内部权力运行、提升内部管理水平，“到2020年，基本建成与国家治理体系和治理能力现代化相适应的，权责一致、制衡有效、运行顺畅、执行有力、管理科学的内部控制体系”。更好发挥内部控制在提升内部治理水平、规范内部权力运行、促进依法行政、推进廉政建设的重要作用。在这一目标的指引下，单位领导及相关部门，应利用评价结果，肯定成绩、明确不足、找出内部控制设计和执行中的薄弱环节及短板，抓住重点加以改革，将内控建设推上一个新台阶。在单位使用内部控制报告的主要部门有单位领导班子、内部审计部门、人教部门和纪检监察部门。

领导班子要切实履行内控建设主体责任。应该以内部控制评价结果作为考核的依据，对执行内部控制成效显著的部门和人员应进行表彰，并将评价结果与干部升迁挂钩。对违反内控制度的部门和人员应提出批评及处理意见，对造成重大损失者要追究责任。对发现设计中存在的缺陷，应分析产生的原因，提出改进方案、明确改进责任；内部审计部门应根据评价结果，对内部控制中存在的薄弱环节提出有针对性的改善对策和建议，并协助该部门加以改进；人事部门可根据评价的结果，加强关键岗位和关键人员的配置、奖惩制度的完善，教育内容的安排；纪检监察部门应根据评价中暴露出党员干部的违法、违纪和违规情况进行分析，严肃处理并依法追究责任。另外，行政单位内部控制评价也是相关外部监督部门进行日常监督活动的重要依据。行政单位的内部控制自我评价报告应当报经单位领导班子批准后报送至同级财政部门和纪检监察部门。应实现外部监管部门对单位内部控制监管，充分发挥内部和外部监督作用。

附：内部控制缺陷整改进度表（见表 2－2）：

表 2－2　内部控制缺陷整改进度表

编制单位（部门）：　　　　　　　　　　　　　　编制日期：　　　年　月　日

缺陷类型		序号	业务类型	内控缺陷描述	整改措施	主管领导	责任部门	计划完成时间	备注
财务报告缺陷	重大缺陷								
	重要缺陷								
	一般缺陷								
非财务报告缺陷	重大缺陷								
	重要缺陷								
	一般缺陷								

第三章　内部控制评价核心指标体系

表3－1是财政部拟定的企业内部控制评价核心指标体系及其计算评价方法。

表3－1　内部控制评价核心指标体系

核心指标	参考标准	测试
一、内部环境		
（一）组织架构		
董事会、监事会、经理层的相互制衡	董事会及各专门委员会、监事会和经理层的职责权限、任职资格和议事规则是否明确并严格履行	
董事会、监事会、经理层致力于内部控制建设和执行	①是否科学界定了董事会、监事会、经理层在建立与实施内部控制中的职责分工	
	②董事会是否采取必要的措施促进和推动企业内部控制工作，按照职责分工提出内部控制评价意见，定期听取内部控制报告，督促内部控制整改，修订内部控制要求	
组织机构设置科学、精简、高效、透明、权责匹配、相互制衡	①组织机构设置是否与企业业务特点相一致，能够控制各项业务关键控制环节，各司其职、各尽其责，不存在冗余的部门或多余的控制	
	②是否明确了权责分配、制定了权限指引并保持权责行使的透明度	
组织架构适应性	是否定期梳理、评估企业治理结构和内部机构设置，发现问题及时采取措施加以优化调整，是否定期听取董事、监事、高级管理人员和其他员工的意见，按照规定的权限和程序进行决策审批	
组织架构对于公司的控制力	是否通过合法有效的形式履行出资人职责、维护出资人权益，特别关注异地、境外子公司的发展战略、年度财务预决算、重大投融资、重大担保、大额资金使用、主要资产处置、重要人事任免、内部控制体系建设等重要事项	

续表

核心指标	参考标准	测试
一、内部环境		
（二）发展战略		
发展战略科学合理，既不缺乏也不激进，且实施到位	①企业是否综合考虑宏观经济政策、国内外市场需求变化、技术发展趋势、行业及竞争对手状况、可利用资源水平和自身优势与劣势等影响因素制定科学合理的发展战略	
	②是否根据发展目标制定战略规划，确定不同发展阶段的具体目标、工作任务和实施路径	
	③是否设立战略委员会或指定相关机构负责发展战略管理工作，是否明确战略委员会的职责和议事规则并按规定履行职责	
	④是否对发展战略进行可行性研究和科学论证，并报董事会和股东（大）会审议批准	
发展战略有效实施	①是否制定年度工作计划，编制全面预算，确保发展战略的有效实施	
	②是否采取有效方式将发展战略及其分解落实情况传递到内部各管理层级和全体员工	
发展战略科学调整	是否及时监控发展战略实施情况，并根据环境变化及风险评估等情况及时对发展战略做出调整	
（三）人力资源政策		
人力资源结构合理，能够满足企业	①人力资源政策是否有利于企业可持续发展和内部控制的有效执行需要	
	②是否明确各岗位职责权限、任职条件和工作要求，选拔是否公开、公平、公正，是否因事设岗、以岗选人	
人力资源开发机制健全有效	①是否制定并实施关于员工聘用、培训、辞退与辞职、薪酬、考核、健康与安全、晋升与奖惩等方面的管理制度	
	②是否建立员工培训长效机制，培训是否能满足职工和业务岗位需要，是否存在员工知识老化	
人力资源激励约束机制健全有效	①是否设置科学的业绩考核指标体系并严格考核评价，以此作为确定员工薪酬、职级调整和解除劳动合同等的重要依据	
	②是否存在人才流失现象	
	③是否对关键岗位员工有强制休假制度或定期轮岗制度等方面的安排	
	④是否对掌握国家秘密或重要商业秘密的员工离岗有限制性的规定	
	⑤是否将有效执行内部控制纳入企业绩效考评体系	

续表

核心指标	参考标准	测试
一、内部环境		
（四）社会责任		
安全生产体系、机制健全有效	①是否建立严格的安全生产管理体系、操作规范和应急预案，切实做到安全生产	
	②是否落实安全生产责任，对安全生产的投入，包括人力、物力等，是否能保证及时发现、排除生产安全隐患	
	③发生生产安全事故，是否妥善处理，排除故障，减轻损失，追究责任。是否有迟报、谎报、瞒报重大生产安全事故现象	
产品质量体系健全有效	是否建立严格的产品质量控制和检验制度并严格执行，是否有良好的售后服务，能够妥善处理消费者提出的投诉和建议	
切实履行环境保护和资源节约责任	①是否制定环境保护与资源节约制度，采取措施促进环境保护、生态建设和资源节约并实现节能减排目标	
	②是否实施清洁生产，合理开发利用不可再生资源	
促进就业和保护员工权益	①是否依法保护员工的合法权益，保持工作岗位相对稳定，积极促进充分就业	
	②是否实现按劳分配、同工同酬、建立科学的员工薪酬制度和激励机制，是否建立高级管理人员与员工薪酬的正常增长机制	
	③是否及时办理员工社会保险，足额缴纳社会保险费	
	④是否维护员工健康，落实休息休假制度	
	⑤是否积极开展员工职业教育培训，创造平等发展机会	
（五）企业文化		
企业文化具有凝聚力和竞争力，促进企业可持续发展	①是否采取切实有效的措施，积极培育具有自身特色的企业文化，打造以主业为核心的企业品牌，促进企业长远发展	
	②企业董事、监事、经理及其他高级管理人员是否在文化建设和履行社会责任中起到表率作用，是否促进文化建设在内部各层级的有效沟通	
	③是否做到文化建设与发展战略的有机结合，使员工自身价值在企业发展中得到充分体现	
	④是否重视并购重组后的企业文化建设，平等对待被并购方的员工，促进并购双方的文化融合	
企业文化评估具有客观性、实效性	①是否建立企业文化评估制度，重点对董事、监事、经理和其他高级管理人员在企业文化建设中的责任履行情况、全体员工对企业核心价值观的认同感、企业经营管理行为与企业文化的一致性、企业品牌的社会影响力、参与企业并购重组各方文化的融合度，以及员工对企业未来发展的信心做出评估	
	②是否针对评估结果以及是否巩固和发扬文化建设成果，进而研究影响企业文化建设的不利因素，分析深层次的原因，及时采取措施加以改进	

续表

核心指标	参考标准	测试
二、风险评估		
目标设定有效性	①企业层面是否有明确的目标，目标是否具有广泛的认识基础，企业战略是否与企业目标相匹配	
	②各业务层面目标是否与企业目标一致，各业务层面目标是否衔接一致，各业务层面目标是否具有操作指导性	
	③是否结合企业的风险偏好，确定相应的风险承受度	
风险识别清晰性	①目标是否层层分解并确立关键业务或事项	
	②是否持续性地收集相关信息，内外部风险识别机制是否健全，是否识别影响公司目标实现的风险	
	③是否根据关键业务或事项分析关键成功因素	
	④是否识别影响公司目标实现的风险	
风险分析与评估准确性	①风险分析技术方法的适用性是否针对不同性质风险采用不同方法	
	②结合风险发生可能性和影响程度标准划分风险等级的准确性	
	③风险发生后负面影响判断的准确性	
风险应对科学性	①风险应对策略与公司战略、企业文化的一致性	
	②风险承受度与风险应对策略的匹配程度	
三、控制活动		
（一）控制活动的设计		
控制措施足以覆盖企业重要风险，不存在控制缺失、控制过度	①是否针对企业内部环境设立了相应的控制措施	
	②各项控制措施的设计是否与风险应对策略相适应	
	③各项主要业务控制措施是否完整、恰当	
	④是否针对非常规性、非系统性业务事项制定相应的控制措施，并定期对其执行情况进行检查分析	
	⑤是否建立重大风险预警机制和突发事件应急处理机制，相关应急预案的处置程序和处理结果是否有效	
（二）控制活动的运行		
控制活动运行符合控制措施规定	针对各类业务事项的主要风险和关键环节所制定的各类控制方法和控制措施是否得以有效实施	
四、信息与沟通		
信息收集处理和传递及时、准确、适用	是否有透明高效的信息收集、处理、传递程序，合理筛选、核对、整合与经营管理和内部控制相关信息	

续表

核心指标	参考标准	测试
四、信息与沟通		
反舞弊机制健全	①是否建立健全并有效实施反舞弊机制	
	②举报投诉制度和举报人保护制度是否及时、准确传达至企业全体员工	
	③对舞弊事件和举报所涉及的问题是否及时、妥善地做出处理	
沟通顺畅	①信息在企业内部各层级之间、企业与外部有关方面之间的沟通是否有效	
	②董事会、监事会和经理层是否能够及时掌握经营管理和内部控制的重要信息并进行应对	
	③员工诉求是否有顺畅的反映渠道	
利用信息化程度	①企业是否建立与经营管理相适应的信息系统，利用信息技术提高对业务事项的自动控制水平	
	②在信息系统的开发过程中，是否对信息技术风险进行识别、评估和防范	
	③信息系统的一般控制是否涵盖信息系统开发与维护、访问与变更、数据输入与输出、文件储存与保管、网络安全、硬件设备、操作人员等方面，确保信息系统安全稳定运行	
	④信息系统的应用控制是否紧密结合业务事项进行，利用信息技术固化流程、提高效率、减少或消除人为操纵因素	
	⑤信息系统是否建立并保持相关信息交流与沟通的记录	
五、内部监督		
内部监督能够覆盖并监控企业日常业务活动	①管理层是否定期与内部控制机构沟通评价结果并积极整改	
	②是否落实职能部门和所属单位在日常监督中的责任，及时识别环境和业务变化	
	③日常监督的内容是否为经过分析确认的关键控制并有效控制，是否按重要程度将发现问题如实反馈给内部控制机构，是否积极采取整改措施	
	④日常监督用以证明内部控制有效性的信息是否适当和充分，监督人员是否具有胜任能力和客观性	
	⑤内部审计的独立性是否得以保障，审计委员会和内部审计机构是否独立、充分地履行监督职责，审计监督与内部控制沟通是否顺畅	
	⑥是否开展了必要的专项监督	
	⑦内部控制机构是否追踪重大风险和重要业务，是否制定内部控制自我评价办法和考核奖惩办法，明确评价主体、职责权限、工作程序和有关要求，定期组织开展内部控制自我评价，报送自我评价报告，合理认定内部控制缺陷并分析原因，提出整改方案建议	

续表

核心指标	参考标准	测试
五、内部监督		
内部控制缺陷认定科学、客观、合理，且报送机制健全	①内部控制机构是否制定科学的内部控制缺陷认定标准并予以一贯的执行	
	②是否对控制缺陷进行全面、深入的研究分析，提出并实施整改方案，采取适当的形式及时向董事会、监事会或者经理层报告，督促业务部门整改重大缺陷并按规定予以披露	
	③对发现的内部控制重大缺陷，是否追究相关责任单位和责任人的责任	
	④是否建立内部控制缺陷信息数据库，并对历年发现的内部控制缺陷及其整改情况进行跟踪检查	
内部控制建设与评价文档妥善保管	①是否采取书面或其他适当方式对内部控制的建立与实施情况进行记录	
	②是否妥善保存内部控制相关记录和资料，确保内部控制建立与实施过程的可验证性	
	③对暂未建立健全的有关内部控制文档或记录，是否有证据表明确已实施了有效控制或者替代控制措施	
合计	实测评价值 = 测试得分 ÷ 满分	

注：满分 100 分在各核心指标之间如何分配？应结合企业的具体情况确定。具体方法是先将 100 分根据五要素重要性进行分配，然后再根据各项指标进行分配。再根据各项指标内控制度设计情况和执行有效性进行“打分”。最后根据实际得分与满分之比，求出评价值。根据评价值分数的多少确定缺陷等级或风险等级。

中篇　内部控制诊断测评实例

第四章介绍了行政事业单位内控审计评价的内容，内部控制存在问题及审计评价方法等。

第五章介绍了××公司内部控制诊断评价报告模式，通过诊断摸清内部控制现状，存在不足及今后加强的意见。

第六章介绍了××公司内部控制评价实例，内部控制评价实施方案编制，内部控制评价测试内容及内部控制评价报告。

第四章　行政事业单位内控审计评价的内容与方法

内部控制审计是以内部控制体系为对象，在评审内部控制制度建设的基础上，通过抽查会计资料等，据以进行符合性和实质性测试的一种审计方法。它是从以传统的会计事项为基础的详细审计转化和发展过来的一种新型审计方式。行政事业单位（包括行政单位、行政性事业单位、公益性事业单位和经营性事业单位、社会团体及其他附属营业单位）的内部控制制度是否健全和执行是否有效，直接反映行政事业单位的管理水平和服务群众工作的效率及效果。

目前，我国部分行政事业单位在内控管理过程中不同程度地存在政府职能不够明确、行政管理效率低下、政府权力失控、经济活动部门利益至上、违规违纪、贪污腐败等情况。只有强化政府的服务意识，创新政府管理体制，建设法治政府和服务政府，健全有效的内部控制体系，实现内部控制程序化与常态化，才能保证行政事业单位经济活动合法合规、资产安全和使用有效、财务信息真实完整，有效防范舞弊和预防腐败发生，切实提高公共资金使用效率和公共服务效果，真正实现从“人治”管理向“法治”管理的转变。

一、行政事业单位内控审计评价的内容

内部控制审计评价的内容主要包括被审计单位是否建立健全各项内部控制制度；制度内容是否合法合规，有无违反国家、上级有关规定的条款；是否符合单位的实际情况，业务流程是否梳理，关键岗位是否明确，并随着外部环境的变化、单位经济活动的调整和管理要求的提高，做进一步修改和完善；制度与制度之间的衔接是否紧密协调，执行是否有效，结果是否达到预期目的；内部权力运行是否相互制约，是否建立和实施了不相容岗位相互分离、相互制约和相互监督机制；保证会计资料真实完整的相关制度是否健全等；内部控制是否覆盖经济和业务活动的全范围、贯穿内部权力运行全过程和规范内部各层级的全体人员。内部控制审计评价是促进行政事业单位加强有效管理的必要手段，审计重点是对内

部控制各个控制环节进行审查评价，目的在于发现制度控制中的薄弱环节，促进内控机制提升。重点如下：

（一）责权控制制度

责权控制制度是以确定行政组织内部各部门、各环节、各层次及其人员的权力及经济责任为中心的内部控制制度。它由工作岗位责权制和各部门、各环节、各层次的责权制两方面组成。这种制度主要是检查各种岗位责任制赋予各职能部门和经办人员的责权是否做到分工明确、职责分明，权责匹配，是否通过分事行权、分岗设权、分级授权和足期轮岗等，规范和制约权力运行，强化责任追究等。通过将各项内部管理制度与法律法规、政策制度等相对比，检查和评价各项内部管理制度与法律法规、政策制度是否相一致，是否满足部门责权要求和管理需要，是否存在制度性缺陷、管理漏洞及权力滥用等问题。

（二）内部牵制制度

内部牵制制度是为了保证会计资料的正确性、可靠性及保护财产而形成的一种制度。它主要检查会计事项的处理（或不相容职务）是否遵循必须经过两个以上人员或部门的原则，以防止差错、舞弊的发生。重点关注货币资金管理制度和财务报销制度，包括货币资金业务岗位责任，货币资金业务不相容岗位分离、制约和监督，货币资金收支控制，现金日记账登记与核对，银行账户管理、资金管理关键岗位的稽核等方面有无制度规定；财务报销管理中支出审批权限和报销审核、不相容职务分离等方面有无控制制度等。

（三）会计控制制度

会计控制制度是指行政组织为保证会计数据的正确和可靠而采取的各种措施和方法，主要是各种凭证的记录、传递，资金的使用，债权债务反映，会计报表编制等各个环节的控制和程序。会计控制制度主要通过账证、账账、账实、账表之间的相符关系，检查会计数据的可靠性；通过账实核对检查账实是否相符，以保证会计数据的真实性；通过严格的复核审批制度，以保证会计业务处理的合法性；通过定期编制计算平衡表检查所有数据的正确性等。

（四）财产、凭单管理制度

财产、凭单管理制度是为了确保行政组织的财产和各种凭证单据而建立的控制制度，包括财产管理责任制度和凭证单据管理责任制度两部分。具体看，财产物资的保管、清点、验收、领用、计划、预算、合同、单据等各个环节都应实行专人管理。应重点关注资产的购置、验收、分配、使用、维修、处置、盘点、财务核算等管理制度是否健全，各业务管理环节和管理办法或制度是否健全。

二、行政事业单位内控存在的问题

（一）内部控制意识不强

目前，部分行政事业单位没有将内部控制的有效实施纳入单位内部相关部门及分管领导的考核评价体系中，没有建立内部监督机制，对经济活动的重要环节未开展定期或不定期的检查，也没有对内部控制的运行情况进行有效的评价，对审计等相关部门发现的问题未及时按要求进行整改。

（二）权力运行方面需要净化

有的权力主体自我约束意识薄弱，部门之间责任分离不清，又缺乏独立监督机制使有些公权力主体，利用政府授予的权力，以权谋私、有的粗暴执法、作风不正，不讲道理、滥用职权，伤害群众利益、“清水衙门”水不清等。没有形成内部权力制衡、科学有效的运行机制。

（三）会计基础管理方面存在漏洞

如今，部分行政事业单位存在着不相容职责未分离的情况，相互制约关系失效，监督机制不健全。财务部门与业务部门的沟通协调不到位，支出流程和审核、审批流程不严密，资产管理、交接、领用记载不够清晰，没有形成有效的监督制约机制。

（四）管理制度不健全或执行不力

现在，有部分行政事业单位面临着管理制度不健全或多年未修改更新的情形，职能部门各自为政，没有形成完整统一的管理体系，已不能适应现代管理制度的要求。有的单位制定的制度规定严重形式化，只是将相关制度写在纸上，贴在墙上，装在档案里，敷衍了事，以应付上级检查，日常工作全凭经验，管理制度形同虚设。有的单位制定制度教条化，只是盲目参照执行上级单位的制度，不考虑自身的特点，可操作性不强，有效监督机制得不到有效的发挥。

（五）资产管理方面有待完善

部分行政事业单位的资产管理制度不健全，固定资产清查盘点不及时，没有建立“一物一卡”资产使用台账，对清查出账实不符的问题没有及时进行账务处理，或长期不入固定资产账，造成资产使用、保管动态管理的责任不清。

三、行政事业单位内部控制审计评价的方法

内部控制审计评价的范围极为广泛，其手段也多种多样，但内部控制审计评价一般包括内部控制审计的方法和测试评价两方面。

（一）内部控制审计的方法

内部控制审计可以通过一些手段实现，包括查阅有关规章制度、方针政策等

文件，查看组织机构系统图，询问有关人员进行实地观察，查阅前期审计报告或审计工作底稿等。

行政事业单位可以通过文字形式描述出来的基本信息了解和掌握单位内部控制的实际情况，也可以通过询问了解单位内部控制的强弱及执行情况，还可以用流程图描述业务程序及其控制点，显示有关控制环节和凭证记录的产生、传递、检查、保存及其相互关系，便于直观地表现内部控制制度的实际状况。

（1）收集、审阅现行的内部管理制度，主要包括预算管理、财务管理、资产管理、业务管理等制度，对掌握被审计单位内部管理制度执行的关键环节和重点监控点进行分析，评价内部管理制度的建立健全情况，以及各项管理制度与现行法律法规、政策规定是否相一致，能否满足部门职责要求和管理的需要，是否存在制度性缺陷或管理漏洞。

（2）收集、审阅对所属部门进行管理的内控制度，主要包括收集对所属部门进行管理的项目、程序、考核标准，查阅相关考核记录及监管措施办法，重点关注所属单位是否发生重大违法违规问题、重大责任事故，评价被审计单位对所属部门管理和监督的情况，是否真正履行了监管职责。

（3）收集、审阅重点业务流程，通过抽查重点业务事项，重点审计单位预算和其他财政财务收支情况，检查和评价被审计单位是否严格遵守内部管理制度，是否存在被审计单位向所属部门输送利益、营私舞弊、挤占挪用、损失浪费等问题。

（二）内部控制审计测试评价

内部控制审计测试评价是检查、分析执行内部控制制度的经济业务所发生的错弊，并结合验证内部控制制度的完善程度，以及执行内部控制制度业务的可予信赖程度做出判断。内部控制制度测试评价分为符合性测试和实质性测试两种类型。

符合性测试是对内部控制制度的遵循情况进行检查评审的活动，其目的是测试执行情况符合制度要求的程度。它所采用的方法主要有审阅证据、跟踪重做以及实地观察等。

实质性测试是对被审单位的经济信息和各种数据进行审核检查的活动，其目的在于验证、评估信息本身的合法性、真实性。测试中常用的方法有盘存法、询证法、账户分析法、调节法、鉴定法等。

这两种测试评价方法在评审内部控制制度的过程中能起到相互补充的作用。通常，内部控制制度的测试步骤包括以下几个方面：①检查执行内部控制制度的经济业务，并对检查所发现的错弊逐一做出记录；②分析、审查样本中发现错弊的性质和原因；③根据错弊的情况，结合验证内部控制制度本身完善程度的评价，对内部控制制度以及执行其业务的可予信赖程度进行判断。

对内部控制的测试评价，首先是对各项制度本身是否健全、合理进行评价，并且指出其薄弱的环节部分；其次是对制度执行情况进行评价，即评价已有的制度在经济活动中的实际执行情况；最后，把评价测试分析的结果列入审计工作底稿，写出内部控制评审报告。

四、行政事业单位内控审计评价

内部控制审计的目的，是在了解和描述内部控制制度的基础上，对内部控制制度本身的完善程度进行评价，并初步形成审计评价的意见和建议。通常，可以采取定性说明或列举事实的方式，也可对内部管理的有关重要指标等进行评价。具体包括：控制对象目标是否明确，重点是否突出；控制程序是否清晰明确，是否固定化；组织机构是否健全，是否适应控制要求；执行人员素质如何，权责是否对等，分工是否明确，相互能否制约；规章制度是否健全，是否可行；信息资料等记录、凭证是否健全完备，填制、传递、核对有无严格规定。对内部控制审计评价要做到以下几方面。

（一）实事求是，客观公正

内部控制评价应当结合行政事业单位的实际情况和工作特点，准确揭示单位管理中的风险状况，以事实为依据，如实反映内部控制建立的合法性、合规性与执行的有效性，确保审计评价结果有充足、适当的证据支持。审计评价应在审计审查的范围内进行，对未经审计的内容，不得进行审计评价。

（二）提出建议，注重实效

对审计发现的财务管理或内部控制制度存在的漏洞和薄弱环节问题，要从体制、机制和制度上进行系统的分析，提出的完善制度、强化管理的具体意见和建议要符合行政事业单位的具体情况，具有可操作性和实效性。

（三）缜密慎重，预防风险

审计人员要严格遵循审计规范，制定严密的内控制度审计实施方案，认真进行审前调查，严格执行审计工作程序，做到审计程序合规合法、内容完整、方法得当。对自身工作上出现的问题要及时纠正，有效防范审计风险。

（四）控制适度，避免形式

随着人们对内部管理重视程度的不断提高，行政事业单位可以通过对内部控制的检查、评价，找出内部控制系统中的薄弱环节并加以改进和完善。同时，也应注意内部控制的局限性，避免为了强化内部控制而增加过多的控制环节，加重费用开支，得不偿失。此外，要注意防范行使控制职能的人员协同舞弊。否则，即使分工是相互制约的，控制也会失效。

通过对行政事业单位进行内部控制审计评价，可以督促被审计单位建立健全各项内部控制规范，进一步明确职责权限，提高服务效能，合理保证单位经济活动合法合规、资产安全和使用有效、财务信息真实完整，有效防范舞弊和预防腐败发生，切实提高公共服务的效率和效果，不断提升单位的内部管理水平，达到单位内部控制科学合理、内部管理规范有效的水平。

第五章　××公司内部控制诊断评价报告

一、总体诊断评价说明

（一）诊断评价说明

尊敬的××有限公司董事会：

上海财苑企业管理咨询有限公司接受贵公司委托于 2015 年 3 月 18 日到 21 日对公司进行了内控测评和访谈调研。我们的测评和访谈调研是依据五部委（系财政部、审计署、证监会、保监会、银监会的统称）颁布的《企业内部控制基本规范》及具体循环规范等进行的。在测评和访谈调研过程中，对公司常规的业务部门进行内部控制的软件测试和访谈，对公司内部控制设计的合理性和执行的有效性做出了系统性的调查和评估。依据被访谈者的回答，我们测试出来的只是内部控制存在的缺陷，其缺陷可能给公司内部舞弊提供机会，但不一定导致舞弊的形成。我们根据国内财政部的最高要求和国际上的通用做法，对公司内部控制中存在的问题进行测评和查询，以便公司对内部控制进行改进和建设。

本测评报告系根据国内外权威机构发布的有关内部控制规定及标准进行，根据公司的测试要求，采用问答的方式对公司内部控制现状进行了测评，具体内容涉及公司的销售与市场、基础建设、项目管理、财务与 IT、人事行政、采购循环等。

测试包括了解、评价内部控制设计的合理性、有效性，以及我们认为必要的其他方面。我们相信，通过所收集的相关信息，为我们对公司的内部控制评价发表意见提供了合理的基础。

我们的测试结论有赖于公司被测试人员对公司内部控制现状进行如实回答，提供公司内部控制真实情况是公司管理当局和参与测试人员的责任。

由于内部控制具有固有限制，存在由于错误或舞弊而导致错报发生和未被发现的可能性。此外，由于情况的变化可能导致内部控制某些规范变得不恰当，或降低对控制政策、程序遵循的程度。因此以本内控测评软件得出的内控评价结果来推测未来内部控制的有效性具有一定的风险。

（二）诊断测评结论

我们的诊断测评结论分为五个不同等级，分别以字母 A、B、C、D、E 表示，如表 5－1 所示。

表 5－1　五个等级

等级	含　义
A	优秀，内部控制非常完善，风险得到非常有效控制，并有持续保证机制
B	良好，内部控制较为完善，重大风险基本得到控制
C	中等，内部控制基本能保障业务开展，但还有很大改进余地
D	较差，内部控制较为混乱，需要尽快改进
E	很差，内部控制非常混乱，急需改进

从总体上，我们对公司的内部控制评级为：D 级，说明公司内部控制较为薄弱，内部控制体系亟待完善，需要尽快改进。

就公司的各业务循环而言，与会计报表公允及资产安全相关的内部控制在所有重大方面的有效性上还存在不足，存在一定的改进空间，具体改进建议参见各分项报告。

各模块控制诊断测评结果如表 5－2 所示。

表 5－2　评测结果

项目	评价结果
销售与收款	C：中等
采购与付款	D：较差
财务循环	C：中等
人事循环	C：中等
信息系统	D：较差
行政综合	C：中等
整体评价	D：较差

（三）总体评价

经访谈调研、诊断测试与评价等，我们认为，公司正处于高速成长阶段，公司的管理应偏重于市场和基建，对于公司内部控制制度的建设还未启动。公司内部管理制度多以部门为中心，并未在整个公司层面形成有效的内部控制体系，同时，部门重要制度尚未建立。目前公司的内部控制总体情况较差，难以支撑公司未来经营战略的发展，公司会计资料的真实性、合法性、完整性，和实现公司所有财产的安全性。公司在内部控制制度的设计和执行上存在诸多不足。我们认为，公司应该分阶段改进和完善内部控制。

二、内部控制要素诊断分析

根据五部委颁布的《企业内部控制基本规范》规定，公司的内部控制制度存在财务报告类目标（可靠性）、法律法规类目标（遵循合规性）和经营管理类目标（经营性）需求，为了达到上述三大类目标，公司的内部控制框架应包含控制环境、风险评估、控制活动、信息与沟通和监督五大要素。我们依据五部委发布的《企业内部控制基本规范》对公司内部控制的五要素进行全面的分析评价。

（一）内部控制环境

控制环境反映了公司管理层对建立、健全内部控制制度并遵照执行的态度，以及内部控制制度各环节执行人员的理解和认同，是所有其他内部控制组成要素的基础。公司管理层有着相对规范运作的管理理念，积极地营造了良好的企业文化；管理团队较为稳定，员工执行力较强。但是，公司还未建立全面的内部控制制度及《内部控制手册》，在权力运行方面尚未形成充分有效的职责分工和权责制衡机制。就公司整体而言，内控环境还存在以下系统性的不足：

1. 组织结构

虽然，公司为有效地计划、协调和控制经营活动，已合理地确定了公司的组织形式和性质。分别设置了销售与市场部、营运部、基建部、财务与 IT 部、人事行政部。但对不相容职务相分离的原则的贯彻和相关部门职能分工，需要加大力度根据各部门的责任权限，形成相互制衡机制。具体需加改进的如下：

（1）公司未设统一的采购管理部门，存在不相容职责没有分离的现象。公司目前的采购职能在各个部门中分别实施，即工程建设物料和项目维护物料的采购由项目部和营运部负责，办公用品的采购由人事行政部负责，IT 产品采购由财务与 IT 部负责。同时，由于各个部门员工较少，与采购相关的供应商选择、采购申请、采购审批、采购执行和采购验收职能经常集中在一两个员工身上。在这种情况下公司采购职能上不相容职责分离的原则没有得到充分体现，不符合内部控制的要求，可能导致采购循环的舞弊发生。

（2）授权审批职能在部门中实现，难以在公司层面进行监控。公司的常规性授权审批职能基本在各个部门内部实现，即各类事项的审批只需要部门负责人审批即可。公司在印章管理上，法人章使用上没有最后审核的功能。这种授权审批方式在一定程度上给予各个部门经营管理上的方便，但也导致了公司层面上无法对授权审批进行有效的监控。同时，公司还未有内审部门，内部审计职能缺失，不利于内控体系的健全与提高。

（3）部门规章流程不完整，重要制度缺失。由于，公司项目实施的需要，公司特地成立了项目部，但由于项目部作为一个半部门半项目组的成立目的，使得项目部缺失一套完整的部门职责和规章流程制度，容易导致公司项目筹建和执行中出现事务混乱，导致项目进程难以顺利开展，任务拖延。同时，无法为以后的项目开展积累相关经验。

2. 胜任能力

公司管理层重视各个工作岗位胜任能力的设定，以及知识和能力的要求。通过岗前培训，专业培训以及展开多种形式的后期教育培训，使员工们能够胜任各自的工作岗位。

然而，考虑到公司未来规模的扩张和客户对服务要求的提高，我们认为公司员工的胜任能力还需要加强。有针对性地对员工进行职业发展规划和专业培训还存在一定程度的不足，对优秀、符合公司需求的人才引入还需要加强。

3. 不相容职务分离规范缺失

公司对于岗位职责的规划和设置主要源于并服务于公司日常业务的开展。公司尚未严格全面地对不相容职务分离控制的要求系统地分析、梳理业务流程中所涉及的不相容职务，实施相应的分离措施。公司还缺少完整不相容职位分离规范。

（二）风险评估

项目经营管理中，项目的安全和危机管理制度是项目管理中极为重要的制度组成。从访谈和制度抽查中，我们并未发现公司已经建立了项目安全和危机管理制度或类似制度。

1. 项目安全管理制度缺失

作为一家专业的项目管理公司，项目的安全和危机管理制度极为重要。特别是在国内项目安全事件屡有发生的情况下，项目的安全管理制度缺失可能给项目在经济上造成巨大的风险。

2. 项目危机管理机制缺失

与项目安全管理制度缺失一样的是，公司还未建立项目危机管理机制。二者的缺失可能导致公司在重大风险和危机出现时，没有足够的风险和危机管理能力。

同时，公司应该促使项目公司加强安全生产管理，确保企业财产、人身安全。公司应定期深入企业进行安全生产检查，认真分析项目安全生产的现状，采取服务与管理相结合的模式加强管理。

（三）控制活动

控制活动是确保管理阶层的指令得以执行的政策及程序，如核准、授权、验证、调节、复核营业绩效、保障资产安全及职务分工等。按功能模块可分为业绩评估、信息处理、实物控制和职责分离。从公司现有的控制类型分析，公司的大部分控制活动为事中和事后控制，对于事前的防范性控制较少。

1. 客户信息管理和信用管理制度缺失

良好的客户信息管理对公司的市场占有推广和服务提供是非常重要的，公司目前还没有形成对客户档案的管理制度。造成公司客户档案管理混乱、客户档案缺失等风险。

由于公司是项目管理公司，租赁收入的收款方式主要是预付，使得公司应收账款风险较小，但我们认为建立客户信息管理制度还是需要的。目前，公司没有建立客户信用系统评级和管理制度。

2. 合同管理制度的缺失

由于公司在合同签订的授权首批的规定，公司各个部分的合同管理问题完全由各个部门进行。目前，公司各个部门都还不是很规范，重要合同的签订过程法律人员不参与，可能导致公司合同相关的风险。

我们认为公司应该在公司层面建立一套合同管理制度。

3. 档案管理制度的缺失

公司现有的档案管理分布于各个部门进行，没有统一管理，档案管理制度还未建立。档案管理制度的缺失可能导致以下三类风险：①重要档案资料的丢失和泄露，进而导致公司商业机密外泄；②违反国家档案管理制度，对于不同等级和类别的档案资料，国家档案管理部门都有不同的保持期限；③未来可能发生合同诉讼，由于资料缺失可能导致败诉风险。

4. 工程招标管理制度的缺失

公司现有的工程项目已经执行招标制度。但在招标过程中存在以下问题：①竞标公司的选择和邀请较为随意，主要由公司内部员工和工程设计单位推荐，可能导致竞标公司选择舞弊；②公司没有对招标评价标准进行书面规范，评标过程主要由部门主管根据经验进行确定；③招定标过程中书面资料较为简单，没有系统的招定标过程的文件管理制度。这些缺失存在可能导致舞弊风险的发生。

5. 工程项目成本控制的薄弱

公司处于工程项目建设过程，工程项目涉及的资产与资金都非常庞大。然而，目前我们尚未发现公司关于工程项目的“预算和成本管理制度”。公司对于工程项目的跟踪和分析职能只是局限于工程项目的付款环节上。我们认为对于重要的工程项目而言，预算和成本控制制度的缺失可能导致很多浪费和舞弊风险的发生。

6. 信息安全管理不规范

公司现在使用的信息系统只有用友财务软件。然而，公司现有的信息系统的权限管理办法和信息备份制度尚未建立。公司信息系统的权限设置与变更主要是通过财务与IT部门内部人员的沟通实现的，可能导致公司信息系统权限设置与变更不合理问题。同时，公司对于信息系统数据的备份问题主要是依靠IT人员的经验进行管理的，我们认为一份规范的信息系统数据备份制度是必要的。

7. 资产管理制度缺失

目前，公司还缺少对现有资产的管理、处置和盘点制度。公司对更新换代所形成的不使用资产只是进行定点存放，并未给出管理办法，存有资产舞弊的可能。同时，虽然公司开始执行资产盘点制度，但尚需规范化与制度化。

（四）信息与沟通

目前，公司各个部门之间的信息与沟通并不顺畅。各个部门并没与其他部门主动沟通的意愿。

公司对财务信息系统开发与维护、访问与变更、数据输入与输出、文件储存与保管、网络安全等方面的控制还未建立相应的定期检查和报告制度，以确保信息系统安全稳定运行。

我们认为，公司应该建立公司内部信息与沟通制度，明确内部经营相关信息的收集、处理和传递程序，确保信息及时沟通，促进内部管理有效运行。公司在采购等循环建立相关反舞弊机制，明确反舞弊工作的重点领域、关键环节和有关机构在反舞弊工作中的职责权限，规范舞弊案件的举报、调查、处理、报告和补救程序。

（五）监督

公司目前的监督职能主要是通过财务部门在资金支付环节来实现。但是，由于对工程项目的无法监督，使得监督职能难以充分发挥。公司尚未建立内部审计职能部门。

三、各业务循环风险诊断报告

（一）销售与收款循环详细诊断报告

通过对公司销售与收款循环的测评，我们认为公司目前销售与收款整体风险为中等（评C级），公司管理层应该予以重点关注。这些风险主要体现在以下几个方面：

（1）授权批准。暂未发现控制缺陷。可能是公司对某些子循环未进行答题，或答题存在偏差，或不存在该方面风险。

（2）职责划分。暂未发现控制缺陷。可能是公司对某些子循环未进行答题，或答题存在偏差，或不存在该方面风险。

（3）凭证与记录使用。暂未发现控制缺陷。可能是公司对某些子循环未进行答题，或答题存在偏差，或不存在该方面风险。

（4）资产保全，如表5－3所示。

表5－3　资产保全

	所涉及流程	控制点缺失及风险描述	严重程度
1	1－10 应收账款管理	对逾期应收账款无专门催收制度，导致收账工作效率低下，坏账损失加大	轻度风险
2	1－10 应收账款管理	未按期提取坏账准备，违反会计核算制度要求，且财务报告不够可靠	中度风险

（5）独立稽核，如表5－4所示。

表5－4　独立稽核

	所涉及流程	控制点缺失及风险描述	严重程度
1	1－10 应收账款管理	公司对应收账款对账周期没有明确要求，可能导致应收账款管理人员很少对账，容易导致应收账款相关错弊	中度风险

（6）其他。暂未发现控制缺陷。可能是公司对某些子循环未进行答题，或答题存在偏差，或不存在该方面风险。

（二）财务循环详细诊断报告

通过对公司财务循环的测评，我们认为公司目前财务整体风险为中等（评C级），公司管理层应该予以关注。这些风险主要体现在以下几个方面。

（1）授权批准，如表5－5所示。

表5－5　授权批准

	所涉及流程	控制点缺失及风险描述	严重程度
1	5－01 银行账户管理	开立新的银行账户未经过董事会批准或授权，控制不足	严重风险
2	5－03 支票管理	公司对作废的支票不单独进行保管，事后难以查明支票使用情况，支票可能被不当使用而不能发现	中度风险
3	5－07 费用报销	公司对管理人员审批权限没有明确书面制度，将导致审核控制人员没有依据，导致控制不当	中度风险

续表

	所涉及流程	控制点缺失及风险描述	严重程度
4	5－07 费用报销	没有书面的管理人员签字样本，审核人员将不清楚每个部门负责签字审核的管理人员是谁，并无法区别签字真伪	中度风险
5	5－11 财务预算	公司财务预算还停留在数据汇总阶段，全面预算管理制度尚未建立，预算的控制职能没有得到发挥	严重风险
6	5－11 财务预算	预算内和预算外的费用在审批程序上没有差异，可能导致预算起不到应有作用	轻度风险

（2）职责划分，如表5－6所示。

表5－6 职责划分

	所涉及流程	控制点缺失及风险描述	严重程度
1	5－01 银行账户管理	出纳领取银行对账单，严重违反了不相容职务分离的原则，可能导致出纳通过伪造/变造银行对账单来掩盖其挪用或贪污货币资金的舞弊活动	严重风险
2	5－01 银行账户管理	编制收付款记账凭证的会计领取银行对账单，可能导致会计人员通过编制虚假银行存款余额调节表来掩盖其舞弊活动	中度风险
3	5－02 现金管理	出纳兼任收款和现金收款记账凭证制作，可能会导致通过不适当记录来掩盖错弊行为的发生	严重风险
4	5－03 支票管理	银行出纳负责支票购买，不相容职位没有分离，可能导致支票错弊	轻度风险
5	5－10 融资与担保管理	贷款经办人员同时负责贷款记录核对，不相容职务没有分离，对贷款经办缺乏独立的检查和监督	严重风险

（3）凭证与记录使用，如表5－7所示。

表5－7 凭证与记录使用

	所涉及流程	控制点缺失及风险描述	严重程度
1	5－03 支票管理	领用支票，不进行登记，不利于支票交接和责任划分	轻度风险
2	5－03 支票管理	对支票使用情况不进行登记，将难以追踪支票使用情况，出现问题时难以追查	严重风险
3	5－03 支票管理	支票不按照顺序填写，可能导致支票使用失去控制	中度风险

续表

	所涉及流程	控制点缺失及风险描述	严重程度
4	5－06 备用金管理	备用金保管人员不签署备用金保管保证书，不利于备用金保管人员明确自身责任，在对备用金采取检查或催收等相关措施时，没有明确的经备用金人签署同意过的书面依据	轻度风险
5	5－07 费用报销	付款后，记账凭证不加盖戳记，出纳不能区分已付款和未付款的记账凭证，可能导致重复付款	中度风险
6	5－07 费用报销	将多笔付款业务合并在一起编制记账凭证，可能导致记账凭证不及时，而且难以通过明细账和摘要清楚地查出具体某笔业务，不利于事后复核和监督	轻度风险
7	5－11 财务预算	公司没有季度计划和月度计划，预算不够细致	轻度风险
8	5－11 财务预算	公司不编制滚动预算，不能根据情况及时调整预算	轻度风险
9	5－11 财务预算	公司资本预算常被突破，预算约束力非常差	轻度风险
10	5－11 财务预算	预算执行没有与考核相结合，预算很难有约束作用	中度风险
11	5－14 财务报告	公司没有规定不同财务报表的相对优先级，相关人员不清楚各项财务报告的重要性程度，在编制时未能对重要财务报表优先考虑	轻度风险
12	5－14 财务报告	公司对打印好的会计账簿不加盖财务或其他印章，可能导致账务被篡改而未能发现	轻度风险
13	5－14 财务报告	公司调账没有适当的复核或审批，极有可能导致错弊	中度风险

（4）资产保全，如表 5－8 所示。

表 5－8　资产保全

	所涉及流程	控制点缺失及风险描述	严重程度
1	5－02 现金管理	公司有现金坐支行为，违反现金管理制度，并可能导致现金错弊	严重风险
2	5－02 现金管理	出纳一人到银行办理现金提现或解款，如果没有内部保安人员或相关人员陪同，可能会导致现金不够安全	中度风险
3	5－02 现金管理	缺少出纳对现金的不定期盘点，不利于发现现金的可能错弊	中度风险
4	5－02 现金管理	对现金盘点从不采取突击盘点，而是事先告知出纳，可能导致出纳会通过事先准备来掩盖现金错弊	严重风险
5	5－03 支票管理	对购买支票不进行登记，可能导致空白支票被偷盗或挪用而不能发现	中度风险

续表

	所涉及流程	控制点缺失及风险描述	严重程度
6	5－03 支票管理	支票不限制背书转让，可能导致支票款未到达对方账户，而被对方员工或其他人员恶意挪用、侵占，给公司带来潜在风险	中度风险
7	5－03 支票管理	出纳一人完成支票签发的全部过程，虽然经会计复核，但实际来说缺乏有效牵制，可能导致货币资金被挪用或侵占的事件发生	严重风险

（5）独立稽核。暂未发现控制缺陷。可能是公司对某些子循环未进行答题，或答题存在偏差，或不存在该方面风险。

（6）其他。暂未发现控制缺陷。可能是公司对某些子循环未进行答题，或答题存在偏差，或不存在该方面风险。

（三）人事循环详细诊断报告

通过对公司人事循环的测评，我们认为公司目前人事整体风险为中等（评C级），公司管理层应该予以关注。这些风险主要体现在以下几个方面。

（1）授权批准，如表5－9所示。

表5－9　授权批准

	所涉及流程	控制点缺失及风险描述	严重程度
1	8－05 薪酬发放	高管人员的薪酬不经董事会批准，可能导致高管人员提高自身薪酬，损害公司股东利益	严重风险
2	8－05 薪酬发放	购买员工商业保险不经董事会批准，可能导致高管人员利用购买商业保险为名，变相提高薪酬，损害公司股东利益	中度风险

（2）职责划分。暂未发现控制缺陷。可能是公司对某些子循环未进行答题，或答题存在偏差，或不存在该方面风险。

（3）凭证与记录使用，如表5－10所示。

表5－10　凭证与记录使用

	所涉及流程	控制点缺失及风险描述	严重程度
1	8－02 员工培训	不写培训效果评估与总结，使有关负责部门无法了解培训效果与培训中存在的问题，不利于自身工作的改进	轻度风险
2	8－06 员工离职	与辞职员工的沟通情况不做书面记录，不利于了解并汇总员工的辞职原因，不利于公司改善自身的人事环境，不能对以后吸纳并留住人才提供前车之鉴	中度风险

（4）资产保全，如表5－11所示。

表5－11　资产保全

	所涉及流程	控制点缺失及风险描述	严重程度
1	8－02员工培训	公司没有对各业务部门的临时性培训的数量和费用开支做出限制，导致培训工作的混乱以及费用控制的失效，可能出现培训舞弊行为	中度风险

（5）独立稽核。暂未发现控制缺陷。可能是公司对某些子循环未进行答题，或答题存在偏差，或不存在该方面风险。

（6）其他，如表5－12所示。

表5－12　其他

	所涉及流程	控制点缺失及风险描述	严重程度
1	8－01员工招聘	公司没有制定人力资源计划，导致在人员招聘上率性而为，不利于公司人力资源的整体规划和利用	中度风险
2	8－04绩效考核	公司不设定被考评员工的年度/月度具体绩效目标，不利于员工考评工作的操作，不利于企业内部管理	轻度风险

（四）信息系统循环详细诊断报告

通过对公司信息系统循环的测评，我们认为公司目前信息系统整体风险很严重（评D级），公司管理层应该予以高度关注。这些风险主要体现在以下几个方面：

（1）授权批准。暂未发现控制缺陷。可能是公司对某些子循环未进行答题，或答题存在偏差，或不存在该方面风险。

（2）职责划分。暂未发现控制缺陷。可能是公司对某些子循环未进行答题，或答题存在偏差，或不存在该方面风险。

（3）凭证与记录使用，如表5－13所示。

表5－13　凭证与记录使用

	所涉及流程	控制点缺失及风险描述	严重程度
1	10－01计算机安全管理	计算机操作缺乏书面制度规定指导，可能导致计算机软硬件操作不当，给公司造成损失	中度风险
2	10－02信息备份与灾难恢复	对数据备份检查后，不做检查记录，没有证据表明已做过检查，且不利于问题原因查询	轻度风险

（4）资产保全，如表5－14所示。

表5－14　资产保全

	所涉及流程	控制点缺失及风险描述	严重程度
1	10－01计算机安全管理	缺乏有效的用户账户及系统权限管理机制，各用户被授予的系统权限与其工作职责不相符，难以防止任何个人有能力进行错误和舞弊操作，或对其相关操作进行隐瞒。离职用户权限未能及时删除	严重风险

（5）独立稽核。暂未发现控制缺陷。可能是公司对某些子循环未进行答题，或答题存在偏差，或不存在该方面风险。

（6）其他，如表5－15所示。

表5－15　其他

	所涉及流程	控制点缺失及风险描述	严重程度
1	10－02信息备份与灾难恢复	没有灾难恢复流程或计划，在出现灾难时，不能有效地进行灾难恢复工作	严重风险

（五）行政综合循环诊断报告

通过对公司行政综合循环的测评，我们认为公司目前行政综合整体风险为中等（评C级），公司管理层应该予以关注。这些风险主要体现在以下几个方面：

（1）授权批准，如表5－16所示。

表5－16　授权批准

	所涉及流程	控制点缺失及风险描述	严重程度
1	11－02授权管理	所有的业务的授权范围并非由被授权的人员处理或没有可查证的书面证据，可能产生授权不清的情形	轻度风险
2	11－02授权管理	公司的授权并非皆是书面的，或是没有必要的描述，可能造成授权不清的情形	轻度风险
3	11－02授权管理	公司有特殊情况需对间接下属授权时，没有书面理由也没有经授权者的直接上级批准，可能产生绕开授权的情形	中度风险
4	11－03印章管理	所有用章不需要书面批准，可能导致未经授权人员使用印章	严重风险

续表

	所涉及流程	控制点缺失及风险描述	严重程度
5	11－03 印章管理	印章保管人盖章时未确认相关文档是否已经过审核即盖章，可能产生印章滥用的情形	轻度风险
6	11－04 合同管理	合同章管理人盖合同章时未确认合同已经过审核即盖章，可能产生合同章滥用的情形	中度风险

（2）职责划分。暂未发现控制缺陷。可能是公司对某些子循环未进行答题，或答题存在偏差，或不存在该方面风险。

（3）凭证与记录使用，如表5－17所示。

表5－17 凭证与记录使用

	所涉及流程	控制点缺失及风险描述	严重程度
1	11－02 授权管理	公司没有书面的审批权限表，相关业务人员和财务人员不清楚交易应当由谁审批和审批权限，可能产生授权批准不当，交易事项被越权处理或不当处理	严重风险
2	11－03 印章管理	公司没有书面的印章管理办法，印章使用缺乏指导	轻度风险
3	11－04 合同管理	合同缺乏统一编号控制，可能导致合同出现异常而不能发现，不利于合同保管和审查	中度风险
4	11－04 合同管理	没有书面的合同会签审批单，合同签订缺乏有效审批	严重风险
5	11－04 合同管理	公司没有书面制定合同章管理办法，比较随意	轻度风险
6	11－04 合同管理	公司的合同设计无统一格式，可能产生合同签订不规范的情形	轻度风险
7	11－04 合同管理	公司的合同设计未经批准，可能产生合同签订不规范的情形	轻度风险
8	11－04 合同管理	重要合同未及时送达财务部门，导致交易没有正确地核算或披露	中度风险
9	11－05 资料与档案保管	资料没有分类编号进行归档保存，导致重要资料遗失或不能有效查阅利用	严重风险

（4）资产保全，如表5－18所示。

表5－18 资产保全

	所涉及流程	控制点缺失及风险描述	严重程度
1	11－03 印章管理	公司的印章若允许随意带出公司，可能产生印章遗失的情形	严重风险

续表

	所涉及流程	控制点缺失及风险描述	严重程度
2	11－03 印章管理	公司的印章带出，未经公司主管部门批准，或无两人以上共同携带使用，可能产生印章使用不当而未得到控制的情形	中度风险
3	11－05 资料与档案保管	各类资料和档案没有明确归档保存期限，可能导致资料档案保管没有区分重要性，或不当提前销毁	轻度风险

（5）独立稽核。暂未发现控制缺陷。可能是公司对某些子循环未进行答题，或答题存在偏差，或不存在该方面风险。

（6）其他，如表 5－19 所示。

表 5－19　其他

	所涉及流程	控制点缺失及风险描述	严重程度
1	11－04 合同管理	公司没有对合同签订人员进行合同法及签订合同的培训，可能导致合同签订人员不清楚相关法律法规	轻度风险
2	11－04 合同管理	合同签订前，没有法律人员审核合同的对方资质，可能导致签订无效合同而给公司造成损失	中度风险

（六）采购与付款循环详细诊断报告

1. IT 产品采购

通过对公司采购与付款循环的测评，我们认为公司目前采购与付款整体风险很严重（评 D 级），公司管理层应该予以高度关注。这些风险主要体现在以下几个方面：

（1）授权批准，如表 5－20 所示。

表 5－20　授权批准

	所涉及流程	控制点缺失及风险描述	严重程度
1	2－03 采购申请	公司以紧急采购为理由，绕过正常采购审批，甚至先采购后审批，使得审批起不到应有控制作用	轻度风险
2	2－07 采购订单与合同签订	重大采购未经董事会和独立董事批准，导致采购失控或者违反有关规定	严重风险
3	2－07 采购订单与合同签订	关联交易逾越董事会的监管，导致采购管理失控或者违反有关规定	中度风险
4	2－12 付款管理	付款申请未经有效审批，可能导致付款未经授权或错弊	严重风险

（2）职责划分，如表5－21所示。

表5－21 职责划分

	所涉及流程	控制点缺失及风险描述	严重程度
1	2－03 采购申请	采购申请单的执行情况不能有效跟踪	中度风险
2	2－07 采购订单与合同签订	存在利益冲突的采购人员没有回避，可能损害公司利益	中度风险

（3）凭证与记录使用，如表5－22所示。

表5－22 凭证与记录使用

	所涉及流程	控制点缺失及风险描述	严重程度
1	2－02 采购计划	公司没有采购计划，采购比较盲目，可能导致过量采购或采购不能满足生产经营需要	严重风险
2	2－03 采购申请	材料采购申请单没有连续编号，无法保证材料采购申请的完整性	中度风险
3	2－03 采购申请	采购申请副本未送达仓储部门，仓储部门无法得知收到的存货是否经过批准和批准的数量	中度风险
4	2－07 采购订单与合同签订	公司对采购合同/订单签订缺乏书面规定，可能导致合同签订过程缺乏指导规范，风险得不到有效控制	中度风险
5	2－07 采购订单与合同签订	公司订单具体格式未进行过法律审查，可能产生法律风险	轻度风险
6	2－07 采购订单与合同签订	单笔采购无合同签订起点要求，可能导致对大额采购不签订合同，造成损失	严重风险
7	2－07 采购订单与合同签订	采购合同/订单的使用情况无法有效查询	中度风险
8	2－07 采购订单与合同签订	订单编号不连续，不利于事后追踪	轻度风险
9	2－07 采购订单与合同签订	公司没有标准化条款合同，容易产生法律风险	中度风险
10	2－12 付款管理	对采购付款，不核实供应商账面余额，可能导致多付款或早付款	严重风险

（4）资产保全，如表5－23所示。

表 5－23　资产保全

	所涉及流程	控制点缺失及风险描述	严重程度
1	2－12 付款管理	不对预付账款进行及时分析，不能及时跟踪预付款进展，可能导致公司资产损失	中度风险
2	2－12 付款管理	付款支票/汇票应直接由财务交给供应商，通过采购人员转送给供应商，采购人员可能借此向供应商索取不正当好处，损害供应商利益；采购人员转送票据还加大了票据遗失/挪用/窃取的风险	中度风险

（5）独立稽核，如表 5－24 所示。

表 5－24　独立稽核

	所涉及流程	控制点缺失及风险描述	严重程度
1	2－12 付款管理	公司无统一的管理人员签字样本，可能出现假冒签名而未被发现	轻度风险
2	2－12 付款管理	公司无统一的管理人员签字样本，可能出现假冒签名而未被发现	轻度风险

（6）其他，如表 5－25 所示。

表 5－25　其他

	所涉及流程	控制点缺失及风险描述	严重程度
1	2－07 采购订单与合同签订	全年采购无合同签订起点要求，可能导致对大额采购不签订合同，造成损失	严重风险

2. 工程与物业物料采购

通过对公司采购与付款循环的测评，我们认为公司目前采购与付款整体风险很严重（评 D 级），公司管理层应该予以高度关注。这些风险主要体现在以下几个方面：

（1）授权批准，如表 5－26 所示。

表 5－26　授权批准

	所涉及流程	控制点缺失及风险描述	严重程度
1	2－12 付款管理	对预付款的收款方不进行调查，可能导致预付款后对方不能提供原料或劳务，又不能退回款项，预付款受损	中度风险

（2）职责划分。暂未发现控制缺陷。可能是公司对某些子循环未进行答题，或答题存在偏差，或不存在该方面风险。

（3）凭证与记录使用，如表5－27所示。

表5－27　凭证与记录使用

	所涉及流程	控制点缺失及风险描述	严重程度
1	2－02 采购计划	公司没有采购计划，采购比较盲目，可能导致过量采购或采购不能满足生产经营需要	严重风险
2	2－05 供应商选择	对供应商缺少必要的管理，可能导致供应商选择的失误而引起采购舞弊风险	严重风险

（4）资产保全，如表5－28所示。

表5－28　资产保全

	所涉及流程	控制点缺失及风险描述	严重程度
1	2－12 付款管理	付款支票/汇票应直接由财务交给供应商，通过采购人员转送给供应商，采购人员可能借此向供应商索取不正当好处，损害供应商利益；采购人员转送票据还加大了票据遗失/挪用/窃取的风险	中度风险

（5）独立稽核，如表5－29所示。

表5－29　独立稽核

	所涉及流程	控制点缺失及风险描述	严重程度
1	2－12 付款管理	公司无统一的管理人员签字样本，可能出现假冒签名而未被发现	轻度风险

（6）其他。暂未发现控制缺陷。可能是公司对某些子循环未进行答题，或答题存在偏差，或不存在该方面风险。

3. 办公用品采购

通过对公司采购与付款循环的测评，我们认为公司目前采购与付款整体风险非常严重（评E级），公司管理层应该予以重点关注。这些风险主要体现在以下几个方面：

（1）授权批准，如表5－30所示。

表5－30　授权批准

	所涉及流程	控制点缺失及风险描述	严重程度
1	2－01 采购政策	公司采购没有书面的采购政策和程序，对采购人员缺乏指导，可能引起采购舞弊或损失	严重风险
2	2－03 采购申请	采购申请未经有效审批，控制不足	严重风险
3	2－03 采购申请	由于不是必须要进行采购申请，某些物品采购可能会绕过采购控制程序	严重风险
4	2－07 采购订单与合同签订	重大采购未经董事会和独立董事批准，导致采购失控或者违反有关规定	严重风险
5	2－07 采购订单与合同签订	关联交易逾越董事会的监管，导致采购管理失控或者违反有关规定	中度风险

（2）职责划分，如表5－31所示。

表5－31　职责划分

	所涉及流程	控制点缺失及风险描述	严重程度
1	2－01 采购政策	公司多头采购，部门职能划分不清；不利于采购物资统一管理；不利于采购政策统一执行；不利于采购成本降低	严重风险
2	2－01 采购政策	采购执行与授权批准职责没有分离，可能产生采购舞弊	中度风险
3	2－01 采购政策	采购执行与验收职责没有分离，可能产生采购舞弊	中度风险
4	2－03 采购申请	采购由各使用部门分散采购，不利于采购物资统一管理；不利于采购政策统一执行；不利于采购成本降低	严重风险
5	2－03 采购申请	采购申请单的执行情况不能有效跟踪	中度风险
6	2－07 采购订单与合同签订	存在利益冲突的采购人员没有回避，可能损害公司利益	中度风险

（3）凭证与记录使用，如表5－32所示。

表5－32　凭证与记录使用

	所涉及流程	控制点缺失及风险描述	严重程度
1	2－03 采购申请	材料采购申请单没有连续编号，无法保证材料采购申请的完整性	中度风险

续表

	所涉及流程	控制点缺失及风险描述	严重程度
2	2-03 采购申请	采购申请副本未送达财务部门，财务部门无法对采购付款进行必要的财务监督	中度风险
3	2-03 采购申请	采购申请副本未送达仓储部门，仓储部门无法得知收到的存货是否经过批准和批准的数量	中度风险
4	2-07 采购订单与合同签订	采购合同/订单未送达财务部门，财务对付款和发货审查缺乏依据，不利于控制风险	轻度风险
5	2-07 采购订单与合同签订	公司对采购合同/订单签订缺乏书面规定，可能导致合同签订过程缺乏指导规范，风险得不到有效控制	中度风险
6	2-07 采购订单与合同签订	公司订单具体格式未进行过法律审查，可能产生法律风险	轻度风险
7	2-07 采购订单与合同签订	单笔采购无合同签订起点要求，可能导致对大额采购不签订合同，造成损失	严重风险
8	2-07 采购订单与合同签订	订单编号不连续，不利于事后追踪	轻度风险
9	2-07 采购订单与合同签订	公司没有标准化条款合同，容易产生法律风险	中度风险

（4）资产保全。暂未发现控制缺陷。可能是公司对某些子循环未进行答题，或答题存在偏差，或不存在该方面风险。

（5）独立稽核，如表5-33所示。

表5-33　独立稽核

	所涉及流程	控制点缺失及风险描述	严重程度
1	2-01 采购政策	举报是防止采购当中不正当行为或腐败行为的重要措施，公司缺乏该项措施，可能会使采购人员缺乏外部监督	严重风险

（6）其他，如表5-34所示。

表5-34　其他

	所涉及流程	控制点缺失及风险描述	严重程度
1	2-01 采购政策	供应商通过给予采购相关人员好处，取得优惠条件，会造成不公平竞争，甚至损害公司利益，如对供应商没有通过协议明确禁止这类行为，不利于防止这种现象发生	中度风险

续表

	所涉及流程	控制点缺失及风险描述	严重程度
2	2－01 采购政策	采购人员存在利益冲突可能导致公司利益受损害，公司对采购相关的关键人员不进行利益冲突调查，对采购人员约束不足，会导致利益冲突情况发生且得不到及时发现，最终损害到公司利益	中度风险
3	2－01 采购政策	公司缺乏采购轮岗措施，可能会使采购人员与供应商过于熟悉，并容易发生不正当甚至腐败行为，损害公司利益，采购过程中的问题不容易暴露出来	中度风险
4	2－01 采购政策	主要原材料由同一家供货，可能出现提前或拖后收到原材料从而导致业务中断或库存积压的情况；对单一供应商依赖过大，风险较大，且不利于价格谈判	严重风险
5	2－01 采购政策	缺乏新增供应商评审，可能导致不合格供应商	严重风险
6	2－01 采购政策	供应商未建立书面档案，供应商管理不规范	严重风险
7	2－01 采购政策	缺乏供应商评价制度，不利于控制供应商质量和降低价格	严重风险
8	2－07 采购订单与合同签订	全年采购无合同签订起点要求，可能导致对大额采购不签订合同，造成损失	严重风险

四、内部管理制度体系梳理报告

从访谈和测评的结果看，我们发现公司虽然已经建立部分内部管理制度，但未对现有的制度进行全面梳理，进而难以支撑公司未来战略和业务开展的需求，这不符合公司内部控制体系建设的要求。

同时，公司对于内部控制制度的理解还较为粗浅，对于内部管理制度和内部控制制度的关系还没有清晰的认识。公司内部管理制度主要关注公司日常经营操作方面的具体步骤和方法，对每一个部门的相关业务操作流程进行规范，常附有操作细节和某些奖惩措施；而内部控制制度主要目的是以风险管理为导向，针对公司各类目标，对公司的流程操作中所涉及的关键控制点予以识别，而非对每个业务具体步骤予以记录。两者在公司经营管理中是相辅相成，但出发点和关注的角度不同，所要实现的目的也不完全一致。

我们认为从公司整体层面上，尚未建立全面有效的内部控制体系，缺少系统的内部控制的实施和配套办法。公司还未通过编制《公司内部控制手册》明确控制措施所对应的（或解决的）相关风险，明确公司应控制哪些（必控）风险；并使全体员工理解并实行公司内部控制措施，明确公司的机构设置、岗位职责权限、业务流程等规定情况，明确权责分配，正确行使职权完成目标责任。

一套完整的内部控制体系应包含以下五个层面：

（1）内部控制体系总则。

（2）内部控制手册，包括公司经营目标的确定，风险识别与评估，控制措施确定（包括公司层面和业务层面）。

（3）公司层面内部控制机制。

（4）部门（业务）层面内部管理制度。

（5）风险控制矩阵（风险控制清单）。

目前，公司尚未建立内部控制体系总则、内部控制框架和关键业务流程、风控制矩阵。同时，在公司层面和部门层面也存在重要内部控制制度的缺失问题。表5-35、表5-36中，列示出我们认为项目管理公司应建立的管理制度体系，并对公司现有的相关制度和缺失的制度进行标识。

表5-35 公司层面控制规范列表

1. 公司治理规范	公司章程	存在
	法人权力机构议事规则（董事会及总裁会）	存在，有部分缺失
	企业文化管理规范	缺失
2. 职责与权限	组织结构管理规范	存在
	岗位设置与职责说明规范	存在
	职责权限管理规范	缺失
	日常授权指引	缺失
	管理人员签字样本	缺失
	特别授权审批表	缺失
3. 风险控制与内部监督	内部控制管理规范	缺失
	规章制度管理规范	缺失
	内部审计规范	缺失
	会计监督规范	缺失
	会议督办规范	缺失
	投诉举报管理规范	缺失
4. 合同法律事务	合同管理规范	缺失
	法律事务管理规范	缺失

续表

5. 预算管理规范	预算编制管理规范	执行，但规范缺失
	预算执行控制规范	缺失
	预算调整管理规范	缺失
	预算分析与考核管理规范	缺失
6. 采购管理规范	合格供方管理规范	缺失
	采购供方选择规范	缺失
	采购管理规范	执行，但规范缺失
7. 档案管理规范	档案管理规范	缺失
	财务档案管理规范	缺失
	人事档案管理规范	缺失
	其他档案管理规范	缺失
8. 印章管理规范	印章管理规范	缺失

表 5－36　部门（业务）层面控制规范列表

1. 销售管理规范	销售管理规范	缺失
	客户评价和审核规范	缺失
	销售合同管理规范	缺失
	销售定价管理规范	缺失
2. 社会责任管理规范	安全与环境管理规范	缺失
	质量管理规范	缺失
	危机管理规范	缺失
3. 工程建设管理规范	工程立项分析规范	存在，但部分缺失
	工程招标管理规范	缺失
	工程预算管理规范	存在，但部分缺失
	工程（过程）管理规范	缺失
	工程验收管理规范	缺失
	工程成本管理规范	缺失
4. 服务管理规范	物业管理规范	缺失
	客户信息与服务质量评价规范	缺失
5. 财务管理规范	财务管理与会计核算规范	存在
	现金管理规范	存在
	银行存款管理规范	存在
	付款管理规范	存在
	票据管理规范	缺失

续表

5. 财务管理规范	税务管理规范	缺失
	费用报销管理规范	存在
	收入及应收账款核算规范	存在
	成本核算规范	部分缺失
	资产核算规范	缺失
	融资管理规范	缺失
	财务报告管理规范	部分缺失
6. 信息系统规范	信息系统建立管理规范	缺失
	信息系统安全管理规范	缺失
7. 人事管理规范	员工手册（含考勤与待遇）	存在
	员工招聘规范	存在
	员工培训规范	存在
	劳动关系与合同管理规范	执行，规范缺失
	员工绩效管理规范	存在
	员工离职管理规范	缺失
8. 行政事务规范	公文管理规范	部分缺失
	会议管理规范	部分缺失
	资产管理规范（固定、存货、无形）	部分缺失

公司的内部管理制度从制度作用的范围出发分为两大类：公司层面内部控制机制（含管理制度）和部门内部管理制度。公司层面内部管理制度主要是指整个公司所有部门和业务都要涉及的管理制度，主要包括授权管理制度、合同管理制度、印章管理制度、档案管理制度和采购管理制度等。公司部门层面管理制度应涵盖招商管理制度、项目日常管理制度、工程建设管理制度、服务提供管理制度、财务管理制度、IT管理制度和人事行政管理制度七大部分。

上海 财苑企业管理咨询有限公司内控咨询部

201×年5月

第六章　内部控制评价实例

A. ××公司内部控制现状评价

一、内部控制评价实施方案

（一）内控评价意义

××公司为贯彻落实集团公司《风险管理和内部控制专项提升工作计划》和内控手册编制进度要求，结合自身实际，制定了内控专项提升计划，并以××厂和××公司作为内控体系建设的示范单位，率先完成了内控手册编制工作并进行了试运行。为进一步完善和提升内控体系建设工作，在内控体系试运行的基础上，公司启动了内控评价工作，对内部控制体系设计的合理性和运行的有效性进行评价，以查找内部控制缺陷并制定整改措施，促进内控管理能力的不断提升。

（二）内控评价的依据

本次评价的依据为财政部等五部委颁布的《关于印发企业内部控制基本规范的通知》（财会［2008］7号）、《关于印发企业内部控制配套指引的通知》（财会［2010］11号）以及《××公司内部控制手册》（2012年版）。

（三）总体评价原则

（1）重要性原则。评价应依据企业风险和控制的具体情况确定重点，关注重点区域、重点业务和重要流程。

（2）风险导向原则。评价工作以风险为基础，根据风险发生的可能性和对公司内控目标的影响程度确定需要评价的重点业务单元、重要业务领域和重要流程环节。

（3）客观性原则。内控测评应准确地提示内部控制存在的具体缺陷，如实反映内部控制设计合理性与执行的有效性。

（四）内控评价的范围

此次评价的时间范围为2014年8月1日至2014年12月31日。业务范围包括对重要业务内部控制的设计有效性和执行有效性评价，重点关注对公司整体营运业绩、资产状况和现金流量具有较大影响的业务和控制活动，如采购、费用、存货、货币资金、固定资产、工程建设等业务活动。

（五）主要测评内容

（1）公司各业务活动及管理不能明确职责分工、权限范围和审批程序，机构设置和人员配备是否科学合理。

（2）各业务活动账务处理规范性。相关资产、负债的确认是否及时，收益的确认是否符合规定。各项投资减值准备的依据是否充分，审批程序是否明确。会计政策和会计估计的选择是否恰当，符合准则要求。

（3）各项业务活动档案管理是否规范，与各业务环节有关的文件资料和凭证记录是否真实、完整、归档是否及时，是否有利于今后的管理。

（4）业务实施过程中的重大工程、设备、材料采购是否进行项目招投标管理，确保项目的质量和效益。

（六）主要工作方法

本次测评主要采取实地访谈、检查、审阅（观察）、分析性复核、穿行性测试等方法，具体内容如下：

（1）获取公司关于内部控制建设资料和相关制度，评价业务内部控制的合理性。

（2）突出重点项目、业务领域监控和运营管理。根据此次抽样策略对所选取的重点领域、重点业务和重要流程进行重点测评。

（3）对于测评中发现的重大问题，根据实际需要可追溯测评公司本部层面的业务决策制度设计和前期论证的充分性。

（七）主要工作步骤

1. 前期准备阶段

（1）根据已初步了解的情况撰写内控评价实施方案，确定内控测评组负责人及成员，明确内控测评组成员分工和工作进度安排。

（2）开展前期调研了解，对公司各部门、各业务内部控制设计进行了解，主要通过阅读公司内部控制手册、管理制度完成工作目标情况。

（3）召开内控测评组预备会议，进行测评组内部培训、讨论和责任分工。

2. 现场测评阶段

（1）对测评工作方案确定的拟抽查的重点业务、重点部门进行实地测评，主要了解、测试和评价重要业务流程及内部控制，具体内容如下：

1）通过查阅和分析内部管理制度、财务报告、会计账簿、经营情况报告等文件，访谈被测评单位业务部门负责人等测评程序，全面了解公司重要及关键业务的内控制度的设计和执行情况。

2）在全面了解的基础上，对重要及关键业务的内控进行分析。

3）对重要业务流程的内控执行情况进行测试。

4）对了解、测试的结果进行综合分析，找出内控设计和执行方面存在的缺陷。

（2）各测评小组根据需要采用穿行测试、盘点、查阅、询问、抽样测试、比较分析以及延伸测评等方式实施现场测评。

（3）制作底稿。实施现场测评时，制作工作底稿。

3. 报告出具阶段

汇总、归纳、分析工作底稿，并根据测评结果编制测评报告初稿，经与被测评单位沟通后出具正式报告。

（八）组织管理

本次测评由××公司统一组织领导，内控主管领导和主管部门财务部牵头组织实施，××公司内控牵头部门财务部负责具体组织落实，××会计师事务所内控测评项目组具体实施，共同完成本项工作。为高效高质完成工作，建立如下管理机制：

1. 快速的响应机制

（1）内控测评组负责人及时组织制定内控评价项目实施方案。

（2）召开内控测评组预备工作，就项目的目标、实施的方案、需要关注的事项、项目组成员的分工及时间要求等传达给内控测评组成员。

2. 良好的沟通机制

（1）测评前测评实施组就测评实施方案与被测评单位进行充分沟通，就需要提前准备的资料及配合的事项取得被测评单位的理解与支持。

（2）测评实施过程中就了解的事项、发现的问题与被测评部门进行细致的沟通，以确保信息的真实性及可靠性。

（3）测评组成员之间保持无障碍沟通，保证沟通信息的畅通与及时解决问题。

3. 质量控制机制

测评组负责人汇集各测评小组提交的工作内容，对测评组成员的工作进行全面复核；对重大问题及时组织测评组召开会议进行研讨。

（九）测评时间及人员安排

1. 时间安排

（1）调研及准备阶段（3月20~24日）；

（2）现场测评阶段××公司（3月25~28日）；

（3）报告阶段（4月3~8日）。

2. 人员安排

（1）人员分工：本次测评拟安排5人，分成2组同步进行工作。

（2）实施时间：本次测评计划从2015年3月25日开始至2015年4月2日结束。

二、内部控制评价测试

内部控制评价测试按表6-1要求打分。

表 6-1 内部控制测试评价计分表

序号	评价指标	项目	测评业务具体内容	满分	是否适用：是	是否适用：否	测评具体要求及程序	制度文号	测试情况	测评计分：设计	测评计分：执行	综合得分
1	货币资金（满分200分）	内部控制设计健全性和合理性（满分100分）	是否建立资金收付结算制度	10	是		检查是否建立资金收付结算制度、执行如何	×××〔2012〕180号财务制度汇编	健全，符合实际	10		10
			是否建立货币资金岗位责任制度	10	是		检查是否建立货币资金岗位责任制度、执行如何	×××〔2012〕180号财务制度汇编	健全，符合实际	10		10
			是否建立资金收付授权审批制度	10	是		检查是否建立资金收付授权审批制度、执行如何	×××〔2012〕180号财务制度汇编	健全，符合实际	10		10
			是否建立票据购买、领用、保管和管理制度	10	是		检查是否建立票据购买、领用、保管和管理制度、执行如何	×××〔2012〕180号财务制度汇编	健全，符合实际	10		10
			是否建立印鉴管理、使用办法	10	是		检查是否建立印鉴管理、使用办法、执行如何	×××〔2012〕180号财务制度汇编	健全，符合实际	10		10
			是否建立资金预算及其调整、执行情况分析制度	10	是		检查是否建立资金预算及其调整、执行情况分析制度	×××〔2012〕180号财务制度汇编	健全，符合实际	10		10
			是否建立保险箱钥匙及密码保管、交接管理制度	10	是		检查是否建立保险箱钥匙及密码保管、交接管理制度	×××〔2012〕180号财务制度汇编	健全，符合实际	8		8
			是否建立银行账户管理制度	10	是		检查是否建立银行账户管理制度	×××〔2012〕180号财务制度汇编	健全，符合实际	10		10
			是否建立岗位定期轮换制度	10	是		检查是否建立岗位定期轮换制度、执行如何	内控手册	健全，符合实际	8		8
			是否设置审计委员会或内部审计部门定期或不定期进行监督检查	10	是		检查是否设置审计部门定期或不定期进行监督检查	内控手册	健全，符合实际	10		10
			货币资金（设计）的权重10%				该项综合得分=权重×得分小计			96		9.6

续表

序号	评价指标	项目	测评业务具体内容	满分	是否适用		测评具体要求及程序	制度文号	测试情况	测评计分		综合得分
					是	否				设计	执行	
1	货币资金（满分200分）	内部控制执行有效性（满分100分）	是否存在货币资金业务不相容职务混岗的现象	6	是		检查是否存在货币资金业务不相容职务混岗的现象	×××〔2012〕180号财务制度汇编	无		6	6
			货币资金支出的授权批准手续是否健全	6	是		检查货币资金支出的授权批准手续是否健全	×××〔2012〕180号财务制度汇编	健全、执行		6	6
			是否存在越权审批行为	6	是		检查是否存在越权审批行为	×××〔2012〕180号财务制度汇编	无		6	6
			是否定期对经办货币资金人员进行岗位轮换	6	是		检查是否定期对经办货币资金人员进行岗位轮换	×××〔2012〕180号财务制度汇编	因岗位定员缺陷无法轮换		0	0
			是否存在未经授权的部门或人员办理货币资金业务或直接接触货币资金	10	是		检查是否存在未经授权的部门或人员办理货币资金业务或直接接触货币资金	×××〔2012〕180号财务制度汇编	不存在		10	10
			▲是否存在小金库、账外资金	—		否	不存在	×××〔2012〕180号财务制度汇编	无		—	—
			是否定期或不定期进行现金盘点、核对银行账户	10	是		检查是否定期或不定期进行现金盘点、核对银行账户（在不通知财务人员的情况下盘点库存现金）	×××〔2012〕180号财务制度汇编	按要求检查		10	10
			实行网上交易、电子支付等方式办理货币资金支付业务的企业，是否与承办银行签订网上银行操作协议，明确双方在资金安全方面的责任与义务、交易范围等	6	是		索取与银行签订的网上交易协议。核查正确性	×××〔2012〕180号财务制度汇编	有		6	6

续表

序号	评价指标	项目	测评业务具体内容	满分	是否适用		测评具体要求及程序	制度文号	测试情况	测评计分		综合得分
					是	否				设计	执行	
1	货币资金（满分200分）	内部控制执行有效性（满分100分）	是否遵守《现金管理暂行条例》和《支付结算办法》	6	是		检查是否遵守《现金管理暂行条例》和《支付结算办法》核对实际	×××〔2012〕180号财务制度汇编	遵守		6	6
			是否按照国家统一会计制度规定对现金、银行存款和其他货币资金进行核算和报告	10	是		抽查现金、银行存款的结算凭证	×××〔2012〕180号财务制度汇编	抽查		10	10
			是否编列印章清册并不定时盘点	4	是		检查是否编列印章清册并不定时盘点、执行如何	×××〔2012〕180号财务制度汇编	按规定编制		4	4
			办理付款业务所需的全部印章是否存在由一人保管的现象	4	是		检查办理付款业务所需的全部印章是否存在由一人保管的现象	×××〔2012〕180号财务制度汇编	无		4	4
			需要加盖公司印鉴的是否经审核批准	4	是		检查公司印鉴加盖的审批程序及执行情况	×××〔2012〕192号财务制度汇编	合规		4	4
			票据的购买、领用、保管、背书转让、注销手续是否健全	5	是		检查票据的购买、领用、保管、背书转让、注销手续是否健全	×××〔2012〕180号财务制度汇编	健全		5	5
			作废支票是否注销或顺号保存	5	是		检查作废支票的保管	×××〔2012〕180号财务制度汇编	按规定执行		5	5
			是否有明确的监督检查机构或人员，定期或不定期地进行检查	4	是		检查公司的相关的检查程序	×××〔2012〕180号财务制度汇编	机构缺陷无专职检查		1	1
			监督检查部门是否对业务规程的执行情况保留完整的检查、复核记录	4	是		检查监督检查部门的检查、复核记录	×××〔2012〕180号财务制度汇编	机构缺陷无专职检查		1	1

续表

序号	评价指标	项目	测评业务具体内容	满分	是否适用		测评具体要求及程序	制度文号	测试情况	测评计分		综合得分
					是	否				设计	执行	
1	货币资金（满分200分）	内部控制执行有效性（满分100分）	监督检查人员是否及时发现、纠正执行过程出现的错报漏报；发现问题的落实是否有反馈意见	4	是		检查监督检查部门的检查、复核记录和发现问题的落实记录	×××〔2012〕180号财务制度汇编	机构缺陷无专职检查		0	0
			▲测试期间内是否发生重大违规或货币资金损失事项	—		否			无发生		—	
			货币资金（执行）的权重10%				该项综合得分＝权重×得分小计				84	8.4
2	应收和预付款项（满分200分）	内部控制设计健全性和合理性（满分100分）	是否建立应收账款和预付账款授权审批程序	15	是		检查是否建立应收账款和预付账款授权审批程序，执行如何	×××〔2012〕180号财务制度汇编	健全，符合实际	15		15
			是否建立应收账款和预付账款的岗位责任制度和日常管理制度（账龄分析和催收制度）	15	是		检查相关的岗位责任制度和日常管理制度（账龄分析和催收制度）、检查催收记录	×××〔2012〕180号财务制度汇编	健全，符合实际	10		10
			是否建立应收账款和预付账款结算管理制度	15	是		检查是否建立应收账款和预付账款结算管理制度，执行如何	×××〔2012〕180号财务制度汇编	健全，符合实际	13		13
			是否建立坏账损失的确认审批与核销制度	15	是		检查是否建立坏账损失的确认审批与核销制度	×××〔2012〕180号财务制度汇编	健全，符合实际	15		15
			是否建立应收账款和预付账款的岗位轮换制度	15	是		检查是否建立应收账款和预付账款的岗位轮换制度，执行如何	×××〔2012〕180号财务制度汇编	健全，符合实际	8		8

续表

序号	评价指标	项目	测评业务具体内容	满分	是否适用		测评具体要求及程序	制度文号	测试情况	测评计分		综合得分
					是	否				设计	执行	
2	应收和预付款项（满分200分）	内部控制设计健全性和合理性（满分100分）	是否建立应收账款和预付账款的预算管理和定期分析制度	10	是		检查是否建立应收账款和预付账款的预算管理和定期分析制度，执行如何	×××〔2012〕180号财务制度汇编	健全，符合实际	10		10
			是否设置审计委员会或内部审计部门定期或不定期进行监督检查	15	是		检查审计部门是否定期或不定期进行监督检查	×××〔2012〕180号财务制度汇编	健全，符合实际	12		12
			应收和预付款项（设计）权重3%				该项综合得分＝权重×得分小计			83		2.49
		内部控制执行有效性（满分100分）	是否存在应收和预付款项业务不相容职务混岗的现象	8	是		检查是否存在应收和预付款项业务不相容职务混岗的现象	×××〔2012〕180号财务制度汇编	无		7	7
			应收和预付款项发生及处置的授权批准手续是否健全	7	是		检查应收及预付款项的审批记录及相关记录	×××〔2012〕180号财务制度汇编	有		6	6
			是否存在越权审批行为	7	是		检查应收及预付款项的审批记录及相关记录	×××〔2012〕180号财务制度汇编	有		6	6
			是否按照客户情况结合账龄对应收款项实施分类管理并采取有效手段催收	7	是		检查对应收账款是否划分了账龄，及其催收记录	×××〔2012〕180号财务制度汇编	有		6	6
			以银行存款结算的应收账款和预付账款是否直接汇入指定的银行账户	7	是		检查相关的会计记录	×××〔2012〕180号财务制度汇编	有		6	6
			收款部门是否定期与财务部门核对应收账款	7	是		检查收款部门与财务部门核对记录	×××〔2012〕180号财务制度汇编	有		6	6

续表

序号	评价指标	项目	测评业务具体内容	满分	是否适用 是	是否适用 否	测评具体要求及程序	制度文号	测试情况	测评计分 设计	测评计分 执行	综合得分
2	应收和预付款项（满分200分）	内部控制执行有效性（满分100分）	是否定期对应收账款和预付账款进行分析并将结果向管理部门汇报	7	是		索取定期对应收账款和预付账款的分析报告	×××〔2012〕180号财务制度汇编	不定期		5	5
			逾期未收回的款项是否分析原因并查明原因	7	是		索取对逾期未收回款项的原因分析报告	×××〔2012〕180号财务制度汇编	有		5	5
			坏账损失的审批、核销和后续转回是否符合规定	7	是		检查坏账损失的审批、核销和后续转回的相关记录	×××〔2012〕180号财务制度汇编	暂无坏账损失业务		7	7
			应收票据的受理范围和审查、贴现是否经由保管票据以外的主管人员书面批准	7	是		检查应收票据的受理范围和审查、贴现是否经由保管票据以外的主管人员书面批准记录	×××〔2012〕180号财务制度汇编	暂无此业务		7	7
			是否定期通过与往来客户函证等方式，核对应收和预付账款	7	是		检查与往来客户余额的核对记录	×××〔2012〕180号财务制度汇编	有		7	7
			是否按照国家统一的会计制度的规定对应收账款和预付账款进行核算和报告	7	是		检查相关的会计记录及财务报表	×××〔2012〕180号财务制度汇编	有		7	7
			是否有明确的监督检查机构或人员，定期或不定期地进行检查	7	是		检查监督检查机构或人员的检查记录	×××〔2012〕180号财务制度汇编	机构缺陷无专职检查		5	5
			监督检查部门是否对业务规程的执行情况保留完整的检查、复核记录	4	是		检查审计部门的检查记录	×××〔2012〕180号财务制度汇编	机构缺陷无专职检查		2	2

续表

序号	评价指标	项目	测评业务具体内容	满分	是否适用		测评具体要求及程序	制度文号	测试情况	测评计分		综合得分
					是	否				设计	执行	
2	应收和预付款项（满分200分）	内部控制执行有效性（满分100分）	监督检查人员是否及时发现、纠正执行过程出现的错报漏报；发现问题的落实是否有反馈意见	4	是		检查审计部门的检查记录及问题的落实情况	×××〔2012〕180号财务制度汇编	机构缺陷无专职检查		2	2
			▲测试期间内是否发生重大违规或应收账款和预付账款损失事项	—		否			未发生		—	
			应收和预付款项（执行）权重3%				该项综合得分＝权重×得分小计				84	2.52
3	存货（满分200分）	内部控制设计健全性和合理性（满分100分）	是否建立存货管理或储存办法、工作手册	10	是		检查存货管理或储存制度、工作手册，执行如何	制度汇编二	基本健全，符合实际	7		7
			是否建立存货业务的授权批准制度或工作手册	10	是		检查存货业务的授权批准制度或工作手册，执行如何	制度汇编二	基本健全，符合实际	7		7
			仓储、保管部门是否建立岗位责任制度和定期岗位轮换制度	10	是		检查仓储、保管部门岗位责任制度和定期岗位轮换制度	制度汇编二	基本健全，符合实际	7		7
			是否建立存货的分类管理制度	10	是		检查存货的分类管理制度，执行如何	制度汇编二	基本健全，符合实际	9		9
			是否建立存货的防火、防盗和防变质等措施，并建立相应的责任追究机制	10	是		检查存货的防火、防盗和防变质等措施，并建立相应的责任追究机制	制度汇编二	基本健全，符合实际	5		5
			是否建立存货清查盘点制度	10	是		检查存货清查盘点制度，执行如何	制度汇编二	基本健全，符合实际	10		10
			是否建立存货取货、验收、入库、保管、领用、发出及处置等各环节凭证资料的保管制度，以及定期与财务部门核对的制度	10	是		检查存货取货、验收、入库、保管、领用、发出及处置等各环节凭证资料的保管制度，以及定期与财务部门核对的制度，执行如何	制度汇编二	基本健全，符合实际	8		8

续表

序号	评价指标	项目	测评业务具体内容	满分	是否适用		测评具体要求及程序	制度文号	测试情况	测评计分		综合得分
					是	否				设计	执行	
3	存货（满分200分）	内部控制设计健全性和合理性（满分100分）	是否建立存货处置环节的控制制度	10	是		检查存货处置环节的控制制度，执行如何	制度汇编二	基本健全，符合实际	7		7
			是否制定存货成本核算方法、减值准备计提等具体会计处理方法	10	是		检查存货成本核算方法、减值准备计提等具体会计处理方法	×××〔2012〕180号财务制度汇编	基本健全，符合实际	8		8
			是否设置审计委员会或内部审计部门定期或不定期进行监督检查	10	是		检查审计部门的检查记录	×××〔2012〕180号财务制度汇编	基本健全，符合实际	8		8
			存货（设计）权重0.3%				该项综合得分＝权重×得分小计			76		0.23
		内部控制执行有效性（满分100分）	是否存在存货业务不相容职务混岗的现象	6	是		检查岗位人员配置情况	制度汇编二	兼职		5	5
			存货验收、发出、盘点、保管及处置的授权批准手续是否健全	6	是		检查相关手续是否经过授权	制度汇编二	经过授权		6	6
			是否存在越权审批行为	6	是		检查相关的审批及其权限	制度汇编二	经审批		6	6
			所有存货是否集中管理，是否只有经过授权的人员才能接近原材料和产成品存货	6	是		检查接处原材料及产成品的相关记录	制度汇编二	有		6	6
			存货计价方法的确定与变更是否经董事会、经理办公会等机构批准并符合会计制度规定	8	是		检查存货计价的相关会计制度的批准记录	制度汇编二	有		8	8
			是否由专职人员按照企业管理或储存办法实施存货管理	6	是		检查相关人员的记录	制度汇编二	无		3	3

续表

序号	评价指标	项目	测评业务具体内容	满分	是否适用		测评具体要求及程序	制度文号	测试情况	测评计分		综合得分
					是	否				设计	执行	
3	存货（满分200分）	内部控制执行有效性（满分100分）	是否定期或不定期进行存货的盘点，异地或租出存货是否每年发询证函或履行实地盘点程序	6	是		检查相关的盘点记录	制度汇编二	有		6	6
			存货盘盈、盘亏是否经适当的批准后及时调账，重大的盘盈、盘亏差异是否深入追查原因	12	是		检查盘盈、盘亏的批准手续	制度汇编二	有		12	12
			▲存货是否存在被盗、积压、毁损和流失的重大风险	—		否		制度汇编二	无发生			—
			存货记录是否采取永续盘存制，包括数量、存货地点及完成阶段、单位成本及总成本、最高及最低库存量等信息	6	是		检查存货盘点记录	制度汇编二	有		6	6
			仓库是否根据经核准的出货单或领料单发出存货	6	是		检查出货单	制度汇编二	合格		6	6
			入库单、领料单或出库单是否顺序编号	6	是		检查入库单和领料单的顺序编号	制度汇编二	不完整		4	4
			仓储是否有损耗定额，定额是否合理（高、适中、低）并遵照执行	6	是		检查仓储定额的相关规定及本年发生的损耗	制度汇编二	无损耗		6	6
			是否适当控制下脚料及废品	6	是		检查下脚料及废品的相关记录	制度汇编二	有		6	6

续表

序号	评价指标	项目	测评业务具体内容	满分	是否适用		测评具体要求及程序	制度文号	测试情况	测评计分		综合得分
					是	否				设计	执行	
3	存货（满分200分）	内部控制执行有效性（满分100分）	是否定期检查滞用存货或损坏存货并向主管汇报	6	是		检查定期报告	制度汇编二	无		6	6
			是否有明确的监督检查机构或人员，定期或不定期地进行检查	3	是		检查相关的检查记录	制度汇编二	机构缺陷无专职检查		0	0
			监督检查部门是否对业务规程的执行情况保留完整的检查、复核记录	3	是		检查相关的检查记录	制度汇编二	机构缺陷无专职检查		0	0
			监督检查人员是否及时发现、纠正执行过程出现的错报漏报；发现问题的落实是否有反馈意见	2	是		检查相关的检查记录	制度汇编二	机构缺陷无专职检查		0	0
			▲测试期间内是否发生重大违规或存货损失事项	—		否					0	0
			存货（执行）权重0.3%				该项综合得分＝权重×得分小计				86	0.26
4	固定资产（满分200分）	内部控制设计健全性和合理性（满分100分）	是否建立固定资产的确认标准和折旧、减值计提等会计核算制度	15	是		检查固定资产的会计核算制度，执行如何	×××〔2012〕180号财务制度汇编、内控手册	健全，符合实际	15		15
			是否建立固定资产的岗位职责分离制度和定期轮换制度	15	是		索取固定资产管理岗位设置和人员配备资料	×××〔2012〕180号财务制度汇编、内控手册	健全，符合实际	8		8
			是否建立固定资产的预算管理制度	15	是		检查固定资产的预算管理制度，执行如何	×××〔2012〕180号财务制度汇编、内控手册	健全，符合实际	15		15

续表

序号	评价指标	项目	测评业务具体内容	满分	是否适用		测评具体要求及程序	制度文号	测试情况	测评计分		综合得分
					是	否				设计	执行	
4	固定资产（满分200分）	内部控制设计健全性和合理性（满分100分）	是否建立固定资产的取得、保管、使用、变卖和处置以及报废等实物管理制度	15	是		检查固定资产的管理制度，执行如何	×××〔2012〕180号财务制度汇编、内控手册	健全，符合实际	13		13
			是否建立固定资产验收使用、维护保养、内部调剂等日常管理制度	15	是		检查固定资产的日常管理制度及执行如何	×××〔2012〕180号财务制度汇编、内控手册	健全，符合实际	10		10
			是否建立固定资产的定期盘点制度	10	是		检查是否定期进行了盘点	×××〔2012〕180号财务制度汇编、内控手册	健全，符合实际	10		10
			是否设置审计委员会或内部审计部门定期或不定期进行监督检查	15	是		检查内审部门是否定期或不定期进行了监督检查	×××〔2012〕180号财务制度汇编、内控手册	健全，符合实际	10		10
			固定资产（设计）权重15%				该项综合得分＝权重×得分小计			81		12.15
		内部控制执行有效性（满分100分）	是否存在固定资产不相容职务混岗的现象	4	是		索取固定资产管理岗位设置和人员配备资料	×××〔2012〕180号财务制度汇编、内控手册	有		4	4
			固定资产验收、盘点、保管、维修及处置的授权批准手续是否健全	4	是		检查是否办理了交接验收手续、索取盘点表检查	×××〔2012〕180号财务制度汇编、内控手册	有		4	4
			是否存在越权审批行为	4	是		检查审批流程及审批权限	×××〔2012〕180号财务制度汇编、内控手册	均按批复文件执行		4	4

续表

序号	评价指标	项目	测评业务具体内容	满分	是否适用：是	是否适用：否	测评具体要求及程序	制度文号	测试情况	测评计分：设计	测评计分：执行	综合得分
4	固定资产（满分200分）	内部控制执行有效性（满分100分）	购入时已列作低值易耗品的仪器、设备等是否妥善保管和明确保管责任，并经核准方可领用	4	是		检查是否有低值易耗品备查簿	×××〔2012〕180号财务制度汇编、内控手册	有		4	4
			是否存在固定资产购置预算，是否进行可行性研究，并从技术及经济角度选择最佳购置方案，有无特例及其原因	4	是		索取固定资产预算，是否有超预算的及无预算进行购买的及可行性研究	×××〔2012〕180号财务制度汇编、内控手册	不全		2	2
			固定资产的取得是否符合规定，成本核算是否正确	4	是		检查会计处理是否准确，折旧的计提及利息资本化	×××〔2012〕180号财务制度汇编、内控手册	正确		4	4
			固定资产取得时是否由验收单位填具固定资产验收单，验收单是否连续编号，是否依固定资产编号原则编入财产目录并设置资产卡或将资产编号贴于固定资产上	4	是		取得验收单，是否进行了连续编号，固定资产卡片的建产是否完整 是否已进行了编号并贴标	×××〔2012〕180号财务制度汇编、内控手册	完整		4	4
			固定资产评估及其会计处理是否符合相关规定	4	是		索取评估报告，及其会计处理是否符合规定	×××〔2012〕180号财务制度汇编、内控手册	暂无此业务		4	4
			向关联方购买固定资产的行为是否符合相关规定	4	是		检查是否有向关联方购买的固定资产及其定价是否符合规定	×××〔2012〕180号财务制度汇编、内控手册	符合规定		4	4

续表

序号	评价指标	项目	测评业务具体内容	满分	是否适用		测评具体要求及程序	制度文号	测试情况	测评计分		综合得分
					是	否				设计	执行	
4	固定资产（满分200分）	内部控制执行有效性（满分100分）	固定资产是否进行归口分级管理	4	是		检查固定资产的分类是否正确，使用部门与财务部门工作的衔接	×××〔2012〕180号财务制度汇编、内控手册	按规定进行了归口管理		4	4
			固定资产权属证明文件是否妥善保存	4	是		检查产权证件是否归档及是否有专人进行保管	×××〔2012〕180号财务制度汇编、内控手册	归档并有专人保管		4	4
			固定资产折旧、减值准备的会计核算是否符合规定	7	是		索取相关资料、检查折旧政策是否与公司规定的一致、计算复核计提折旧金额是否正确	×××〔2012〕180号财务制度汇编、内控手册	符合规定		7	7
			固定资产的维修和改良支出是否有控制标准或提前编制费用预算	4	是		维修及改良支出与预算进行核对，是否有预算	×××〔2012〕180号财务制度汇编、内控手册	暂无此业务		4	4
			▲抵押及担保重大固定资产是否有相关记录，并完整编制所有抵押及担保重大固定资产清单	—		否	检查评估报告及抵押担保的合同	×××〔2012〕180号财务制度汇编、内控手册	暂无此业务		0	—
			是否定期通过函证或实地盘点等方式，控制和核实租出固定资产的品质及数量	3	是		检查租赁协议及定期盘点报告	×××〔2012〕180号财务制度汇编、内控手册	暂无此业务		3	3
			是否采用管理信息系统对固定资产进行管理、调配，现有的管理信息系统能否满足业务要求	3	是		检查是否录入了固定资产卡片	×××〔2012〕180号财务制度汇编、内控手册	录入		3	3

续表

序号	评价指标	项目	测评业务具体内容	满分	是否适用		测评具体要求及程序	制度文号	测试情况	测评计分		综合得分
					是	否				设计	执行	
4	固定资产（满分200分）	内部控制执行有效性（满分100分）	是否定期对重要固定资产进行价值评估并办理保险，投保金额与资产现值是否相当	3	是		检查是否进行了评估及是否进行了投保，检查投保单据	××〔2012〕180号财务制度汇编、内控手册	均已投保		3	3
			闲置固定资产是否得到适当控制与处分	3	是		检查是否存在闲置的固定资产	××〔2012〕180号财务制度汇编、内控手册	不存在		3	3
			是否定期盘点固定资产，盘盈盘亏固定资产的审批手续是否健全	3	是		检查是否进行了定期盘点及盘点报告	××〔2012〕180号财务制度汇编、内控手册	已进行		3	3
			重大固定资产处置是否履行了联签审批手续	3	是		检查固定资产和处置的审批手续	××〔2012〕180号财务制度汇编、内控手册	暂无此业务		3	3
			固定资产处置依据是否充分，处置价格是否合理，价款是否及时、足额入账	3	是		检查固定资产的处置依据，检查账务处理是否及时	××〔2012〕180号财务制度汇编、内控手册	暂无此业务		3	3
			固定资产的调拨、出租出借是否履行了相关手续或签订相关合同	3	是		检查固定资产的调拨，出租出借的合同及相关的审批手续	××〔2012〕180号财务制度汇编、内控手册	暂无此业务		3	3
			固定资产提前报废事项是否事先向税务机关报备	3	是		检查向税务机关的备案情况	××〔2012〕180号财务制度汇编、内控手册	暂无此业务		3	3
			已提足折旧并已核销的固定资产如仍继续使用，是否作备查登记	6	是		检查是否有已提足折旧仍在使用的，是否又进行了登记	××〔2012〕180号财务制度汇编、内控手册	暂无此业务		4	4

续表

序号	评价指标	项目	测评业务具体内容	满分	是否适用（是）	是否适用（否）	测评具体要求及程序	制度文号	测试情况	测评计分（设计）	测评计分（执行）	综合得分
4	固定资产（满分200分）	内部控制执行有效性（满分100分）	是否有明确的监督检查机构或人员，定期或不定期地进行检查	4	是		检查监督检查的记录	×××〔2012〕180号财务制度汇编、内控手册	机构缺陷无专职检查		2	2
			监督检查部门是否对业务规程的执行情况保留完整的检查、复核记录	4	是		检查监督检查的记录	×××〔2012〕180号财务制度汇编、内控手册	机构缺陷无专职检查		2	2
			监督检查人员是否及时发现、纠正执行过程出现的错报漏报；发现问题的落实是否有反馈意见	4	是		检查反馈意见	×××〔2012〕180号财务制度汇编、内控手册	机构缺陷无专职检查		2	2
			▲测试期间内是否发生重大违规或固定资产损失事项	—		否	进行测试		无发生		0	0
			固定资产（执行）权重15%				该项综合得分＝权重×得分小计				90	13.5
5	无形资产（满分200分）	内部控制设计健全性和合理性（满分100分）	是否建立无形资产的确认标准和摊销、减值计提等会计核算制度	20	是		索取无形资产的会计处理政策	国家颁布的新会计准则	基本健全，符合实际	18		18
			是否建立无形资产的岗位职责分离制度和岗位定期轮换制度	20	是		索取无形资产的岗位职责及人员配备情况	×××〔2012〕180号财务制度汇编、内控手册	基本健全，无业务实际	10		10
			是否建立无形资产的预算管理制度	20	是		检查本年购置的无形资产是否有预算及超额预算	×××〔2012〕180号财务制度汇编、内控手册	基本健全，无业务	10		10

续表

序号	评价指标	项目	测评业务具体内容	满分	是否适用		测评具体要求及程序	制度文号	测试情况	测评计分		综合得分
					是	否				设计	执行	
5	无形资产（满分200分）	内部控制设计健全性和合理性（满分100分）	是否建立无形资产的取得、使用和处置等管理制度	20	是		检查无形资产的取得使用和处置制度	×××〔2012〕180号财务制度汇编、内控手册	基本健全，无业务实际	10		10
			是否设置内部审计部门定期或不定期进行监督检查	20	是		检查内审部门是否定期或不定期进行了监督检查	×××〔2012〕180号财务制度汇编、内控手册	基本健全，无业务实际	10		10
			无形资产（设计）权重0.2%				该项综合得分=权重×得分小计			58		0.12
		内部控制执行有效性（满分100分）	是否存在无形资产不相容职务混岗的现象	7	是		检查无形资产的岗位职责及人员配备情况	×××〔2012〕180号财务制度汇编、内控手册	机构缺陷无专职检查		2	2
			无形资产验收、计价及处置的授权批准手续是否健全	7	是		检查无形资产的授权及批准手续是否健全	×××〔2012〕180号财务制度汇编、内控手册	健全		7	7
			是否存在越权审批行为	7	是		检查批准手续是否有越权情况	×××〔2012〕180号财务制度汇编、内控手册	无		7	7
			无形资产投资预算编制、审批、执行情况是否符合规定	7	是		检查无形资产的预算编制	×××〔2012〕180号财务制度汇编、内控手册	有		7	7
			是否明确无形资产资本化条件；无形资产摊销、减值准备的会计核算是否符合规定；无形资产的后续支出是否有控制标准或提前编制预算并严格执行	7	是		检查相关的会计核算，及预算的执行情况	×××〔2012〕180号财务制度汇编、内控手册	良好		7	7

续表

序号	评价指标	项目	测评业务具体内容	满分	是否适用		测评具体要求及程序	制度文号	测试情况	测评计分		综合得分
					是	否				设计	执行	
5	无形资产（满分200分）	内部控制执行有效性（满分100分）	无形资产取得时是否已办理相应产权证书；验收过程是否符合规定的程序并形成相应的记录	7	是		检查产权证书及相应的记录	×××〔2012〕180号财务制度汇编、内控手册	正在办理当中		5	5
			如果无形资产使用保管人员辞职、调离、离退休，在办理离职手续之前，是否将其保管使用的无形资产移交完毕，相关负责人是否负责监交	7	是		检查无形资产的移交记录	×××〔2012〕180号财务制度汇编、内控手册	暂无此业务		7	7
			无形资产价值发生变动时，财务部门、资产管理部门之间是否及时传递相关信息，并对无形资产价值做相应变动记录	7	是		检查相关的记录	×××〔2012〕180号财务制度汇编、内控手册	传递及时		7	7
			重大无形资产处置是否履行了联签审批手续	6	是		检查审批手续	×××〔2012〕180号财务制度汇编、内控手册	暂无此业务		3	3
			无形资产处置依据是否充分，处置价格是否合理，价款是否及时、足额入账	6	是		检查处置价格及会计处理	×××〔2012〕180号财务制度汇编、内控手册	暂无此业务		3	3
			每年是否编制来年无形资产报废计划，并将准备报废的资产类别、原值、账面净值等报公司有关部门批准。无形资产报废计划之外或超出资产报废计划预算的无形资产是否有当年批准文件	6	是		检查有关的批准文件	×××〔2012〕180号财务制度汇编、内控手册	暂无此业务		3	3

续表

序号	评价指标	项目	测评业务具体内容	满分	是否适用：是	是否适用：否	测评具体要求及程序	制度文号	测试情况	测评计分：设计	测评计分：执行	综合得分
5	无形资产（满分200分）	内部控制执行有效性（满分100分）	无形资产提前报废事项是否事先向税务机关报备	6	是		检查相关的备案记录	×××〔2012〕180号财务制度汇编、内控手册	暂无此业务		3	3
			是否有明确的监督检查机构或人员，定期或不定期地进行检查	8	是		检查相关的检查记录	×××〔2012〕180号财务制度汇编、内控手册	机构缺陷无专职检查		3	3
			监督检查部门是否对业务规程的执行情况保留完整的检查、复核记录	6	是		检查相关的检查记录	×××〔2012〕180号财务制度汇编、内控手册	机构缺陷无专职检查		3	3
			监督检查人员是否及时发现、纠正执行过程出现的错报漏报；发现问题的落实是否有反馈意见	6	是		检查相关的检查记录	×××〔2012〕180号财务制度汇编、内控手册	机构缺陷无专职检查		3	3
			▲测试期间内是否发生重大违规或无形资产损失事项	—		否					0	0
			无形资产（执行）权重0.2%				该项综合得分＝权重×得分小计				70	0.14
6	在建工程（满分200分）	内部控制设计健全性和合理性（满分100分）	是否建立在建工程项目可行性研究决策责任制度	20	是		索取在建工程项目可行性研究决策责任制度	汇编制度二，内控手册	基本健全	15		15
			是否建立在建工程项目授权制度和审核批准制度	20	是		检查在建工程项目授权制度和审核批准制度	汇编制度二，内控手册	基本健全	15		15
			是否建立在建工程项目业务的岗位责任制和定期轮换制度	15	是		检查在建工程项目业务的岗位责任制和定期轮换制度	汇编制度二，内控手册	基本健全	10		10

续表

序号	评价指标	项目	测评业务具体内容	满分	是否适用：是	是否适用：否	测评具体要求及程序	制度文号	测试情况	测评计分：设计	测评计分：执行	综合得分
6	在建工程（满分200分）	内部控制设计健全性和合理性（满分100分）	是否建立在建工程项目概预算和价款支付的控制制度	15	是		检查在建工程项目概预算和价款支付的控制制度	×××〔2012〕180号财务制度汇编、内控手册	健全	15		15
			是否建立在建工程竣工决算环节的控制制度	15	是		检查是否建立在建工程竣工决算环节的控制制度	×××〔2012〕180号财务制度汇编、内控手册	健全	15		15
			是否设置审计委员会或内部审计部门定期或不定期进行监督检查	15	是		检查审计委员会或内部审计部门是否定期或不定期进行监督检查	×××〔2012〕180号财务制度汇编、内控手册	健全	8		8
			在建工程（设计）权重15%				该项综合得分＝权重×得分小计			78		11.7
		内部控制执行有效性（满分100分）	是否存在在建工程业务不相容职务混岗的现象	6	是		检查是否存在在建工程业务不相容职务混岗的现象	汇编制度二，内控手册	不存在		3	3
			重要业务的授权批准手续是否健全	6	是		检查重要业务的授权批准手续是否健全	汇编制度二，内控手册	健全		6	6
			是否存在越权审批行为	6	是		检查重要业务的授权批准手续是否健全、是否存在越权审批	汇编制度二，内控手册	无		6	6
			在建工程项目是否编制项目建议书和可行性研究报告	6	是		索取项目建议书和可行性研究报告	汇编制度二，内控手册	编制		6	6
			是否按照相关规定履行在建工程项目决策程序，确保项目决策科学合理	6	是		检查在建工程的项目决策程序是否符合相关的规定，检查项目决策是否科学合理	汇编制度二，内控手册	按程序履行		6	6

续表

序号	评价指标	项目	测评业务具体内容	满分	是否适用		测评具体要求及程序	制度文号	测试情况	测评计分		综合得分
					是	否				设计	执行	
6	在建工程（满分200分）	内部控制执行有效性（满分100分）	在建工程项目决策奖惩措施是否落实到位	5	是		检查在建工程项目决策奖惩措施是否落实到位	汇编制度二，内控手册	基本到位		4	4
			概预算编制依据是否真实合理	5	是		索取在建工程的概预算编制	汇编制度二，内控手册	真实合理		5	5
			概预算是否按规定履行审核	5	是		检查概预算是否经过审核	汇编制度二，内控手册	经过审核		5	5
			工程款、材料设备款及其他费用的支付是否符合相关法规制度规定和合同约定	5	是		检查在建工程的工程款、材料设备款及其他费用的合同、支付是否符合相关法规制度规定和合同约定	×××〔2012〕180号财务制度汇编、内控手册	符合相关约定		5	5
			建设成本核算是否及时、正确，并建立相关的工程辅助账	5	是		检要建设成本核算是否及时、正确，并建立相关的工程辅助账	×××〔2012〕180号财务制度汇编、内控手册	及时、正确		5	5
			是否分析建设项目期间资金的使用管理情况	5	是		检查在建工程的资金使用情况	×××〔2012〕180号财务制度汇编、内控手册	按时分析		5	5
			是否监督建设资金使用，确保建设成本反映真实	5	是		检查在建工程的相关会计记录，及资金使用的控制制度	×××〔2012〕180号财务制度汇编、内控手册	齐全		5	5
			建设期各阶段的财务管理能否控制建设资金的使用，为项目投产后取得良好的经济效益奠定基础	5	是		检查建设期各阶段的财务管理能否控制建设资金的使用	×××〔2012〕180号财务制度汇编、内控手册	严格控制		5	5

续表

序号	评价指标	项目	测评业务具体内容	满分	是否适用		测评具体要求及程序	制度文号	测试情况	测评计分		综合得分
					是	否				设计	执行	
6	在建工程（满分200分）	内部控制执行有效性（满分100分）	是否按规定及时办理竣工决算	5	是		索取竣工决算	×××〔2012〕180号财务制度汇编、内控手册	按时		5	5
			是否实施竣工决算审计	5	是		索取竣工决算审计报告	×××〔2012〕180号财务制度汇编、内控手册	实施		5	5
			是否按照会计制度、项目管理以及编制工程竣工决算报告的要求正确设置和运用会计科目，确保准确核算工程成本和各项费用的支出情况，正确归集、分摊应计入资产价值的其他费用支出	5	是		检查在建工程相关的会计记录，复核在建工程的资本化利息是否正确	×××〔2012〕180号财务制度汇编、内控手册	按规定执行		5	5
			是否有明确的监督检查机构或人员，定期或不定期地进行检查	5	是		检查监督检查机构或人员的检查记录	×××〔2012〕180号财务制度汇编、内控手册	机构缺陷无专职检查		2	2
			监督检查部门是否对业务规程的执行情况保留完整的检查、复核记录	5	是		检查监督检查机构或人员的检查记录及复核记录	×××〔2012〕180号财务制度汇编、内控手册	机构缺陷无专职检查		2	2
			监督检查人员是否及时发现、纠正执行过程出现的错报漏报；发现问题的落实是否有反馈意见	5	是		检查监督检查机构或人员的检查记录及反馈意见	×××〔2012〕180号财务制度汇编、内控手册	机构缺陷无专职检查		2	2
			▲测试期间内是否发生重大违规或在建工程损失事项	—	是						0	0
			在建工程（执行）权重15%				该项综合得分＝权重×得分小计				87	13.05

续表

序号	评价指标	项目	测评业务具体内容	满分	是否适用		测评具体要求及程序	制度文号	测试情况	测评计分		综合得分
					是	否				设计	执行	
7	成本费用（满分200分）	内部控制设计健全性和合理性（满分100分）	是否建立成本费用支出预算及其调整制度、执行情况分析制度	20	是		检查是否建立成本费用支出预算及其调整制度、执行情况分析制度，执行如何	×××〔2012〕180号财务制度汇编	健全，符合实际	8		8
			是否建立成本费用支出审批制度	20	是		检查是否建立成本费用支出审批制度执行如何	×××〔2012〕180号财务制度汇编	健全，符合实际	8		8
			是否建立成本费用业务的岗位责任制和定期轮换制度	15	是		检查是否建立成本费用业务的岗位责任制和定期轮换制度，执行如何	×××〔2012〕180号财务制度汇编	健全，符合实际	12		12
			是否建立成本费用核算制度	15	是		检查是否建立成本费用核算制度执行如何	×××〔2012〕180号财务制度汇编	健全，符合实际	12		12
			是否建立成本费用分析制度	15	是		检查是否建立成本费用分析制度执行如何	×××〔2012〕180号财务制度汇编	健全，符合实际	12		12
			是否设置审计委员会或内部审计部门定期或不定期进行监督检查	15	是		检查是否设置审计委员会或内部审计部门定期或不定期进行监督检查	×××〔2012〕180号财务制度汇编	健全，基本符合	7		7
			成本费用（设计）权重10%				该项综合得分＝权重×得分小计			59		5.9
		内部控制执行有效性（满分100分）	是否存在成本费用业务不相容职务混岗的现象	10	是		检查是否存在成本费用业务不相容职务混岗的现象	×××〔2012〕180号财务制度汇编	岗位设置缺陷		8	8
			成本费用业务的授权批准手续是否健全	10	是		检查成本费用业务的授权批准手续是否健全	×××〔2012〕180号财务制度汇编	健全		10	10
			是否存在越权审批的行为	9	是		检查是否存在越权审批的行为	×××〔2012〕180号财务制度汇编	无		9	9

续表

序号	评价指标	项目	测评业务具体内容	满分	是否适用：是	是否适用：否	测评具体要求及程序	制度文号	测试情况	测评计分：设计	测评计分：执行	综合得分
7	成本费用（满分200分）	内部控制执行有效性（满分100分）	▲重大成本费用支出的真实性、合理性、合法性	—	是		检查重大成本费用支出的真实性、合理性、合法性	×××〔2012〕180号财务制度汇编	真实、合理、合法			—
			是否按内部机构设置分级编制预算，并逐级审核汇总	8	是		检查是否按内部机构设置分级编制预算，并逐级审核汇总	×××〔2012〕180号财务制度汇编	严格执行		8	8
			预算编制是否涵盖所有财务收支、经营预算及资本经营计划	8	是		检查预算编制是否涵盖所有财务收支、经营预算及资本经营计划	×××〔2012〕180号财务制度汇编	预算全面		8	8
			成本费用支出是否实行年度预算总额控制及其实际执行情况	8	是		检查成本费用支出是否实行年度预算总额控制及实际执行情况	×××〔2012〕180号财务制度汇编	按年预算执行		8	8
			成本费用支出的授权、审核手续是否完整	8	是		检查成本费用支出的授权、审核手续是否完整	×××〔2012〕180号财务制度汇编	完整		8	8
			成本费用的记录、报告是否真实、完整	8	是		检查成本费用相关的会计核算、抽查相关的会计记录及财务报表	×××〔2012〕180号财务制度汇编	合格		8	8
			成本费用核算是否符合规定程序	8	是		检查成本费用相关的会计核算、抽查相关的会计记录	×××〔2012〕180号财务制度汇编	合格		8	8
			是否有明确的监督检查机构或人员，定期或不定期地进行检查	8	是		检查监督检查机构或人员的检查记录	×××〔2012〕180号财务制度汇编	外审		6	6

续表

序号	评价指标	项目	测评业务具体内容	满分	是否适用（是）	是否适用（否）	测评具体要求及程序	制度文号	测试情况	测评计分（设计）	测评计分（执行）	综合得分
7	成本费用（满分200分）	内部控制执行有效性（满分100分）	监督检查部门是否对业务规程的执行情况保留完整的检查、复核记录	8	是		检查监督检查机构或人员的检查记录	×××〔2012〕180号财务制度汇编	机构缺陷无专职检查		4	4
			监督检查人员是否及时发现、纠正执行过程出现的错报漏报；发现问题的落实是否有反馈意见	7	是		检查监督检查机构或人员的检查记录及反馈意见	×××〔2012〕180号财务制度汇编	机构缺陷无专职检查		4	4
			▲测试期间内是否发生重大违规或成本费用损失事项	—								
			成本费用（执行）权重10%				该项综合得分＝权重×得分小计				89	8.9
8	采购（满分200分）	内部控制设计健全性和合理性（满分100分）	是否制定明确的岗位职责描述文件，明确各部门岗位的职责、权限，以确保不相容岗位相分离、制约和监督	8	是		检查是否制定明确的岗位职责描述文件，明确各部门岗位的职责、权限，以确保不相容岗位相分离、制约和监督	制度汇编二、内控手册	健全，符合实际	8		8
			是否建立采购订单审批制度	8	是		检查是否建立采购订单审批制度	制度汇编二、内控手册	健全，符合实际	8		8
			是否建立定期轮岗制度或交叉稽核制度	8	是		检查是否建立定期轮岗制度或交叉稽核制度	制度汇编二	健全，符合实际	8		8
			是否建立采购预算管理办法	8	是		检查是否建立采购预算管理办法	制度汇编二、内控手册	健全，符合实际	8		8
			是否建立采购申请制度	8	是		检查是否建立采购申请制度	制度汇编二、内控手册	健全，符合实际	8		8
			是否建立请购文件、采购合同管理制度	8	是		检查是否建立请购文件、采购合同管理制度	制度汇编二	健全，符合实际	8		8

续表

序号	评价指标	项目	测评业务具体内容	满分	是否适用 是	是否适用 否	测评具体要求及程序	制度文号	测试情况	测评计分 设计	测评计分 执行	综合得分
8	采购（满分200分）	内部控制设计健全性和合理性（满分100分）	是否建立供应商评价及选择制度	7	是		检查是否建立供应商评价及选择制度	制度汇编二、内控手册	健全，符合实际	4		4
			是否建立供应商档案管理及更新制度	7	是		检查是否建立供应商档案管理及更新制度	制度汇编二、内控手册	健全，符合实际	4		4
			是否建立大宗商品集中采购制度	7	是		检查是否建立大宗商品集中采购制度	制度汇编二	健全，符合实际	7		7
			是否建立采购验收制度	7	是		检查是否建立采购验收制度	制度汇编二、内控手册	健全，符合实际	7		7
			是否建立采购验收异常情况处理机制	7	是		检查是否建立采购验收异常情况处理机制	制度汇编二、内控手册	健全，符合实际	7		7
			是否建立采购验收文件管理制度	7	是		检查是否建立采购验收文件管理制度	制度汇编二	健全，符合实际	7		7
			是否设置审计委员会或内部审计部门定期或不定期进行监督检查	10	是		检查是否设置审计委员会或内部审计部门定期或不定期进行监督检查	制度汇编二、内控手册	健全，符合实际	5		5
			采购（设计）权重5%				该项综合得分＝权重×得分小计			89		4.45
		内部控制执行有效性（满分100分）	各岗位员工是否清晰了解自己的职责、权限	8	是		各岗位员工是否清晰了解自己的职责、权限	制度汇编二	基本了解		6	6
			各岗位员工是否清晰了解审批权限，是否有效实施授权审批，是否存在越权审批情形	8	是		各岗位员工是否清晰了解审批权限，是否有效实施授权审批，是否存在越权审批情形	制度汇编二	基本了解		6	6

续表

序号	评价指标	项目	测评业务具体内容	满分	是否适用（是）	是否适用（否）	测评具体要求及程序	制度文号	测试情况	测评计分（设计）	测评计分（执行）	综合得分
8	采购（满分200分）	内部控制执行有效性（满分100分）	是否有效实施定期轮岗及交叉稽核，执行过程发生的错报漏报是否及时被发现纠正	8	是		是否有效实施定期轮岗及交叉稽核，执行过程发生的错报漏报是否及时被发现纠正	制度汇编二	岗位设置缺陷无法轮岗		4	4
			是否定期编制预算，并分析预算执行情况，超预算及预算外采购是否严格按照相关规定执行	8	是		是否定期编制预算，并分析预算执行情况，超预算及预算外采购是否严格按照相关规定执行	制度汇编二	按规定执行		7	7
			是否有效实施采购申请制度，采购申请是否明确了采购类别、质量等级、规格、数量、相关要求和标准、到货时间等关键要素	8	是		检查相关的实施采购申请制度	制度汇编二	健全		8	8
			请购记录是否真实完整	8	是		检查请购记录	制度汇编二	健全		8	8
			是否有效实施供应商评价及选择制度	7	是		检查相关的制度及其实施	制度汇编二	欠缺		3	3
			是否及时更新供应商档案信息	7	是		是否及时更新供应商档案信息	制度汇编二	欠缺		3	3
			是否有效执行集中采购或适当分级授权采购	7	是		是否有效执行集中采购或适当分级授权采购	制度汇编二	有效执行		7	7
			验收人员是否清晰了解自身职责、权限，并严格按照验收制度执行	7	是		索取相关的验收制度	制度汇编二	严格执行		7	7
			▲验收异常情况是否及时处理并记录在案	—			▲验收异常情况是否及时处理并记录在案	制度汇编二	有记录			—

续表

序号	评价指标	项目	测评业务具体内容	满分	是否适用		测评具体要求及程序	制度文号	测试情况	测评计分		综合得分
					是	否				设计	执行	
8	采购（满分200分）	内部控制执行有效性（满分100分）	验收记录是否真实、完整	6	是		检查相关验收记录的真实、完整性	制度汇编二	真实完整		6	6
			是否有明确的监督检查机构或人员，定期或不定期地进行检查	6	是		是否有明确的监督检查机构或人员，定期或不定期地进行检查	制度汇编二	机构缺陷无专职检查		0	0
			监督检查部门是否对业务规程的执行情况保留完整的检查、复核记录	6	是		监督检查部门是否对业务规程的执行情况保留完整的检查、复核记录	制度汇编二	机构缺陷无专职检查		0	0
			监督检查人员是否及时发现、纠正执行过程出现的错报漏报；发现问题的落实是否有反馈意见	6	是		监督检查人员是否及时发现、纠正执行过程出现错报漏报；发现问题的落实是否有反馈意见	制度汇编二	机构缺陷无专职检查		0	0
			▲测试期间内是否发生重大违规或采购损失事项	—			▲测试期间内是否发生重大违规或采购损失事项					
			采购（执行）权重5%				该项综合得分＝权重×得分小计				65	3.25
9	销售（满分200分）	内部控制设计健全性和合理性（满分100分）	是否制定明确的岗位职责描述文件，明确各部门岗位职责、权限，以确保不相容岗位相分离、制约和监督	7	是		检查相关的岗位职责描述文件，明确各部门岗位职责、权限，以确保不相容岗位相分离、制约和监督	执行相关政策	缺少制度配套	3		3
			是否制定销售政策、信用政策文件	7	是		是否制定销售政策、信用政策文件	执行相关政策	缺少制度配套	5		5
			是否建立定期轮岗制度或交叉稽核制度	7	是		是否建立定期轮岗制度或交叉稽核制度	执行相关政策	缺少制度配套	5		5

续表

序号	评价指标	项目	测评业务具体内容	满分	是否适用		测评具体要求及程序	制度文号	测试情况	测评计分		综合得分
					是	否				设计	执行	
9	销售（满分200分）	内部控制设计健全性和合理性（满分100分）	是否建立销售预算管理制度	7	是		是否建立销售预算管理制度	执行相关政策	缺少制度配套	5		5
			是否建立销售定价控制制度	7	是		是否建立销售定价控制制度	执行相关政策	缺少制度配套	5		5
			是否建立销售及发货业务流程制度	7	是		是否建立销售及发货业务流程制度	执行相关政策	缺少制度配套	5		5
			是否建立销售退回管理制度	7	是		是否建立销售退回管理制度	执行相关政策	缺少制度配套	5		5
			是否建立销售登记制度	7	是		是否建立销售登记制度	执行相关政策	缺少制度配套	5		5
			是否选择适当的销售收入确认政策	7	是		是否选择适当的销售收入确认政策	执行相关政策	缺少制度配套	5		5
			是否建立应收账款账龄分析制度和逾期应收账款催收制度	7	是		是否建立应收账款账龄分析制度和逾期应收账款催收制度	×××〔2012〕180号财务制度汇编、内控手册	健全	7		7
			是否按客户设置应收账款台账	7	是		是否按客户设置应收账款台账	×××〔2012〕180号财务制度汇编、内控手册	健全	7		7
			是否建立坏账准备计提及核销管理制度	7	是		是否建立坏账准备计提及核销管理制度	×××〔2012〕180号财务制度汇编、内控手册	健全	7		7
			是否建立应收款项定期对账制度	6	是		是否建立应收款项定期对账制度	×××〔2012〕180号财务制度汇编、内控手册	健全	6		6
			是否设置审计委员会或内部审计部门定期或不定期进行监督检查	10	是		是否设置审计委员会或内部审计部门定期或不定期进行监督检查	×××〔2012〕180号财务制度汇编、内控手册	不健全	5		5
			销售（设计）权重2%				该项综合得分＝权重×得分小计			75		1.5

续表

序号	评价指标	项目	测评业务具体内容	满分	是否适用		测评具体要求及程序	制度文号	测试情况	测评计分		综合得分
					是	否				设计	执行	
9	销售（满分200分）	内部控制执行有效性（满分100分）	各岗位员工是否清晰了解自己的职责、权限	7	是		各岗位员工是否清晰了解自己的职责、权限	执行相关政策	正常		7	7
			赊销业务是否遵循既定的销售政策、信用政策及程序	7	是		赊销业务是否遵循既定的销售政策、信用政策及程序	执行相关政策	正常		7	7
			是否有效实施定期轮岗及交叉稽核，执行过程发生的错报漏报是否及时发现纠正	7	是		是否有效实施定期轮岗及交叉稽核，执行过程发生的错报漏报是否及时发现纠正	执行相关政策	正常		7	7
			是否定期编制销售预算，并分析销售预算执行情况，是否严格按照相关规定管理超预算及预算外销售	7	是		检查销售预算，并分析销售预算执行情况，是否严格按照相关规定管理超预算及预算外销售	执行相关政策	正常		7	7
			是否严格执行销售定价控制制度，价目表、折扣政策、收款政策等重要规定是否定期审阅并及时更新	7	是		是否严格执行销售定价控制制度，价目表、折扣政策、收款政策等重要规定是否定期审阅并及时更新	执行相关政策	正常		7	7
			是否严格遵循销售及发货流程	7	是		是否严格遵循销售及发货流程	执行相关政策	正常		7	7
			是否严格执行销售退回程序	7	是		是否严格执行销售退回程序	执行相关政策	正常		7	7
			销售台账是否真实完整，并附有相关单据	7	是		销售台账是否真实完整，并附有相关单据	执行相关政策	正常		7	7
			销售收入确认政策是否符合国家法律法规要求及行业特点	7	是		销售收入确认政策是否符合国家法律法规要求及行业特点	执行相关政策	正常		7	7

续表

序号	评价指标	项目	测评业务具体内容	满分	是否适用		测评具体要求及程序	制度文号	测试情况	测评计分		综合得分
					是	否				设计	执行	
9	销售（满分200分）	内部控制执行有效性（满分100分）	是否定期编制账龄分析表，并及时采取适当手段催收逾期的往来款项	7	是		是否定期编制账龄分析表，并及时采取适当手段催收逾期的往来款项	×××〔2012〕180号财务制度汇编、内控手册	及时催收		7	7
			应收账款台账是否真实完整并及时更新	7	是		应收账款台账是否真实完整并及时更新	×××〔2012〕180号财务制度汇编、内控手册	完整		7	7
			坏账准备是否足额计提，符合相关规定的已核销应收账款是否按照账销案存资产相关规定管理	7	是		坏账准备是否足额计提，符合相关规定的已核销应收账款是否按照账销案存资产相关规定管理	×××〔2012〕180号财务制度汇编、内控手册	暂无坏账损失业务		7	7
			是否定期与客户核对往来账目，并形成书面记录和编制差异调节表，是否及时核实差异原因	5	是		是否定期与客户核对往来账目，并形成书面记录和编制差异调节表，是否及时核实差异原因	×××〔2012〕180号财务制度汇编、内控手册	定期核对		4	4
			是否有明确的监督检查机构或人员，定期或不定期地进行检查	4	是		是否有明确的监督检查机构或人员，定期或不定期地进行检查	×××〔2012〕180号财务制度汇编、内控手册	机构缺陷无专职检查		2	2
			监督检查部门是否对业务规程的执行情况保留完整的检查、复核记录	4	是		监督检查部门是否对业务规程的执行情况保留完整的检查、复核记录	×××〔2012〕180号财务制度汇编、内控手册	机构缺陷无专职检查		2	2
			监督检查人员是否及时发现、纠正执行过程出现的错报漏报；发现问题的落实是否有反馈意见	3	是		监督检查人员是否及时发现、纠正执行过程出现的错报漏报；发现问题的落实是否有反馈意见	×××〔2012〕180号财务制度汇编、内控手册	机构缺陷无专职检查		1	1

续表

序号	评价指标	项目	测评业务具体内容	满分	是否适用		测评具体要求及程序	制度文号	测试情况	测评计分		综合得分
					是	否				设计	执行	
9	销售（满分200分）	内部控制执行有效性(满分100分)	▲测试期间内是否发生重大违规或销售损失事项	—		否	▲测试期间内是否发生重大违规或销售损失事项					
			销售（执行）权重2%				该项综合得分＝权重×得分小计				93	1.86
10	投资（满分200分）	内部控制设计健全性和合理性(满分100分)	是否制定明确的岗位职责描述文件，明确各部门岗位职责、权限，以确保不相容岗位相分离与制衡	6	是		索取对外投资管理岗位设置和人员配备资料	×××〔2012〕180号财务制度汇编、内控手册	健全，符合实际	6		6
			是否建立对外投资授权制度和审核批准制度	6	是		索取对外投资授权批准制度及审批制度	×××〔2012〕180号财务制度汇编、内控手册	健全，符合实际	6		6
			是否建立定期轮岗制度或交叉稽核制度	6	是		检查是否进行了定期轮岗	×××〔2012〕180号财务制度汇编、内控手册	健全，符合实际	6		4
			是否建立投资文件管理制度	6	是		索取对外投资管理文件	×××〔2012〕180号财务制度汇编、内控手册	健全，符合实际	4		4
			是否建立年度投资预算管理	6	是		索取对外投资的预算	×××〔2012〕180号财务制度汇编、内控手册	健全，符合实际	6		6
			是否建立对外投资项目建议书及可行性研究分析论证制度	6	是		索取对外投资的项目建议书及可行性研究论证制度	×××〔2012〕180号财务制度汇编、内控手册	健全，符合实际	6		6

续表

序号	评价指标	项目	测评业务具体内容	满分	是否适用		测评具体要求及程序	制度文号	测试情况	测评计分		综合得分
					是	否				设计	执行	
10	投资（满分200分）	内部控制设计健全性和合理性（满分100分）	是否建立投资方案预审制度	6	是		检查是否进行了预审制度	×××〔2012〕180号财务制度汇编、内控手册	健全，符合实际	6		6
			是否建立投资项目审批制度	6	是		检查是否进行审批制度	×××〔2012〕180号财务制度汇编、内控手册	健全，符合实际	6		6
			是否建立投资合同管理制度	6	是		检查对外投资的合同	×××〔2012〕180号财务制度汇编、内控手册	健全，符合实际	6		6
			是否建立投资项目监督管理制度	6	是		检查是否建立了监督管理制度	×××〔2012〕180号财务制度汇编、内控手册	健全，符合实际	6		6
			是否建立对外投资有关权益证书管理制度	6	是		检查是否有有关权益证书管理制度	×××〔2012〕180号财务制度汇编、内控手册	健全，符合实际	6		6
			是否建立确保及时收回投资收益的控制措施	6	是		检查是否建立了收回投资收益的控制措施	×××〔2012〕180号财务制度汇编、内控手册	健全，符合实际	6		6
			是否建立投资减值评价制度	6	是		检查是否建立了投资减值评价制度	×××〔2012〕180号财务制度汇编、内控手册	健全，符合实际	6		6
			是否建立投资收回、转让、核销制度	6	是		检查是否进行了投资收回转让及核销制度	×××〔2012〕180号财务制度汇编、内控手册	健全，符合实际	6		6

续表

序号	评价指标	项目	测评业务具体内容	满分	是否适用 是	是否适用 否	测评具体要求及程序	制度文号	测试情况	测评计分 设计	测评计分 执行	综合得分
10	投资（满分200分）	内部控制设计健全性和合理性（满分100分）	是否建立投资收回、转让、核销文件管理制度	6	是		检查是否进行了投资收回转让及核销文件管理制度	×××〔2012〕180号财务制度汇编、内控手册	健全，符合实际	6		6
			是否设置审计委员会或内部审计部门定期或不定期进行监督检查	10	是		内部审计部门是否定期或不定期地进行了监督检查	×××〔2012〕180号财务制度汇编、内控手册	健全，符合实际	6		10
			投资（设计）权重3.5%				该项综合得分＝权重×得分小计			94		3.36
		内部控制执行有效性（满分100分）	各岗位员工是否清晰了解自己的职责、权限	6	是		检查对外投资管理岗位设置和人员配备资料	×××〔2012〕180号财务制度汇编、内控手册	暂无此业务		4	4
			各岗位员工是否清晰了解审批权限，是否有效实施授权审批，是否存在越权审批情形	6	是		检查人员是否了解审批权限，是否存在越权审批情形	×××〔2012〕180号财务制度汇编、内控手册	暂无此业务		6	6
			是否有效实施定期轮岗及交叉稽核，执行过程发生的错报漏报是否及时发现纠正	6	是		检查是否进行了定期轮岗	×××〔2012〕180号财务制度汇编、内控手册	暂无此业务		6	6
			是否妥善保管投资相关文件，并严格控制文件接触	6	是		检查是否有专人保管投资的相关文件	×××〔2012〕180号财务制度汇编、内控手册	暂无此业务		6	6
			是否定期编制投资预算，并分析投资预算执行情况，是否严格按照相关规定执行超预算及预算外投资管理	6	是		检查是否定期编制了投资预算，是否有超预算的情况	×××〔2012〕180号财务制度汇编、内控手册	暂无此业务		6	6

续表

序号	评价指标	项目	测评业务具体内容	满分	是否适用		测评具体要求及程序	制度文号	测试情况	测评计分		综合得分
					是	否				设计	执行	
10	投资（满分200分）	内部控制执行有效性（满分100分）	对外投资项目建议书、可行性研究分析论证是否保留适当的书面记录，并与实际收益情况对比分析	6	是		检查是否有对外投资项目建议书及可行性研究分析论证。检查书面记录	×××〔2012〕180号财务制度汇编、内控手册	暂无此业务		6	6
			提交审议的投资方案是否均附送预审情况说明	6	是		检查预审情况说明	×××〔2012〕180号财务制度汇编、内控手册	暂无此业务		6	6
			子公司投资项目是否按照管理权限报集团公司审批或备案	6	是		检查是否报集团公司审批及备案	×××〔2012〕180号财务制度汇编、内控手册	暂无此业务		6	6
			▲重大筹资决策是否均执行集体决策审批或联签制度	—		否	检查重大的筹资是否进行了集体决策，检查是否有会议记录	×××〔2012〕180号财务制度汇编、内控手册	暂无此业务		0	—
			是否由专人参与或关注被投资单位经营管理，并及时了解被投资单位经营状况	6	是		检查是否有专人参与被投资单位的管理	×××〔2012〕180号财务制度汇编、内控手册	暂无此业务		6	6
			对外投资有关权益证书是否有详细记录并被适当保管	6	是		检查对外投资的权益证书	×××〔2012〕180号财务制度汇编、内控手册	暂无此业务		6	6
			投资收益是否及时收回	6	是		检查相关的文件及会计记录	×××〔2012〕180号财务制度汇编、内控手册	暂无此业务		6	6

续表

序号	评价指标	项目	测评业务具体内容	满分	是否适用		测评具体要求及程序	制度文号	测试情况	测评计分		综合得分
					是	否				设计	执行	
10	投资（满分200分）	内部控制执行有效性（满分100分）	投资减值准备是否足额计提	6	是		检查减值是否及时足额计提	×××〔2012〕180号财务制度汇编、内控手册	暂无此业务		6	6
			投资收回、转让、核销是否经过适当的授权审批	6	是		检查投资收回、转让、核销的授权审批记录	×××〔2012〕180号财务制度汇编、内控手册	暂无此业务		6	6
			投资收回、转让、核销文件是否真实完整，并被妥善保管	6	是		检查投资收回、转让、核销的授权审批记录是否完整并被妥善保管	×××〔2012〕180号财务制度汇编、内控手册	暂无此业务		6	6
			是否有明确的监督检查机构或人员，定期或不定期地进行检查	6	是		检查是否有明确的监督检查机构或人员，定期或不定期地进行检查	×××〔2012〕180号财务制度汇编、内控手册	机构缺陷无专职检查		0	0
			监督检查部门是否对业务规程的执行情况保留完整的检查、复核记录	5	是		检查复核记录	×××〔2012〕180号财务制度汇编、内控手册	机构缺陷无专职检查		0	0
			监督检查人员是否及时发现、纠正执行过程出现的错报漏报；发现问题的落实是否有反馈意见	5	是		检查反馈意见	×××〔2012〕180号财务制度汇编、内控手册	机构缺陷无专职检查		0	0
			▲测试期间内是否发生重大违规或投资损失事项	—			进行测试					
			投资（执行）权重3.5%				该项综合得分＝权重×得分小计				82	2.87

续表

序号	评价指标	项目	测评业务具体内容	满分	是否适用		测评具体要求及程序	制度文号	测试情况	测评计分		综合得分
					是	否				设计	执行	
11	筹资（满分200分）	内部控制设计健全性和合理性（满分100分）	是否制定明确的岗位职责描述文件，明确各部门岗位职责、权限，以确保不相容岗位相分离、制约和监督	7	是		检查相关的岗位职责描述文件，明确各部门岗位职责、权限，以确保不相容岗位相分离、制约和监督	×××〔2012〕180号财务制度汇编、内控手册	健全，符合实际	7		7
			是否建立筹资授权制度和审核批准制度	7	是		是否建立筹资授权制度和审核批准制度	×××〔2012〕180号财务制度汇编、内控手册	健全，符合实际	7		7
			是否建立定期轮岗制度或交叉稽核制度	7	是		是否建立定期轮岗制度或交叉稽核制度	×××〔2012〕180号财务制度汇编、内控手册	健全，基本符合	3		3
			是否建立筹资文件管理制度	7	是		是否建立筹资文件管理制度	×××〔2012〕180号财务制度汇编、内控手册	健全，符合实际	5		5
			是否建立筹资方案分析论证制度	7	是		是否建立筹资方案分析论证制度	×××〔2012〕180号财务制度汇编、内控手册	健全，符合实际	7		7
			是否建立筹资预算制度	7	是		是否建立筹资预算制度	×××〔2012〕180号财务制度汇编、内控手册	健全，符合实际	7		7
			是否建立重大筹资决策风险评估制度	7	是		是否建立重大筹资决策风险评估制度	×××〔2012〕180号财务制度汇编、内控手册	健全，符合实际	7		7
			是否建立重大筹资方案集体决策审批或者联签制度	7	是		是否建立重大筹资方案集体决策审批或者联签制度	×××〔2012〕180号财务制度汇编、内控手册	健全，符合实际	7		7

续表

序号	评价指标	项目	测评业务具体内容	满分	是否适用		测评具体要求及程序	制度文号	测试情况	测评计分		综合得分
					是	否				设计	执行	
11	筹资（满分200分）	内部控制设计健全性和合理性(满分100分)	是否建立筹资决策责任追究制度	7	是		是否建立筹资决策责任追究制度	×××〔2012〕180号财务制度汇编、内控手册	健全，符合实际	7		7
			是否建立筹资合同管理制度	7	是		是否建立筹资合同管理制度	×××〔2012〕180号财务制度汇编、内控手册	健全，符合实际	7		7
			是否建立筹资业务会计核算及披露制度	7	是		是否建立筹资业务会计核算及披露制度	×××〔2012〕180号财务制度汇编、内控手册	健全，符合实际	7		7
			是否建立筹资用途变更管理制度	7	是		是否建立筹资用途变更管理制度	×××〔2012〕180号财务制度汇编、内控手册	健全，符合实际	6		6
			是否建立筹资资金偿付流程	6	是		是否建立筹资资金偿付流程	×××〔2012〕180号财务制度汇编、内控手册	健全，符合实际	6		6
			是否设置审计委员会或内部审计部门定期或不定期进行监督检查	10	是		是否设置审计委员会或内部审计部门定期或不定期进行监督检查	×××〔2012〕180号财务制度汇编、内控手册	健全，符合实际	10		10
			筹资（设计）权重2%				该项综合得分=权重×得分小计			93		1.86
		内部控制执行有效性(满分100分)	各岗位员工是否清晰了解自己的职责、权限	6	是		各岗位员工是否清晰了解自己的职责、权限	×××〔2012〕180号财务制度汇编、内控手册	了解		5	5
			各岗位员工是否清晰了解审批权限，是否有效实施授权审批，是否存在越权审批情形	6	是		各岗位员工是否清晰了解审批权限，是否有效实施授权审批，是否存在越权审批情形	×××〔2012〕180号财务制度汇编、内控手册	均按程序办理，无越权		5	5

续表

序号	评价指标	项目	测评业务具体内容	满分	是否适用：是	是否适用：否	测评具体要求及程序	制度文号	测试情况	测评计分：设计	测评计分：执行	综合得分
11	筹资（满分200分）	内部控制执行有效性（满分100分）	是否有效实施定期轮岗及交叉稽核，执行过程发生的错报漏报是否及时发现纠正	6	是		是否有效实施定期轮岗及交叉稽核，执行过程发生的错报漏报是否及时发现纠正	×××〔2012〕180号财务制度汇编、内控手册	岗位设置缺陷无法轮岗		3	3
			是否妥善保管筹资文件，并严格控制其接触	6	是		是否妥善保管筹资文件，并严格控制其接触	×××〔2012〕180号财务制度汇编、内控手册	严格遵守规定		6	6
			是否定期编制筹资预算，并分析筹资预算执行情况，是否严格按照相关规定执行超预算及预算外筹资管理	6	是		检查编制的筹资预算，并分析筹资预算执行情况，是否按照相关规定执行超预算及预算外筹资管理	×××〔2012〕180号财务制度汇编、内控手册	严格遵守规定		6	6
			筹资方案是否均经过详细分析论证	6	是		筹资方案是否均经过详细分析论证	×××〔2012〕180号财务制度汇编、内控手册	经过论证		6	6
			重大筹资决策是否均经过风险评估	6	是		重大筹资决策是否均经过风险评估	×××〔2012〕180号财务制度汇编、内控手册	经过风险评估		5	5
			▲重大筹资决策是否均执行集体决策审批或联签制度	—	是		检查重大筹资决策的集体决策审批或联签制度	×××〔2012〕180号财务制度汇编、内控手册	集体决策，执行流程			—
			重大筹资项目是否均进行期后评估	6	是		重大筹资项目是否均进行期后评估	×××〔2012〕180号财务制度汇编、内控手册	无		3	3

续表

序号	评价指标	项目	测评业务具体内容	满分	是否适用		测评具体要求及程序	制度文号	测试情况	测评计分		综合得分
					是	否				设计	执行	
11	筹资（满分200分）	内部控制执行有效性（满分100分）	筹资是否均经过适当授权审批，并签订相关合同	6	是		筹资是否均经过适当授权审批，并签订相关合同	×××〔2012〕180号财务制度汇编、内控手册	均按规定流程办理		6	6
			筹资是否均按照相关规定进行核算，并及时予以充分披露	6	是		检查筹资业务的核算，及披露	×××〔2012〕180号财务制度汇编、内控手册	按规定核算及披露		6	6
			筹资用途改变是否均履行审批手续，并保留书面审批记录	6	是		筹资用途改变是否均履行审批手续，并保留书面审批记录	×××〔2012〕180号财务制度汇编、内控手册	履行审批手续		6	6
			筹资偿付预算是否定期编制，并有效执行	6	是		筹资偿付预算是否定期编制，并有效执行	×××〔2012〕180号财务制度汇编、内控手册	定期编制，有效执行		6	6
			资金偿还是否严格按照筹资偿付流程实施	6	是		资金偿还是否严格按照筹资偿付流程实施	×××〔2012〕180号财务制度汇编、内控手册	严格按流程办理		6	6
			资金偿还文件是否真实完整，并被妥善保管	6	是		资金偿还文件是否真实完整，并被妥善保管	×××〔2012〕180号财务制度汇编、内控手册	完整并妥善保管		6	6
			是否有明确的监督检查机构或人员，定期或不定期地进行检查	6	是		是否有明确的监督检查机构或人员，定期或不定期地进行检查	×××〔2012〕180号财务制度汇编、内控手册	机构缺陷无专职检查		3	3
			监督检查部门是否对业务规程的执行情况保留完整的检查、复核记录	6	是		监督检查部门是否对业务规程的执行情况保留完整的检查、复核记录	×××〔2012〕180号财务制度汇编、内控手册	机构缺陷无专职检查		3	3

续表

序号	评价指标	项目	测评业务具体内容	满分	是否适用		测评具体要求及程序	制度文号	测试情况	测评计分		综合得分
					是	否				设计	执行	
11	筹资（满分200分）	内部控制执行有效性（满分100分）	监督检查人员是否及时发现、纠正执行过程出现的错报漏报；发现问题的落实是否有反馈意见	4	是		监督检查人员是否及时发现、纠正执行过程出现的错报漏报；发现问题的落实是否有反馈意见	×××〔2012〕180号财务制度汇编、内控手册	机构缺陷无专职检查		2	2
			▲测试期间内是否发生重大违规或筹资损失事项	—			▲测试期间内是否发生重大违规或筹资损失事项		无			
			筹资（执行）权重2%				该项综合得分＝权重×得分小计				83	1.66
12	担保（满分200分）	内部控制设计的健全性和合理性（满分100分）	是否制定明确的岗位职责描述文件，明确各部门岗位职责、权限，以确保不相容岗位相分离、制约和监督	10	是		索取担保管理实施办法、人员设置及岗位职责的描述	×××〔2012〕180号财务制度汇编、内控手册	基本健全	5		5
			是否建立担保授权制度和审核批准制度	10	是		索取担保授权制度和审核批准制度及审批资料	×××〔2012〕180号财务制度汇编、内控手册	基本健全	5		5
			是否建立担保业务风险评估制度	10	是		索取担保业务风险评估制度	×××〔2012〕180号财务制度汇编、内控手册	基本健全	5		5
			是否建立担保政策，并明确不得提供担保情形	10	是		索取担保政策，及不得提供担保的情形	×××〔2012〕180号财务制度汇编、内控手册	基本健全	5		5
			是否建立担保评价及审批回避制度	10	是		索取担保评价制度及审批回避制度	×××〔2012〕180号财务制度汇编、内控手册	基本健全、执行	5		5

续表

序号	评价指标	项目	测评业务具体内容	满分	是否适用		测评具体要求及程序	制度文号	测试情况	测评计分		综合得分
					是	否				设计	执行	
12	担保（满分200分）	内部控制设计的健全性和合理性（满分100分）	是否建立担保合同管理制度及担保台账登记制度	10	是		索取合同管理制度及台账登记制度	×××〔2012〕180号财务制度汇编、内控手册	基本健全	5		5
			是否建立反映担保业务执行情况的监测报告制度	10	是		索取监测报告	×××〔2012〕180号财务制度汇编、内控手册	基本健全	5		5
			是否建立反担保管理制度	10	是		是否建立反担保管理制度	×××〔2012〕180号财务制度汇编、内控手册	基本健全	5		5
			是否选择适当的会计核算方法及披露方法	10	是		检查会计处理方法是否符合规定	×××〔2012〕180号财务制度汇编、内控手册	基本健全	5		5
			是否设置审计委员会或内部审计部门定期或不定期进行监督检查	10	是		检查内部审计部门是否定期或不定期进行监督检查	×××〔2012〕180号财务制度汇编、内控手册	基本健全	5		5
			担保（设计）权重 2%				该项综合得分 = 权重 × 得分小计			50		1
		内部控制执行的有效性（满分100分）	各岗位员工是否清晰了解自己的职责、权限	10	是		检查对外担保管理岗位设置和人员配备资料	×××〔2012〕180号财务制度汇编、内控手册	暂无此业务		10	10
			各岗位员工是否清晰了解审批权限，是否有效实施授权审批，是否存在越权审批情形	10	是		检查是否存在越级担保情况，是否有对非被投资单位和个人提供担保，担保是否超过其净资产的50%，检查对被投资企业担保额是否符合规定比例	×××〔2012〕180号财务制度汇编、内控手册	暂无此业务		6	6

续表

序号	评价指标	项目	测评业务具体内容	满分	是否适用		测评具体要求及程序	制度文号	测试情况	测评计分		综合得分
					是	否				设计	执行	
12	担保（满分200分）	内部控制执行有效性(满分100分)	是否所有的担保业务均经风险评估，且保留完整的书面记录	10	是		索取风险评估资料	×××〔2012〕180号财务制度汇编、内控手册	暂无此业务		8	8
			▲重大担保是否均按担保政策实施	—		否	检查重大担保的实施情况	×××〔2012〕180号财务制度汇编、内控手册	暂无此业务			
			担保评价及审批过程中关联方是否已回避	10	是		检查担保评价及审批过程中关联方是否已回避	×××〔2012〕180号财务制度汇编、内控手册	暂无此业务		10	10
			担保是否均签署合同，并纳入担保台账管理	10	是		索取担保合同，检查担保台账	×××〔2012〕180号财务制度汇编、内控手册	暂无此业务		10	10
			担保监测报告是否能够真实反映被担保人的经营情况和财务状况、担保项目的执行、资金的使用等有关财务风险情况	10	是		检查担保的监测报告	×××〔2012〕180号财务制度汇编、内控手册	暂无此业务		10	10
			反担保财产是否被妥善保管	10	是		检查反担保财产的保管情况	×××〔2012〕180号财务制度汇编、内控手册	暂无此业务		10	10
			符合条件的担保损失是否确认为预计负债，或在财务报告中充分披露有关担保风险	10	是		检查财务报表是否已做了披露	×××〔2012〕180号财务制度汇编、内控手册	暂无此业务		10	10

续表

序号	评价指标	项目	测评业务具体内容	满分	是否适用		测评具体要求及程序	制度文号	测试情况	测评计分		综合得分
					是	否				设计	执行	
12	担保（满分200分）	内部控制执行有效性（满分100分）	是否有明确的监督检查机构或人员，定期或不定期地进行检查	7	是		了解是否有监督检查部门机构及是否进行了不定期的检查	×××〔2012〕180号财务制度汇编、内控手册	暂无此业务		7	7
			监督检查部门是否对业务规程的执行情况保留完整的检查、复核记录	7	是		检查监督检查部门的复核记录	×××〔2012〕180号财务制度汇编、内控手册	暂无此业务		7	7
			监督检查人员是否及时发现、纠正执行过程出现的错报漏报；发现问题的落实是否有反馈意见	6	是		检查反馈意见	×××〔2012〕180号财务制度汇编、内控手册	暂无此业务		6	6
			▲测试期间内是否发生重大违规或担保损失事项	—		否						0
			担保（执行）权重2%				该项综合得分＝权重×得分小计				94	1.88
13	高风险业务（满分200分）	内部控制设计的健全性和合理性（满分100分）	是否建立高风险业务研究决策程序制度	30	是		索取高风险业务研究决策程序制度	内控手册	健全，符合实际	30		30
			是否在执行、处置、监督检查等具体关键控制点存在健全有效内部控制文本或预警模型	30	是		建立了内部控制文本或预警模型	内控手册	健全，符合实际	30		30
			是否存在不相容岗位分离、定期轮岗制度	20	是		不相容的岗位相分离及定期轮岗落实情况	内控手册	健全，符合实际	20		20
			是否设置审计委员会或内部审计部门定期或不定期进行监督检查	20	是		设立了内部审计部门，验证	内控手册	健全，符合实际	20		20
			高风险业务（设计）权重1%				该项综合得分＝权重×得分小计			100		1

续表

序号	评价指标	项目	测评业务具体内容	满分	是否适用		测评具体要求及程序	制度文号	测试情况	测评计分		综合得分
					是	否				设计	执行	
13	高风险业务（满分200分）	内部控制执行的有效性（满分100分）	高风险业务执行过程中是否可以观测到预警及退出机制的实施	20	是		检查实施的相关记录	内控手册	缺少		10	10
			高风险业务信息的披露是否真实完整	20	是		检查相关信息的披露	内控手册	缺少		10	10
			是否有明确的监督检查机构或人员，定期或不定期地进行检查	20	是		检查相关检查记录	内控手册	机构缺陷无专职检查		10	10
			监督检查部门是否对业务规程的执行情况保留完整的检查、复核记录	20	是		检查相关检查记录	内控手册	机构缺陷无专职检查		10	10
			监督检查人员是否及时发现、纠正执行过程出现的错报漏报；发现问题的落实是否有反馈意见	20	是		检查相关的检查记录及反馈意见的落实情况	内控手册	机构缺陷无专职检查		10	10
			▲测试期间内是否发生重大违规或限额外损失事项	—		否						
			高风险业务（执行）权重1%				该项综合得分＝权重×得分小计				50	0.5
14	关联方交易（满分200分）	内部控制设计的健全性和合理性（满分100分）	是否有明确的规章制度、工作手册等详细描述关联方交易管理内部控制	20	是		是否有明确的规章制度、工作手册等详细描述关联方交易管理内部控制	执行新会计准则	健全、执行	20		20
			是否建立关联方交易披露控制制度	20	是		是否建立关联方交易披露控制制度	执行新会计准则	健全、执行	20		20
			是否建立不相容岗位分离和岗位授权制度	15	是		是否建立不相容岗位分离和岗位授权制度	执行新会计准则	健全、执行	15		15

续表

序号	评价指标	项目	测评业务具体内容	满分	是否适用：是	是否适用：否	测评具体要求及程序	制度文号	测试情况	测评计分：设计	测评计分：执行	综合得分
14	关联方交易（满分200分）	内部控制设计的健全性和合理性（满分100分）	是否建立关联方交易的评估论证报告和决策制度	15	是		是否建立关联方交易的评估论证报告和决策制度	执行新会计准则	健全、执行	15		15
			是否建立关联方交易定期核对制度	15	是		是否建立关联方交易定期核对制度	执行新会计准则	健全、执行	15		15
			是否设置审计委员会或内部审计部门定期或不定期进行监督检查	15	是		是否设置审计委员会或内部审计部门定期或不定期进行监督检查	内控手册	健全、执行	5		5
			关联方交易（设计）权重1%				该项综合得分＝权重×得分小计			90		0.9
		内部控制执行的有效性（满分100分）	企业的关联方交易活动是否均真实完整披露	10	是		企业的关联方交易活动是否均真实完整披露	新会计准则	完整披露		10	10
			关联方交易规章制度是否得到全面执行	20	是		关联方交易规章制度是否得到全面执行	新会计准则	严格执行		20	20
			岗位分离和授权制度是否有效执行	15	是		岗位分离和授权制度是否有效执行		岗位缺陷无法有效执行		8	8
			新增关联方交易是否履行评估论证和决策程序	10	是		新增关联方交易是否履行评估论证和决策程序	新会计准则	暂无此业务		10	10
			是否由专人定期核对和监督关联方交易执行情况	20	是		是否由专人定期核对和监督关联方交易执行情况		有		20	20
			关联方交易信息披露是否充分适当	10	是		关联方交易信息披露是否充分适当	新会计准则	充分适当		10	10
			是否有明确的监督检查机构或人员，定期或不定期地进行检查	5	是		是否有明确的监督检查机构或人员，定期或不定期地进行检查	会计政策	机构缺陷无专职检查		2	2

续表

序号	评价指标	项目	测评业务具体内容	满分	是否适用		测评具体要求及程序	制度文号	测试情况	测评计分		综合得分
					是	否				设计	执行	
14	关联方交易（满分200分）	内部控制执行的有效性（满分100分）	监督检查部门是否对业务规程的执行情况保留完整的检查、复核记录	5	是		监督检查部门是否对业务规程的执行情况保留完整的检查、复核记录	会计政策	机构缺陷无专职检查		2	2
			监督检查人员是否及时发现、纠正执行过程出现的错报漏报；发现问题的落实是否有反馈意见	5	是		监督检查人员是否及时发现、纠正执行过程出现的错报漏报；发现问题的落实是否有反馈意见	会计政策	机构缺陷无专职检查		2	2
			▲测试期间内是否发生重大违规或人为调整财务数据事项	—		否	测试期间内是否发生重大违规或人为调整财务数据事项		无			
			关联方交易（执行）权重1%				该项综合得分＝权重×得分小计				84	0.84
15	财务体系（满分200分）	内部控制设计的健全性和合理性（满分100分）	企业是否设置总会计师岗位或明确履行总会计师职责的人员，内部审计机构是否独立于财务部门	40	是		索取组织流程图	内控手册	组织机构未设立	20		20
			是否对总会计师、财务、内部审计机构人员配备存在任职资格的要求	20	是		索取相关人员的资格	内控手册	有、执行	15		15
			是否以文件的形式明确总会计师、财务人员、内部审计人员的工作职责	40	是		取得相关的文件相关人员的工作职责	内控手册	组织机构未设立	20		20
			财务体系（设计）权重5%				该项综合得分＝权重×得分小计			55		2.75

续表

序号	评价指标	项目	测评业务具体内容	满分	是否适用		测评具体要求及程序	制度文号	测试情况	测评计分		综合得分
					是	否				设计	执行	
15	财务体系（满分200分）	内部控制执行的有效性（满分100分）	总会计师、财务机构、内部审计机构是否健全	25	是		检查相关机构是否健全	内控手册	无总会计师和审计机构		10	10
			总会计师、财务机构、内部审计机构是否充分发挥了会计核算和财务监督的管理职能	25	是		索取相关的岗位职能文件	内控手册	无总会计师和审计机构		10	10
			总会计师是否在企业重大经营决策中切实履行其职责	25	是		在重大经营决策中总会计师是否进行了参与。并切实履行了其职责	内控手册	无总会计师		13	13
			内部审计工作是否按制度开展，内部审计报告和管理建议书等内部审计结果是否得到应用，是否为公司改善经营管理、提高经济效益提供了服务	25	是		索取内部审计部门相关的审计报告，并检查其结果是否得到了应用	内控手册	兼职开展		12	12
			财务体系（执行）权重5%				该项综合得分＝权重×得分小计				45	2.25
16	财务预算（满分200分）	内部控制设计的健全性和合理性（满分100分）	是否有明确的规章制度、工作手册等详细描述财务预算管理内部控制	20	是		是否有明确的规章制度、工作手册等详细描述财务预算管理内部控制	×××〔2012〕180号财务制度汇编、内控手册	健全，符合实际	20		20
			预算文件管理制度是否健全	10	是		预算文件管理制度是否健全	×××〔2012〕180号财务制度汇编、内控手册	健全，符合实际	10		10
			是否建立不相容岗位分离制度	10	是		是否建立不相容岗位分离制度	×××〔2012〕180号财务制度汇编、内控手册	健全，符合实际	7		7

续表

序号	评价指标	项目	测评业务具体内容	满分	是否适用		测评具体要求及程序	制度文号	测试情况	测评计分		综合得分
					是	否				设计	执行	
16	财务预算（满分200分）	内部控制设计的健全性和合理性（满分100分）	是否建立财务预算编制、审批制度	20	是		是否建立财务预算编制、审批制度	×××〔2012〕180号财务制度汇编、内控手册	健全，符合实际	20		20
			是否建立财务预算调整制度，是否建立财务预算执行情况内部报告制度和预警机制	20	是		是否建立财务预算调整制度，是否建立财务预算执行情况内部报告制度和预警机制	×××〔2012〕180号财务制度汇编、内控手册	健全，符合实际	20		20
			是否建立分析和检查财务预算执行结果的制度，并明确奖惩措施	10	是		是否建立分析和检查财务预算执行结果的制度，并明确奖惩措施	×××〔2012〕180号财务制度汇编、内控手册	健全，符合实际	10		10
			是否设置审计委员会或内部审计部门定期或不定期进行监督检查	10	是		是否设置审计委员会或内部审计部门定期或不定期进行监督检查	×××〔2012〕180号财务制度汇编、内控手册	未设置二级机构	8		8
			财务预算（设计）权重10%				该项综合得分＝权重×得分小计			95		9.5
		内部控制执行的有效性（满分100分）	财务预算编制依据是否真实合理、程序是否适当、方法是否科学，财务预算是否进行审核批准	15	是		财务预算编制依据是否真实合理、程序是否适当、方法是否科学，财务预算是否进行审核批准	×××〔2012〕180号财务制度汇编、内控手册	依照上级要求编制、审批		15	15
			已编制的财务预算是否涵盖企业的全部财务预算经营管理活动，是否与企业经营规模及业务复杂程度相一致	15	是		检查已编制的财务预算是否符合相关的规定	×××〔2012〕180号财务制度汇编、内控手册	符合相关规定		15	15
			是否存在财务预算业务不相容职务混岗的现象，相关授权批准手续是否健全，是否存在越权审批行为	15	是		是否存在财务预算业务不相容职务混岗的现象，相关授权批准手续是否健全，是否存在越权审批行为	×××〔2012〕180号财务制度汇编、内控手册	无		15	15

续表

序号	评价指标	项目	测评业务具体内容	满分	是否适用		测评具体要求及程序	制度文号	测试情况	测评计分		综合得分
					是	否				设计	执行	
16	财务预算（满分200分）	内部控制执行的有效性(满分100分)	财务预算调整是否履行相关审批程序，对财务预算执行差异的处理是否符合规定	15	是		财务预算调整是否履行相关审批程序，对财务预算执行差异的处理是否符合规定	×××〔2012〕180号财务制度汇编、内控手册	符合规定		15	15
			是否定期对财务预算执行结果进行分析，并根据分析结果完善财务预算管理和落实奖惩措施	15	是		是否定期对财务预算执行结果进行分析，并根据分析结果完善财务预算管理和落实奖惩措施	×××〔2012〕180号财务制度汇编、内控手册	按期分析		15	15
			是否有明确的监督检查机构或人员，定期或不定期地进行检查	10	是		是否有明确的监督检查机构或人员，定期或不定期地进行检查	×××〔2012〕180号财务制度汇编、内控手册	机构缺陷无专职检查		8	8
			监督检查部门是否对业务规程的执行情况保留完整的检查、复核记录	5	是		监督检查部门是否对业务规程的执行情况保留完整的检查、复核记录	×××〔2012〕180号财务制度汇编、内控手册	机构缺陷无专职检查		4	4
			监督检查人员是否及时发现、纠正执行过程出现的错报漏报；发现问题的落实是否有反馈意见	10	是		监督检查人员是否及时发现、纠正执行过程出现的错报漏报；发现问题的落实是否有反馈意见	×××〔2012〕180号财务制度汇编、内控手册	机构缺陷无专职检查		8	8
			▲审计期间内未发生重大违规或财务预算执行差异	—		否	▲审计期间内未发生重大违规或财务预算执行差异					
			财务预算（执行）权重10%				该项综合得分＝权重×得分小计				95	9.5

续表

序号	评价指标	项目	测评业务具体内容	满分	是否适用		测评具体要求及程序	制度文号	测试情况	测评计分		综合得分
					是	否				设计	执行	
17	财务组织（满分200分）	内部控制设计的健全性和合理性（满分100分）	是否建立总部统一委派和轮换子企业总会计师（财务总监）的管理规定	20		否	检查是否建立总部统一委派和轮换子企业总会计师（财务总监）的管理规定	×××〔2012〕180号财务制度汇编、内控手册	无此职能	0		0
			是否有明确的制度规定，总部在统一规划的前提下，可以集中管理子企业资金	20		否	检查是否有明确的制度规定，总部在统一规划的前提下，可以集中管理子企业资金	×××〔2012〕180号财务制度汇编、内控手册	无此职能	0		0
			是否有明确的制度规定，总部对子企业重大资产可以实施管理控制，并监督重大资产运营情况	15		否	检查是否有明确的制度规定，总部对子企业重大资产可以实施管理控制，并监督重大资产运营情况	×××〔2012〕181号财务制度汇编、内控手册	无此职能	0		0
			是否有明确制度规定，总部对子企业重大经济合同可以实施管理控制，并监督合同执行情况	15		否	检查是否有明确制度规定，总部对子企业重大经济合同可以实施管理控制，并监督合同执行情况		无此职能	0		0
			是否有明确制度规定，总部对子企业重大财务事项实行审批和报备管理	15		否	检查是否有明确制度规定，总部对子企业重大财务事项实行审批和报备管理		无此职能	0		0
			是否设置审计委员会或内部审计部门定期或不定期进行监督检查	15	是		检查是否设置审计委员会或内部审计部门定期或不定期进行监督检查		无此职能	15		15
			财务组织（设计）权重5%				该项综合得分＝权重×得分小计			15		0.75

续表

序号	评价指标	项目	测评业务具体内容	满分	是否适用		测评具体要求及程序	制度文号	测试情况	测评计分		综合得分
					是	否				设计	执行	
17	财务组织（满分200分）	内部控制执行的有效性（满分100分）	总部是否统一委派和轮换子企业总会计师（财务总监）	25		否	检查是否进行了轮换		无此职能			
			总部是否在统一规划的前提下，在集团内部统筹安排子企业资金的筹集和运用	20		否	检查资金是否进行了统一安排		无此职能			
			总部是否参与子企业重大经济合同的签订，并监督合同的执行情况	20		否	检查是否参与子企业重大经济合同的签订，并监督合同的执行情况		无此职能			
			子企业是否按照管理权限将重要财务人事任免、重大财务事项，报总部审批或备案	20		否	检查审批及备案情况		无此职能			
			是否有明确的监督检查机构或人员，定期或不定期地进行检查	5		否	检查中是否定期或不定期地进行检查		无此职能			
			监督检查部门是否对业务规程的执行情况保留完整的检查、复核记录	5		否	检查记录是否完整		无此职能			
			监督检查人员是否及时发现、纠正执行过程出现的错报漏报；发现问题的落实是否有反馈意见	5		否	检查反馈意见		无此职能			
			财务组织（执行）权重5%				该项综合得分＝权重×得分小计					0

续表

序号	评价指标	项目	测评业务具体内容	满分	是否适用		测评具体要求及程序	制度文号	测试情况	测评计分		综合得分
					是	否				设计	执行	
18	财务报告和信息披露（满分200分）	内部控制设计的健全性和合理性（满分100分）	是否有文件批准执行新企业会计准则或企业会计制度	15	是		索取相关的文件	×××〔2012〕180号财务制度汇编	健全，符合实际	15		15
			是否建立财务报告编制方案审批程序	15	是		是否建立财务报告编制方案审批程序	×××〔2012〕180号财务制度汇编	健全，符合实际	15		15
			是否建立重大会计政策、会计估计的评估与审批制度，是否明确规定重大会计政策、会计估计变更的条件和程序	15	是		检查重大会计政策、会计估计的评估与审批制度，是否规定重大会计政策、会计估计变更条件和程序	×××〔2012〕180号财务制度汇编	健全，符合实际	15		15
			是否建立资产减值准备计提、转让及核销制度和资产管理责任追究制度	15	是		是否建立资产减值准备计提、转让及核销制度和资产管理责任追究制度	×××〔2012〕180号财务制度汇编	健全，符合实际	15		15
			是否建立公允价值计量方法和模型，是否建立与公允价值计量有关的风险防范机制	15	是		是否建立公允价值计量方法和模型，是否建立与公允价值计量有关的风险防范机制	×××〔2012〕180号财务制度汇编	健全，符合实际	15		15
			是否建立信息披露岗位责任制度和授权批准制度，信息披露内容是否经过相关部门联合审议	10	是		是否建立信息披露岗位责任制度和授权批准制度，信息披露内容是否经过相关部门联合审议	×××〔2012〕180号财务制度汇编	健全，符合实际	10		10
			是否设置审计委员会或内部审计部门定期或不定期进行监督检查	15	是		是否设置审计委员会或内部审计部门定期或不定期进行监督检查	×××〔2012〕180号财务制度汇编	机构缺陷无专职检查	8		8
			财务报告和信息披露（设计）权重5%				该项综合得分＝权重×得分小计			93		4.65

续表

序号	评价指标	项目	测评业务具体内容	满分	是否适用		测评具体要求及程序	制度文号	测试情况	测评计分		综合得分
					是	否				设计	执行	
18	财务报告和信息披露（满分200分）	内部控制执行的有效性（满分100分）	企业财务管理和会计核算水平是否与所执行的会计规范（行业会计制度、企业会计制度、新企业会计准则等）相适应	25	是		检查企业财务管理和会计核算水平是否与所执行的会计规范相适应	×××〔2012〕180号财务制度汇编	相适应		25	25
			会计核算是否客观可靠、真实准确、及时完整，报告编制是否经过企业总会计师或财务负责人审核，可能产生重大影响的信息披露是否经过审批	20	是		会计核算是否客观可靠、真实准确、及时完整，报告编制是否经过企业总会计师或财务负责人审核，可能产生重大影响的信息披露是否经过审批	×××〔2012〕180号财务制度汇编	相适应		20	20
			重大会计政策、会计估计的选择与变更是否履行决策程序	20	是		重大会计政策、会计估计的选择与变更是否履行决策程序	×××〔2012〕180号财务制度汇编	履行审批程序		20	20
			信息披露是否符合法定程序和要求，是否存在因信息披露违规而受到相关部门行政处罚	20	是		信息披露是否符合法定程序和要求，是否存在因信息披露违规而受到相关部门行政处罚	×××〔2012〕180号财务制度汇编	无		20	20
			是否有明确的监督检查机构或人员，定期或不定期地进行检查	5	是		是否有明确的监督检查机构或人员，定期或不定期地进行检查	×××〔2012〕180号财务制度汇编	无专职检查		0	0
			监督检查部门是否对业务规程的执行情况保留完整的检查、复核记录	5	是		监督检查部门是否对业务规程的执行情况保留完整的检查、复核记录	×××〔2012〕180号财务制度汇编	无专职检查		0	0

续表

序号	评价指标	项目	测评业务具体内容	满分	是否适用		测评具体要求及程序	制度文号	测试情况	测评计分		综合得分
					是	否				设计	执行	
18	财务报告和信息披露（满分200分）	内部控制执行的有效性（满分100分）	监督检查人员是否及时发现、纠正执行过程出现的错报漏报；发现问题的落实是否有反馈意见	5	是		监督检查人员是否及时发现、纠正执行过程出现的错报漏报；发现问题的落实是否有反馈意见	×××〔2012〕180号财务制度汇编	无专职检查		0	0
			财务报告和信息披露（执行）权重5%				该项综合得分＝权重×得分小计				85	4.25
19	财务信息系统（满分200分）	内部控制设计的健全性和合理性（满分100分）	是否建立财务信息系统不相容职务授权及分离制度	20	是		检查财务信息系统不相容职务授权及分离制度	×××〔2012〕180号财务制度汇编	健全，符合实际	20		20
			系统开发时是否考虑企业实际情况并履行相应的决策程序，系统投入使用前是否进行充分测试，测试结果是否理想，是否定期检测系统运行情况并妥善处理潜在危险	20	是		检查系统开发时是否考虑企业实际情况并履行相应的决策程序，系统投入使用前是否进行充分测试，测试结果是否理想，是否定期检测系统运行情况并妥善处理潜在危险	×××〔2012〕180号财务制度汇编	健全，符合实际	20		20
			是否建立具体工作程序和操作规范，是否设计分级操作管理权限	15	是		检查相关的程序和操作规范及设计分级操作权限	×××〔2012〕180号财务制度汇编	健全，符合实际	15		15
			是否实现了数据共享、集中管理和集成应用，是否存在数据定期备份和紧急情况预案制度	15	是		检查是否实现了数据共享、集中管理和集成应用，是否存在数据定期备份和紧急情况预案制度	×××〔2012〕180号财务制度汇编	健全，符合实际	15		15
			是否存在财务信息操作管理和档案管理制度，是否检验评价财务信息化和企业组织形式、业务流程的结合情况	15	是		检查是否存在财务信息操作管理和档案管理制度，是否检验评价财务信息化和企业组织形式、业务流程的结合情况	×××〔2012〕180号财务制度汇编	健全，符合实际	15		15

续表

序号	评价指标	项目	测评业务具体内容	满分	是否适用：是	是否适用：否	测评具体要求及程序	制度文号	测试情况	测评计分：设计	测评计分：执行	综合得分
19	财务信息系统（满分200分）	内部控制设计的健全性和合理性(满分100分)	是否设置审计委员会或内部审计部门定期或不定期进行监督检查	15	是		检查是否设置了相关的审计部门	×××〔2012〕180号财务制度汇编	未设置二级机构	8		8
			财务信息系统（设计）权重5%				该项综合得分＝权重×得分小计			93		4.65
		内部控制的有效性（满分100分）	不相容职务是否相互分离	25	是		检查不相容职务是否相互分离	×××〔2012〕180号财务制度汇编	是分离		25	25
			系统开发、维护是否履行相关决策程序，操作是否规范	20	是		检查系统开发、维护是否履行相关决策程序	×××〔2012〕180号财务制度汇编	履行相关程序		16	16
			是否实现信息集中管理	20	是		检查是否实现信息集中管理	×××〔2012〕180号财务制度汇编	集中管理		16	16
			财务信息数据是否完整真实，财务信息管理是否有效	20	是		检查财务信息数据是否完整真实，管理是否有效	×××〔2012〕180号财务制度汇编	真是、完整		18	18
			是否有明确的监督检查机构或人员，定期或不定期地进行检查	5	是		检查相关的检查记录	×××〔2012〕180号财务制度汇编	无专职检查		2	2
			监督检查部门是否对业务规程的执行情况保留完整的检查、复核记录	5	是		检查相关的检查记录	×××〔2012〕180号财务制度汇编	无专职检查		2	2
			监督检查人员是否及时发现、纠正执行过程出现的错报漏报；发现问题的落实是否有反馈意见	5	是		检查监督检查人员是否及时发现、纠正执行过程出现的错报漏报；发现问题的落实是否有反馈意见	×××〔2012〕180号财务制度汇编	无专职检查		2	2
			财务信息系统（执行）权重5%				该项综合得分＝权重×得分小计				81	4.05
			内部控制设计的健全性和合理性得分合计	1500						1475		78.56
			内部控制执行的有效性得分合计	1500							1444	79.68

权重设计说明如表6－2所示。

表6－2 内部控制评价指标权重调整说明

序号	评价指标	权重		备注
		调整前权重（%）	调整后权重（%）	
1	货币资金	10		
2	应收和预付款项	3		
3	存货	0.3		
4	固定资产	15		
5	无形资产	0．2		
6	在建工程	15		
7	成本费用	10		
8	采购	5		
9	销售	2		
10	投资	3.5		
11	筹资	2		
12	担保	2		
13	高风险业务	1		
14	关联方交易	1		
15	财务体系	5		
16	财务预算	10		
17	财务组织	5		
18	财务报告和信息披露	5		
19	财务信息系统	5		
小计	小计	100	0	

三、内部控制评价报告

（一）××有限公司内控评价总体概况

项目组围绕着××公司内部控制手册的健全性、执行的有效性进行了前期的准备工作，并利用2.5天的时间，通过访谈、现场考察、资料分析、抽样、穿行测试、对比分析等方法对××公司内部控制进行了现场测评。测评项目组在此期间，共访谈了14个部室，约谈人员26人/次，对存货库存和库房进行了实地考察抽查，翻阅了大量的制度文本、报告，抽查了部分凭证。

从总体测评情况看，目前××公司内部控制手册，主要围绕财务报告的可靠性这一控制目标进行编制，内控的要素和结构比较完整，内控手册涉及的范围和目标偏窄。手册中的部分流程因实际工作发生变化已和现行流程不甚相符，个别流程存在流程环节缺失，流程不完整等现象，流程在实际执行过程中存在减少的现象。××公司的规章制度比较健全，比较完善，但是企业实际执行和制度要求尚有一定的距离。

（二）内控评价的依据

本次评价的依据为财政部等五部委颁布的《关于印发企业内部控制基本规范的通知》（财会［2008］7号）、《关于印发企业内部控制配套指引的通知》（财会［2010］11号）以及《××公司内部控制手册》（2012年版）及规章制度。

（三）总体评价原则

（1）重要性原则。依据对××公司整体营运业绩、资产状况和现金流量具有较大影响的业务和控制活动作为本次评价的关注重点。

（2）风险导向原则。评价工作以风险为基础，根据风险发生的可能性和对公司内控目标的影响程度确定需要评价的重要业务领域和重要流程环节。

（3）客观性原则。评价检查应准确地揭示业务活动过程中，内部控制存在的具体缺陷，如实反映内部控制设计的合理性与执行的有效性。

（四）内控评价的范围

此次评价的时间范围为本公司2014年8月1日至2014年12月31日内部控制体系建设和运行情况；业务范围包括公司主要业务内部控制的设计和运行的有效性检查，对重点领域的实地检查等。此次评价涉及货币资金、应收和预付款项、存货、固定资产、无形资产、在建工程、成本费用、采购、销售、投资、筹资、担保、关联方交易、财务体系、财务预算、财务组织、财务报告与信息披露、财务信息系统、人力资源管理、企业文化、生产运行与维护、安全监督共22项内容。此评价重点关注对公司整体营运业绩、资产状况和现金流量具有较大影响的业务及控制活动，如采购、费用、存货、货币资金、固定资产、在建工程、更新改造等业务活动。

（五）主要检查内容

（1）公司各业务活动及管理是否明确职责分工、权限范围和审批程序，机构设置和人员配备是否科学合理。

（2）各业务活动账务处理规范性。相关资产、负债的确认是否及时，收益的确认是否符合规定。各项投资减值准备的依据是否充分，审批程序是否明确。

（3）各项业务活动档案管理是否规范，与各业务环节有关的文件资料和凭证记录是否真实、完整，归档是否及时，是否有利于今后的管理。

（4）重大工程建设、设备、材料物资采购是否进行招投标管理，整个过程设计是否合理，执行是否到位，监督效果如何，是否有规章制度进行规范，相关合同或协议的签订是否征求法律顾问的意见等。

（六）内部控制测评情况

1. 总体评价

（1）测评范围共400项测评点，其中较为完善的222项，占56%，不完善的178项，占44.5%。

（2）从两方面进行测评：

1）设计有效性得78.56%；

2）执行有效性得79.68%。

2. 发现值得关注的事项

（1）物资采购内部控制状况。材料物资采购建立了相应的流程和规章制度，通过对相关人员的访谈未发现异常。通过实地考察，发现物资采购计划滞后于物资采购行为，计划的编制时间滞后于计划时间，如计划的编制是2015年1月6日编制的，编制的内容是2014年12月份的采购计划，涉及金额519万元。其中单笔金额超过70万元，在未履行计划审批手续的情况下发生了支付行为。通过进一步检查，计划滞后于采购行为的现象在2015年1月、2月、3月也普遍存在。

物资采购的比价采购方式中，供应商选择是由采购员推荐，计划员在采购员推荐的供应商范围内进行比价和选择，具有一定的局限性。

根据上述情况，物资采购存在重大缺陷。

（2）燃料采购内控状况。燃料定价机制有待进一步完善，因信息不对称缺乏有效的约束机制。

煤质监督岗位，存在劳务用工和数量配置不到位风险。煤质化验缺乏有效的监督机制，仪器校验周期过长有失灵现象存在，属一般缺陷。

（3）库存物资内控状况。库房管理存在账实不符。单位共有库房6个，检查了2个库，其中5号库抽查了两个小库，发现一个库管得比较好做到账实相符。另一个库，抽查了12笔物资，均存在账实不相符的情况，出库单只有一部分，还有一部分是白条，按照制度规定打白条可以，但要在两日内补全手续，实际未有效执行，存量标牌未及时更新。6号库，保管账记录有阀门、三通、球阀等物资，实际没有此物资。抽查了6笔，账物卡都不相符，检查物资盘点报告，发现上面全是“账实完全相符”，没有盘盈、盘亏的记录。存在重要缺陷。

（4）合同合规性状况。合同审批流程执行情况，实际执行中不按流程执行，法律审批环节缺失。××多万元的物资采购合同签订不完整，无合同签订日期，存在隐形的法律风险。

（5）固定资产内控状况。固定资产对不需要的未及时进行处置，有××辆运输车，金额达到×××多万元未及时处置。

（6）会计准则执行情况。资产减值准备计提既没有制度，也没有执行，不能按准则要求反映企业资产价值的真实情况。

（7）内控环境状况。组织职能设置存在部门职能过于集中的现象，不利于组织控制。信息中心存在不相容岗位未分离的现象。人员队伍年轻化，存在培训不到位的现象。人员的激励考核机制，向一线生产岗位倾斜，缺乏向影响企业经营成本比较大的岗位倾斜。存在劳务用工风险，如安全风险、舞弊风险、泄密风险等。未建立定期的岗位轮换制度等。

（七）整改制度

建议从组织职责划分、劳动用工、培训、薪酬考核制度等内控环境进行优化。

业务环节存在的问题应制定专项整改计划，并建立相应的责任追究制度。

开展内部控制与风险管理培训提高员工业务素质等。

B. 行政事业单位内部控制基础性工作评价

财政部于2016年7月1日发出《关于开展行政事业单位内部控制基础性评价工作的通知》（财会［2016］11号），通知指出：内部控制基础性评价，是指单位在开展内部控制建设之前，或在内部控制建设的初期阶段，对单位内部控制基础情况进行的“摸底”评价。通过开展内部控制基础性评价工作，一方面，明确单位内部控制的基本要求和重点内容，使各单位在内部控制建设过程中能够做到有的放矢、心中有数，围绕重点工作开展内部控制体系建设；另一方面，旨在发现单位现有内部控制基础的不足之处和薄弱环节，有针对性地建立健全内部控制体系，通过“以评促建”的方式，推动各单位于2016年底前如期完成内部控制建立与实施工作。根据这一要求和摸底内容，现整理成“内控基础性建设现状诊断与评价清单”列示如下，供各单位参考。

内控基础性建设现状诊断与评价清单

类别	评价指标及分值	评价要点	评价操作细则及得分	评价依据及实得分	情况说明	责任部门
单位层面60分	1. 内部控制建设启动情况指标（共14分）	1.1　成立内部控制领导小组，制定、启动相关的工作机制（分值4分）	①成立内部控制领导小组（1分） ②由单位主要负责人担任组长（1分） ③建立内部控制联席工作机制并开展工作（1分） ④明确内部控制牵头部门（或岗位）（1分）	通过查看会议纪要或部署（实得3分）		
		1.2　开展内部控制专题培训（分值3分）	①针对国家相关政策进行培训（1分） ②结合单位内控制度，内控拟实现的目标和采取措施。各部门及人员在内控中责任进行培训（2分）	通过查看培训通知、培训材料等确认（实得2分）		
		1.3　开展内部控制风险评估（分值3分）	①应基于本单位的内部控制目标（1分） ②结合本单位的业务特点开展内控风险评估（1分） ③建立定期进行风险评估机制（1分）	通过查看风险评估报告确认（实得1分）		
		1.4　开展组织及业务流程再造（分值4分）	①应根据本单位“三定”方案（1分） ②进行组织及业务流程再造（1分） ③编制流程图（2分）	通过对职能部门或岗位的增减或调整、相关制度修订的前后比较确认（实得3分）		
	2. 单位主要负责人承担内部控制建立与实施责任情况指标（共6分）	2.1　单位主要负责人主持召开会议讨论内部控制建立与实施相关的议题（分值2分）	①单位主要负责人主持会议，但仅将内部控制列入会议议题之一进行讨论的（1分） ②单位主要负责人主持内部控制工作专题会议，对内部控制建立与实施进行讨论的（2分）	通过查看会议纪要或部署文件确认（实得2分）		
		2.2　单位主要负责人主持制订内部控制工作方案，健全工作机制（分值2分）	①单位主要负责人应主持本单位内部控制工作方案的制定、修改、审批工作（1分） ②负责建立健全内部控制工作机制（1分）	通过查看会议纪要或内部控制工作方案的相关文件确认（实得2分）		
		2.3　单位主要负责人主持开展内部控制工作分工及人员配备等工作（分值2分）	①单位主要负责人应对内部控制建立与实施过程中涉及到的相关部门和人员进行统一领导和统一协调（1分） ②主持开展工作分工及人员配备工作，发挥领导作用、承担领导责任（1分）	通过查看会议纪要或内部控制工作方案的相关文件确认（实得2分）		

续表

类别	评价指标及分值	评价要点	评价操作细则及得分	评价依据及实得分	情况说明	责任部门
单位层面60分	3. 对权力运行的制约情况指标（共8分）	3.1　权力运行机制的构建（分值4分）	①应完成对本单位权力结构的梳理，并构建决策科学、执行坚决、监督有力的权力运行机制（2分） ②确保决策权、执行权、监督权既相互制约又相互协调（2分）	通过查看会议纪要或相关文件确认（实得4分）		
		3.2　对权力运行的监督（分值4分）	①本单位应建立与审计、纪检监察等职能部门或岗位联动的权力运行监督及考评机制（2分） ②定期督察决策权、执行权等权力行使的情况，及时发现权力运行过程中的问题，予以校正和改进（2分）	通过查看会议纪要、权力清单及相关制度确认（实得1分）		
	4. 内部控制制度完备情况指标（共16分）	4.1　建立预算管理制度（分值2分）	本单位预算管理制度应涵盖预算编制与内部审批、分解下达、预算执行、年度决算与绩效评价四个方面。每涵盖一个方面得0.5分。对于一个方面中包含两点的，如只涵盖其中一点，仍视为这个方面未涵盖	通过查看本单位已印发并执行的预算管理制度、有关报告及财政部门批复文件确认（实得2分）		
		4.2　建立收入管理制度（分值2分）	本单位收入（包括非税收入）管理制度应涵盖价格确定、票据管理、收入收缴、收入核算四个方面。每涵盖一个方面得0.5分	通过查看本单位已印发并执行的收入管理制度确认（实得2分）		
		4.3　建立支出管理制度（分值2分）	本单位支出管理制度应涵盖预算与计划、支出范围与标准确定、审批权限与审批流程、支出核算四个方面。每涵盖一个方面得0.5分	通过查看本单位已印发并执行的支出管理制度确认（实得3分）		
		4.4　建立政府采购管理制度（分值2分）	本单位政府采购管理制度应涵盖预算与计划、需求申请与审批、过程管理、验收入库四个方面。每涵盖一个方面得0.5分	通过查看本单位已印发并执行的政府采购管理制度确认（实得2分）		

续表

类别	评价指标及分值	评价要点	评价操作细则及得分	评价依据及实得分	情况说明	责任部门
单位层面60分	4. 内部控制制度完备情况指标（共16分）	4.5　建立资产管理制度（分值2分）	本单位资产管理制度应涵盖资产购置、资产保管、资产使用、资产核算与处置四个方面。每涵盖一个方面得0.5分	通过查看本单位已印发并执行的资产管理制度确认（实得2分）		
		4.6　建立建设项目管理制度（分值2分）	本单位建设项目管理制度应涵盖项目立项与审核、概算预算、招标投标、工程变更、资金控制、验收与决算等方面。满分2分，每有一个方面未涵盖扣0.5分，直至扣完	通过查看本单位已印发并执行的建设项目管理制度确认（实得1分）		
		4.7　建立合同管理制度（分值2分）	本单位合同管理制度应涵盖合同订立、合同履行、合同归档、合同纠纷处理四个方面。每涵盖一个方面得0.5分	通过查看本单位已印发并执行的合同管理制度确认（实得1分）		
		4.8　建立决策机制制度（分值2分）	本单位决策机制制度至少应涵盖“三重一大”集体决策、分级授权两个方面。每涵盖一个方面得1分	通过查看本单位已印发并执行的决策机制制度确认（实得2分）		
	5. 不相容岗位与职责分离控制情况指标（本指标共6分）	5.1　对不相容岗位与职责进行了有效设计（分值3分）	本单位不相容岗位与职责包括但不限于申请与审核审批、审核审批与执行、执行与信息记录、审核审批与监督、执行与监督等。满分3分，每有一对不相容岗位未进行有效设计扣1分，直至扣完	通过查看本单位已印发的岗位规章制度及岗位职责手册确认（实得2分）		
		5.2　不相容岗位与职责得到有效的分离和实施（分值3分）	针对本单位的各项经济活动，应落实所设计的各类不相容岗位与职责，形成相互制约、相互监督的工作机制	通过按类别随机抽查相关单据确认。所有抽查的相关单据签字均符合要求的，该项得分，否则不得分。查看单位接受内外部检查反映的问题情况，如果有相关问题，该项不得分（实得2分）		

续表

类别	评价指标及分值	评价要点	评价操作细则及得分	评价依据及实得分	情况说明	责任部门
单位层面60分	6. 内部控制管理信息系统功能覆盖情况指标（本指标共10分）	6.1　建立内部控制管理信息系统，功能覆盖主要业务控制及流程（分值6分）	①内部控制管理信息系统功能（简称系统功能）应完整反映本单位制度规定的各项经济业务控制流程，至少应包括预算管理、收支管理、政府采购管理、资产管理、建设项目管理、合同管理等方面业务事项。六个方面业务中每存在一个方面未覆盖到的，扣1分 ②因本单位本身不存在该项业务而未覆盖到的，该业务不扣分 本单位未建立内部控制管理信息系统的，6.1、6.2两个要点均直接得0分	通过查看系统功能说明书，实际操作系统，将系统功能与内部控制制度要求对比确认（实得4分）		
		6.2　系统设置不相容岗位账户并体现其职权（分值4分）	应针对所覆盖的业务流程内部控制的不相容岗位与职责在系统中分别设立独立的账户名称和密码、明确的操作权限等级。每存在一对不相容岗位未分别设置独立账户或权限的，扣1分，直至扣完	通过查看系统功能说明书，实际操作系统，将系统用户账户设置情况与内部控制制度要求对比确认（实得0分）		
业务层面40分	7. 预算业务管理控制情况指标（本指标共7分）	7.1　对预算进行内部分解并审批下达（分值3分）	本单位财会部门应根据同级财政部门批复的预算和单位内部各业务部门提出的支出需求，将预算指标按照部门进行分解，并经预算管理委员会审批后下达至各业务部门	通过查看预算批复文件、部门职责、工作计划和预算批复内部下达文件确认（实得3分）		
		7.2　预算执行差异率（分值4分）	①计算本单位近3年年度预算执行差异率的平均值，如差异率绝对值高于5%，应对产生差异率的原因进行追查 ②如经查证产生差异率的原因与内部控制有关，则根据差异率结果进行评分：差异率绝对值在5%～10%（含）的，得2分；10%～15%（含）的，得1分；超过15%的，得0分 ③如差异率绝对值在5%以内（含）或产生差异率的原因与内部控制无关，则得4分。计算公式：年度预算执行差异率 = $\frac{\lvert 年度决算支出额-年初预算支出额 \rvert}{年初预算支出额} \times 100\%$	通过查看经同级财政部门批复的单位预算额度及单位决算报表等确认（实得4分）		

续表

类别	评价指标及分值	评价要点	评价操作细则及得分	评价依据及实得分	情况说明	责任部门
业务层面40分	8. 收支业务管理控制情况（本指标共6分）	8.1　收入实行归口管理和票据控制，做到应收尽收（分值2分）	①本单位各项收入（包括非税收入）由财会部门归口管理并进行会计核算 ②涉及收入的合同，财会部门应定期检查收入金额与合同约定是否相符 ③按照规定设置票据专管员，建立票据台账 ④对各类票据的申领、启用、核销、销毁进行序时登记 上述四个方面每存在一个方面没有做到的，扣0.5分	通过查看本单位相关制度，查看财会部门核对合同的记录、票据台账确认（实得2分）		
		8.2　支出事项实行归口管理和分类控制（分值2分）	①本单位应明确各类支出业务事项的归口管理部门及职责，并对支出业务事项进行归口管理 ②支出事项应实行分类管理，应制定相应的制度，不同类别事项实行不同的审批程序和审批权限 ③明确各类支出业务事项需要提交的外部原始票据要求，明确内部审批表单要求及单据审核重点 ④通过对各类支出业务事项的分析控制，发现支出异常情况及其原因，并采取有效措施予以解决 上述四个方面每存在一个方面没有做到的，扣0.5分	通过查看支出管理制度、内部审批单、相关支出凭证确认（实得2分）		
		8.3　举债事项实行集体决策，定期对账（分值2分）	①按规定可以举借债务的单位，应建立债务管理制度 ②实行事前论证和集体决策；定期与债权人核对债务余额 ③债务规模应控制在规定范围以内 ④按规定禁止举借债务的单位，如存在举债行为，此项得0分 上述四个方面每存在一个方面没有做到的，扣0.5分	通过查看制度文件、会议纪要、对账单、债务合同等确定（实得2分）		

续表

类别	评价指标及分值	评价要点	评价操作细则及得分	评价依据及实得分	情况说明	责任部门
业务层面40分	9. 政府采购业务管理控制情况指标（本指标共7分）	9.1 政府采购合规（分值4分）	本单位采购货物、服务和工程应当严格按照年度政府集中采购目录及标准的规定执行 每存在一项应采未采或违反年度政府集中采购目录及标准规定的事项，扣1分，直至扣完	通过查看一定期间的单位政府采购事项确认（实得4分）		
		9.2 落实政府采购政策（分值2分）	政府采购货物、服务和工程应当严格落实节能环保、促进中小企业发展等政策 每存在一项未按规定执行政府采购政策的事项，扣1分，直至扣完	通过查看一定期间的单位政府采购事项确认（实得2分）		
		9.3 政府采购方式变更和采购进口产品报批（分值1分）	采用非公开招标方式采购公开招标数额标准以上的货物或服务，以及政府采购进口产品，应当按照规定报批 每存在一项未按规定报批的事项，扣1分，直至扣完	通过查看一定期间的单位政府采购事项确认（实得1分）		
	10. 资产管理情况指标（本指标共6分）	10.1 对资产定期核查盘点、跟踪管理（分值4分）	①应定期对本单位的货币资金、存货、固定资产、无形资产、债权和对外投资等资产进行定期核查盘点，做到账实相符 ②对债权和对外投资项目实行跟踪管理 每存在一类资产未定期核查盘点或跟踪管理的扣1分，直至扣完	通过查看最近一年内本单位的各类资产台账、会计账簿、盘点记录、各类投资决策审批文件、会议纪要等确认（实得4分）		
		10.2 严格按照法定程序和权限配置、使用和处置资产（分值2分）	本单位配置、使用和处置国有资产，应严格按照审批权限履行审批程序，未经批准不得自行配置资产、利用资产对外投资、出租出借，也不得自行处置资产	通过查看资产的配置批复情况、对外投资、出租出借、无偿调拨（划转）、对外捐赠、出售、出让、转让、置换、报废报损、货币性资产损失核销等文件确认（实得2分）		

续表

类别	评价指标及分值	评价要点	评价操作细则及得分	评价依据及实得分	情况说明	责任部门
业务层面40分	11. 建设项目管理控制情况指标（本指标共8分）	11.1 履行建设项目内容变更审批程序（分值2分）	①本单位应按照批复的初步设计方案组织实施建设项目，确需进行工程洽商和设计变更的，建设项目归口管理部门、项目监理机构应当进行严格审核，并且按照有关规定及制度要求履行相应的审批程序 ②重大项目变更还应参照项目决策和概预算控制的有关程序和要求重新履行审批手续 每存在一个建设项目不合规定变更的，扣1分，直至扣完	通过查看最近5年内本单位已完工的建设项目在建设期间发生的各项变更确认（实得2分）		
		11.2 及时编制竣工决算和交付使用资产（分值2分）	本单位应在建设项目竣工后及时编制项目竣工财务决算，并在项目竣工验收合格后及时办理资产交付使用手续 每存在一个建设项目未及时编制竣工验收决算的，扣1分 每存在一个建设项目未及时办理资产交付使用手续的，扣1分，直至扣完	通过查看最近5年内本单位已完工建设项目的竣工验收资料和决算编制审计资料确认（实得2分）		
		11.3 建设项目超概算率（分值4分）	①计算最近5年内本单位已完工的建设项目超概算率，如超概算率高于5%，应对产生超概算率的原因进行追查 ②如经查证产生超概算率的原因与内部控制有关，则根据产生超概算率的情况进行评分：每存在一个建设项目超概算率高于5%的，扣2分，直至扣完 ③如与内部控制无关，则得4分。计算公式 建设项目超概算率 = $\frac{\text{建设项目决算投资额}-\text{批准的概算投资额}}{\text{批准的概算投资额}}\times 100\%$ （建设项目决算投资额以经批复的项目竣工财务决算为准；在建设期间，调整初步设计概算的，以最后一次的批准调整概算计算）	通过查看建设项目投资概算、经批复的竣工决算报告等确认（实得4分）		

续表

类别	评价指标及分值	评价要点	评价操作细则及得分	评价依据及实得分	情况说明	责任部门
业务层面40分	12. 合同管理控制情况指标（本指标共6分）	12.1　加强合同订立及归口管理（分值3分）	①本单位应对合同文本进行严格审核，并由合同归口管理部门进行统一分类和连续编号 ②对影响重大或法律关系复杂的合同文本，应组织业务部门、法律部门、财会部门等相关部门进行联合审核 每存在一个合同不合规定的，扣1分，直至扣完	通过查看相关制度、随机抽查合同审批记录、会议纪要等确认（实得2分）		
		12.2　加强对合同履行的控制（分值3分）	①本单位应当对合同履行情况进行有效监控，明确合同执行相关责任人，及时对合同履行情况进行检查、分析和验收，如发现无法按时履约的情况，应及时采取应对措施 ②对于需要补充、变更或解除合同的情况，应按照国家有关规定进行严格的监督审查 每存在一个合同未对合同履行情况进行有效监控，或未对合同补充、变更、解除进行监督审查的，扣1分，直至扣完	通过查看合同履行情况检查记录、合同验收文件、合同补充、变更或解除的监督审查记录等确认（实得2分）		
合计		100分		80		

评价计分方法：

1. 所有评价指标均适用的参评单位，汇总各参评指标得分，即为参评单位的评价得分，满分为100分。

2. 因参评单位不涉及某类业务，导致某项指标不适用的，其评价得分需要换算，换算公式如下：

$$评价得分=\frac{参评指标得分}{(100-不适用指标分值)}\times 100分$$

下篇　内部控制评价测试清单

第七章全面系统地介绍了××企业内部控制评价测试底稿的具体内容、测评方法，具体内容的填写等。

第八章介绍了行政事业单位内部控制评价测试清单，列示了单位内控体系的各个方面评价测试的内容与方法，有助于对内控现状的具体了解。

第九章转载财政部等部委联合举办企业内部控制知识竞赛试题，进一步普及内控知识，提升内控管理水平。

第七章　××企业内部控制评价测试底稿

R1.1　治理结构

一级流程名称：1. 公司治理与组织架构　　内控评价实施部门：审计监察部　　内控评价底稿编号：R1.1

内控评价时间：2015.9.2　　二级流程名称：治理结构　　评价人：王晓雷　　复核人：王士民

风险编号	风险描述	关键控制措施编号	关键控制措施	内控设计评价意见	得分	应抽取样本量	抽样测试底稿编号	内控运行评价意见	得分	改进建议	改进责任岗位
R1.1－1	治理结构形同虚设，缺乏科学决策、良性运行机制和执行力，可能导致企业经营失败，难以实现发展战略	CA1.1－1	公司董事、监事、高级管理人员应当履行相应的职责，保证公司发展战略的实现	该项内控设计有效		2	CVT1.1－1	该项内控运行有效			
R1.1－2	董事会履行职能不力，可能导致公司利益和股东权益受损	CA1.1－2	董事会应履行相应的职责，建立严格的审查和决策程序	该项内控设计有效		1	CVT1.1－2	该项内控运行有效			
R1.1－3	监事会履行职能不力，可能导致公司利益和股东权益受损	CA1.1－3	监事应当遵守法律、行政法规和本章程，对公司负有忠实义务和勤勉义务，不得利用职权收受贿赂或者其他非法收入，不得侵占公司的财产	该项内控设计有效		1	CVT1.1－3	该项内控运行有效			

续表

风险编号	风险描述	关键控制措施编号	关键控制措施	内控设计评价意见	得分	应抽取样本量	抽样测试底稿编号	内控运行评价意见	得分	改进建议	改进责任岗位
R1.1－4	高级管理层任职资格不符合要求、违法违规以及不遵守公司的规章制度，可能引起法律风险，遭受外部处罚，可能造成经济损失或信誉损失	CA1.1－4	高级管理人员应具备相应的任职资格，以满足公司持续发展的需要	该项内控设计有效		1	CVT1.1－4	该项内控运行有效			
R1.1－5	专业委员会履行职能不力，可能导致公司利益和股东权益受损	CA1.1－5	薪酬与考核委员会根据岗位绩效考核与评价结果及薪酬分配政策，提出董事及高级管理人员的报酬数额和奖励方式的建议报告，报公司董事会	该项内控设计有效		1	CVT1.1－5	未发生			
		CA1.1－6	审计委员会会议通过的议案及表决结果，应以书面形式报公司董事会	该项内控设计有效		1	CVT1.1－6	该项内控运行有效			

R1.2 组织架构管理

一级流程名称：1. 公司治理与组织架构　　内控评价实施部门：审计监察部　　内控评价底稿编号：R1.2

内控评价时间：2015.9.2　　二级流程名称：组织架构管理　　评价人：王晓雷　　复核人：王士民

风险编号	风险描述	关键控制措施编号	关键控制措施	内控设计评价意见	得分	应抽取样本量	抽样测试底稿编号	内控运行评价意见	得分	改进建议	改进责任岗位
R1.2-1	公司未制定组织架构管理制度，使得组织架构的设计、变更管理不规范，可能导致组织架构管理混乱，影响工作效率与效果	CA1.2-1	为规范公司组织机构和岗位设置、调整和更新工作，建立高效、精干的组织机构，提高管理效率，降低经营成本，防范潜在经营管理风险，特制定组织架构管理制度	该项内控设计有效		1	CVT1.2-1	该项内控运行有效			
R1.2-2	组织架构设计不科学，权责分配不合理，可能导致机构重叠、职能交叉或缺失、推诿，运行效率低下	CA1.2-2	制度中的“组织机构”按照国家有关法律法规、公司章程等规定，明确董事会、监事会、经营班子和公司内部各层级机构设置、职责权限、工作程序和相关要求的组织层次体系	该项内控设计有效		1	CVT1.2-2	未发生			
R1.2-3	组织机构与上级领导和下属公司的授权审批权限不够清晰，可能导致决策效率较低或决策失误	CA1.2-3	《组织架构管理办法》中对各部门、岗位职责进行了明确规定	该项内控设计有效		1	CVT1.2-3	未发生			

续表

风险编号	风险描述	关键控制措施编号	关键控制措施	内控设计评价意见	得分	应抽取样本量	抽样测试底稿编号	内控运行评价意见	得分	改进建议	改进责任岗位
R1.2－4	组织架构变更未经过授权审批，可能导致组织架构设置混乱，管理信息传递不畅，影响经营效率	CA1.2－4	人力资源部进行相关调研，审核机构设置及调整的必要性、机构职责分工的合理性，并拟定相关方案，经公司领导班子会议审批，报省交通集团有限公司批准	该项内控设计有效		1	CVT1.2－4	未发生			
R1.2－5	组织架构未得到定期评审，可能导致组织架构设置不满足经营管理的需要，影响经营效率	CA1.2－5	人力资源部可视情况对各部门及下属公司的运行状况进行效率评估，编制组织架构评估报告	该项内控设计有效		1	CVT1.2－5	未发生			
R1.2－6	公司“审计监察部”隶属于“经营班子”，可能导致不符合相关法规规定，审计独立性受到影响	CA1.2－6	负责参与对公司组织机构设置与变动的评价工作。包括但不限于：组织机构的整体架构是否合理、不相容职务是否分离、职能是否存在交叉重叠等	该项内控设计有效		1	CVT1.2－6	该项内控运行有效			

R2.1 战略管理

一级流程名称：2. 发展战略　　内控评价实施部门：审计监察部　　内控评价底稿编号：R2.1

内控评价时间：2015.9.2　　二级流程名称：战略管理　　评价人：王晓雷　　复核人：王士民

风险编号	风险描述	关键控制措施编号	关键控制措施	内控设计评价意见	得分	应抽取样本量	抽样测试底稿编号	内控运行评价意见	得分	改进建议	改进责任岗位
R2.1-1	缺乏明确的发展战略或发展战略实施不到位，可能导致公司盲目发展，难以形成竞争优势，丧失发展机遇和动力	CA2.1-1	公司在充分调查研究、科学分析预测和广泛征求意见的基础上制定发展目标，根据发展目标制定公司战略，明确发展的阶段性和发展程度，确定每个发展阶段的具体目标、工作任务和实施路径，保证发展战略的可实施性	该项内控设计有效		1	CVT2.1-1	该项内控运行有效			
R2.1-2	战略规划不符合国家有关法律法规和内部规章制度要求，可能导致外部处罚、经济损失和信誉损失风险	CA2.1-2	战略建议方案经党政领导班子审议后形成战略方案再报省交通集团审议，通过后提交董事会决议	该项内控设计有效		1	CVT2.1-2	该项内控运行有效			
R2.1-3	发展战略因主观原因频繁变动，可能导致资源浪费，甚至危及公司的生存和持续发展	CA2.1-3	由于经济形势、产业政策、技术进步、行业状况以及不可抗力等因素发生重大变化，确需对发展战略做出调整的，应当按照规定权限和程序调整发展战略	该项内控设计有效		1	CVT2.1-3	该项内控运行有效			

续表

风险编号	风险描述	关键控制措施编号	关键控制措施	内控设计评价意见	得分	应抽取样本量	抽样测试底稿编号	内控运行评价意见	得分	改进建议	改进责任岗位
R2.1-4	战略决策失误，导致公司发生重大损失，影响公司的长期发展	CA2.1-4	战略建议方案经党政领导班子审议后形成战略方案再报省交通集团审议，通过后提交董事会决议	该项内控设计有效		1	CVT2.1-4	该项内控运行有效			
R2.1-5	战略规划不符合行业发展规律，导致公司资本回报率低于行业发展水平	CA2.1-5	公司根据发展目标制定战略规划，在制定发展目标过程中，综合考虑宏观经济政策、国内外市场需求变化、技术发展趋势、行业及竞争对手状况、可利用资源水平和自身优势与劣势等影响因素	该项内控设计有效		1	CVT2.1-5	该项内控运行有效			
R2.1-6	在发展战略可行性研究及制定过程中，外聘中介机构未能切合企业实际，造成战略服务虚化现象严重，导致无法有效实施促进公司可持续发展	CA2.1-6	中介机构的聘请方式：公司以邀请招标的方式确定中介机构提供咨询服务	该项内控设计无效		1	CVT2.1-6	未发生			
			中介机构至少应具备以下条件：①具有咨询服务的资质，信誉好，并拥有为多家企业提供战略咨询服务的经历，经验丰富②拥有专业成熟的专家团队，历史工作质量、服务态度、诚信情况良好	该项内控设计有效		1	CVT2.1-7	该项内控运行有效			

R2.2 文件制度体系建设

一级流程名称：2. 发展战略　　内控评价实施部门：审计监察部　　内控评价底稿编号：R2.2

内控评价时间：2015.9.2　　二级流程名称：文件制度体系建设　　评价人：王晓雷　　复核人：王士民

风险编号	风险描述	关键控制措施编号	关键控制措施	内控设计评价意见	得分	应抽取样本量	抽样测试底稿编号	内控运行评价意见	得分	改进建议	改进责任岗位
R2.2-1	无部门对公司制度建设起牵头作用，可能导致公司各职能部门及各所属单位管理无序混乱	CA2.2-1	公司董事会下设制度委员会，由公司经营班子组成，是公司制度管理的领导机构，综合事务部是制度管理的归口部门	该项内控设计有效		1	CVT2.2-1	该项内控运行有效			
R2.2-2	管理制度及流程管控体系未满足外部监管机构的以风险为导向的合规要求，制度建设滞后于业务操作，可能影响公司管控力度及效果	CA2.2-2	公司制度体系需符合功能到位、风险导向等原则，要求能满足公司管理各层面活动的需要，且需从实际情况出发，有利于实施风险管控，促进公司持续、健康发展	该项内控设计有效		1	CVT2.2-2	该项内控运行有效			
R2.2-3	公司制度文件设计不合理，可能导致制度文件体系出现重大遗漏或制度层次不清晰，可能导致制度体系混乱	CA2.2-3	制度体系要分类合理、层次明确，体系内各项制度之间具有内在逻辑联系，有利于理解、执行与实施	该项内控设计有效		1	CVT2.2-3	该项内控运行有效			
R2.2-4	公司制度文件与国家相关法规条例相冲突，可能导致日常经营管理合法合规风险	CA2.2-4	公司制度审核时要求制度草案必须符合国家法律、法规和相关政策，符合公司实际发展的需要	该项内控设计有效		1	CVT2.2-4	该项内控运行有效			

续表

风险编号	风险描述	关键控制措施编号	关键控制措施	内控设计评价意见	得分	应抽取样本量	抽样测试底稿编号	内控运行评价意见	得分	改进建议	改进责任岗位
R2. 2 - 5	制度未按公司相关规定要求进行编制，编制及审核为同一部门或同一人，可能导致制度文件不规范或内容不完整	CA2. 2 - 5	公司制度起草小组制度草案，制度委员会将审议通过的制度草案根据制度等级分别提交公司股东会、董事会或公司经营班子会议审批	该项内控设计有效		1	CVT2. 2 - 5	该项内控运行有效			
R2. 2 - 6	部门及岗位管理职责不够清晰和明确，可能削弱公司经营管控业务执行的力度，影响公司经营效率和效果	CA2. 2 - 6	公司制度应协调一致，有明确的适用条件与适用部门、制度中规定的职责对等清晰，低级制度服从高级制度，各级制度之间避免冲突	该项内控设计有效		1	CVT2. 2 - 6	该项内控运行有效			
R2. 2 - 7	制度文件发布或变更未经公司授权审批，可能导致制度文件无效	CA2. 2 - 7	制度的签发程序参照公司《公文管理制度》相关规定。发文由公司领导按职权范围签发	该项内控设计有效		1	CVT2. 2 - 7	该项内控运行有效			
R2. 2 - 8	公司制度文件内容未征求相关部门意见，可能导致制度执行困难	CA2. 2 - 8	起草部门完成起草工作后，应形成制度的征求意见稿，印发给相关部门征求修改意见，被征询部门应按要求反馈意见	该项内控设计有效		1	CVT2. 2 - 8	该项内控运行有效			
R2. 2 - 9	公司制度文件未得到充分宣导和培训，可能导致日常工作未能遵循制度规定	CA2. 2 - 9	经审批印发的管理制度，由人力资源部牵头组织安排培训工作，各部门应配合培训具体实施工作	该项内控设计有效		1	CVT2. 2 - 9	该项内控运行有效			

R3.2　员工培训

一级流程名称：3. 人力资源管理　　内控评价实施部门：审计监察部　　内控评价底稿编号：R3.2

内控评价时间：2015.9.2　　二级流程名称：员工培训　　评价人：王晓雷　　复核人：王士民

风险编号	风险描述	关键控制措施编号	关键控制措施	内控设计评价意见	得分	应抽取样本量	抽样测试底稿编号	内控运行评价意见	得分	改进建议	改进责任岗位
R3.2-1	培训需求分析不准确，部门审核不严可能致使培训计划无法与公司发展战略相吻合	CA3.2-1	各部门在年初提出培训需求，编制本部门的培训计划汇总至人力资源部	该项内控设计有效		1	CVT3.2-1	该项内控运行有效			
R3.2-2	未结合公司实际情况及岗位设置制定员工培训计划和培训管理程序，可能导致员工培训管理混乱，流于形式，无法提高员工的素质与操作技能的培训目标	CA3.2-2	员工实行在岗培训制度，由其主管负主要责任，各级主管要对员工进行日常工作指导	该项内控设计有效		1	CVT3.2-2	该项内控运行有效			
R3.2-3	公司培训计划及计划外培训未经公司领导审批，可能导致培训计划制定不合理	CA3.2-3	对年度计划外的培训需求，必须履行申请手续并经公司分管领导及总经理批准后方可实施	该项内控设计有效		1	CVT3.2-3	未发生			
R3.2-4	培训计划无预算或预算编制不合理，可能导致培训经费难以保障或控制、培训资金使用不合理	CA3.2-4	公司可根据业务发展和往年计划执行情况编制培训计划、预算，批准后的年度培训计划，无特殊情况，原则上不予更改	该项内控设计有效		1	CVT3.2-4	该项内控运行有效			

续表

风险编号	风险描述	关键控制措施编号	关键控制措施	内控设计评价意见	得分	应抽取样本量	抽样测试底稿编号	内控运行评价意见	得分	改进建议	改进责任岗位
R3.2－5	未规范培训单位选择的程序，可能难以保证培训单位资质和培训质量	CA3.2－5	培训主办部门在选择培训机构和师资时应先了解其培训水平，从实际培训需求出发择优选择培训机构和师资，以提高培训质量	该项内控设计有效		1	CVT3.2－5	该项内控运行有效			
R3.2－6	未对培训情况做好记录，可能导致无法反映培训计划执行情况	CA3.2－6	新录用员工报到后必须接受人力资源部与用人部门联合组织的岗前培训	该项内控设计有效		2	CVT3.2－6	该项内控运行有效			
R3.2－7	对新进员工未组织培训，可能导致新进员工对公司的规章制度及岗位的安全意识等缺乏认识，影响日常生产	CA3.2－7	新录用员工报到后必须接受人力资源部与用人部门联合组织的岗前培训。如无特殊情况，一律不得缺席。培训结果将作为员工定级和职称评定的依据之一	该项内控设计有效		2	CVT3.2－7	该项内控运行有效			
R3.2－8	未按国家相关规定组织特种作业人员进行换证考试，可能导致操作人员未持证上岗，造成安全隐患	CA3.2－8	直属公司应当建立健全安全生产培训制度，严格落实特种作业人员的持证上岗制度和培训考核制度	该项内控设计有效		2	CVT3.2－8	不适用		适用于子公司	

R3.3 薪酬、福利与社会保险管理

一级流程名称：3. 人力资源管理　　内控评价实施部门：审计监察部　　内控评价底稿编号：R3.3

内控评价时间：2015.9.2　　二级流程名称：薪酬、福利与社会保险管理　　评价人：王晓雷　　复核人：王士民

风险编号	风险描述	关键控制措施编号	关键控制措施	内控设计评价意见	得分	应抽取样本量	抽样测试底稿编号	内控运行评价意见	得分	改进建议	改进责任岗位
R3.3－1	未根据岗位实际情况，制定合理的员工薪酬、保险标准和管理制度，可能导致薪酬、福利和保险等员工利益分配不合理，影响工作积极性	CA3.3－1	为规范公司薪酬管理体系，使薪酬管理更具操作性，依据《广东省工资支付条例》、《广东省省属企业薪酬管理办法》（试行）、《广东省交通集团全资及控股企业薪酬管理办法》（试行）等有关法规和规定，制定薪酬管理办法	该项内控设计有效		1	CVT3.3－1	该项内控运行有效			
R3.3－2	员工薪酬福利项目、标准未经过相应的审批确认，可能导致滥发薪酬福利，损害公司利益，受到上级管理部门的处罚	CA3.3－2	公司薪酬绩效管理体系的设计应通过薪酬绩效委员会的审批	该项内控设计有效		1	CVT3.3－2	该项内控运行有效			
R3.3－3	员工薪酬变动未经适当审核、审批程序，可能导致薪酬变动不合理或薪酬舞弊风险	CA3.3－3	员工工资水平调整由薪酬绩效委员会授权人力资源部进行，由人力资源部拟订方案，报薪酬绩效委员会审批	该项内控设计有效		1	CVT3.3－3	保密			

续表

风险编号	风险描述	关键控制措施编号	关键控制措施	内控设计评价意见	得分	应抽取样本量	抽样测试底稿编号	内控运行评价意见	得分	改进建议	改进责任岗位
R3.3－4	未按劳动合同及相关法规条例要求，为职工及时、准确缴纳各种社会保险费，可能导致法律风险和财务报告信息不准确	CA3.3－4	凡与公司签订劳动合同的员工，公司均应及时为其办理社会保险，缴纳社会保险费	该项内控设计有效		2	CVT3.3－4	保密			
R3.3－5	员工退出后，未能及时办理注销手续，并及时通知相关部门进行停发工资，可能造成工资发放错误	CA3.3－5	若员工提出解除或终止劳动合同，公司应及时办理停保手续	该项内控设计有效		1	CVT3.3－5	未发生			
R3.3－6	未能及时发放薪酬、福利，又未做合理解释，可能导致员工有意见或劳动纠纷	CA3.3－6	公司及时发放员工工资	该项内控设计有效		1	CVT3.3－6	未发生			
R3.3－7	未定期对公司薪酬、福利和保险管理制度进行评估，可能导致薪酬、福利和保险管理制度已不符合实际情况，制约业务发展	CA3.3－7	制度的制定及释义部门应定期开展评估，并根据公司制度委员会的动议和董事会及经营班子的意见，定期开展修订和废止工作，修编工作着重放在制度内容是否存在缺陷、制度之间是否存在冲突、制度管理体系是否合理等方面	该项内控设计有效		1	CVT3.3－7	该项内控运行有效			

R3.4　劳动关系与员工权益保护管理

一级流程名称：3. 人力资源管理　　内控评价实施部门：审计监察部　　内控评价底稿编号：R3.4
内控评价时间：2015.9.2　　二级流程名称：劳动关系与员工权益保护管理　　评价人：王晓雷　　复核人：王士民

风险编号	风险描述	关键控制措施编号	关键控制措施	内控设计评价意见	得分	应抽取样本量	抽样测试底稿编号	内控运行评价意见	得分	改进建议	改进责任岗位
R3.4－1	未能及时与职工签订书面劳动合同，可能导致用工合规风险	CA3.4－1	公司与员工经过相互选择和平等协商，就劳动合同的各项条款达成一致协议，并以书面形式明确规定双方的权利和义务；在用工之日起一个月内公司与员工签订《劳动合同》	该项内控设计有效		1	CVT3.4－1	保密			
R3.4－2	劳动合同的各项条款未能满足国家相关法律条例规定，可能导致法律风险	CA3.4－2	劳动合同款项应满足《中华人民共和国劳动法》、《中华人民共和国劳动合同法》和《广东省劳动合同的管理规定》等有关法规和政策规定	该项内控设计有效		2	CVT3.4－2	该项内控运行有效			
R3.4－3	用人单位未能按照相关程序解除劳动关系或解除劳动合同的经济补偿不符合国家相关规定，可能导致法律风险	CA3.4－3	公司按照国家和省里有关规定发给员工经济补偿金和医疗补助费，为该员工办理档案、社会保险和住房公积金关系转移手续	该项内控设计有效		1	CVT3.4－3	保密			

续表

风险编号	风险描述	关键控制措施编号	关键控制措施	内控设计评价意见	得分	应抽取样本量	抽样测试底稿编号	内控运行评价意见	得分	改进建议	改进责任岗位
R3.4－4	员工违反劳动合同规定时，未能进行相应处罚，可能造成不良影响	CA3.4－4	对违反合同规定的员工，公司具有相应的惩处规定，公司惩处分为三种：警告、记过、辞退	该项内控设计有效		1	CVT3.4－4	未发生			
R3.4－5	因违纪被辞退的员工，对公司的辞退决定提出异议时，公司未能做出有效应对，可能造成纠纷，引起法律风险	CA3.4－5	应聘者、用人部门及员工提出申诉，招聘工作小组受理申诉后，由人力资源部联合监察部门对申诉的内容进行调查核实，调查属实的，汇报招聘领导小组，并由招聘领导小组按相关规定处理	该项内控设计有效		1	CVT3.4－5	未发生			
R3.4－6	劳动用工管理处理不当，可能导致劳资纠纷和信访事件频发，对公司声誉和正常经营造成影响	CA3.4－6	应聘者、用人部门及员工提出申诉，招聘工作小组受理申诉后，由人力资源部联合监察部门对申诉的内容进行调查核实，调查属实的，汇报招聘领导小组，并由招聘领导小组按相关规定处理	该项内控设计有效		1	CVT3.4－6	该项内控运行有效			
R3.4－7	未妥善处理员工待遇及采取有效心理疏导办法，造成员工队伍不稳定，影响企业正常生产秩序	CA3.4－7	薪酬绩效委员会负责受理与薪酬绩效制度管理相关的申诉	该项内控设计有效		1	CVT3.4－7	该项内控运行有效			

R3.5 人事档案管理

一级流程名称：3. 人力资源管理　　内控评价实施部门：审计监察部　　内控评价底稿编号：R3.5

内控评价时间：2015.9.2　　二级流程名称：人事档案管理　　评价人：王晓雷　　复核人：王士民

风险编号	风险描述	关键控制措施编号	关键控制措施	内控设计评价意见	得分	应抽取样本量	抽样测试底稿编号	内控运行评价意见	得分	改进建议	改进责任岗位
R3.5-1	干部和员工的档案转入、转出、借阅手续不齐全，未做好备案登记，可能导致资料遗失、泄密	CA3.5-1	公司由专人负责人事档案的调转、收集，保证档案资料齐全完整，并做好档案的安全、保密工作	该项内控设计有效		2	CVT3.5-1	未发生			

R3.6 绩效考核

一级流程名称：3. 人力资源管理　　内控评价实施部门：审计监察部　　内控评价底稿编号：R3.6

内控评价时间：2015.9.2　　二级流程名称：绩效考核　　评价人：王晓雷　　复核人：王士民

风险编号	风险描述	关键控制措施编号	关键控制措施	内控设计评价意见	得分	应抽取样本量	抽样测试底稿编号	内控运行评价意见	得分	改进建议	改进责任岗位
R3.6-1	公司未制定或未实施绩效考核制度及考核办法，可能导致员工工作缺乏积极性，影响工作绩效	CA3.6-1	为不断提高员工个人工作能力和工作绩效，从而达到提高组织整体工作效能、完善人力资源管理机制目的，公司制定绩效管理办法	该项内控设计有效		1	CVT3.6-1	该项内控运行有效			
R3.6-2	绩效考核制度和考核指标设置不合理，未经过充分讨论，可能导致绩效考核脱离实际，影响考核效果，达不到绩效考核的预期目标	CA3.6-2	公司的绩效考核应满足可操作性、改进和提升、公开性、客观性、开放沟通等一系列原则	该项内控设计有效		1	CVT3.6-2	该项内控运行有效			

续表

风险编号	风险描述	关键控制措施编号	关键控制措施	内控设计评价意见	得分	应抽取样本量	抽样测试底稿编号	内控运行评价意见	得分	改进建议	改进责任岗位
R3.6－3	考核标准、考核材料传递不及时、不真实，考核要求不明确，可能导致被考核人员资料提交不全、不及时，影响考核结果	CA3.6－3	绩效考核采用360度绩效考核方式，对于不同的人员、职位，采取不同的考核指标	该项内控设计有效		1	CVT3.6－3	该项内控运行有效			
R3.6－4	考核过程未按照制度规定的程序，未就考核结果与被考核者及时沟通，或者考核显失公允，可能导致被考核者不认可考核结果，影响正常工作开展，达不到提升绩效的考核目标	CA3.6－4	公司严格按照考核流程进行绩效考核，绩效考核委员会、人力资源部和考核者会把考核结果反馈给被考核者，实行绩效反馈制度	该项内控设计有效		1	CVT3.6－4	该项内控运行有效			
R3.6－5	未能对绩效考核体系进行定期或不定期评估工作，未能结合实际进一步完善，可能导致绩效考核脱离实际或流于形式，无法有效发挥激励和凝聚作用，执行力不强	CA3.6－5	绩效考核委员会授权人力资源部针对各种情况以及公司员工的合理意见拟订绩效体系修改的方案，有重大的修改必须由绩效考核委员会报总经理办公委员会审批。为确保本管理办法的适应性和有效性，绩效考核委员会可根据现实情况的变化对本管理办法进行修订	该项内控设计有效		1	CVT3.6－5	未发生			

R4.1 企业文化管理

一级流程名称：4. 企业文化　　内控评价实施部门：审计监察部　　内控评价底稿编号：R4.1

内控评价时间：2015.9.2　　二级流程名称：企业文化管理　　评价人：王晓雷　　复核人：王士民

风险编号	风险描述	关键控制措施编号	关键控制措施	内控设计评价意见	得分	应抽取样本量	抽样测试底稿编号	内控运行评价意见	得分	改进建议	改进责任岗位
R4.1－1	公司缺乏积极向上的价值观和为社会创造财富并积极履行社会责任的企业精神的经营理念，可能导致员工丧失对企业的信心和认同感、缺乏凝聚力和竞争力，影响企业整体发展和高效管理	CA4.1－1	公司应塑造积极向上的企业文化，培养员工对公司的认同感、归属感	该项内控设计有效		1	CVT4.1－1	该项内控运行有效			
R4.1－2	公司文化培育与定位尚处于摸索期，企业文化不鲜明，未能对企业经营形成正向激励和促进作用，造成凝聚力与向心力下降，影响公司执行力	CA4.1－2	公司塑造了健康向上的企业文化，鼓舞和激励员工，防范企业文化培育及管理中潜在的风险	该项内控设计有效		1	CVT4.1－2	该项内控运行有效			
R4.1－3	缺乏开拓创新、团队协作和风险意识，可能导致企业发展目标难以实现，影响可持续发展	CA4.1－3	企业文化的制定应建立在多方面因素的综合考虑之上，包括企业战略性发展目标、企业价值观与道德规范等，建立开拓创新与团队协作的企业文化	该项内控设计有效		1	CVT4.1－3	该项内控运行有效			
R4.1－4	缺乏诚实守信的经营理念，可能导致舞弊事件的发生，造成企业损失，影响企业信誉	CA4.1－4	诚实守信作为企业经营活动基本守则，要融入企业文化建设	该项内控设计有效		1	CVT4.1－4	该项内控运行有效			

续表

风险编号	风险描述	关键控制措施编号	关键控制措施	内控设计评价意见	得分	应抽取样本量	抽样测试底稿编号	内控运行评价意见	得分	改进建议	改进责任岗位
R4.1－5	不符合国家有关法律、法规及公司有关企业文化建设的规章制度，可能导致经济损失和信誉损失	CA4.1－5	企业文化制定须符合国家有关法律法规，符合省交通集团企业文化规范，符合公司有关企业文化建设的规章制度	该项内控设计有效		1	CVT4.1－5	该项内控运行有效			
R4.1－6	品牌集中度高与股份公司所属机构过于分散的矛盾，可能影响企业品牌形象和核心竞争力	CA4.1－6	应加强对直属各单位的品牌运营管理，防止企业的品牌风险	该项内控设计有效		1	CVT4.1－6	该项内控运行有效			
R4.1－7	忽视企业并购重组中的文化差异和理念冲突，可能导致并购重组失败，背离企业的战略发展目标	CA4.1－7	企业须调查并评估并购重组中的文化差异和理念冲突	该项内控设计有效		1	CVT4.1－7	未发生			
R4.1－8	高级管理人员未能带头营造良好的企业文化环境，可能导致企业文化未能在日常经营管理活动中得到有效贯彻	CA4.1－8	公司董事、监事、经理及其他高级管理人员应当以身作则，积极发挥在企业文化建设中的领导作用，与员工积极沟通，促进企业员工以企业文化为共同遵守的行为准则	该项内控设计有效		1	CVT4.1－8	该项内控运行有效			
R4.1－9	风险管理文化理念未能融入企业文化建设中，可能导致公司风险管理意识淡薄，影响经营目标的实现	CA4.1－9	企业文化体系建设应包括风险管理文化理念，以增强公司风险管理意识，促进风险管理体系的建立	该项内控设计有效		1	CVT4.1－9	该项内控运行有效			
R4.1－10	未对员工进行企业文化培训，可能影响对公司企业文化、核心价值的认知和个人价值的实现	CA4.1－10	党群工作部会同人力资源部组织全体员工的企业文化培训	该项内控设计有效		1	CVT4.1－10	该项内控运行有效			

R4.2 重大企业文化项目管理

一级流程名称：4. 企业文化　　内控评价实施部门：审计监察部　　内控评价底稿编号：R4.2

内控评价时间：2015.9.2　　二级流程名称：重大企业文化项目管理　　评价人：王晓雷　　复核人：王士民

风险编号	风险描述	关键控制措施编号	关键控制措施	内控设计评价意见	得分	应抽取样本量	抽样测试底稿编号	内控运行评价意见	得分	改进建议	改进责任岗位
R4.2-1	公司未制订企业文化项目活动计划或计划制订不规范，可能导致企业文化活动缺乏计划性和组织	CA4.2-1	由公司党群工作部负责起草重大企业文化项目方案	该项内控设计有效		1	CVT4.2-1	该项内控运行有效			
R4.2-2	重大企业文化项目未经公司有权批准的部门审批，可能导致重大企业文化项目计划不具备执行效力，相关部门无法协同	CA4.2-2	党群工作部将重大企业文化项目方案报送主管领导、总经理审核，董事长和党委书记审批	该项内控设计有效		1	CVT4.2-2	该项内控运行有效			
R4.2-3	重大企业文化活动缺乏相应的组织机构或组织机构人员不具备胜任能力，可能导致重大企业文化活动不能按计划、高质量完成	CA4.2-3	重大企业文化项目由公司党群工作部牵头，公司相关部门共同实施	该项内控设计有效		1	CVT4.2-3	该项内控运行有效			
R4.2-4	未按照项目计划开展或项目计划变更未经过适当审批，项目过程缺乏监控，可能导致项目过程管理失控或项目进度计划出现重大偏差，影响项目效果	CA4.2-4	每年应对企业文化建设情况进行监督，经营班子认为企业文化或管理制度有修订必要，需上报公司董事会，经授权审批后予以执行	该项内控设计有效		1	CVT4.2-4	未发生			
R4.2-5	公司未能对重大企业文化项目进行后评估，可能导致重大企业文化项目开展情况未得到分析、总结和责任落实	CA4.2-5	由公司党群工作部牵头，公司相关部门共同评估，有需要可聘请专业公司共同评估	该项内控设计有效		1	CVT4.2-5	未发生			

R5.1　安全生产管理

一级流程名称：5. 安全管理　　内控评价实施部门：审计监察部　　内控评价底稿编号：R5.1

内控评价时间：2015.9.2　　二级流程名称：安全生产管理　　评价人：王晓雷　　复核人：王士民

风险编号	风险描述	关键控制措施编号	关键控制措施	内控设计评价意见	得分	应抽取样本量	抽样测试底稿编号	内控运行评价意见	得分	改进建议	改进责任岗位
R5.1－1	安全生产方针与目标设定不明确、不对等，可能导致公司安全生产工作的开展缺乏系统性和有效性	CA5.1－1	全面落实安全生产责任制，建立安全生产长效机制，防止和减少生产安全事故，保障职工和人民群众生命财产安全，促进企业的可持续发展	该项内控设计有效		1	CVT5.1－1	该项内控运行有效			
R5.1－2	安全生产规程违反国家安全生产法律法规与相关要求，可能使企业受到相关监管部门的通报和查处，给企业造成经济及名誉损失	CA5.1－2	根据《中华人民共和国安全生产法》、《生产安全事故报告和调查处理条例》和《广东省安全生产条例》等有关法律法规和规定，制定安全生产管理制度，并严格执行	该项内控设计有效		1	CVT5.1－2	该项内控运行有效			
R5.1－3	安全生产措施不到位、存在漏洞，责任不落实：比如安全设备设施管理不到位可能导致生产安全事故发生，影响企业生产经营的顺利进行	CA5.1－3	直属公司必须建立健全安全生产的组织机构，监督管理独资及控股子企业安全生产条件具备情况，直属公司专职安全生产管理人员的任职资格和配备数量，应当符合国家、省、省交通集团和公司的有关规定，直属公司应当建立健全生产安全事故隐患排查和治理工作制度	该项内控设计有效		2	CVT5.1－3	该项内控运行有效			

续表

风险编号	风险描述	关键控制措施编号	关键控制措施	内控设计评价意见	得分	应抽取样本量	抽样测试底稿编号	内控运行评价意见	得分	改进建议	改进责任岗位
R5.1－4	“安全措施经费”的投入不到位及该经费使用不当，可能致使安全隐患得不到及时有效的排除或控制	CA5.1－4	直属公司应当严格按照国家、行业和省交通集团的有关规定，足额提取安全生产费用	该项内控设计有效		1	CVT5.1－4	该项内控运行有效			
R5.1－5	安全生产缺乏组织保障，未明确岗位职责，可能导致安全管控不落实	CA5.1－5	直属公司必须建立健全安全生产的组织机构	该项内控设计有效		1	CVT5.1－5	该项内控运行有效			
R5.1－6	未能定期或不定期进行设施、装置等的安全检查监督工作，可能无法排查安全生产隐患，影响日常生产安全	CA5.1－6	参与或组织开展直属公司安全生产设施和装置的检查、督查，督促企业落实各项安全防范和隐患治理措施	该项内控设计有效		2	CVT5.1－6	该项内控运行有效			
R5.1－7	未进行系统的安全教育与培训，可能造成人员安全意识淡薄、缺乏安全技能	CA5.1－7	直属公司应当建立健全安全生产培训制度，严格落实企业负责人、安全生产监督管理人员、特种作业人员的持证上岗制度和培训考核制度；严格落实从业人员的安全生产教育培训制度	该项内控设计有效		2	CVT5.1－7	该项内控运行有效			
R5.1－8	未定期对生产安全风险源进行评估，未能及时整改检查出的安全生产隐患，可能导致日常生产事故	CA5.1－8	督促、检查本单位的安全生产工作，及时消除生产安全事故隐患	该项内控设计有效		2	CVT5.1－8	该项内控运行有效			

续表

风险编号	风险描述	关键控制措施编号	关键控制措施	内控设计评价意见	得分	应抽取样本量	抽样测试底稿编号	内控运行评价意见	得分	改进建议	改进责任岗位
R5.1－9	对事故处理无应急管理机制，可能导致对事故无应急处理，可能造成损失的扩大	CA5.1－9	直属公司应当组织制定并实施本单位的生产安全事故应急救援预案，并将安全生产应急预案报公司备案	该项内控设计有效		各一份	CVT 5.1－9	该项内控运行有效			
R5.1－10	因迟报、漏报、谎报或者瞒报生产安全事故被投诉，影响统计数据的真实性和准确性，无法满足信息统计和管理的需求对事故进行调查，无法获知事故信息，可能引起公共关系风险	CA5.1－10	直属公司发生生产安全事故或者因生产安全事故引起突发事件后，应当立即报告公司（不超过1小时）	该项内控设计有效		1	CVT 5.1－10	未发生			
R5.1－11	未形成事故总结书面记录，可能导致无历史参考文件，影响后续的事故防范	CA5.1－11	直属公司应当于每年1月20日前将上一年度的安全生产工作总结和本年度的工作安排报送公司	该项内控设计有效		2	CVT 5.1－11	该项内控运行有效			
R5.1－12	公司未制定消防安全工作管理制度或程序，可能导致消防工作不能有序开展	CA5.1－12	制定消防安全制度和消防安全操作规程	该项内控设计有效		1	CVT 5.1－12	该项内控运行有效			
R5.1－13	公司每年未（在全公司范围）定期举办消防演练，造成相关岗位员工消防安全意识薄弱，可能影响对灾害事故的应急处理效果	CA5.1－13	根据本单位的实际和特点，定期组织消防演练并及时更新	该项内控设计有效		1	CVT 5.1－13	该项内控运行有效			

R5.2 环境保护管理

一级流程名称：5. 安全管理　　内控评价实施部门：审计监察部　　内控评价底稿编号：R5.2

内控评价时间：2015.9.2　　二级流程名称：环境保护管理　　评价人：梁 良　　复核人：王士民 周 冬

风险编号	风险描述	关键控制措施编号	关键控制措施	内控设计评价意见	得分	应抽取样本量	抽样测试底稿编号	内控运行评价意见	得分	改进建议	改进责任岗位
R5.2-1	工程施工期间的高填深挖使沿线的植被遭到破坏，地表裸露，容易造成水土流失，影响生态系统的稳定性	CA5.2-1	在高速公路建设施工过程中，督促施工单位加强保护施工现场周围的环境，防止对自然环境造成不应有的破坏	该项内控设计有效		1	CVT5.2-1	该项内控运行有效			
R5.2-2	施工时产生的施工废水和生活污水没有经过处理就排入河流中，可能造成水环境污染	CA5.2-2	在高速公路管理区、服务区、生活区设置污水处理设施，各种污水经处理达标后方可排放	该项内控设计有效		2	CVT5.2-2	该项内控运行有效			
R5.2-3	工程施工时产生的弃土弃渣没有很好的处理，可能导致处理不当，造成环境污染	CA5.2-3	在高速公路建设施工过程中，督促施工单位加强保护施工现场周围的环境，防止对自然环境造成不应有的破坏	该项内控设计有效		1	CVT5.2-3	该项内控运行有效			
R5.2-4	公路施工和运营期间没有注重噪声、扬尘的影响，影响周边居民的正常休息和生活，可能导致居民投诉	CA5.2-4	在高速公路建设施工过程中，防止和减轻粉尘、噪声、震动等对周围生活居住区的污染和危害	该项内控设计有效		1	CVT5.2-4	该项内控运行有效			
R5.2-5	在工程设计审核时没有经过充分的论证，可能导致设计不合理，造成大量占用耕地和土地资源的浪费	CA5.2-5	设计阶段委托设计单位，按照法律法规和工程建设强制性标准的要求，进行环境保护设施的设计	该项内控设计有效		1	CVT5.2-5	该项内控运行有效			
R5.2-6	公路运营期间，没有对车辆排出的尾气和产生的粉尘进行处理，可能导致沿路的植被严重破坏，居民生活严重干扰等	CA5.2-6	加强路边植树绿化，根据当地气候和土壤特点，在靠近高速公路两侧，特别是环境敏感区附近密植乔木、灌木，既可净化吸收车辆尾气中的污染物，又可减少大气中的总悬浮微粒	该项内控设计有效		1	CVT5.2-6	该项内控运行有效			

R6.1　银行账户及印鉴管理

一级流程名称：6. 财务管理　　内控评价实施部门：审计监察部　　内控评价底稿编号：R6.1

内控评价时间：2015.9.2　　二级流程名称：银行账户及印鉴管理　　评价人：王晓雷　　复核人：王士民

风险编号	风险描述	关键控制措施编号	关键控制措施	内控设计评价意见	得分	应抽取样本量	抽样测试底稿编号	内控运行评价意见	得分	改进建议	改进责任岗位
R6.1－1	公司尚未建立系统的银行账户及印鉴管理制度或条款，可能导致银行账户及印鉴管理混乱	CA6.1－1	为了公司的资金规模优势，防范资金运作风险，根据国家法律法规等有关规定，建立银行账户管理制度	该项内控措施设计有效		2	CVT6.1－1	该项内控措施运行有效		无	财务管理部部长
R6.1－2	违反公司规定出租出借银行账户，可能导致被国家银行监管部门处罚	CA6.1－2	公司与成员单位开立的银行账户禁止用于出租、出借	该项内控措施设计有效		1	CVT6.1－2	该项内控措施运行有效		无	财务管理部部长
R6.1－3	设立、变更或撤销银行账户未按规定审批，可能导致账户管理混乱，造成资金截留风险	CA6.1－3	凡成员单位开立、变更和撤销银行账户的，均须报财务管理部审批，财务管理部审批通过后，再由成员单位办理银行账户开立、变更和撤销的具体事宜	该项内控措施设计有效		2	CVT6.1－3	该项内控措施运行有效		无	财务管理部部长
R6.1－4	公司未对下属各直属单位银行账户进行定期检查，可能导致下属单位银行账户管理混乱，产生资金风险	CA6.1－4	公司对成员单位的银行账户实行扁平化管理	该项内控措施设计有效		1	CVT6.1－4	该项内控措施运行有效		无	审计监察部部长
R6.1－5	银行收支业务的核算全程由一人负责办理，无他人审核、检查，可能导致银行存款被截留风险	CA6.1－5	重大财务（经济）支出事项必须填写“付款通知单”和“经济事务呈批表”，财务管理部根据审批后的“付款通知单”和“经济事务呈批表”拨付有关款项	该项内控措施设计有效		20	CVT6.1－5	该项内控措施运行有效		无	财务管理部副部长

续表

风险编号	风险描述	关键控制措施编号	关键控制措施	内控设计评价意见	得分	应抽取样本量	抽样测试底稿编号	内控运行评价意见	得分	改进建议	改进责任岗位
R6.1－6	银行存款核算不准确、不及时，可能导致公司财务信息不真实、不完整	CA6.1－6	对于每一笔划款，都要严格按照公司《财务审批制度》关于款项支付及资金调拨流程的有关规定执行	该项内控措施设计有效		20	CVT6.1－6	该项内控措施运行有效		无	财务管理部会计
R6.1－7	银行存款管理不善，可能导致资金被非法挪用，资金存放分散、不能统一集中使用，造成资金使用效率低下	CA6.1－7	严格执行库存现金限额制，超过限额部分应及时送存银行，严禁坐支现金、公款私存及“白条”抵库	该项内控措施设计有效		1	CVT6.1－7	该项内控措施运行有效		无	财务管理部部长
R6.1－8	资金使用及其支付手续违反公司内部规章制度，可能导致舞弊行为，给企业造成资产损失或使股东权益受损	CA6.1－8	对于每一笔划款，都要严格按照公司《财务审批制度》关于款项支付及资金调拨流程的有关规定执行	该项内控措施设计有效		20	CVT6.1－8	该项内控措施运行有效		无	财务管理部出纳员
R6.1－9	未定期到基本账户获取公司账户明细，可能导致公司账户无法得到有效管理	CA6.1－9	定期获取各开户银行的资金状况变动明细表	该项内控措施设计有效		1	CVT6.1－9	该项内控措施运行有效		无	财务管理部会计
R6.1－10	无用或失效的银行账户未及时清理及按公司制度办理相关呈批手续，可能导致账户管理混乱	CA6.1－10	出纳人员应每年对各账户清理一次，对于超过3年不使用的账户报经总会计师或分管财务的副总经理、总经理、董事长后进行处理	该项内控措施设计有效		1	CVT6.1－10	该项内控措施运行有效		无	财务管理部出纳员

续表

风险编号	风险描述	关键控制措施编号	关键控制措施	内控设计评价意见	得分	应抽取样本量	抽样测试底稿编号	内控运行评价意见	得分	改进建议	改进责任岗位
R6.1－11	出纳领取银行对账单并编制银行存款余额调节表，可能导致出纳违规调账，可能造成银行存款账实不符或舞弊	CA6.1－11	银行对账单应定期（每月至少一次）由银行直接邮寄给会计人员或由会计人员去银行直接拿取	该项内控措施设计有效		1	CVT 6.1－11	该项内控措施运行有效		无	财务管理部部长
R6.1－12	公司未设置账户台账，开户行、账号、账户性质、开销户时间等记录不清晰、不完整，账户信息和管理混乱，未定期与银行核对账户信息，可能导致账户被非法使用或挪用账户资金	CA6.1－12	出纳人员应建立银行账户管理台账，对账号、账户性质、开户日期、注销日期等保持完整、及时记录	该项内控措施设计有效		1	CVT 6.1－12	该项内控措施运行有效		无	财务管理部出纳员
R6.1－13	网上银行密钥未分级保管，未按指定的网上银行交易范围进行交易，可能导致公司资金管理风险	CA6.1－13	成员单位应根据实际情况确定分级授权的机制，电子商务类业务的授权应符合财务制度等规定的要求和程序	该项内控措施设计有效		1	CVT 6.1－13	该项内控措施运行有效		无	财务管理部部长
R6.1－14	网银密码、银行账户等信息保管不当被盗取或修改，造成资金被盗风险	CA6.1－14	各单位应指定专人负责，妥善保管与资金有关的电子签名读卡器、电子签名证书卡、电子签名制作数据（登录用户名、密码口令等）、电子签名验证数据（密码口令、算法等）等的安全	该项内控措施设计有效		1	CVT 6.1－14	该项内控措施运行有效		无	财务管理部持有密钥的人
R6.1－15	用于支付的全部印章和票据由一人负责保管，导致印鉴保管人员发生舞弊行为，造成公司经济损失	CA6.1－15	公司印章应由不同的人员保管	该项内控措施设计有效		1	CVT 6.1－15	该项内控措施运行有效		无	财务管理部部长

R6.2 现金池资金收支计划

一级流程名称：6. 财务管理　　内控评价实施部门：审计监察部　　内控评价底稿编号：R6.2

内控评价时间：2015.9.2　　二级流程名称：现金池资金收支计划　　评价人：王晓雷　　复核人：王士民

风险编号	风险描述	关键控制措施编号	关键控制措施	内控设计评价意见	得分	应抽取样本量	抽样测试底稿编号	内控运行评价意见	得分	改进建议	改进责任岗位
R6.2-1	各单位未按公司制度规定，及时报送资金收款计划和付款计划，可能导致公司资金收付与合同不一致，影响公司利益和信誉	CA6.2-1	成员单位必须做好资金预测，每周末的最后一个工作日的中午十二点前通过“资金管理系统”报送下一周的资金使用计划	该内控措施设计有效		5	CVT 6.2-1	该内控措施执行有效		无	各单位资金管理岗
R6.2-2	各单位经办人操作失误或责任心不强，审核人员审核不严格，可能导致所提交的资金收支计划不准确，导致资金收支计划与业务合同不符，影响公司利益和信誉	CA6.2-2	成员单位应根据财务预算和经营管理的需要，定期或不定期地制订资金计划，经常检查资金计划的执行情况并及时修正，保证单位资金运作的健康、准确	该内控措施设计有效		5	CVT 6.2-2	该内控措施执行有效		无	各经办人审核人
R6.2-3	资金付款未按资金付款计划执行或计划外付款未经特别审批，可能削弱资金计划的刚性和扰乱公司正常资金安排	CA6.2-3	公司将定期或不定期地对成员单位的资金计划的编制和执行情况（包括申报的时效性、计划的准确性和执行的差异性等）进行检查和评比	该内控措施设计有效		5	CVT 6.2-3	该内控措施执行有效		无	单位负责人
R6.2-4	资金调度计划不合理、营运不畅，可能导致企业陷入财务困境或资金冗余	CA6.2-4	根据检查的资金计划执行情况及时修正资金管理计划，保证单位资金运作的健康、准确	该内控措施设计有效		1	CVT 6.2-4	该内控措施执行有效		无	单位负责人

R6.3　票据管理

一级流程名称：6. 财务管理　　内控评价实施部门：审计监察部　　内控评价底稿编号：R6.3

内控评价时间：2015.9.2　　二级流程名称：票据管理　　评价人：王晓雷　　复核人：王士民

风险编号	风险描述	关键控制措施编号	关键控制措施	内控设计评价意见	得分	应抽取样本量	抽样测试底稿编号	内控运行评价意见	得分	改进建议	改进责任岗位
R6.3-1	违规开具空头支票，可能造成公司受金融监管部门处罚	CA6.3-1	禁止在空白支票上加盖印章	该内控措施设计有效		1	CVT6.3-1	该内控措施运行有效		无	财务管理部出纳员
R6.3-2	支票开具时，开票人员未仔细核对用途、金额和审批情况，可能导致出票错误，公司资金损失	CA6.3-2	出纳开具支票时，应仔细核对用途、金额和审批情况，禁止在空白支票上加盖印章	该内控措施设计有效		1	CVT6.3-2	该内控措施运行有效		无	财务管理部出纳员
R6.3-3	支票领用人在领取支票时未进行信息登记，可能发生资金损失时无法及时查找相关责任人	CA6.3-3	出纳应以连号方式登记已使用、作废支票，支票登记簿应作为会计档案保管	该内控措施设计有效		2	CVT6.3-3	该内控措施运行有效		无	财务管理部出纳员
R6.3-4	公司因保管不善，支票丢失或被盗用，可能造成公司资金损失	CA6.3-4	支票的购买、保管由出纳负责，空白票据和未到期的支票必须存入保险柜	该内控措施设计有效		2	CVT6.3-4	该内控措施运行有效		无	财务管理部出纳员
R6.3-5	作废支票处理、保管不当（如未盖作废章或未附在凭证后面），可能导致支票被修改盗用，造成公司资金损失	CA6.3-5	退回或作废的支票应和存根一起装订，加盖作废章	该内控措施设计有效		2	CVT6.3-5	该内控措施运行有效		无	财务管理部出纳员
R6.3-6	未定期进行支票盘点，可能导致支票数量账实不符，开票记录存在问题未能及时发现，造成公司资金损失	CA6.3-6	会计主管应每季末盘点出纳所保管的支票，填写“支票盘点表”，交副部长审核签字	该内控措施设计有效		2	CVT6.3-6	该内控措施运行有效		无	财务管理部主管会计

续表

风险编号	风险描述	关键控制措施编号	关键控制措施	内控设计评价意见	得分	应抽取样本量	抽样测试底稿编号	内控运行评价意见	得分	改进建议	改进责任岗位
R6.3－7	未按公司制度规定及时领用发票，可能导致开票不及时，造成公司收款被延迟	CA6.3－7	出纳从办税人员领用发票并负责发票的开具	该内控措施设计有效		2	CVT6.3－7	该内控措施运行有效		无	财务管理部办税员
R6.3－8	未对发票的领用存进行发票登记，发票管理混乱，可能导致发票丢失、盗开等，受到税务部门处罚，公司遭受经济损失	CA6.3－8	出纳应以连号方式登记已使用、作废发票	该内控措施设计有效		2	CVT6.3－8	该内控措施运行有效		无	财务管理部办税员
R6.3－9	未按国家法律规定开具、保管发票，可能导致受到税务部门的处罚	CA6.3－9	财务管理部对各种票据及有价证券进行妥善保管，并建立相关的备查簿	该内控措施设计有效		2	CVT 6.3－9	该内控措施运行有效		无	财务管理部办税员
R6.3－10	未按公司制度规定定期盘点发票，可能导致发票被盗开、丢失未被发现	CA6.3－10	会计主管应每季末盘点出纳所保管的发票，填写“发票盘点表”，交副部长审核签字	该内控措施设计有效		2	CVT 6.3－10	该内控措施运行有效		无	财务管理部办税员
R6.3－11	未对收据的领用存进行登记、定期盘点，可能导致收据信息失控，收据管理责任不明确	CA6.3－11	会计主管应每季末盘点出纳所保管的收据，填写“收据盘点报告表”，交副部长审核签字	该内控措施设计有效		2	CVT 6.3－11	该内控措施运行有效		无	财务管理部主管会计
R6.3－12	空白收据已加盖印章，可能导致收据丢失被盗开，造成公司款项被侵吞或冒领	CA6.3－12	禁止在空白收据上加盖印章	该内控措施设计有效		1	CVT 6.3－12	该内控措施运行有效		无	财务管理部主管会计
R6.3－13	收款业务及核算过程全部由一个人完成，造成收款未记账，可能导致公司款项被侵占或挪用	CA6.3－13	加强会计核算，保障会计核算的真实、完整、准确	该内控措施设计有效		1	CVT 6.3－13	该内控措施运行有效		无	财务管理部副部长

R6.4　资金使用与费用支出管理

一级流程名称：6. 财务管理　　内控评价实施部门：审计监察部　　内控评价底稿编号：R6.4

内控评价时间：2015.9.2　　二级流程名称：资金使用与费用支出管理　　评价人：王晓雷　　复核人：王士民

风险编号	风险描述	关键控制措施编号	关键控制措施	内控设计评价意见	得分	应抽取样本量	抽样测试底稿编号	内控运行评价意见	得分	改进建议	改进责任岗位
R6.4－1	出纳人员办理资金收支业务依据的原始凭证有瑕疵，如不合规、未经适当审核、审批，可能导致付款错误或虚假报销	CA6.4－1	公司人员发生各项业务费用需要报销时，必须取得税务部门的正式发票或其他合法有效单据，并将该单据粘贴于“费用粘贴单”上，准确填写经办人、金额、用途、单据张数等内容	该内控措施设计有效		25	CVT 6.4－1	该内控措施运行有效		无	财务管理部出纳员
R6.4－2	超过规定标准的大额现金支付未凭批准的相关文件提前向财务管理部预约，可能导致现金短缺，影响工作开展	CA6.4－2	凡借现金在3000元以上的，须提前一个工作日通知出纳，否则由借款人自己到银行支取	该内控措施设计有效		5	CVT 6.4－2	该内控措施运行有效		无	各经办部门经办人
R6.4－3	现金管理违反国家相关法律、法规，可能使企业遭受外部处罚，给企业带来经济及名誉损失	CA6.4－3	公司在《现金管理暂行条例》规定的范围内使用现金，其他的款项均应通过银行转账结算	该内控措施设计有效		5	CVT 6.4－3	该内控措施运行有效		无	财务管理部部长
R6.4－4	现金管理制度不健全或管理存在漏洞，可能导致舞弊事件的发生，威胁企业现金资产安全	CA6.4－4	公司制定了完善的现金管理制度，现金的范围不仅包括库存现金，还包含银行存款、POS机存款、即期支票及到期票据、有价证券等	该内控措施设计有效		1	CVT 6.4－4	该内控措施运行有效		无	财务管理部部长

续表

风险编号	风险描述	关键控制措施编号	关键控制措施	内控设计评价意见	得分	应抽取样本量	抽样测试底稿编号	内控运行评价意见	得分	改进建议	改进责任岗位
R6.4-5	缺乏有效的现金管理，影响资金使用效率，无法满足企业正常运营的需求	CA6.4-5	严格按照公司的财务审批制度及有关制度收支现金，保证每一笔现金的来源和用途清晰明了	该内控措施设计有效		5	CVT 6.4-5	该内控措施运行有效		无	财务管理部部长
R6.4-6	现金核算或记录错误，影响财务数据的准确性，导致财务报告和信息披露错误	CA6.4-6	各项款项及费用的支付应根据审核后的有效凭证办理，并在凭证上由领款人签字，如无特殊原因不得代领	该内控措施设计有效		25	CVT 6.4-6	该内控措施运行有效		无	财务管理部会计
R6.4-7	《货币资金管理办法》对于提现数额无限制规范，可能导致现金安全得不到保障	CA6.4-7	每次提取现金限额不超过50万元，超过10万元由出纳和财务管理部副部长指定人员一同前往银行办理	该内控措施设计有效		1	CVT 6.4-7	该内控措施运行有效		无	财务管理部部长
R6.4-8	提取现金未按规定程序审批，可能导致现金安全得不到保障或现金被挪用	CA6.4-8	提取现金业务，必须履行公司规定的审批程序，10万元以内（包括10万元）的提现业务由公司财务管理部部长批准，30万元（包含30万元）以内的提现业务由总会计师批准，30万元以上的提现业务由公司总经理批准后方可执行	该内控措施设计有效		5	CVT 6.4-8	该内控措施运行有效		无	财务管理部出纳员副部长（印鉴保管人）
R6.4-9	公司制度尚未明确库存现金限额的具体金额，可能导致公司库存现金过多，容易造成现金丢失，现金安全得不到保障	CA6.4-9	严格执行库存现金限额制，日库存现金余额不超过30000元（含30000元），超过限额部分应及时送存银行	该内控措施设计有效		1	CVT 6.4-9	该内控措施运行有效		无	财务管理部部长
R6.4-10	公司现金支付额度大于制度规定，可能导致公司需使用大量现金，现金安全得不到保障	CA6.4-10	公司在《现金管理暂行条例》规定的范围内使用现金，其他的款项均应通过银行转账结算	该内控措施设计有效		1	CVT 6.4-10	该内控措施运行有效		无	财务管理部部长

续表

风险编号	风险描述	关键控制措施编号	关键控制措施	内控设计评价意见	得分	应抽取样本量	抽样测试底稿编号	内控运行评价意见	得分	改进建议	改进责任岗位
R6. 4 – 11	备用金未经规定程序审批，可能导致备用金膨胀	CA6. 4 – 11	备用金支付按《财务审批制度》规定的手续经领导审批后，交出纳凭单领取现金，如无上述各项签批程序或不规范，出纳有权拒绝执行	该内控措施设计有效		5	CVT 6. 4 – 11	该内控措施运行有效		无	财务管理部部长
R6. 4 – 12	职工借款未经恰当审批，可能导致公司资金被挪用	CA6. 4 – 12	借款必须填写“借款单”，金额20000元（含20000元）以内的，经部门部长同意后报分管领导审批，经财务部长审核后借支；超过20000元的报总经理审批，经财务部长审核后，予以借支	该内控措施设计有效		5	CVT 6. 4 – 12	该内控措施运行有效		无	财务管理部部长
R6. 4 – 13	各单项费用与费用总额的支出未受费用预算控制或预算刚性不强，可能导致费用开支过大，铺张浪费，或假公济私，影响公司经营效益	CA6. 4 – 13	各部门应严格执行经董事会通过的“管理费用预算”	该内控措施设计有效		5	CVT 6. 4 – 13	该内控措施运行有效		无	各经办部门经办人
R6. 4 – 14	费用审批未设定相应权限，费用审批管理混乱，可能导致费用失控或经营效率低下	CA6. 4 – 14	日常费用的报销，由经办部门报部门部长审核，财务管理部对报销金额计算的准确性及单据的合法性、有效性和合理性审核后，报经办部门所属的公司分管领导审核后报党委书记审批，财务管理部部长对报销及请款单据进行审核后给予报账	该内控措施设计有效		25	CVT 6. 4 – 14	该内控措施运行有效		无	财务管理部部长

续表

风险编号	风险描述	关键控制措施编号	关键控制措施	内控设计评价意见	得分	应抽取样本量	抽样测试底稿编号	内控运行评价意见	得分	改进建议	改进责任岗位
R6.4－15	费用支出核算不符合国家有关法律、法规和公司内部规章制度的规定，可能导致公司受到处罚或经济损失	CA6.4－15	严格对费用支出性质进行审核，对违反国家有关法律、法规及公司规章制度行为的支出不得报销	该内控措施设计有效		1	CVT 6.4－15	该内控措施运行有效		无	财务管理部会计
R6.4－16	费用报销单据无经办人签字，或物资采购费用报销无验收人、验收单等必要信息，费用单据真实性无法确定，可能导致虚假报销	CA6.4－16	公司人员发生各项业务费用需要报销时，必须取得税务部门的正式发票或其他合法有效单据，对不合法、填写不规范、不正确的“费用粘贴单”，财务人员有权不予报销，将“费用粘贴单”等单据退回相关人员重新填写	该内控措施设计有效		25	CVT 6.4－16	该内控措施运行有效		无	财务管理部会计
R6.4－17	资金管控活动中，内部管理制度漏洞导致监控不力和人员舞弊，可能造成资金被挪用、侵占、抽逃或遭受欺诈	CA6.4－17	为了发挥广东省高速公路发展股份有限公司（以下简称公司）的资金规模优势，有效监控成员单位的资金情况，规范结算资金管理，防范资金运作风险，根据国家法律法规等有关规定，制定了完善的资金管理制度	该内控措施设计有效		1	CVT 6.4－17	该内控措施运行有效		无	财务管理部部长
R6.4－18	资金集中管理模式尚未将参股公司纳入监管，可能无法有效合理调度资金，限制资金集中使用效率和效果	CA6.4－18	加强公司对资金的管理，实行“现金池”资金结算模式	该内控措施设计有效		1	CVT 6.4－18	该内控措施运行有效		无	财务管理部部长
R6.4－19	资金集中支付账户审查流程可能存在疏漏，未能与下属公司及时核对，导致变更资金支付用途，影响资金安全	CA6.4－19	成员单位应经常上“资金管理系统”或开户银行的企业网上银行系统（可根据需要开通）查询和核对存款情况	该内控措施设计有效		1	CVT 6.4－19	该内控措施运行有效		无	财务管理部部长

R6.5 税费管理

一级流程名称：6. 财务管理　　内控评价实施部门：审计监察部　　内控评价底稿编号：R6.5

内控评价时间：2015.9.2　　二级流程名称：税费管理　　评价人：王晓雷　　复核人：王士民

风险编号	风险描述	关键控制措施编号	关键控制措施	内控设计评价意见	得分	应抽取样本量	抽样测试底稿编号	内控运行评价意见	得分	改进建议	改进责任岗位
R6.5－1	未按照税法规定的期限，及时、准确进行纳税申报，可能导致补缴税款及滞纳金，造成公司经济损失	CA6.5－1	按照税收法规的规定办理纳税申报，报送纳税申报表、财务会计报表及其他纳税申报资料	该内控措施设计有效		1	CVT 6.5－1	该内控措施运行有效		无	财务管理部办税员
R6.5－2	伪造、修改、毁损记账凭证、完税凭证及其他有关涉税资料，可能导致税务机关查处	CA6.5－2	审核与税收有关的完税凭证、记账凭证、账簿、会计报表及其他有关的纳税资料	该内控措施设计有效		2	CVT 6.5－2	该内控措施运行有效		无	财务管理部部长
R6.5－3	未按国家有关税收法律法规正确计提、核算各种税金并进行账务处理，可能导致税务核算不准确	CA6.5－3	根据公司经营发展的具体情况，按照有关规定办理减税、免税业务，核算各种税金	该内控措施设计有效		1	CVT 6.5－3	该内控措施运行有效		无	财务管理部会计
R6.5－4	财务人员未定期学习各类税收法规，加强纳税筹划意识，可能导致税收核算、申报和纳税调整不正确，增加纳税成本	CA6.5－4	负责办理税务事项的人员必须定期接受税务培训和继续教育，及时阅览与公司有关的各种税收法律法规和政策	该内控措施设计有效		1	CVT 6.5－4	该内控措施运行有效		无	财务管理部部长
R6.5－5	无专人对税务登记证、税收凭证及增值税发票存根等税务资料进行保管，可能导致重要税务资料遗失，无法证明或进行税收核算，受到税务部门处罚	CA6.5－5	税收经办人员和协助会计核算岗位按国家财政、税务法规规定，设置与纳税有关的会计科目，审核与税收有关的完税凭证、记账凭证、账簿、会计报表及其他有关的纳税资料	该内控措施设计有效		2	CVT 6.5－5	该内控措施运行有效		无	财务管理部办税员

续表

风险编号	风险描述	关键控制措施编号	关键控制措施	内控设计评价意见	得分	应抽取样本量	抽样测试底稿编号	内控运行评价意见	得分	改进建议	改进责任岗位
R6.5-6	违反国家税收法律、法规的要求，可能使企业遭受外部处罚，造成经济及名誉受损	CA6.5-6	负责办理税务事项的人员必须遵守税收法律法规和政策，不得做出违反税收法规和政策的税务处理行为	该内控措施设计有效		2	CVT 6.5-6	该内控措施运行有效		无	财务管理部部长
R6.5-7	税务核算不及时、不准确，可能导致财务报表错报和税务信息披露不真实、不完整	CA6.5-7	对一般的税务事项，由办税员提出初步处理意见后报税务主管和财务管理部部长或副部长进行审核，并报总会计师进行审批	该内控措施设计有效		2	CVT 6.5-7	该内控措施运行有效		无	财务管理部会计
R6.5-8	财务部门在参与项目投资时未能就项目单位的税务进行有效筹划，可能形成税务隐患	CA6.5-8	财务管理部负责公司的税务筹划，对于公司的重大投资、融资以及其他影响公司当前及未来税务处理的经济活动，必须由财务管理部签署意见后才可以实施	该内控措施设计有效		2	CVT 6.5-8	该内控措施运行有效		无	财务管理部部长
R6.5-9	在合理利用税法实施税务筹划来降低整体税负方面公司未形成有效规划和措施，可能无法提高公司税务效益	CA6.5-9	财务管理部负责公司的税务筹划，对于公司的重大投资、融资以及其他影响公司当前及未来税务处理的经济活动，必须由财务管理部签署意见后才可以实施	该内控措施设计有效		2	CVT 6.5-9	该内控措施运行有效		无	财务管理部部长

R6.6 财务核算与财务报告管理

一级流程名称：6. 财务管理　　内控评价实施部门：审计监察部　　内控评价底稿编号：R6.6

内控评价时间：2015.9.2　　二级流程名称：财务核算与财务报告管理　　评价人：王晓雷　　复核人：王士民

风险编号	风险描述	关键控制措施编号	关键控制措施	内控设计评价意见	得分	应抽取样本量	抽样测试底稿编号	内控运行评价意见	得分	改进建议	改进责任岗位
R6.6－1	会计人员未持证上岗，会计工作质量无法得到保证，可能导致公司会计核算不准确及遭受国家有关部门处罚	CA6.6－1	公司应当根据会计业务需要配备持有会计证的会计人员。未取得会计证的人员，不得从事会计工作	该内控措施设计有效		1	CVT 6.6－1	该内控措施运行有效		无	财务管理部部长
R6.6－2	公司未制定财务管理制度，或财务管理制度制定不合规，可能导致会计核算不合理，影响公司财务报表的真实性、可靠性	CA6.6－2	为规范公司的会计基础工作及完善内部稽核制度，根据《中华人民共和国会计法》以及《会计基础工作规范》等有关规定结合本单位实际情况，制定财务管理制度	该内控措施设计有效		1	CVT 6.6－2	该内控措施运行有效		无	财务管理部部长
R6.6－3	公司发生经济活动业务时未及时进行会计核算，可能导致会计核算不及时	CA6.6－3	发生经济业务时，审核原始凭证，对于符合要求的凭证应及时据以编制记账凭证入账	该内控措施设计有效		20	CVT 6.6－3	该内控措施运行有效		无	财务管理部会计
R6.6－4	会计核算未按照财务管理制度要求开展，会计核算不规范，可能导致会计信息不准确、不完整	CA6.6－4	按照财务管理制度的规定，先进行凭证审核，登记记账凭证，然后进行会计核算	该内控措施设计有效		20	CVT 6.6－4	该内控措施运行有效		无	财务管理部会计
R6.6－5	存在财务记账凭证内容与附件不一致的现象，可能导致会计核算错误	CA6.6－5	除结账和更正错误的记账凭证可以不附原始凭证外，其他记账凭证必须附有对应的原始凭证	该内控措施设计有效		20	CVT 6.6－5	该内控措施运行有效		无	财务管理部会计

续表

风险编号	风险描述	关键控制措施编号	关键控制措施	内控设计评价意见	得分	应抽取样本量	抽样测试底稿编号	内控运行评价意见	得分	改进建议	改进责任岗位
R6.6－6	记账凭证的制定与审核系同一人，可能使得核算错误未被发现，可能导致会计核算不正确	CA6.6－6	同一张记账凭证，制单和复核不能是同一人	该内控措施设计有效		20	CVT 6.6－6	该内控措施运行有效		无	财务管理部副部长
R6.6－7	未定期将会计账簿记录与库存实物、货币资金、有价证券、往来单位等相互核对，可能导致账证不符、账账不符、账实不符	CA6.6－7	稽核各项账簿的记录内容与记账凭证相符性；稽核总账、明细账之间的记录的相符性	该内控措施设计有效		3	CVT 6.6－7	该内控措施运行有效		无	财务管理部主管会计
R6.6－8	编制报告违反会计法律法规和国家统一的会计准则制度，可能导致企业承担法律责任和声誉受损	CA6.6－8	根据《会计法》、《证券法》、《企业会计准则》等法律、法规，以及中国证监会和证券交易所关于上市公司信息披露的相关规定进行财务报告的编制	该内控措施设计有效		3	CVT 6.6－8	该内控措施运行有效		无	财务管理部部长
R6.6－9	提供虚假报告，可能误导报告使用者，造成决策失误，干扰市场秩序	CA6.6－9	公司不得编制和对外提供虚假的或者隐瞒重要事实的财务报告	该内控措施设计有效		3	CVT 6.6－9	该内控措施运行有效		无	财务管理部部长
R6.6－10	未对各下属单位上报的财务报告进行技术复核，可能造成各下属单位财务报告的不准确、不完整、不可靠	CA6.6－10	公司各部门应及时向财务管理部提供编制财务报告所需的信息和资料，对年度和半年度财务报告的相关附注部分进行审核，对所提供信息和审核内容的真实性和完整性负责	该内控措施设计有效		3	CVT 6.6－10	该内控措施运行有效		无	财务管理部报表岗位

续表

风险编号	风险描述	关键控制措施编号	关键控制措施	内控设计评价意见	得分	应抽取样本量	抽样测试底稿编号	内控运行评价意见	得分	改进建议	改进责任岗位
R6. 6 - 11	会计政策及估计的变更、财报列表项目确认、计量和报告等需要会计职业判断的能力不足，可能影响财务报告信息质量有待提高	CA6. 6 - 11	会计人员应当有足够的职业判断能力，按照会计法律、法规和国家统一会计制度规定的程序和要求进行会计工作，保证信息合法、真实、准确、及时、完整	该内控措施设计有效		1	CVT 6. 6 - 11	该内控措施运行有效		无	财务管理部报表岗位
R6. 6 - 12	财务报告未按公司财务管理制度规定时间完成，可能影响公司管理决策或外部审计	CA6. 6 - 12	在每个会计年度结束之日起四个月内编制公司年度财务报告，在每个会计年度的上半年结束之日起两个月内编制公司中期财务报告，在每个会计年度前三个月、九个月结束后的一个月内编制完成公司季度财务报告	该内控措施设计有效		3	CVT 6. 6 - 12	该内控措施运行有效		无	财务管理部报表岗位
R6. 6 - 13	财务报告审核不严，出现报告虚假或重大遗漏，可能误导投资人等报告使用者，造成决策失误，干扰市场秩序	CA6. 6 - 13	公司应当按照各有关部门或机构规定的时限和要求提供财务报告及其有关数据，并经各级领导审核	该内控措施设计有效		3	CVT 6. 6 - 13	该内控措施运行有效		无	财务管理部报表岗位
R6. 6 - 14	对参控股公司财报审核过多依赖审计事务所，容易信息不对称，可能造成无法及时有效了解下属公司真实财务状况，导致影响合并财报信息质量	CA6. 6 - 14	公司应当按照各有关部门或机构规定的时限和要求提供财务报告及其有关数据，并经各级领导审核	该内控措施设计有效		1	CVT 6. 6 - 14	该内控措施运行有效		无	财务管理部报表岗位
R6. 6 - 15	不能有效利用报告，财务报告的分析和利用尚待加强，难以及时发现企业经营管理中存在的问题，可能导致企业和经营风险失控	CA6. 6 - 15	定期对财务报告进行分析，并出具书面的分析报告	该内控措施设计有效		1	CVT 6. 6 - 15	该内控措施运行有效		无	财务管理部部长

R7.1 全面预算管理

一级流程名称：7. 全面预算管理　　内控评价实施部门：审计监察部　　内控评价底稿编号：R7.1

内控评价时间：2015.9.2　　二级流程名称：全面预算管理　　评价人：王晓雷　　复核人：王士民

风险编号	风险描述	关键控制措施编号	关键控制措施	内控设计评价意见	得分	应抽取样本量	抽样测试底稿编号	内控运行评价意见	得分	改进建议	改进责任岗位
R7.1－1	公司未制定预算管理制度，不编制预算或预算管理不健全，可能导致企业经营缺乏约束或盲目经营	CA7.1－1	为加强公司的预算管理，建立明确的预算管理操作流程，明确各相关部门及人员的职责，建立财务预算管理制度	该项内控设计有效		1	CVT 7.1－1	该项内控运行有效			
R7.1－2	未合理根据公司战略及经营目标编制预算，可能导致目标不合理、企业资源浪费或发展战略难以实现	CA7.1－2	预算编制应坚持权责对等原则，确保切实可行，围绕经营战略实施	该项内控设计有效		1	CVT 7.1－2	该项内控运行有效			
R7.1－3	业务部门提交的预算数据不合理，部门负责人未严格审核，可能导致公司预算不合理，削弱预算控制的作用	CA7.1－3	各部门应根据自身业务发展需要和财务预算管理岗位提供的各部门预算执行情况，按照规定格式编制本部门的预算	该项内控设计有效		1	CVT 7.1－3	该项内控运行有效			
R7.1－4	全面预算未按公司规定的程序审核、审批，可能导致全面预算缺乏效力，造成全面预算执行困难	CA7.1－4	财务预算管理岗位根据经营管理部提交的、经预算管理委员会通过的各预算执行单位的年度预算，编制公司合并年度财务预算方案，提交预算管理委员会讨论。预算管理委员会讨论通过后提交董事会直至股东会审议通过	该项内控设计有效		1	CVT 7.1－4	该项内控运行有效			

续表

风险编号	风险描述	关键控制措施编号	关键控制措施	内控设计评价意见	得分	应抽取样本量	抽样测试底稿编号	内控运行评价意见	得分	改进建议	改进责任岗位
R7.1－5	公司各部门及各所属单位未能获得公司全面预算的相关培训，可能导致编制人员缺乏相应的预算编制能力，影响全面预算工作开展的效率和效果	CA7.1－5	为提高各预算编制人员相应的预算编制能力，保证全面预算工作开展的效率和效果，公司应组织对各部门及各所属单位进行全面预算编制的相关培训	该项内控设计有效		1	CVT 7.1－5	未发生			
R7.1－6	预算缺乏刚性、执行不力、考核不严，可能导致预算管理流于形式	CA7.1－6	公司财务预算一经批复下达，公司各部门必须认真组织实施，按期编制预算执行情况报告	该项内控设计有效		2	CVT 7.1－6	未发生			
R7.1－7	公司的预算归口管理部门为非财务部门，可能导致预算汇总表编制错误或预算数据管理混乱	CA7.1－7	制度明确财务管理部负责财务预算管理工作	该项内控设计有效		1	CVT 7.1－7	该项内控运行有效			
R7.1－8	预算目标未分解，无法及时反映预算执行情况，可能会造成预算控制流于形式	CA7.1－8	公司财务预算一经批复下达，各预算单位应根据业务特点和时间进度将年度预算合理分解落实成季度、半年度预算，然后认真组织实施	该项内控设计有效		2	CVT 7.1－8	该项内控运行有效			

续表

风险编号	风险描述	关键控制措施编号	关键控制措施	内控设计评价意见	得分	应抽取样本量	抽样测试底稿编号	内控运行评价意见	得分	改进建议	改进责任岗位
R7.1－9	未及时进行预算分析，预算调整未按照规定审批，可能影响预算调整的准确性，可能造成企业经济损失或预算流于形式	CA7.1－9	财务预算下达后，如集团正式发文要求调整公司预算，各执行单位要按照集团的要求，根据各自的实际情况进行相应的调整	该项内控设计有效		1	CVT 7.1－9	该项内控运行有效			
R7.1－10	预算执行过程未进行有效监控及考核，可能导致预算控制流于形式	CA7.1－10	财务管理部根据各参控股公司上报的预算执行情况报表和执行情况说明，每季度编制合并财务预算季度执行情况报告，并按时上报集团	该项内控设计有效		2	CVT 7.1－10	该项内控运行有效			
R7.1－11	预算考核指标设置不能满足公司预算管理要求，削弱了预算在公司经营管理的重要作用	CA7.1－11	协调解决预算执行过程中的问题，参与对预算执行单位的考核	该项内控设计有效		1	CVT 7.1－11	该项内控运行有效			

R8.3 发行股票、公司债券

一级流程名称：8. 投融资和担保管理　　内控评价实施部门：审计监察部　　内控评价底稿编号：R8.3

内控评价时间：2015.9.2　　二级流程名称：发行股票、公司债券　　评价人：王晓雷　　复核人：王士民

风险编号	风险描述	关键控制措施编号	关键控制措施	内控设计评价意见	得分	应抽取样本量	抽样测试底稿编号	内控运行评价意见	得分	改进建议	改进责任岗位
R8.3－1	股权融资风险考虑不当，可能偏离企业发展战略甚至导致公司控制权丧失	CA8.3－1	公司应在考虑融资成本和保护投资者权益基础之上进行募集资金	该项内控设计有效		1	CVT 8.3－1	未发生			
R8.3－2	通过增发股票募集资金未严格按照招股说明书或其他公开募集资金所披露的说明书承诺的投资项目、投资金额和投入时间安排使用，未实行专款专用，变更资金投向未履行规定的审批手续，可能导致募集资金使用不符合规定用途而受到监管部门的处罚	CA8.3－2	公司应审慎使用募集资金，保证募集资金的使用与招股说明书或募集说明书的承诺相一致，不得随意改变募集资金的投向，应对募集资金实行专户存储、专款专用	该项内控设计有效		1	CVT 8.3－2	未发生			
R8.3－3	闲置的募集资金用于暂时补充流动资金未履行规定的审批手续，可能导致募集资金使用不符合规定用途而受到监管部门的处罚	CA8.3－3	公司用闲置募集资金补充流动资金的，应经公司董事会审议通过，并进行公告	该项内控设计有效		1	CVT 8.3－3	未发生			
R8.3－4	通过增发股票募集资金变更募集资金投向未按法律、法规及上市规则的规定向监管机构提供披露信息资料或提供的披露资料不完整，可能导致受到监管部门处罚	CA8.3－4	公司拟变更募集资金用途的，应在提交董事会审议后两个交易日内按监管机构的要求进行公告	该项内控设计有效		1	CVT 8.3－4	未发生			
R8.3－5	董事会未在年度报告和中期报告中向投资者报告募集资金使用及项目实施进度等情况，可能导致受到监管部门处罚	CA8.3－5	公司存在募集资金运用的，董事会应对年度募集资金的存放与使用情况出具专项报告	该项内控设计有效		1	CVT 8.3－5	未发生			

R8.4　担保管理

一级流程名称：8. 投融资和担保管理　　内控评价实施部门：审计监察部　　内控评价底稿编号：R8.4

内控评价时间：2015.9.2　　二级流程名称：担保管理　　评价人：王晓雷　　复核人：王士民

风险编号	风险描述	关键控制措施编号	关键控制措施	内控设计评价意见	得分	应抽取样本量	抽样测试底稿编号	内控运行评价意见	得分	改进建议	改进责任岗位
R8.4－1	公司未制定担保管理制度，使得担保管理混乱，违规担保，可能无法对担保及债务进行统筹管理，造成资产损失，损害公司利益	CA8.4－1	为了规范广东省高速公路发展股份有限公司（以下简称“粤高速”或“公司”）担保行为，加强担保管理和财务监控，制定担保管理制度	该项内控设计有效		1	CVT 8.4－1	该项内控运行有效			
R8.4－2	未能在担保合同中有效限定担保范围，可能导致担保责任不清，造成公司财产损失	CA8.4－2	需要公司提供担保的，被担保人应具备公司规定的七种资格	该项内控设计有效		1	CVT 8.4－2	未发生			
R8.4－3	未对被担保人的资信状况和财务状况调查与监督，未对被担保单位资产及负债情况进行评估和分析，造成决策失误，担保风险过大，担保合同未按公司规定的流程审批，可能导致公司经济损失	CA8.4－3	公司财务管理部是管理公司对外担保事项的部门，具体负责审查被担保人提供资料的真实性、合法性，财务状况和偿债能力，对担保项目进行风险评估	该项内控设计有效		1	CVT 8.4－3	该项内控运行有效			
R8.4－4	未签订担保合同，可能导致违约风险，造成公司经济利益损失	CA8.4－4	经过公司董事会或股东大会决议同意提供担保的，按有关法律规定等签订担保合同	该项内控设计有效		1	CVT 8.4－4	该项内控运行有效			
R8.4－5	相关人员在担保过程中存在舞弊行为，可能导致经办审批等相关人员涉案或企业利益受损	CA8.4－5	公司对外提供担保，应按照公司章程的规定，经过董事会或股东大会的批准	该项内控设计有效		1	CVT 8.4－5	该项内控运行有效			

续表

风险编号	风险描述	关键控制措施编号	关键控制措施	内控设计评价意见	得分	应抽取样本量	抽样测试底稿编号	内控运行评价意见	得分	改进建议	改进责任岗位
R8.4-6	担保合同未按规定程序进行审批，担保合同条款存在风险漏洞或有失公允，可能造成公司经济损失或法律风险	CA8.4-6	公司对外提供担保，应按照公司章程的规定，经过董事会或股东大会的批准	该项内控设计有效		1	CVT 8.4-6	该项内控运行有效			
R8.4-7	未建立担保台账，担保数据未被真实、准确、完整的记录，导致财务报表错报或披露与事实不符	CA8.4-7	公司财务管理部为公司对外担保的日常管理部门，负责公司及控股子公司对外担保事项的统一登记备案管理，设专人建立担保台账，及时将担保信息登录台账	该项内控设计有效		1	CVT 8.4-7	该项内控运行有效			
R8.4-8	未定期对被担保单位及项目的财务和生产经营情况进行了解以及调查分析，未及时发现担保人出现财务困难或经营陷入困境等状况，可能导致企业承担法律责任	CA8.4-8	公司财务管理部应在担保期内及时跟踪、监督被担保人的经营情况和债务清偿情况	该项内控设计有效		1	CVT 8.4-8	该项内控运行有效			
R8.4-9	未将担保情况进行详细披露，可能导致财务报告信息失真，而受到监管部门的处罚	CA8.4-9	根据《中华人民共和国公司法》、《深圳证券交易所股票上市规则》、《深圳证券交易所主板上市公司规范运作指引》等相关法律、法规、规范性文件及本公司章程的有关规定，进行信息披露	该项内控设计有效		1	CVT 8.4-9	该项内控运行有效			
R8.4-10	未对担保合同及与担保事项相关的文件资料进行有效保管及及时移交给档案管理部门，造成重要的贷款合同或资料遗失，可能导致资产及法律风险	CA8.4-10	《档案综合管理办法》中《文件材料归档范围及保管期限表》对担保合同及相关文件资料的保管做了明确规定	该项内控设计有效		1	CVT 8.4-10	该项内控运行有效			

R9.1 供应商管理流程

一级流程名称：9. 采购业务　　内控评价实施部门：审计监察部　　内控评价底稿编号：R9.1

内控评价时间：2015.9.2　　二级流程名称：供应商管理流程　　评价人：王晓雷　　复核人：王士民

风险编号	风险描述	关键控制措施编号	关键控制措施	内控设计评价意见	得分	应抽取样本量	抽样测试底稿编号	内控运行评价意见	得分	改进建议	改进责任岗位
R9.1－1	公司未制定合格供应商管理制度，可能导致供应商管理混乱，影响采购工作效率和效果	CA9.1－1	本标准（《合格供方评价控制程序》）规定了公司对物资、计量供应商进行合格评价的管理职责、管理内容与要求、检查与考核等	该内控措施设计有效		合格供方评价控制程序文件	CVT 9.1－1	该内控措施运行有效		无	经理
R9.1－2	供应商信息调查不清，供应商提供虚假资料或不真实的数据，可能将不符合条件的供应商纳入合格供应商体系	CA9.1－2	采购员对其资质、业绩等相关资料进行核实并提交科长、部门经理审核，填写供应商资料卡，可列为D类供应商，直接纳入“合格供应商名录”	该内控措施设计有效		供应商调查资料表	CVT 9.1－2	该内控措施运行有效		无	经理
R9.1－3	未对合格供应商提供的信息进行判别，可能导致因供应商提供的信息有误购进的物品质次价高	CA9.1－3	物资部对供应商提供的资料信息，应在三个工作日内完成资质审核	该内控措施设计有效		供应商资料核查表	CVT 9.1－3	不适用		无	经理

续表

风险编号	风险描述	关键控制措施编号	关键控制措施	内控设计评价意见	得分	应抽取样本量	抽样测试底稿编号	内控运行评价意见	得分	改进建议	改进责任岗位
R9.1－4	选择重要供应商时未进行实地考察，可能导致供应商提供虚假资料欺骗公司从而赢得业务，造成货物质次价高	CA9.1－4	根据需要开发的新的供应商，采购员对其资质、业绩等相关资料进行核实并进行实地考察后，填写供应商资料卡报分管领导审核	该内控措施设计有效		供应商调查表	CVT 9.1－4	该内控措施运行有效		无	经理
R9.1－5	未进行供应商资质管理，督促供应商及时更换资质资料，可能导致供应商资质情况与实际不符	CA9.1－5	关注供应商资质管理，对供应商质量认证情况和行业排名情况，有义务定期提醒供应商对资质文件进行更新	该内控措施设计有效		供应商资质水平质量认证表	CVT 9.1－5	该内控措施运行有效		无	经理
R9.1－6	未就跟生产有关的涉密物资采购与供应商签订保密合同或协议，可能导致供应商将涉密资料提供给同行业的其他竞争对手，造成公司竞争能力下降	CA9.1－6	对于涉密物资采购需同供应商单独设立保密协议，在保密协议中明确供应商的保密责任和违约责任，双方签字确认	该内控措施设计有效		相关采购合同	CVT 9.1－6	该内控措施运行有效		无	经理
R9.1－7	供应商评审程序不当或未设置供应商审批权限或权限设置不清或发生越权行为，可能导致采购人员选择供应商的权限过大，产生舞弊风险	CA9.1－7	供应商的评价由公司评价小组执行，每一年一次；标准应包括品质水平、交货能力、价格水平、技术能力、售后服务、人力资源以及现有合作状况等方面的内容	该内控措施设计有效		供方评价表	CVT 9.1－7	该内控措施运行有效		无	负责人

续表

风险编号	风险描述	关键控制措施编号	关键控制措施	内控设计评价意见	得分	应抽取样本量	抽样测试底稿编号	内控运行评价意见	得分	改进建议	改进责任岗位
R9.1－8	未建立并定期更新合格供应商名录，或未将评审不合格的供应商淘汰，可能导致供应商选择不当	CA9.1－8	供应商评价小组每年对供应商进行一次综合评定，报分管领导、总经理审核，董事长审批后，更新合格供应商名录	该内控措施设计有效		供应商评审表、供应商名单	CVT 9.1－8	该内控措施运行有效		无	负责人
R9.1－9	未定期进行供应商评审，可能导致供应商服务质量下降，管理混乱	CA9.1－9	供应商评价小组每年对年内发生业务往来的供应商要根据供应商的资质、信誉和为本公司所提供的服务情况及各部门反馈信息进行打分，评出A、B、C类供应商	该内控措施设计有效		供应商评审表	CVT 9.1－9	该内控措施运行有效		无	负责人
R9.1－10	对供应商进行评价打分由一个人、一个部门完成且无独立审核，可能导致评分人员出现舞弊行为，影响供应商评审效果	CA9.1－10	供应商评价小组对评价情况进行审核，形成“合格供应商名录”，报公司领导审批	该内控措施设计有效		供应商评审表	CVT 9.1－10	该内控措施运行有效		无	负责人
R9.1－11	合格供应商资料由采购部门保管、更新，不相容岗位未分离，可能导致合格供应商目录管理舞弊	CA9.1－11	供应商的各项资料由物资部非采购部门管理，建立供应商资料数据库	该内控措施设计有效		职能说明书	CVT 9.1－11	该内控措施运行有效		无	经理

续表

风险编号	风险描述	关键控制措施编号	关键控制措施	内控设计评价意见	得分	应抽取样本量	抽样测试底稿编号	内控运行评价意见	得分	改进建议	改进责任岗位
R9.1－12	未对供应商进行分类管理，可能导致供应商管理效率低下	CA9.1－12	为加强公司物资进货管理效果，对燃料、设备、备品备件及辅助材料的供应商实行A、B、C、D四类，设不同标准进行管理	该内控措施设计有效		供应商名录	CVT 9.1－12	该内控措施运行有效		无	经理
R9.1－13	未与供应商保持良好稳定的合作关系，可能导致经常更换供应商，影响商品采购质量	CA9.1－13	物资部应与供应商建立长期合作的信任关系，在互利互惠的前提下优势互补，不断优化物资采购流程，提高采购运作效率，保证进货质量	该内控措施设计有效		三年合格供应商名单	CVT 9.1－13	该内控措施运行有效		无	经理
R9.1－14	未将供应商评审纳入归口部门绩效考核范围，可能导致供应商评审工作流于形式、供应商管理混乱	CA9.1－14	将供方管理工作纳入物资部部门职责及岗位责任制度中，进行月度与年度考核的重要项目	该内控措施设计有效		年度、月度考核记录	CVT 9.1－14	该内控措施运行有效		无	负责人
R9.1－15	未对供应商资料进行归档保管，可能导致重要的供应商资料遗失，影响对供应商的后期管理及评审	CA9.1－15	物资部对供应商资料及时整理与存档，包含《供方选择考察表》、《供方资料卡》、《供方考核表》、《检验报告》和《终止供方的报告》，以及其他和往来单据等资料归档	该内控措施设计有效		供应商名录、评审资料、档案目录	CVT 9.1－15	该内控措施运行有效		无	经理

R9.2 采购及招标管理流程

一级流程名称：9. 采购业务　　内控评价实施部门：审计监察部　　内控评价底稿编号：R9.2

内控评价时间：2015.9.2　　二级流程名称：采购及招标管理流程　　评价人：王晓雷　　复核人：王士民

风险编号	风险描述	关键控制措施编号	关键控制措施	内控设计评价意见	得分	应抽取样本量	抽样测试底稿编号	内控运行评价意见	得分	改进建议	改进责任岗位
R9.2-1	公司未制定采购管理制度，对采购方式、采购程序无书面规定，可能导致采购管理混乱，影响正常经营活动	CA9.2-1	公司制定的《固定资产管理制度》和《办公用品管理制度》对固定资产和办公用品的采购做了很明确的规定	该内控措施设计有效		《固定资产管理制度》、《办公用品管理制度》文件	CVT 9.2-1	该内控措施运行有效		无	经理
R9.2-2	采购计划未经公司授权审核，可能导致越权采购或舞弊风险	CA9.2-2	固定资产：各部门于每年末根据实际工作需要向综合事务部提交《固定资产年计划申购审批表》，经综合事务部汇总后统一报董事会通过，经董事会通过的为计划内申购，未经董事会通过的则为计划外购置	该内控措施设计有效		固定资产年计划申购审批表	CVT 9.2-2	该内控措施运行有效		无	经理
		CA9.2-3	办公用品：行政文员根据上月度领用数量，参考现有库存和有关部门或个人提出的请购要求，向行政主办提交购买计划，经综合事务部部长审核同意后方可购买	该内控措施设计有效		办公用品购买计划	CVT 9.2-3	该内控措施运行有效		无	经理

续表

风险编号	风险描述	关键控制措施编号	关键控制措施	内控设计评价意见	得分	应抽取样本量	抽样测试底稿编号	内控运行评价意见	得分	改进建议	改进责任岗位
R9. 2 -3	供应商开发选择不当，可能导致采购物资质次价高，出现舞弊或遭受欺诈	CA9. 2 -4	《固定资产管理制度》第五条固定资产购置招标流程对供应商选择做了具体规定；《办公用品管理规定》中 50 万元（含 50 万元）以上的购置采取邀请招标方式，应邀请不少于 3 家的商家投标竞价，由综合事务部组织相关部门成立评标委员会，统一招标，确定供应商	该内控措施设计有效		固定资产、办公用品招标采购供应商选择招标文件	CVT 9. 2 -4	该内控措施运行有效		无	负责人
R9. 2 -4	公司未能根据实际经营情况和需要确定需要招标的范围，可能使招标采购无法达到效果，影响经营效率	CA9. 2 -5	固定资产：固定资产购置需按预算的限额标准进行购置，对于购置金额较大的固定资产，采取邀请招标方式统一招标。具体标准为：1. 购置办公设备总金额 50 万元（含 50 万元）以上；2. 车辆采购总金额 100 万元（含 100 万元）或采购 3 辆及以上；3. 采购办公家具总金额 50 万元（含 50 万元）以上	该内控措施设计有效		公司已颁布的《固定资产管理制度》文件	CVT 9. 2 -5	该内控措施运行有效		无	负责人
		CA9. 2 -6	办公用品：办公用品采购预算金额 50 万元（含 50 万元）以上的采取邀请招标方式，应邀请不少于 3 家的商家投标竞价，由综合事务部组织相关部门成立评标委员会，统一招标	该内控措施设计有效		《办公用品管理规定》文件	CVT 9. 2 -6	该内控措施运行有效		无	负责人

续表

风险编号	风险描述	关键控制措施编号	关键控制措施	内控设计评价意见	得分	应抽取样本量	抽样测试底稿编号	内控运行评价意见	得分	改进建议	改进责任岗位
R9.2－5	招标采购方案未按公司规定审核，可能导致信息错误或遗漏，影响招标采购活动效率效果或招标舞弊	CA9.2－7	编制采购招标方案，报送公司评标委员会审核通过	该内控措施设计有效		招标采购方案及审批文件	CVT 9.2－7	该内控措施运行有效		无	负责人
R9.2－6	标书的编制不合理，相关部门参与缺失，未经过公司授权审核，可能导致招标信息错误或遗漏	CA9.2－8	编制标书或委托专家编制，并经公司分管领导审核批准	该内控措施设计有效		标书及审批文件	CVT 9.2－8	该内控措施运行有效		无	负责人
R9.2－7	评标活动不规范、不合理、不科学，可能导致评标结果不公正或评标过程舞弊	CA9.2－9	组织相关部门成立评标委员会，统一公开招标	该内控措施设计有效		评标记录、档案	CVT 9.2－9	该内控措施运行有效		无	经理
R9.2－8	采购环节未经适当审批或超越授权审批，可能因重大差错、舞弊、欺诈而导致经济损失	CA9.2－10	固定资产：固定资产申购必须严格按《资产申购流程图》的程序进行审批	该内控措施设计有效		固定资产申购表及审批文件	CVT 9.2－10	该内控措施运行有效		无	经理
		CA9.2－11	办公用品：购买办公用品，行政文员根据上月度领用数量，参考现有库存和有关部门或个人提出的请购要求，向行政主办提交购买计划，经综合事务部部长审核同意后方可购买	该内控措施设计有效		办公用品申购表及审批文件	CVT 9.2－11	该内控措施运行有效		无	经理

续表

风险编号	风险描述	关键控制措施编号	关键控制措施	内控设计评价意见	得分	应抽取样本量	抽样测试底稿编号	内控运行评价意见	得分	改进建议	改进责任岗位
R9.2－9	采购数量验收不规范，可能导致实际到货数量与采购数量不一致，无法满足需要	CA9.2－12	固定资产：固定资产验收由综合事务部负责，并成立“资产验收小组”，对新购置的固定资产进行严格的验收并填写固定资产验收单	该内控措施设计有效		固定资产验收单	CVT 9.2－12	该内控措施运行有效		无	经理
		CA9.2－13	办公用品：购入办公用品后，行政文员必须按品名、规格、数量、价格等做好入库登记，并提交给相关领导审核	该内控措施设计有效		办公用品验收入库记录	CVT 9.2－13	该内控措施运行有效		无	经理
R9.2－10	采购入库后未及时记录物资台账并开具入库单，未及时将相关凭证提交财务部入账，可能导致财务账记录不完整，账实不符	CA9.2－14	固定资产：通过验收的固定资产由综合事务部及财务管理部分别做相关资料的入库登记或财务处理	该内控措施设计有效		固定资产管理台账入库登记记录	CVT 9.2－14	该内控措施运行有效		无	经理
		CA9.2－15	办公用品：购入办公用品后，行政文员必须按品名、规格、数量、价格等做好入库登记，并提交给相关领导审核	该内控措施设计有效		办公用品台账	CVT 9.2－15	该内控措施运行有效		无	经理
R9.2－11	未提交完整的采购资料或采购资料不完整或数据记录不准确，影响成本核算，可能影响企业的经济效益	CA9.2－16	固定资产购买入库后，固定资产实物管理部门凭固定资产购置申请审批表、固定资产验收文件、发票及其他有效单据到财务管理部办理报销	该内控措施设计有效		固定资产采购的会计凭证及附件	CVT 9.2－16	该内控措施运行有效		无	经理

续表

风险编号	风险描述	关键控制措施编号	关键控制措施	内控设计评价意见	得分	应抽取样本量	抽样测试底稿编号	内控运行评价意见	得分	改进建议	改进责任岗位
R9.2－12	未及时取得供应商开具的增值税发票，可能导致不能及时抵扣税款，可能造成公司税务风险	CA9.2－17	综合事务部应要求供应商及时开具发票并提交财务管理部，财务管理部审核后办理核算手续	该内控措施设计有效		供应商开具的增值税发票	CVT 9.2－17	该内控措施运行有效		无	经理
R9.2－13	货款支付审批手续不规范，可能导致公司资金损失或信用受损	CA9.2－18	验收入库后，固定资产实物管理部门凭固定资产购置申请审批表、固定资产验收文件、发票及其他有效单据到财务管理部办理报销	该内控措施设计有效		货款支付会计凭证及附件	CVT 9.2－18	该内控措施运行有效		无	经理
R9.2－14	采购相关资料归档不及时，可能导致采购管理混乱，发生问责事故无法查找相关资料	CA9.2－19	《固定资产处理审批表》一式两份，一份自存，一份送财务管理部	该内控措施设计有效		采购归档资料	CVT 9.2－19	该内控措施运行有效		无	经理
R9.2－15	在工程招投标、物资采购等"三重一大"经营业务办理过程中可能存在相关人员徇私舞弊，造成公司经济和声誉损失	CA9.2－20	招标文件的内容应当包括招标工程的基本情况和各项要求、评标定标原则和办法、对投标文件内容的要求、承发包合同的主要条款及《廉政合同》等	该内控措施设计有效		工程招投标、物资采购等情况中的廉政合同	CVT 9.2－20	该内控措施运行有效		无	经理
R9.2－16	下属参控公司在投资及施工建设管理过程中，可能存在因道德腐化、经营舞弊和暗箱操作，导致中标价格失实及相关人员涉案	CA9.2－21	业主（项目法人）负责招标的各项准备工作，应先编制招标方案报公司初审后再报集团和政府主管部门审批。在招标文件中必须有廉政合同的规定	该内控措施设计有效		招标方案及相关审批文件	CVT 9.2－21	该内控措施运行有效		无	经理

R9.3　议价或指定采购管理流程

一级流程名称：9. 采购业务　　内控评价实施部门：审计监察部　　内控评价底稿编号：R9.3

内控评价时间：2015.9.2　　二级流程名称：议价或指定采购管理流程　　评价人：王晓雷　　复核人：王士民

风险编号	风险描述	关键控制措施编号	关键控制措施	内控设计评价意见	得分	应抽取样本量	抽样测试底稿编号	内控运行评价意见	得分	改进建议	改进责任岗位
R9.3-1	公司未能根据实际经营情况和需要确定需要议价或指定采购的范围，可能导致规避招标采购，产生采购舞弊风险	CA9.3-1	固定资产：（一）购置固定资产询价标准：1. 采购办公设备总金额10万元（含10万元）以上50万元以下；2. 采购车辆总金额30万元（含30万元）以上100万元以下；3. 采购办公家具10万元（含10万元）以上50万元以下	该内控措施设计有效		查看公司颁布的《固定资产管理制度》文件	CVT 9.3-1	该内控措施运行有效		无	经理
		CA9.3-2	办公用品：办公用品采购预算金额不足10万元的，可在商家直接采购；10万元（含10万元）以上50万元以下的采取议价方式采购	该内控措施设计有效		查看《办公用品管理制度》文件	CVT 9.3-2	该内控措施运行有效		无	经理
R9.3-2	议价或指定采购流程职责划分不明确，可能导致采购效率低下，甚至产生议价或指定采购舞弊风险	CA9.3-3	公司对议价采购流程进行了详细的规定：成立询价小组—确定被询价的供应商名单—询价—确定成交供应商	该内控措施设计有效		查看公司制定颁布的《固定资产管理制度》文件	CVT 9.3-3	该内控措施运行有效		无	经理
R9.3-3	供应商开发选择不当，可能导致采购物资质次价高，出现舞弊或遭受欺诈	CA9.3-4	《固定资产管理制度》第六条固定资产购置询价流程对供应商选择做了具体规定：办公用品采购预算金额不足10万元的，可在商家直接采购；10万元（含10万元）以上50万元以下的采取议价方式采购，确定采购供应商	该内控措施设计有效		固定资产询价采购、办公用品直接采购的供应商选择资料	CVT 9.3-4	该内控措施运行有效		无	经理

续表

风险编号	风险描述	关键控制措施编号	关键控制措施	内控设计评价意见	得分	应抽取样本量	抽样测试底稿编号	内控运行评价意见	得分	改进建议	改进责任岗位
R9.3-4	议价采购之前未执行询价比价或询价比价不充分，可能导致议价或指定采购价格过高，增加采购成本	CA9.3-5	询价小组根据采购需求，从符合相应资格条件的供应商名单中确定不少于3家的供应商，并向其发出询价通知书让其报价	该内控措施设计有效		询价通知书	CVT 9.3-5	该内控措施运行有效		无	经理
R9.3-5	询价比价无供货商正式发函，可能无法保证询价记录真实可靠	CA9.3-6	询价小组要求被询价的供应商一次报出不得更改的价格	该内控措施设计有效		询价通知书；报价单	CVT 9.3-6	该内控措施运行有效		无	经理
R9.3-6	议价或指定采购未按公司规定审批，可能导致越权采购，造成舞弊风险	CA9.3-7	固定资产：固定资产申购必须严格按《资产申购流程图》的程序进行审批。申购人向部门负责人提交《购置固定资产审批表》，经部门负责人审批通过后提交综合事务部部长，经综合事务部部长审批后提交公司领导审批	该内控措施设计有效		固定资产购置审批单	CVT 9.3-7	该内控措施运行有效		无	经理
		CA9.3-8	办公用品：行政文员参考现有库存和有关部门或个人提出的请购要求，向行政主办提交购买计划，经综合事务部部长审核同意后购买	该内控措施设计有效		办公用品购置审批单	CVT 9.3-8	该内控措施运行有效		无	经理

R10.1　收费管理

一级流程名称：10. 日常营运管理　　内控评价实施部门：审计监察部　　内控评价底稿编号：R10.1

内控评价时间：2015.9.2.　　二级流程名称：收费管理　　评价人：王晓雷　　复核人：王士民

风险编号	风险描述	关键控制措施编号	关键控制措施	内控设计评价意见	得分	应抽取样本量	抽样测试底稿编号	内控运行评价意见	得分	改进建议	改进责任岗位
R10.1－1	收费亭的门长时间未反锁，且非卖票人员能够自由出入，可能导致收费人员及钱款的安全无法得到保障	CA10.1－1	收费亭门应反锁，不用的收费亭（含ETC车道）的门、窗要关、锁好，禁止非卖票人员进入收费亭	该项内控设计有效		25	CVT10.1－1	该项内控运行有效			
R10.1－2	《收费站监控室交班表》中发现的部分问题较长时间未能得到解决，可能导致问题严重化，无法得到控制，给公司造成损失	CA10.1－2	实施路政巡查时，应及时记录发现的问题，形成《路政巡查日记》，需要维修的，填写《交通设施维修通知单》	该项内控设计有效		25	CVT10.1－2	该项内控运行有效			
R10.1－3	未能较好执行当班监控员离岗登记工作，可能导致异常情况无法及时得到发现和处理	CA10.1－3	当班监控员离岗必须上报并做好登记，严禁擅自离开工作岗位及非工作人员进入监控室，监控人员离开监控中心监控视线范围不允许超过15分钟	该项内控设计有效		5	CVT10.1－3	该项内控运行有效			
R10.1－4	对无钱缴费的司机，未按公司制度规定执行抵押程序就予以放行，可能影响公司的通行费收入	CA10.1－4	当司机无钱缴费时，现场负责人应要求司机留下价值超过应缴通行费两倍以上的易保管物品做抵押，并填写好有关抵押协议和记录后，按“未付车”操作放行	该项内控设计有效		5	CVT10.1－4	该项内控运行有效			

续表

风险编号	风险描述	关键控制措施编号	关键控制措施	内控设计评价意见	得分	应抽取样本量	抽样测试底稿编号	内控运行评价意见	得分	改进建议	改进责任岗位
R10.1－5	遇到节假日或其他车流高峰期，收费站未能及时采取应急程序，可能造成路段拥堵，引发司机的不满和影响公司通行费收入	CA10.1－5	在节假日或其他车流高峰期间，各营运公司应结合实际情况，启动应急工作程序，对车流量较大的收费站特别是主线站，在可能的情况下应增设临时车道和临时收费亭，采取复式收费方式等，加快疏导车流	该项内控设计有效		1	CVT10.1－5	该项内控运行有效			
R10.1－6	对于无卡车辆或持有无效通行卡的车辆，收费员未按公司制度规定进行处理，可能导致处理不当，影响公司的通行费收入	CA10.1－6	规定了特殊车辆的处理规程，详细规范了无卡车辆或持有无效通行卡车辆的处理流程	该项内控设计有效		1	CVT10.1－6	该项内控运行有效			
R10.1－7	收费站当班人员未能及时详细地记录冲关车辆的特征及车牌号码并上报监控中心，可能导致无法及时查找到冲关司机，造成公司通行费损失	CA10.1－7	车辆冲关后，当班人员应详细记录该车特征及车牌号码并上报监控中心	该项内控设计有效		5	CVT10.1－7	该项内控运行有效			
R10.1－8	车辆逃费、冲卡和倒卡等现象存在，造成营运收入降低，可能影响经营效益目标实现	CA10.1－8	经查实是换卡、倒卡车辆的，按可达最远程收费。有违法行为的，依法处理	该项内控设计有效		1	CVT10.1－8	该项内控运行有效			

续表

风险编号	风险描述	关键控制措施编号	关键控制措施	内控设计评价意见	得分	应抽取样本量	抽样测试底稿编号	内控运行评价意见	得分	改进建议	改进责任岗位
R10.1－9	“绿色通道”未实行专道专人管理，或“绿色通道”管理不善，对不符合免费规定的车辆和货物私自免费放行，可能导致公司通行费损失	CA10.1－9	“绿色通道”实行专道专人管理，各收费站必须安排足够的人员对收费站的“绿色通道”进行管理，对经过“绿色通道”并享受免收通行费政策的运输鲜活农产品的货车进行管理	该项内控设计有效		1	CVT10.1－9	该项内控运行有效			
R10.1－10	未组织人员开展绿色通道稽查工作，或稽查工作开展不善，可能导致员工弄虚作假，贪污作弊，造成公司通行费损失	CA10.1－10	稽查工作主要由各直属营运公司收费主管部门或收费站组织人员开展，采取现场稽查与后台稽查相结合的方式，对稽查结果应有相对应的处置措施	该项内控设计有效		20	CVT10.1－10	该项内控运行有效			
R10.1－11	未对《绿色通道异常情况登记表》上的每条记录进行详细的核查，可能导致无法及时发现现场员工的违规、违纪行为	CA10.1－11	每周定期对《绿色通道异常情况登记表》上的每条记录进行详细的核查，分析引起争议的原因，检查现场人员在收费过程中是否有违规、违纪行为，并为查处和打击利用“绿色通道”免费政策偷逃费的车辆提供有力依据	该项内控设计有效		5	CVT10.1－11	该项内控运行有效			

续表

风险编号	风险描述	关键控制措施编号	关键控制措施	内控设计评价意见	得分	应抽取样本量	抽样测试底稿编号	内控运行评价意见	得分	改进建议	改进责任岗位
R10.1－12	未定期对免费率数据进行分析，可能导致无法及时发现免费率偏高或异常变动，造成通行费收入损失	CA10.1－12	收费主管部门每月定期对各站点三型车以上的免费率数据进行分析，通过横比和纵比，将免费率偏高或有异常变动的站点、班组、班次、人员列入重点稽查对象，并制订相应稽查计划和方案	该项内控设计有效		2	CVT10.1－12	该项内控运行有效			
R10.1－13	未及时建立“绿色通道”专项稽查档案，可能无法为查处和打击利用“绿色通道”免费政策偷逃费提供有力依据	CA10.1－13	收费主管部门及收费站必须建立“绿色通道”专项稽查档案，并将相关稽查记录、发现的问题及处置措施整理归档	该项内控设计有效		1	CVT10.1－13	该项内控运行有效			
R10.1－14	各类收费卡未按公司制度规定保管、领用、发放、核销，可能导致收费卡管理混乱，造成卡片遗失	CA10.1－14	各直属营运公司应建立通行卡保管、领用、发放、核销制度，并设置专职或兼职票证管理员进行具体的管理和核算	该项内控设计有效		1	CVT10.1－14	该项内控运行有效			

R10.2 机电养护管理

一级流程名称：10. 日常营运管理　　内控评价实施部门：审计监察部　　内控评价底稿编号：R10.2

内控评价时间：2015.9.2　　二级流程名称：机电养护管理　　评价人：王晓雷　　复核人：王士民

风险编号	风险描述	关键控制措施编号	关键控制措施	内控设计评价意见	得分	应抽取样本量	抽样测试底稿编号	内控运行评价意见	得分	改进建议	改进责任岗位
R10.2-1	未制订机电工程年度养护计划，可能导致机电工程养护工作缺乏系统性	CA10.2-1	机电养护计划，按照作用和时间长短，分为中期计划、长期计划、年度计划、季度计划和月度计划	该项内控设计有效		2	CA10.2-1	该项内控运行有效			
R10.2-2	机电工程年度养护计划未分解至季度和月度计划，可能造成机电工程养护计划缺乏可执行性	CA10.2-2	直属营运公司应在年度机电养护实施计划的基础上，编制进一步的季度和月度养护实施计划，保存于直属营运公司备查	该项内控设计有效		4	CA10.2-2	该项内控运行有效			
R10.2-3	机电工程养护计划未经领导审核，可能导致计划制订不合理	CA10.2-3	年度养护计划经公司批准并经直属营运公司董事会确认	该项内控设计有效		2	CA10.2-3	该项内控运行有效			
R10.2-4	未对机电养护计划的执行情况进行分析报告，可能导致计划执行不善却无法及时发现	CA10.2-4	直属营运公司应就年度机电养护计划的执行情况，以书面形式报告公司，基本内容包括养护工程计划完成情况、未完成计划或预算超支的原因说明、主要存在问题、解决问题的措施	该项内控设计有效		1	CA10.2-4	该项内控运行有效			

续表

风险编号	风险描述	关键控制措施编号	关键控制措施	内控设计评价意见	得分	应抽取样本量	抽样测试底稿编号	内控运行评价意见	得分	改进建议	改进责任岗位
R10. 2 – 5	未按时检查所有亭内的设备运行情况，可能造成设备故障未能及时发现，影响收费工作的正常开展	CA10. 2 – 5	对机电系统及设施经常进行常规保养、常规检测和轻微故障修复的作业（包括日常保洁和小修维护）	该项内控设计有效		5	CA10. 2 – 5	该项内控运行有效			
R10. 2 – 6	显示器、打印机或键盘等设备出现故障时，未及时上报与更换，或对收费现场上报的设备故障未及时登记上报，可能影响收费工作的正常开展	CA10. 2 – 6	实施路政巡查时，应及时记录发现的问题，形成《路政巡查日记》，需要维修的，填写《交通设施维修通知单》	该项内控设计有效		25	CA10. 2 – 6	该项内控运行有效			
R10. 2 – 7	经营性机电设备受被盗、外力、野蛮施工或者机电故障等影响，造成机电设施突发性断电或者未能有效运作，导致经营收入损失	CA10. 2 – 7	建立机电系统安全应急管理方案，制定和完善极端条件下的机电系统运行保障体系和应急预案，提高机电系统抗风险能力，加强对机电系统意外事故的快速反应处理能力	该项内控设计有效		1	CA10. 2 – 7	该项内控运行有效			
R10. 2 – 8	采用新的机电养护技术时未保持谨慎的态度，可能造成与原有系统不兼容，或技术不成熟，设备不稳定，影响工作的正常开展	CA10. 2 – 8	引进的新技术和新工艺应当在积极的同时保持对引进技术应有的谨慎和稳妥，调查研究判断可行后才开始局部试验，试验确实成功后才能推广	该项内控设计有效		1	CA10. 2 – 8	该项内控运行有效			

续表

风险编号	风险描述	关键控制措施编号	关键控制措施	内控设计评价意见	得分	应抽取样本量	抽样测试底稿编号	内控运行评价意见	得分	改进建议	改进责任岗位
R10.2－9	未按照制度要求杜绝其他业务系统或设备非法接入机电系统，可能导致数据流失或传染病毒，对机电系统产生破坏性影响	CA10.2－9	杜绝各种其他业务系统或设备非法接入机电系统，防止数据流失或传染病毒，以及其他可能由此对机电系统产生的破坏	该项内控设计有效		1	CA10.2－9	该项内控运行有效			
R10.2－10	未对机电系统制定安全应急预案，可能导致机电系统抗风险能力差，发生意外事故时，无法快速反应处理	CA10.2－10	建立机电系统安全应急管理方案，制定和完善极端条件下的机电系统运行保障体系和应急预案，提高机电系统抗风险能力，加强对机电系统意外事故的快速反应处理能力	该项内控设计有效		1	CA10.2－10	该项内控运行有效			
R10.2－11	未建立机电养护工程台账，可能导致无法及时把握机电系统的实际情况	CA10.2－11	直属营运公司应建立和应用高速公路机电养护和评定管理系统。没有使用系统前，应当使用计算机进行养护基本台账管理，并同时做好纸质文档和电子数据备份	该项内控设计有效		1	CA10.2－11	该项内控运行有效			
R10.2－12	机电养护工程的相关资料未及时、完整地归档，可能导致无法及时查询所需关键信息的风险	CA10.2－12	养护工程档案按照档案管理规定记录、收集、整理和归档。对机电养护的各项资料，要求做到收集完整、归档及时、存放有序、查询便捷	该项内控设计有效		1	CA10.2－12	该项内控运行有效			

续表

风险编号	风险描述	关键控制措施编号	关键控制措施	内控设计评价意见	得分	应抽取样本量	抽样测试底稿编号	内控运行评价意见	得分	改进建议	改进责任岗位
R10. 2 – 13	未对机电养护工程的施工质量进行监管，可能导致质量不过关，影响养护效果	CA10. 2 – 13	质量管理：完工工程合格率100%，优良率90%	该项内控设计有效		5	CA10. 2 – 13	该项内控运行有效			
R10. 2 – 14	未严格把关机电养护工程的施工进度，可能导致故障得不到及时解除，影响营运的安全和畅通	CA10. 2 – 14	直属营运公司必须安排、督促、协调养护施工单位做好施工组织设计，合理安排关键线路，及时组织故障恢复或重置工作	该项内控设计有效		1	CA10. 2 – 14	该项内控运行有效			
R10. 2 – 15	未对机电工程养护管理工作进行绩效考核，可能导致员工工作积极性得不到调动，影响机电工程养护工作的进一步提高	CA10. 2 – 15	公司对直属营运公司每年的机电工程养护管理工作进行一次综合考核。将机电养护工作考核结果纳入直属营运公司年度工作目标和年度经营绩效考核指标范围	该项内控设计有效		1	CA10. 2 – 15	该项内控运行有效			

R10.3　工程养护管理

一级流程名称：10. 日常营运管理　　内控评价实施部门：审计监察部　　内控评价底稿编号：R10.3

内控评价时间：2015.9.2　　二级流程名称：工程养护管理　　评价人：王晓雷　　复核人：王士民

风险编号	风险描述	关键控制措施编号	关键控制措施	内控设计评价意见	得分	应抽取样本量	抽样测试底稿编号	内控运行评价意见	得分	改进建议	改进责任岗位
R10.3－1	未制订年度土建工程养护计划，可能导致土建工程养护工作缺乏系统性	CA10.3－1	高速公路的养护工作计划，按照作用和时间长短，分为中期计划、长期计划、年度计划、季度计划、月计划四种	该项内控设计有效		1	CVT10.3－1	该项内控运行有效			
R10.3－2	土建工程养护计划未分解至季度和月度计划，可能造成土建工程养护计划缺乏可执行性	CA10.3－2	高速公路的养护工作计划，按照作用和时间长短，分为中期计划、长期计划、年度计划、季度计划、月计划四种	该项内控设计有效		4	CVT10.3－2	不适用			
R10.3－3	土建工程养护计划未经领导审核，可能导致计划制订不合理	CA10.3－3	中长期计划由项目公司委托中介咨询公司编制并每5年上报一次，长期计划由粤高速组织专家评审会通过后报省交通集团审批，中期计划由粤高速负责审查	该项内控设计有效		4	CVT10.3－3	该项内控运行有效			

续表

风险编号	风险描述	关键控制措施编号	关键控制措施	内控设计评价意见	得分	应抽取样本量	抽样测试底稿编号	内控运行评价意见	得分	改进建议	改进责任岗位
R10.3－4	未组织设计单位做好土建专项工程设计现场勘查和调研工作，可能导致工程量测算不合理，造成大的工程变更	CA10.3－4	养护专项工程及大修工程必须由具有相应资质的单位进行设计，按原竣工图恢复的除外。涉及重大技术方案和营运安全的养护工程，或由交通行政主管部门审批的养护工程的设计，必须由具有公路交通行业甲级设计资质的单位承担，项目公司可根据工程实际需要委托有资质的单位进行设计咨询审查	该项内控设计有效		2	CVT10.3－4	该项内控运行有效			
R10.3－5	对涉及的工程变更，未按照管理程序、管理权限和管理途径进行审批批准，可能导致工程变更量或时间不合理，给公司造成损失	CA10.3－5	养护工程的技术方案的变更、单项工程费用超过年度预算批复或合同价50万元及以上，或单项工程费用超过年度预算批复或合同价5%及以上的，项目公司应报粤高速批准后方可实施，除紧急抢险工程外，严禁未报批先实施或边报批边实施	该项内控设计有效		1	CVT10.3－5	该项内控运行有效			
R10.3－6	未对养护工程施工阶段实施工程监督，可能导致重大工程质量事故的发生	CA10.3－6	对各项目工程质量管理进行监督、协调和指导，处理重大质量管理问题	该项内控设计有效		20	CVT10.3－6	不适用，属项目公司检查内容			

续表

风险编号	风险描述	关键控制措施编号	关键控制措施	内控设计评价意见	得分	应抽取样本量	抽样测试底稿编号	内控运行评价意见	得分	改进建议	改进责任岗位
R10. 3 -7	没有定期编制养护工程质量情况报告，可能导致无法及时掌握工程质量动态	CA10. 3 -7	各项目应建立质量跟踪制度，掌握工程质量动态，筹建处应报告工程质量状况（包括近期施工质量评价，发生的质量问题、质量事故及其处理情况）	该项内控设计有效		2	CVT10. 3 -7	该项内控运行有效			
R10. 3 -8	未对所有的专项工程进行验收程序，可能导致工程质量达不到要求的风险	CA10. 3 -8	所有工程项目均应进行验收。公司全资的各新建、改建项目工程（包括土建、机电、房建、绿化等工程）均应执行本规定。公司参股各新建、改建项目及营运项目的大中修工程参照执行	该项内控设计有效		2	CVT10. 3 -8	该项内控运行有效			
R10. 3 -9	养护工程招投标过程中，存在投标单位达不到中标条件非法中标以及围标、串标、哄抬标价等行为，可能造成养护工程成本难以控制	CA10. 3 -9	高速公路养护工程的施工招标投标应当遵循“公开、公平、公正、科学择优”和诚实守信的原则，选择标价合理、资信良好、技术管理力量雄厚、具备足够资源的承包人中标，以利于控制投资，确保工程质量和工期，提高投资经济效益	该项内控设计有效		1	CVT10. 3 -9	保密			

R10.4　路政管理

一级流程名称：10. 日常营运管理　　内控评价实施部门：审计监察部　　内控评价底稿编号：R10.4

内控评价时间：2015.9.2　　二级流程名称：路政管理　　评价人：王晓雷　　复核人：王士民

风险编号	风险描述	关键控制措施编号	关键控制措施	内控设计评价意见	得分	应抽取样本量	抽样测试底稿编号	内控运行评价意见	得分	改进建议	改进责任岗位
R10.4－1	未及时、准确地编制上报路政统计报表，可能导致领导无法及时掌握路政管理情况	CA10.4－1	路政统计主要分为路政月报表和路政快报表；路政月报的格式和内容按省公路管理局统一要求填报，路政快报的格式和内容按路政一办统一要求填报	该项内控设计有效		2	CVT10.4－1	该项内控运行有效			
R10.4－2	未严格执行路政执法专用车辆使用规定，私自用车、不注重车辆维护与保养等，可能会影响车辆寿命，造成公司资产损失	CA10.4－2	路政巡查车辆必须由路政管理机构管理、使用和调配，并由符合规定着装的路政人员驾驶，不得私自用车和随意转借他人使用。加强路政巡查车辆的维护与保养，使车况、车容、车貌处于良好状态	该项内控设计有效		1	CVT10.4－2	该项内控运行有效			
R10.4－3	路政装备没有统一建档立卡，实行专项专用，可能导致装备管理不善，造成遗失的风险	CA10.4－3	路政装备应统一建档立卡，实行专项专用，并定期盘点	该项内控设计有效		1	CVT10.4－3	该项内控运行有效			

续表

风险编号	风险描述	关键控制措施编号	关键控制措施	内控设计评价意见	得分	应抽取样本量	抽样测试底稿编号	内控运行评价意见	得分	改进建议	改进责任岗位
R10.4－4	路政人员未严格执行路政巡查管理规定，履行相应的职责要求，如监督公路养护作业、施工现场秩序、排查安全隐患等，可能导致未能及时发现公路存在的安全隐患	CA10.4－4	要切实加强路政管理工作的具体管理和监督检查，在人力、物力、财力上给予保证，每年要对所属路政机构的路政管理工作进行一次检查、评比	该项内控设计有效		25	CVT10.4－4	该项内控运行有效			
R10.4－5	实施路政巡查时，未形成《路政巡查日记》，且未履行交接班手续，可能导致被发现的问题遗漏，且得不到及时解决	CA10.4－5	实施路政巡查时，应及时记录发现的问题，形成《路政巡查日记》，需要维修的，填写《交通设施维修通知单》	该项内控设计有效		25	CVT10.4－5	该项内控运行有效			
R10.4－6	对路政巡查中发现的问题，未做好相应的记录，且未填写《交通设施维修通知单》，通知养护部及时维修，可能造成发现的问题得不到及时改善，影响正常工作的开展	CA10.4－6	实施路政巡查时，应及时记录发现的问题，形成《路政巡查日记》，需要维修的，填写《交通设施维修通知单》	该项内控设计有效		25	CVT10.4－6	该项内控运行有效			
R10.4－7	路政管理部门未指定专人负责路政档案管理，可能导致路政档案管理混乱，资料不全	CA10.4－7	高速公路路政业务管理，应建立健全路政档案和做好档案的登记和归档工作，并完善档案管理制度	该项内控设计有效		1	CVT10.4－7	该项内控运行有效			

R10.5 营运信息管理

一级流程名称：10. 日常营运管理　　内控评价实施部门：审计监察部　　内控评价底稿编号：R10.5

内控评价时间：2015.9.2　　二级流程名称：营运信息管理　　评价人：王晓雷　　复核人：王士民

风险编号	风险描述	关键控制措施编号	关键控制措施	内控设计评价意见	得分	应抽取样本量	抽样测试底稿编号	内控运行评价意见	得分	改进建议	改进责任岗位
R10.5－1	路政人员未及时做好营运信息的采集和上报工作，可能导致填报信息失去时效性	CA10.5－1	须进行采集和处理的动态营运信息，动态营运信息分为计划性和突发性两类	该项内控设计有效		1	CVT10.5－1	该项内控运行有效			
R10.5－2	监控中心未及时对各职能单位提供的营运信息进行复核、分类并储备到营运信息库，可能导致信息采集不及时、不准确	CA10.5－2	各级信息监管员应切实履行职责，做好辖区内各类固定营运信息的维护管理工作（包括信息的搜集、整理、更新、补充），确保信息库的准确、完整	该项内控设计有效		1	CVT10.5－2	该项内控运行有效			
R10.5－3	发布的营运信息未经相关部门、领导审核，可能导致发布的信息不准确	CA10.5－3	经收费管理部门或分管领导审核《信息发布审批表》后，监控中心根据审批表内容统一安排实施发布	该项内控设计有效		25	CVT10.5－3	该项内控运行有效			

续表

风险编号	风险描述	关键控制措施编号	关键控制措施	内控设计评价意见	得分	应抽取样本量	抽样测试底稿编号	内控运行评价意见	得分	改进建议	改进责任岗位
R10. 5 - 4	未做好营运信息的更新工作，可能造成营运信息滞后，误导相关部门和道路使用者	CA10. 5 - 4	动态营运信息更新的责任人是路政当班班长和路政值班队长。路政当班班长和值班队长要加强巡查和监控，保持与有关单位（交警、养护、拯救、施工、服务区以及其他单位）的沟通，掌握现场状况及处理进度，做好预估和修正，将更新信息在第一时间反馈到路段监控中心	该项内控设计有效		1	CVT10. 5 - 4	该项内控运行有效			
R10. 5 - 5	发布的信息未能及时做好信息登记、存档工作，可能导致信息发布管理混乱	CA10. 5 - 5	监控中心做好信息登记、存档工作	该项内控设计有效		1	CVT10. 5 - 5	该项内控运行有效			
R10. 5 - 6	未定期对各相关单位的营运信息管理工作进行考核评定，可能影响员工积极性的提高	CA10. 5 - 6	公司经营管理部对各相关单位的营运信息管理工作进行考核评定，结果纳入所在单位营运考核	该项内控设计有效		1	CVT10. 5 - 6	该项内控运行有效			

R11.1 办公用品管理

一级流程名称：11. 资产管理　　内控评价实施部门：审计监察部　　内控评价底稿编号：R11.1

内控评价时间：2015.9.2　　二级流程名称：办公用品管理　　评价人：王晓雷　　复核人：王士民

风险编号	风险描述	关键控制措施编号	关键控制措施	内控设计评价意见	得分	应抽取样本量	抽样测试底稿编号	内控运行评价意见	得分	改进建议	改进责任岗位
R11.1－1	同一人员办理办公用品日常管理业务的全过程，包括办公用品的出入库登记、台账记录、定期盘点等工作，可能造成内部舞弊	CA11.1－1	综合事务部负责办公用品的购买、保管、发放、盘点等管理工作，并指定行政人员负责，并对日常管理业务中的不相容职责进行分离	该项内控设计有效		1	CVT11.1－1	该项内控运行有效			
R11.1－2	办公用品入库时未经严格验收，可能导致办公用品存在数量缺失或质量问题，造成办公用品管理混乱	CA11.1－2	购入办公用品后，行政文员必须对商品的品名、规格、数量、质量等进行验收，验收合格后做好入库登记，应详细、完整地记录办公用品管理台账，包括办公用品名称、型号等，并提交给相关领导审核	该项内控设计有效		2	CVT11.1－2	该项内控运行有效			
R11.1－3	未建立办公用品统计表，可能导致办公用品记录信息失真	CA11.1－3	购入办公用品后，行政文员对商品的品名、规格、数量等进行验收，验收合格后做好入库登记，应详细、完整地记录办公用品管理台账，包括办公用品名称、型号等，并提交给相关领导审核	该项内控设计有效		2	CVT11.1－3	该项内控运行有效			

续表

风险编号	风险描述	关键控制措施编号	关键控制措施	内控设计评价意见	得分	应抽取样本量	抽样测试底稿编号	内控运行评价意见	得分	改进建议	改进责任岗位
R11.1－4	未对办公用品进行分类存放，可能造成办公用品管理混乱	CA11.1－4	行政文员要保管好库存的办公用品，办公用品采购后应分类放置在公司规定存储地点或区域，由专人或兼职负责保管	该项内控设计有效		0	CVT11.1－4	该项内控运行有效			
R11.1－5	办公用品的盘点没有按照制度严格执行，可能导致盘点报告缺少管理者的审核，造成盘点过程的疏漏或者盘点报告无法反映真实情况	CA11.1－5	行政文员要保管好库存的办公用品，并在每季（月）的最后三天进行盘点，整理办公用品购买和发放资料以供存查；除必需品、不易采购或耗用量大者应酌量库存外，要尽量减少积压	该项内控设计有效		2	CVT11.1－5	该项内控运行有效			
R11.1－6	无盘盈盘亏原因分析，未及时进行调账处理，可能导致资产损失原因不明，资产价值计量不准确	CA11.1－6	对价值较高如 200 元以上、使用期限较长如 1 年以上的办公用品每年定期盘点。办公用品盘点存在差异的，需分析差异原因，并报部门领导审批	该项内控设计有效		2	CVT11.1－6	该项内控运行有效			
R11.1－7	办理办公用品领用时未严格要求领用人员登记领用信息，可能导致发生问责事故时无法及时查找相关责任人	CA11.1－7	行政文员应设立月或季度《办公用品领用统计表》，如实按员工、部室记录办公用品的发放情况，并作为员工、部门领用办公用品的原始凭据	该项内控设计有效		2	CVT11.1－7	该项内控运行有效			

R11.2 固定资产管理

一级流程名称：11. 资产管理　　内控评价实施部门：审计监察部　　内控评价底稿编号：R11.2

内控评价时间：2015.9.2　　二级流程名称：固定资产管理　　评价人：王晓雷　　复核人：王士民

风险编号	风险描述	关键控制措施编号	关键控制措施	内控设计评价意见	得分	应抽取样本量	抽样测试底稿编号	内控运行评价意见	得分	改进建议	改进责任岗位
R11.2－1	固定资产日常管理职责分工不明确，可能导致固定资产管理混乱	CA11.2－1	固定资产的实物管理部门为综合事务部，综合事务部全面掌握固定资产的保管部门及保管人等实际情况，做好固定资产的购置、验收、分配、报废等实物管理。财务管理部负责固定资产的会计核算，负责对固定资产进行会计确认、初始和后续计量以及信息披露	该项内控设计有效		1	CVT11.2－1	该项内控运行有效			
R11.2－2	已建成的固定资产未及时转入或只部分转入固定资产，可能导致账实不符，影响资产计量不准确	CA11.2－2	财务管理部负责固定资产的会计核算，负责对固定资产进行会计确认、初始和后续计量以及信息披露	该项内控设计有效		2	CVT11.2－2	该项内控运行有效			
R11.2－3	固定资产采购后，未及时将采购信息及相关凭据送至财务部，可能导致公司资产计量不准确	CA11.2－3	固定资产取得后，财务管理部应根据综合事务部出具的《购置固定资产审批表》、《固定资产验收单》、发票及其他有关单据按照实际成本计价，固定资产的入账价值按照国家的有关规定进行确认	该项内控设计有效		2	CVT11.2－3	该项内控运行有效			

续表

风险编号	风险描述	关键控制措施编号	关键控制措施	内控设计评价意见	得分	应抽取样本量	抽样测试底稿编号	内控运行评价意见	得分	改进建议	改进责任岗位
R11.2-4	固定资产编号不规范，未制定固定资产编号规则，可能导致资产管理混乱	CA11.2-4	综合事务部根据《购置固定资产审批表》对固定资产进行分配，详细登记固定资产的保管人、保管部门等资料，做到每一实物都有《固定资产资料登记卡》，库存与实物编号管理，根据编号即可查询相应库存资料	该项内控设计有效		2	CVT11.2-4	该项内控运行有效			
R11.2-5	没有贴固定资产标签，标签损坏或脱落时没有及时更换，可能导致资产安全风险	CA11.2-5	对经过审批进入固定资产的固定资产制作固定资产标签，将固定资产标签贴在固定资产表面可见处	该项内控设计有效		2	CVT11.2-5	该项内控运行有效			
R11.2-6	未及时建立固定资产台账、台账要素不规范，可能导致资产记录信息失真，影响后期固定资产盘点	CA11.2-6	综合事务部应设置《固定资产卡片一览表》，每年末会同财务管理部盘点一次	该项内控设计有效		2	CVT11.2-6	该项内控运行有效			
R11.2-7	违反固定资产安全管理规定或因保管不善、使用不当，可能造成资产损失	CA11.2-7	固定资产操作人员应具备安全操作规程的基本知识，严格按固定资产《使用说明书》的有关要求按期进行保养	该项内控设计有效		1	CVT11.2-7	该项内控运行有效			
R11.2-8	未办理大额固定资产保险，可能导致资产损失时无法得到相应的赔偿	CA11.2-8	公司车辆保险，由综合事务部统一组织招投标，并与中标保险公司签订保险服务协议	该项内控设计有效		2	CVT11.2-8	未发生			

续表

风险编号	风险描述	关键控制措施编号	关键控制措施	内控设计评价意见	得分	应抽取样本量	抽样测试底稿编号	内控运行评价意见	得分	改进建议	改进责任岗位
R11.2－9	固定资产送外维修时的数据保密工作不到位，可能导致重要资料泄密	CA11.2－9	送外维修的所有敏感的数据或者机密数据必须通过一定的方式进行加密处理，并通过一定的物理安全措施进行备份保密存储	该项内控设计有效		0	CVT11.2－9	该项内控运行有效			
R11.2－10	固定资产领用未经审核、审批，可能造成固定资产管理混乱	CA11.2－10	固定资产领用经员工所在部门领导及固定资产管理部门领导审批	该项内控设计有效		2	CVT11.2－10	该项内控运行有效			
R11.2－11	集团各下属单位固定资产进行内部调拨时未办理调拨手续，可能导致资产管理混乱	CA11.2－11	固定资产公司本部内部调拨管理：固定资产需求部门提出申请，综合事务部部长审批通过后，依据《固定资产转移通知单》，资产需求与资产移出部门办理资产清点移交手续	该项内控设计有效		2	CVT11.2－11	未发生			
		CA11.2－12	固定资产在公司及下属控股子公司间调拨的管控：由需求公司资产管理部门向资产闲置公司的固定资产管理部门提出申请，经固定资产管理部长、分管副总审批	该项内控设计有效		2	CVT11.2－12	未发生			

续表

风险编号	风险描述	关键控制措施编号	关键控制措施	内控设计评价意见	得分	应抽取样本量	抽样测试底稿编号	内控运行评价意见	得分	改进建议	改进责任岗位
R11.2－12	固定资产调拨后未及时通知财务部，可能导致资产账面价值与实际情况不一致	CA11.2－13	办理资产清点移交手续，同时应及时通知财务管理部进行账务处理，财务人员应获取并核对固定资产调拨申请审批单据后进行财务入账生成相应的会计凭证	该项内控设计有效		2	CVT11.2－13	该项内控运行有效			
R11.2－13	未经领导审批授权对外租赁固定资产，可能导致资产对外租赁无审批痕迹	CA11.2－14	租赁管理按公司行政呈批程序办理审批手续后，必须与承租方签订物业租赁协议和安全生产管理协议，规定双方的权利和义务	该项内控设计有效		1整套资料	CVT11.2－14	未发生			
R11.2－14	固定资产外借时未办理出租手续，可能导致对于固定资产管理的疏漏	CA11.2－15	固定资产借用申请人必须因工作需要才可向公司借用固定资产，借用人必须详细填写其固定资产的名称、数量、借用原因、预计归还日期等资料，并严格按《固定资产借用审批流程图》的程序进行审批，通过审批后才可到实物管理部门借用固定资产	该项内控设计有效		2	CVT11.2－15	该项内控运行有效			

续表

风险编号	风险描述	关键控制措施编号	关键控制措施	内控设计评价意见	得分	应抽取样本量	抽样测试底稿编号	内控运行评价意见	得分	改进建议	改进责任岗位
R11.2－15	对外租赁固定资产未签订资产租赁合同，可能导致合约纠纷，产生法律风险	CA11.2－16	租赁管理按公司行政呈批程序办理审批手续后，必须与承租方签订物业租赁协议和安全生产管理协议，规定双方的权利和义务	该项内控设计有效		1	CVT11.2－16	该项内控运行有效			
R11.2－16	固定资产租金收取不及时，可能导致收入记录不全，造成资金风险	CA11.2－17	由经营管理部设立专职人员对物业进行管理，并协助财务人员核对租金收款情况，对租赁方未及时支付租金的，专职人员须及时提醒对方按照合同定期足额支付租金	该项内控设计有效		1	CVT11.2－17	该项内控运行有效			
R11.2－17	固定资产盘点不规范，可能导致资产缺失，账实不符	CA11.2－18	综合事务部设置《固定资产卡片一览表》，每年末会同财务管理部盘点一次。《固定资产卡片一览表》与财务管理部“固定资产总账”核对；《固定资产卡片一览表》与“固定资产卡片”核对；“固定资产卡片”与实物核对	该项内控设计有效		1	CVT11.2－18	该项内控运行有效			

续表

风险编号	风险描述	关键控制措施编号	关键控制措施	内控设计评价意见	得分	应抽取样本量	抽样测试底稿编号	内控运行评价意见	得分	改进建议	改进责任岗位
R11.2－18	固定资产盘点时无详细的盘点记录，可能导致盘点结果失真	CA11.2－19	固定资产清查过程中，应填写《固定资产卡片一览表》，详细注明盘点过程中的各项资料，如固定资产的名称、保管地点	该项内控设计有效		1	CVT11.2－19	该项内控运行有效			
R11.2－19	无盘盈盘亏原因分析，未及时将盘盈盘亏结果及原因分析提交财务部，财务部未进行监盘，可能导致资产损失原因不明，资产价值计量不准确	CA11.2－20	盘点出现不一致的情况，由综合事务部查明原因，并提交经审批的《固定资产处理审批表》，作为进行固定资产清查的账务处理依据。财务管理部应将当年固定资产盘亏、毁损、报废的有关情况向董事会报告，并据以进行账务处理，依照税务机关的有关要求向当地税务局报批	该项内控设计有效		1	CVT11.2－20	该项内控运行有效			
R11.2－20	固定资产折旧计提不准确，可能影响资产价值的计量以及当期成本费用	CA11.2－21	企业在计提固定资产折旧时，当月增加的固定资产，当月不提计折旧，从下月起计提折旧；当月减少的固定资产，当月仍计提折旧，从下月起停止计提折旧。固定资产提足折旧后，不管能否继续使用，均不再提取折旧；提前报废的固定资产，也不再补提折旧	该项内控设计有效		2	CVT11.2－21	该项内控运行有效			

续表

风险编号	风险描述	关键控制措施编号	关键控制措施	内控设计评价意见	得分	应抽取样本量	抽样测试底稿编号	内控运行评价意见	得分	改进建议	改进责任岗位
R11.2－21	固定资产未按照准则规定进行减值测试或减值计提不准确，可能造成资产核算不准确	CA11.2－22	公司按照企业会计准则的规定，于期末对减值范围内的资产进行全面检查，对预计各项资产可能发生的减值损失，确定减值准备	该项内控设计有效		2	CVT11.2－22	未发生			
R11.2－22	固定资产报废的确认流程不明确、不合理，可能导致大量维修费用浪费，造成资金浪费和资产核算不准确	CA11.2－23	固定资产报废由报废申请人详细填写《固定资产处置申请审批表》，并严格按《固定资产处置审批流程图》的程序进行审批	该项内控设计有效		1	CVT11.2－23	该项内控运行有效			

R11.3　物业经营管理

一级流程名称：11. 资产管理　　内控评价实施部门：审计监察部　　内控评价底稿编号：R11.3

内控评价时间：2015.9.2　　二级流程名称：物业经营管理　　评价人：王晓雷　　复核人：王士民

风险编号	风险描述	关键控制措施编号	关键控制措施	内控设计评价意见	得分	应抽取样本量	抽样测试底稿编号	内控运行评价意见	得分	改进建议	改进责任岗位
R11.3－1	对公司的经营性物业，公司未清点造册，建立相应的档案，可能导致资产流失等风险	CA11.3－1	对于经营性物业，首先应收集有关资料并建立档案，对物业资产进行清点并登记造册	该项内控设计有效		1	CVT11.3－1	该项内控运行有效			
R11.3－2	对物业的日常维护管理申请，没有经过公司领导的批准，修缮工程质量也未进行质检，可能导致维护不合理和修缮质量不合格等现象	CA11.3－2	发生修缮工程质量问题，专职人员或知情人应及时向经营管理部报告，并联系有关部门，督促修缮施工单位认真整改。修缮工程的质量检验按《房屋修缮工程质量检验评定标准》执行	该项内控设计有效		1	CVT11.3－2	未发生			
R11.3－3	物业租赁租金收取不及时，可能导致收入记录不全，造成资金风险	CA11.3－3	实行租赁管理时，由经营管理部设立专职人员对物业进行管理，并协助财务人员核对租金收款情况，对租赁方未及时支付租金的，专职人员须及时提醒对方按照合同定期足额支付租金	该项内控设计有效		1	CVT11.3－3	该项内控运行有效			

续表

风险编号	风险描述	关键控制措施编号	关键控制措施	内控设计评价意见	得分	应抽取样本量	抽样测试底稿编号	内控运行评价意见	得分	改进建议	改进责任岗位
R11.3－4	对租赁管理，公司未与承租方签订租赁协议和安全生产管理协议，可能导致双方权利义务不明，引起法律纠纷	CA11.3－4	租赁管理按公司行政呈批程序办理审批手续后，必须与承租方签订物业租赁协议和安全生产管理协议，规定双方的权利和义务	该项内控设计有效		1	CVT11.3－4	未发生			
R11.3－5	对物业的处置，没有经过相应的审批流程和评估流程，可能导致公司拍卖价格不合理，影响公司利益	CA11.3－5	在对物业进行处置时，首先必须提供详细的处置方案，按公司行政呈批程序报公司领导审批。公司领导同意后，选两家以上具有相应资质的的评估公司，选取其中合适的一家后，按公司行政呈批程序办理审批手续，与评估公司签订合同或协议	该项内控设计有效		1	CVT11.3－5	该项内控运行有效			

R12.1 科研项目管理

一级流程名称：12. 科研项目管理　　内控评价实施部门：审计监察部　　内控评价底稿编号：R12.1

内控评价时间：2015.9.2　　二级流程名称：科研项目管理　　评价人：王晓雷　　复核人：王士民

风险编号	风险描述	关键控制措施编号	关键控制措施	内控设计评价意见	得分	应抽取样本量	抽样测试底稿编号	内控运行评价意见	得分	改进建议	改进责任岗位
R12.1-1	科研项目未经科学论证或论证不充分，可能导致创新不足或资源浪费	CA12.1-1	公司将对提交的课题申请书进行初步审查论证，根据课题的分类标准确定上报项目和公司自行研发项目。上报集团的项目由公司出具审查意见并统一上报	该项内控设计有效		1	CVT12.1-1	该项内控运行有效			
R12.1-2	科研项目立项未按公司规定的审议程序审批，可能导致科研项目缺乏执行效力或创新不足或资源浪费	CA12.1-2	公司将对提交的课题申请书进行初步审查论证，根据课题分类标准确定上报项目和公司自行研发项目。上报集团的项目由公司出具审查意见并统一上报	该项内控设计有效		1	CVT12.1-2	未发生			

续表

风险编号	风险描述	关键控制措施编号	关键控制措施	内控设计评价意见	得分	应抽取样本量	抽样测试底稿编号	内控运行评价意见	得分	改进建议	改进责任岗位
R12.1－3	未制订科研项目的具体分解实施计划，可能导致研发规划流于形式，得不到落实执行或落实进度达不到规划要求	CA12.1－3	科研项目获得批准立项后，应立即组织投入研发，课题负责人应承担起科研目标、进度、费用等全面控制的责任，向公司上报项目实施方案	该项内控设计有效		1	CVT12.1－3	未发生			
R12.1－4	未定期对科研项目的进展进行评估，可能导致无法及时掌控科研项目的实际情况，造成资源浪费	CA12.1－4	规定项目立项后立即向公司上报项目实施方案，每半年向公司进行阶段性的书面汇报，规模较大的项目在项目执行期间尚需进行一次中间审查、咨询、评定	该项内控设计有效		1	CVT12.1－4	未发生			

R13.1　基建工程管理流程

一级流程名称：13. 采购业务　　内控评价实施部门：审计监察部　　内控评价底稿编号：R13.1

内控评价时间：2015.9.20　　二级流程名称：基建工程管理流程　　评价人：王晓雷　　复核人：王士民

风险编号	风险描述	关键控制措施编号	关键控制措施	内控设计评价意见	得分	应抽取样本量	抽样测试底稿编号	内控运行评价意见	得分	改进建议	改进责任岗位
R13.1－1	公司内部工程建设项目相关管理制度未完善、内部工程建设各相关部门及岗位职责及权限未明确，可能导致工程建设项目管理无序，信息沟通不流畅	CA13.1－1	公司的基建管理部负责执行、督促业主（项目法人）执行本制度，负责对本制度条文进行解释	该内控措施设计有效		公司已颁布的《建设工程管理制度》文件	CVT13.1－1	该内控措施运行有效		无	经理
R13.1－2	未对项目提出项目建议书并开展可行性研究，或可行性研究报告未按公司规定审批，可能导致决策不当，影响预期收益或项目失败	CA13.1－2	大、中型基本建设项目和高速公路工程项目应先编制工程预可行性研究报告和工程可行性研究报告，小型基本建设项目可直接编制工程可行性研究报告，并逐级上报和审批	该内控措施设计有效		工程预可行性研究报告、工程可行性研究报告	CVT13.1－2	该内控措施运行有效		无	经理
R13.1－3	立项可行性研究流于形式，决策不当，盲目上马，可能导致难以实现预期效益或项目失败	CA13.1－3	大、中型基本建设项目和高速公路工程项目应先编制工程预可行性研究报告和工程可行性研究报告，小型基本建设项目可直接编制工程可行性研究报告，并逐级上报和审批	该内控措施设计有效		工程预可行性研究报告、工程可行性研究报告	CVT13.1－3	该内控措施运行有效		无	经理

续表

风险编号	风险描述	关键控制措施编号	关键控制措施	内控设计评价意见	得分	应抽取样本量	抽样测试底稿编号	内控运行评价意见	得分	改进建议	改进责任岗位
R13.1－4	未就内部工程项目资金使用分配合理审批权限，项目审批程序混乱，可能影响项目决策及可能导致越权审批或舞弊风险	CA13.1－4	按合同规定的手续和办法按清单进行计量和支付管理	该内控措施设计有效		相关财务凭证	CVT13.1－4	该内控措施运行有效		无	经理
R13.1－5	未能进行工程项目成本概（预）算等，并进行有效分析，可能影响工程造价成本，造成成本过高风险	CA13.1－5	高速公路和一级公路应进行总体设计，编写总说明书和汇编概（预）算。业主（项目法人）在初步设计批复之前应对项目工程数量及整体造价进行分析，并及时将分析意见上报，以保证批复概算对工程造价的控制	该内控措施设计有效		总说明书和汇编概（预）算	CVT13.1－5	该内控措施运行有效		无	经理
R13.1－6	公司在工程项目立项后、正式施工前，未能依法取得用地、环保、用电、安全和施工等方面的许可，可能影响后续施工过程	CA13.1－6	①及时向政府主管部门办理开工报告、申办工程质量监督登记以及办理施工许可证手续；②办理土地征用和附着物拆迁的各项工作；③办理水利、林业、环保各项报批手续	该内控措施设计有效		开工报告、工程质量监督登记、施工许可证	CVT13.1－6	该内控措施运行有效		无	经理

续表

风险编号	风险描述	关键控制措施编号	关键控制措施	内控设计评价意见	得分	应抽取样本量	抽样测试底稿编号	内控运行评价意见	得分	改进建议	改进责任岗位
R13.1－7	未能及时按照国家相关规定取得征地拆迁及其他政府许可等手续即进行施工，可能导致合规风险	CA13.1－7	①及时向政府主管部门办理开工报告、申办工程质量监督登记以及办理施工许可证手续；②办理土地征用和附着物拆迁的各项工作，完成用地报批手续；③办理水利、林业、环保各项报批手续	该内控措施设计有效		开工报告、工程质量监督登记、施工许可证	CVT13.1－7	该内控措施运行有效		无	经理
R13.1－8	工程设计不够优化，可能造成工程招投标文件内容与实际出入较大	CA13.1－8	高速公路和一级公路应进行总体设计，一个建设项目由两个或两个以上单位设计时，应指定一个单位负责总体设计，协调统一文件的编制，编写总说明书和汇编概（预）算	该内控措施设计有效		工程设计审批文件	CVT13.1－8	该内控措施运行有效		无	经理
R13.1－9	设计单位未按国家和地方相关法律法规要求单独编制安全、环保、职业卫生、消防、节能专篇，可能造成公司法律风险和经济损失	CA13.1－9	业主（项目法人）在初步设计阶段应积极会同设计单位进行相关行业的协调，主要包括环保（水土保持）、水利（航道论证）、地质灾害评价、地震安全性评价、压覆重要矿藏评估、文物评估、跨铁路及重要交通干道构造物等	该内控措施设计有效		行业协调文件	CVT13.1－9	该内控措施运行有效		无	经理

续表

风险编号	风险描述	关键控制措施编号	关键控制措施	内控设计评价意见	得分	应抽取样本量	抽样测试底稿编号	内控运行评价意见	得分	改进建议	改进责任岗位
R13.1－10	公司对重大或超过一定金额的内部工程项目未进行公开招标或邀标选择承包单位和监理单位，可能导致对承包单位和监理单位的资质不满足要求或工程服务商选择舞弊	CA13.1－10	公司全资或控股项目的总承包、施工、监理、主要建筑材料（指钢材、水泥和沥青）和设备采购原则上应进行招投标。条件具备的勘察设计、咨询、科研项目等也应该进行招投标	该内控措施设计有效		工程招投标文件	CVT13.1－10	该内控措施运行有效		无	经理
R13.1－11	内部工程的招投标行为未按照国家招投标法规及公司建设项目管理相关制度进行，可能导致招投标流于形式，对承包方选择不当，影响后续项目实施和投资控制	CA13.1－11	高速公路建设项目需要招标的内容和范围以中华人民共和国交通部2002年2号令规定为准	该内控措施设计有效		工程招投标文件	CVT13.1－11	该内控措施运行有效		无	经理
R13.1－12	项目招标暗箱操作，存在商业贿赂，可能导致中标人实质上难以承担工程项目、中标价格失实及相关人员涉案	CA13.1－12	所有符合上述条件的工程建设项目的招投标活动原则上应在省建设工程交易中心（以下简称“省交易中心”）进行交易，其中国家主干线、部和省重点公路建设项目的招投标必须在省交易中心进行	该内控措施设计有效		工程招投标文件	CVT13.1－12	该内控措施运行有效		无	经理

续表

风险编号	风险描述	关键控制措施编号	关键控制措施	内控设计评价意见	得分	应抽取样本量	抽样测试底稿编号	内控运行评价意见	得分	改进建议	改进责任岗位
R13.1－13	承包单位采购物资不当，可能导致物资不符合设计标准和合同要求，可能影响工程质量	CA13.1－13	公司基建管理部具体负责新材料、新工艺的使用审批工作；业务（项目法人）负责督促监理工程师在开工前审查工程材料的准备和试验结果	该内控措施设计有效		工程材料试验结果文件	CVT13.1－13	该内控措施运行有效		无	经理
R13.1－14	工程物资质次价高，工程监理不到位，项目资金不落实，可能导致工程质量低劣、进度延迟或中断	CA13.1－14	公司基建管理部主要负责新材料、新工艺的使用审批工作；业务（项目法人）负责督促监理工程师在开工前审查工程材料的准备和试验结果	该内控措施设计有效		工程材料试验结果文件	CVT13.1－14	该内控措施运行有效		无	经理
R13.1－15	工程设计频繁变更，可能影响施工效率和效果	CA13.1－15	各种设计文件和概（预）算经批准后，不得任意修改。确因客观环境、条件、工程地质有较大变化须修改时，应按本办法规定办理	该内控措施设计有效		工程变更申请审批记录	CVT13.1－15	该内控措施运行有效		无	经理
R13.1－16	公司项目管理部门未能建立有效的工程签证报告和审批程序，可能导致公司无法获知工程变更信息，影响后续工程施工行为和过程中的成本控制	CA13.1－16	变更报告表是项目变更申请的正式文件。报告表必须综合、全面地反映申请变更项目信息，如变更工程名称、地点、桩号、范围、规模、造价增减、时效性以及有关方签署意见等（按集团制定的格式）	该内控措施设计有效		工程项目变更报告表	CVT13.1－16	该内控措施运行有效		无	经理

续表

风险编号	风险描述	关键控制措施编号	关键控制措施	内控设计评价意见	得分	应抽取样本量	抽样测试底稿编号	内控运行评价意见	得分	改进建议	改进责任岗位
R13.1－17	公司项目管理部门未建立工程变更文件联络台账，可能导致无有效文件支持工程变更情况，影响进度款项的支付	CA13.1－17	变更报告表是项目变更申请的正式文件。报告表必须综合、全面地反映申请变更项目信息，如变更工程名称、地点、桩号、范围、规模、造价增减、时效性以及有关方签署意见等（按集团制定的格式）	该内控措施设计有效		工程项目变更报告表	CVT13.1－17	该内控措施运行有效		无	经理
R13.1－18	公司未能保管完整的变更书面文件和相关资料，并组织实施竣工决算审计，可能导致无法办理竣工验收手续，而无法进行验收决算	CA13.1－18	工程变更可由项目建设各方提出（包括沿线县级以上政府或法人）。但所有变更文件和申请必须汇总至业主（项目法人），由业主（项目法人）统一对变更申请文件进行初审、确定变更类别、登录变更台账、填报变更申请等工作	该内控措施设计有效		工程变更文件归档资料	CVT13.1－18	该内控措施运行有效		无	经理
R13.1－19	进度款支付不规范，可能导致价款结算不合理，影响造价成本	CA13.1－19	养护工程款以预算为基础、以对应合同为依据，通过报表请款，并按实际完成工程量和合同价凭进度报表支付	该内控措施设计有效		相关财务凭证、进度证明材料	CVT13.1－19	该内控措施运行有效		无	经理

续表

风险编号	风险描述	关键控制措施编号	关键控制措施	内控设计评价意见	得分	应抽取样本量	抽样测试底稿编号	内控运行评价意见	得分	改进建议	改进责任岗位
R13.1－20	实际施工过程中的土地情况与详勘有出入，可能影响施工进度和施工成本	CA13.1－20	业主（项目法人）在初步设计阶段应积极会同设计单位进行相关行业的协调，主要包括环保（水土保持）、水利（航道论证）、地质灾害评价、地震安全性评价、压覆重要矿藏评估、文物评估、跨铁路及重要交通干道构造物等	该内控措施设计有效		行业协调文件	CVT13.1－20	该内控措施运行有效		无	经理
R13.1－21	施工时，各工段交叉施工，可能出现相互影响进度和施工安全隐患风险	CA13.1－21	为有利于公司协调、监督各项目建设进度情况，各业主（项目法人）应将工程进度情况以月报（质量、投资、进度和存在问题等情况汇总）的形式报公司基建管理部	该内控措施设计有效		项目建设进度报告	CVT13.1－21	该内控措施运行有效		无	经理
R13.1－22	未能与工程主体同时设计、同时施工、同时投入使用安全和职业健康防护措施，可能导致施工出现意外	CA13.1－22	高速公路和一级公路应进行总体设计，一个建设项目由两个或两个以上单位设计时，应指定一个单位负责总体设计，协调统一文件的编制，编写总说明书和汇编概（预）算	该内控措施设计有效		总说明书和汇编概（预）算	CVT13.1－22	该内控措施运行有效		无	经理

续表

风险编号	风险描述	关键控制措施编号	关键控制措施	内控设计评价意见	得分	应抽取样本量	抽样测试底稿编号	内控运行评价意见	得分	改进建议	改进责任岗位
R13.1－23	竣工结算时，未能按照公司相关管理规定进行审计或委托审计，可能导致量价结算不准确	CA13.1－23	竣工验收准备工作程序规定：竣工验收必须提交竣工决算的核备意见、审计报告及认定意见	该内控措施设计有效		竣工决算核备意见、审计报告及认定意见	CVT13.1－23	该内控措施运行有效		无	经理
R13.1－24	工程造价信息不对称，技术方案不落实，预算脱离实际，可能导致项目投资失控	CA13.1－24	公司对工程造价的确定制定了一套完整的流程	该内控措施设计有效		工程造价审批记录	CVT13.1－24	该内控措施运行有效		无	经理
R13.1－25	竣工验收不规范，最终把关不严，可能导致工程交付使用后存在重大隐患	CA13.1－25	所有的工程项目均应进行验收。公司全资的各新建、改建项目工程（包括土建、机电、房建、绿化等工程）均应执行本规定	该内控措施设计有效		工程验收报告	CVT13.1－25	该内控措施运行有效		无	经理
R13.1－26	未能对工程项目进行后评估考核，可能导致无法对工程项目实际运营情况与预期进行分析评价，奖罚不分明	CA13.1－26	新建项目投资后评估分为两个步骤：①初步评估：投产运营1年后进行，以公司内部人员评估为主。②系统评估：投产运营3～5年后进行，由公司内外部专家相结合进行评估	该内控措施设计有效		投资后评估报告	CVT13.1－26	该内控措施运行有效		无	经理

R14.1 合同管理

一级流程名称：14. 合同及法律事务　　内控评价实施部门：审计监察部　　内控评价底稿编号：R14.1

内控评价时间：2015.9.2　　二级流程名称：合同管理　　评价人：王晓雷　　复核人：王士民

风险编号	风险描述	关键控制措施编号	关键控制措施	内控设计评价意见	得分	应抽取样本量	抽样测试底稿编号	内控运行评价意见	得分	改进建议	改进责任岗位
R14.1－1	公司未制定合同管理制度，可能导致合同管理程序不清，职责不明，影响经营效率和效果	CA14.1－1	为适应公司发展需要，维护公司合法权益，强化公司合同管理，根据《中华人民共和国合同法》（以下简称《合同法》）及国家其他有关法律、法规，结合公司实际情况，制定本制度	该项内控设计有效		1	CVT14.1－1	该项内控运行有效			
R14.1－2	无部门对合同进行归口管理，可能导致合同文件散落各部门，无法得到有效管理	CA14.1－2	法律事务部是公司合同归口管理部门，对公司合同集中统一管理	该项内控设计有效		1	CVT14.1－2	该项内控运行有效			
R14.1－3	合同条款违反国家法律法规规定，导致合同效力出现瑕疵或者引发诉讼纠纷，造成企业经济及名誉损失	CA14.1－3	公司签订合同实行行政审批、法律审查制。合同签署前须送交法律事务部进行合法、合规性审查	该项内控设计有效		5 整套资料	CVT14.1－3	该项内控运行有效			
R14.1－4	未订立合同、未经授权对外订立合同、合同对方主体资格未达要求、合同内容存在重大疏漏和欺诈，可能导致企业合法权益受到侵害	CA14.1－4	合同签订前，具体经办部门须调查、了解合同对方当事人的资信（资质）、信誉等情况。已定稿合同均按照要求填写《经济合同呈请审批签署报告表》，实行层层报批程序，不得越级报批	该项内控设计有效		5 整套资料	CVT14.1－4	该项内控运行有效			

续表

风险编号	风险描述	关键控制措施编号	关键控制措施	内控设计评价意见	得分	应抽取样本量	抽样测试底稿编号	内控运行评价意见	得分	改进建议	改进责任岗位
R14.1－5	未对拟签约对象进行针对合同条款中的履约能力和独立承担民事责任的能力进行评审，可能影响后续合同的执行，产生法律风险	CA14.1－5	合同签订前，具体经办该项业务的职能部门须调查、了解合同对方当事人的资信（资质）、信誉等情况。对于资信（资质）、信誉等情况不好的当事人，应当予以拒绝签署合同	该项内控设计有效		5整套资料	CVT14.1－5	该项内控运行有效			
R14.1－6	合同谈判的重要事项没有形成文件记录，出现争议时无据可依，可能影响后续合同的签订	CA14.1－6	谈判过程中的重要事项和参与谈判人员的主要意见，合同经办人应当予以记录并妥善保存	该项内控设计有效		5整套资料	CVT14.1－6	该项内控运行有效			
R14.1－7	合同的拟定、审批与审核和履行为同一人或同一部门，不相容岗位未有效分离，可能导致合同条款有失公允或舞弊风险	CA14.1－7	公司签订合同实行行政审批、法律审查制。合同签署前须送交法律事务部进行合法、合规性审查。合同经办部门应当按规定填写《合同合法合规性审查申请表》附合同草案以及相关文件一并送交法律事务部	该项内控设计有效		5整套资料	CVT14.1－7	该项内控运行有效			
R14.1－8	合同内容欠缺主要条款，可能导致公司在合同履行过程中处于被动地位，甚至遭受损失	CA14.1－8	签订合同必须具备标的、数量和质量、价款或酬金、履行期限、地点和方式，违约责任、争议解决方式等主要条款	该项内控设计有效		5整套资料	CVT14.1－8	该项内控运行有效			

续表

风险编号	风险描述	关键控制措施编号	关键控制措施	内控设计评价意见	得分	应抽取样本量	抽样测试底稿编号	内控运行评价意见	得分	改进建议	改进责任岗位
R14.1－9	合同关键条款不够明确，可能导致权责不清，造成经济损失和法律风险	CA14.1－9	签订合同必须具备标的、数量和质量、价款或酬金、履行期限、地点和方式，违约责任、争议解决方式等主要条款	该项内控设计有效		5整套资料	CVT14.1－9	该项内控运行有效			
R14.1－10	合同签订人未经授权签署合同，或授权范围、期间不明确、被授权人不符合授权条件，可能导致法律风险	CA14.1－10	公司总经理或者其他人员可以依据公司董事长签发的《法人授权委托证明书》代为进行签署应由公司法定代表人签署的合同。根据公司章程的规定，必须由公司法定代表人签署的合同由董事长凭《法定代表人证明书》签署	该项内控设计有效		5整套资料	CVT14.1－10	该项内控运行有效			
R14.1－11	公司部门未经授权或委托签订超越权限的合同，可能导致舞弊风险和经济损失风险	CA14.1－11	委托代理人应当在授权期限内严格按照《法定代表人授权委托证明书》确定的授权权限履行职责，不得超越代理权限，未经公司法定代表人同意不得将代理权委托他人行使	该项内控设计有效		5整套资料	CVT14.1－11	该项内控运行有效			

续表

风险编号	风险描述	关键控制措施编号	关键控制措施	内控设计评价意见	得分	应抽取样本量	抽样测试底稿编号	内控运行评价意见	得分	改进建议	改进责任岗位
R14.1－12	合同签订未履行审批程序或倒签审批合同，可能导致法律风险和经济损失	CA14.1－12	在特殊紧急情况下，合同经办部门负责人可以采取汇报形式获得公司总经理或董事长口头批准，在未经书面审批和授权情况下，对外签署合同。事后，合同经办部门应当及时补办合同审批和授权程序	该项内控设计有效		5整套资料	CVT14.1－12	该项内控运行有效			
R14.1－13	无有效合同审批文件即加盖合同专用章，可能导致合同签订错误或法律风险	CA14.1－13	对外签署的合同必须有签约人的亲自签字，公司印章保管人员才能按程序盖上公司印章。单份合同文本达两页以上的须加盖骑缝章	该项内控设计有效		5整套资料	CVT14.1－13	该项内控运行有效			
R14.1－14	合同未能统一进行分类且连续编号，可能导致合同难以查找，影响对合同的有序管理	CA14.1－14	合同应进行分类编号、分类登记、分类统计，合同的分类须结合公司实际合理划分。档案室接收合同档案，必须进行科学管理，区分保管期限，分类立卷归档。合同应进行分类编号、分类登记，做到妥善保管，排列有序，查找方便	该项内控设计有效		1	CVT14.1－14	该项内控运行有效			

续表

风险编号	风险描述	关键控制措施编号	关键控制措施	内控设计评价意见	得分	应抽取样本量	抽样测试底稿编号	内控运行评价意见	得分	改进建议	改进责任岗位
R14.1－15	合同签订后，合同副本及相关审核资料未交由档案管理部门进行归档，可能导致对合同无留档管理	CA14.1－15	加强部门合同管理的基础工作，健全、完善合同登记台账，建立部门合同档案	该项内控设计有效		5整套资料	CVT14.1－15	该项内控运行有效			
R14.1－16	出现纠纷时，未经合同归口管理部门和主管领导审核批准，合同承办部门或个人即向对方做出实质性答复或承诺、接受或向对方提供不利于我方的处理纠纷的资料，可能导致法律风险和经济损失	CA14.1－16	发生合同纠纷后，经办部门应及时与对方协商解决。协商不成时，应按照公司《法律事务管理办法》关于法律纠纷预防和处理机制相关规定处理合同纠纷，不准私自对外委托有关部门或个人处理纠纷	该项内控设计有效		1	CVT14.1－16	未发生			
R14.1－17	合同的变更、补充、解除或转让的审批与审核为同一人，不相容岗位未有效分离，可能导致合同条款有失公允或导致舞弊风险	CA14.1－17	变更或解除合同必须依照合同订立的程序和要求	该项内控设计有效		1	CVT14.1－17	未发生			

续表

风险编号	风险描述	关键控制措施编号	关键控制措施	内控设计评价意见	得分	应抽取样本量	抽样测试底稿编号	内控运行评价意见	得分	改进建议	改进责任岗位
R14.1－18	未能对合同进行持续跟踪监督，可能导致未能对对方合同履行情况进行有效控制，影响合同的履行，造成合同诉讼与纠纷风险	CA14.1－18	合同经办部门和人员负责组织、协调合同的履行。合同履行过程中发生的各项事宜，应当有各种文件记录在案并妥善保管。合同管理员负责填写《合同履行情况统计表》，按年度报法律事务部备案	该项内控设计有效		1	CVT14.1－18	该项内控运行有效			
R14.1－19	合同商务条款难以在审核阶段充分识别风险，给合同履行带来较大不确定性，造成合同纠纷	CA14.1－19	法律事务部对合同进行合法、合规性审查，应提出具体的审查意见。根据重要性原则，法律事务部可将合同提交常年法律顾问审查，并要求常年法律顾问就合同审查出具书面法律意见	该项内控设计有效		5 整套资料	CVT14.1－19	该项内控运行有效			
R14.1－20	合同风险管理目前尚未体系化，未能有效贯穿全部业务流程，可能导致全过程合同管理力度减弱，引发合同纠纷和诉讼，造成经济损失	CA14.1－20	公司合同管理包括但不限于：①股权性投资合同；②股权转让、企业重组、企业改制合同、章程……合同管理的流程涵盖合同的谈判、拟订、签订、履行、变更、中止、解除、纠纷处理的全过程	该项内控设计有效		1	CVT14.1－20	该项内控运行有效			

R14.2 法律事务管理

一级流程名称：14. 合同及法律事务　　内控评价实施部门：审计监察部　　内控评价底稿编号：R14.2

内控评价时间：2015.9.2　　二级流程名称：法律事务管理　　评价人：王晓雷　　复核人：王士民

风险编号	风险描述	关键控制措施编号	关键控制措施	内控设计评价意见	得分	应抽取样本量	抽样测试底稿编号	内控运行评价意见	得分	改进建议	改进责任岗位
R14.2-1	公司未制定法律事务管理制度，可能导致法律事务管理程序不清、职责不明，影响经营效率和效果	CA14.2-1	为了适应建立现代企业制度的需要，维护公司和股东的合法权益，确保公司经营行为的合法性，最大限度地减少法律纠纷导致的各种损失，根据国家有关法律、行政法规、规章，结合公司实际情况，制定本办法	该项内控设计有效		1	CVT14.2-1	该项内控运行有效			
R14.2-2	未能及时、恰当地处理法律纠纷案件，使企业利益受到损失	CA14.2-2	公司应积极、主动处理各种合同纠纷，尽量避免合同纠纷演变为诉讼、仲裁。如有特殊情况出现，公司应立即成立法律纠纷专责小组负责跟进法律纠纷的处理工作	该项内控设计有效		1	CVT14.2-2	未发生			

续表

风险编号	风险描述	关键控制措施编号	关键控制措施	内控设计评价意见	得分	应抽取样本量	抽样测试底稿编号	内控运行评价意见	得分	改进建议	改进责任岗位
R14.2-3	公司各部门或个人未经授权批准擅自代表公司对外提出法律诉讼和仲裁活动，可能导致公司面临法律风险	CA14.2-3	公司应成立法律纠纷专责小组负责跟进法律纠纷的处理工作；法律纠纷经协商仍无法解决的，公司应做好诉讼或仲裁的准备工作。公司应当成立诉讼（仲裁）工作小组，负责做好有关的诉讼（仲裁）工作	该项内控设计有效		1	CVT14.2-3	该项内控运行有效			
R14.2-4	部门未能将诉讼情况上报公司，可能导致公司无法及时获知诉讼事件，无法合理处理事件	CA14.2-4	定期将诉讼（仲裁）的进展情况以书面方式向公司经营班子或省交通集团（就特殊案件）报告；将诉讼（仲裁）过程中的和解、调解方案在实施前向公司经营班子或省交通集团（就特殊案件）报告	该项内控设计有效		1	CVT14.2-4	该项内控运行有效			
R14.2-5	案件管理缺乏公正、合理的考核，影响案件管理工作效率的提高，缺乏对企业经营活动有序进行的充分保障	CA14.2-5	公司将定期地组织人员按本章规定对全资、控股子公司的法律工作情况进行指导、检查、考核	该项内控设计有效		1	CVT14.2-5	该项内控运行有效			

续表

风险编号	风险描述	关键控制措施编号	关键控制措施	内控设计评价意见	得分	应抽取样本量	抽样测试底稿编号	内控运行评价意见	得分	改进建议	改进责任岗位
R14.2－6	公司进行法律诉讼或仲裁程序不合法合规，可能导致公司的诉讼行为无效	CA14.2－6	对经协商无法解决的法律纠纷，应当成立诉讼（仲裁）工作小组，做好有关的诉讼（仲裁）工作，争议标的数额在2000万元以上或占公司上年度末净资产总额5%以上的案件，或者案情具有相当复杂性的案件（以下简称“特殊案件”），公司应尽量聘请律师担任诉讼（仲裁）代理人参加诉讼（仲裁）活动	该项内控设计有效		1	CVT14.2－6	该项内控运行有效			
R14.2－7	公司未对法律事务进行责任追究，可能导致法律事务责任不清，损害公司利益	CA14.2－7	以下违反本规定的行为的法务人员或有关人员应承担相应责任：①在企业行为前没有进行合法性审查的；②没有及时处理公司法律纠纷，给公司造成经济损失的；③忽视法律纠纷预防工作，给公司造成经济损失的	该项内控设计有效		1	CVT14.2－7	该项内控运行有效			

R14.3　授权管理

一级流程名称：14. 合同及法律事务　　内控评价实施部门：审计监察部　　内控评价底稿编号：R14.3

内控评价时间：2015.9.2　　二级流程名称：授权管理　　评价人：王晓雷　　复核人：王士民

风险编号	风险描述	关键控制措施编号	关键控制措施	内控设计评价意见	得分	应抽取样本量	抽样测试底稿编号	内控运行评价意见	得分	改进建议	改进责任岗位
R14.3-1	对于《法定代表人授权委托证明书》的签发，未经过严格的审查审批流程，可能导致不法人员以公司名义从事非法行为，损害公司利益	CA14.3-1	需要办理《法定代表人授权委托证明书》的部门和个人，应填写《行政事务呈批表》或《使用公司印章审批表》，并报综合事务部部长，综合事务部部长审查后认为确需授权的，由综合事务部负责填制《法定代表人授权委托证明书》，报公司董事长签字同意后，由综合事务部加盖公司公章。《法定代表人授权委托证明书》办理完毕后，综合事务部保留存根归档	该项内控设计有效		2	CVT14.3-1	该项内控运行有效			
R14.3-2	《法定代表人授权委托证明书》中未明确委托人、委托期限和授权期限等，可能导致授权委托混乱、代理权不明确等风险	CA14.3-2	《法定代表人授权委托证明书》应载明受委托人姓名、性别、年龄、职务、委托权限和授权期限，由公司董事长签字并加盖公司公章	该项内控设计有效		2	CVT14.3-2	该项内控运行有效			

续表

风险编号	风险描述	关键控制措施编号	关键控制措施	内控设计评价意见	得分	应抽取样本量	抽样测试底稿编号	内控运行评价意见	得分	改进建议	改进责任岗位
R14.3－3	对于《法定代表人授权委托证明书》的变更，公司未经过严格审查即履行相应的变更手续，可能导致多重授权、授权组织混乱等风险	CA14.3－3	《法定代表人授权委托证明书》一经签发，不得随意变更。如因机构、人事变动或其他原因，确需变更授权委托事项的，应将原《法定代表人授权委托证明书》交回综合事务部	该项内控设计有效		2	CVT14.3－3	未发生			

R15.1　档案管理

一级流程名称：15. 行政综合管理　　内控评价实施部门：审计监察部　　内控评价底稿编号：R15.1

内控评价时间：2015.9.2　　二级流程名称：档案管理　　评价人：王晓雷　　复核人：王士民

风险编号	风险描述	关键控制措施编号	关键控制措施	内控设计评价意见	得分	应抽取样本量	抽样测试底稿编号	内控运行评价意见	得分	改进建议	改进责任岗位
R15.1－1	公司档案管理违反国家有关法律、法规，可能使公司遭受外部处罚或法律风险	CA15.1－1	为使档案工作标准化、规范化、现代化，不断提高档案管理水平，根据《中华人民共和国档案法》、《档案法实施办法》和档案行政管理部门的有关规定，结合公司的实际情况，特制定本办法	该项内控设计有效		1	CVT15.1－1	该项内控运行有效			
R15.1－2	公司未制定档案管理制度，或制度未对资料归类、编码规则、归档期限等予以明确，无法满足运营中的档案需求，可能影响公司档案管理的工作质量	CA15.1－2	档案分类根据国家档案局、交通部及上级主管部门有关档案分类、编号办法，以全公司档案为对象，结合档案自然形成的规律，保持档案完整、准确、系统的原则	该项内控设计有效		1	CVT15.1－2	该项内控运行有效			
R15.1－3	未对各部门应归档资料予以明确，可能导致各部门未将重要的资料归档，影响归档的重要性和完整性	CA15.1－3	凡属公司在经济活动和各项工作活动中形成的具有保存利用价值的各类文件材料所形成的档案，包括文书、科技、设备、基建、会计、特殊载体等均属于综合档案室收集管理范围，应及时移交综合档案室保管	该项内控设计有效		1	CVT15.1－3	该项内控运行有效			

续表

风险编号	风险描述	关键控制措施编号	关键控制措施	内控设计评价意见	得分	应抽取样本量	抽样测试底稿编号	内控运行评价意见	得分	改进建议	改进责任岗位
R15.1－4	各部门未在规定期限内将资料及时进行归档，可能导致重要资料无法及时得到有效管理	CA15.1－4	文书档案文件材料应于次年第一季度移交归档；工程建设项目文件材料的整理应与工程建设同步进行，在工程项目竣工后三个月内归档；基建（办公楼、宿舍）档案由有关部门在工程竣工验收后三个月内整理归档；会计档案由会计部门按规定时间内保管，期满后移交档案部门保管；声像档案按规定整理好于次年第一季度移交归档保管	该项内控设计有效		5	CVT15.1－4	该项内控运行有效			
R15.1－5	各部门未保管好资料原件，可能导致归档的资料因原件遗失而归档复印件，影响资料的后期管理	CA15.1－5	归档的文件材料必须齐全、完整移交档案室归档，不得由承办部门或个人分散保存，更不允许据为己有，各部门如确因工作需要，可按规定复印保存	该项内控设计有效		5	CVT15.1－5	该项内控运行有效			

续表

风险编号	风险描述	关键控制措施编号	关键控制措施	内控设计评价意见	得分	应抽取样本量	抽样测试底稿编号	内控运行评价意见	得分	改进建议	改进责任岗位
R15.1－6	档案室硬件条件差，温度、湿度等不适宜档案存放，可能造成档案资料受损	CA15.1－6	公司制定了《档案库房管理制度》，档案库房管理应贯彻“以防为主，防治结合”的方针，加强防范措施，切实做好防盗、防火、防光、防尘、防潮、防虫、防湿、防有害气体“八防”工作	该项内控设计有效		1	CVT15.1－6	该项内控运行有效			
R15.1－7	未制定档案库房人员出入制度，可能导致无关人员随意进出档案库房，以免造成档案资料丢失或受损	CA15.1－7	未经档案人员允许，无关人员不得进入档案库房；人离库房，要关好门窗及照明设备，确保档案安全	该项内控设计有效		1	CVT15.1－7	未发生			
R15.1－8	档案借阅登记表信息填写不全，包括经办人等信息，可能导致档案管理人员无法有效跟踪被借阅的档案资料	CA15.1－8	本单位人员查阅档案一般只在阅览室看，如因工作需要外借，应办理借阅手续，填写《借阅档案登记表》，并在规定期限内归还	该项内控设计有效		2	CVT15.1－8	该项内控运行有效			
R15.1－9	没有对电子档案的安全性进行规定，可能造成公司财产损失	CA15.1－9	声像档案是特殊的载体材料，要比其他档案更应注意保管，长期保存的磁带，每季度要轮流正面倒带或反面倒带一次，对特别珍贵的录像带、录音带要复制一套备用	该项内控设计有效		1	CVT15.1－9	该项内控运行有效			

R15.2　印章管理

一级流程名称：15. 行政综合管理　　内控评价实施部门：审计监察部　　内控评价底稿编号：R15.2

内控评价时间：2015.9.2　　二级流程名称：印章管理　　评价人：王晓雷　　复核人：王士民

风险编号	风险描述	关键控制措施编号	关键控制措施	内控设计评价意见	得分	应抽取样本量	抽样测试底稿编号	内控运行评价意见	得分	改进建议	改进责任岗位
R15.2-1	公司未制定印章管理制度，印章管理未归口管理，可能导致舞弊事件的发生，扰乱企业生产经营的顺利进行	CA15.2-1	印章是公司经营管理活动中行使职权、明确公司各项权利和义务的重要凭证，为了保证公司经营活动的正常开展，维护公司利益，制定本制度	该项内控设计有效		1	CVT15.2-1	该项内控运行有效			
R15.2-2	未经领导审批刻制公司印鉴，可能导致假冒公司名义从事非法活动，造成法律风险或经济损失	CA15.2-2	各部门因工作需要提出刻制印章申请，经综合事务部部长、分管领导审核，报公司总经理批准后方可刻制	该项内控设计有效		1	CVT15.2-2	该项内控运行有效			
R15.2-3	印鉴刻制完成后，未及时更新台账记录并登记印章样式、刻制时间、授权使用时间、刻制人、刻制部门等关键信息，可能导致重要印鉴被挪为私用，造成公司法律风险或经济损失	CA15.2-3	公司所有印章、介绍信、法定代表人授权委托书、法定代表人证明书由综合事务部统一刻制、造册、编号、登记和管理	该项内控设计有效		1	CVT15.2-3	该项内控运行有效			

续表

风险编号	风险描述	关键控制措施编号	关键控制措施	内控设计评价意见	得分	应抽取样本量	抽样测试底稿编号	内控运行评价意见	得分	改进建议	改进责任岗位
R15.2-4	公章、法人章等印鉴未指定保管岗位，可能导致印鉴保管责任不明确	CA15.2-4	公司公章、党委印章、纪委印章、合同专用章均由综合事务部负责保管；董事会印章由董事会秘书指定的专人负责保管；监事会印章由监事会负责保管；工会印章、工会财务专用印章、计划生育办公室印章由工会办公室负责保管；团委印章由团委书记负责保管；财务专用章和法定代表人印鉴由财务部负责保管；其他印章由各部门相关负责人保管	该项内控设计有效		1	CVT15.2-4	该项内控运行有效			
R15.2-5	用于支付的印鉴由一人负责保管，可能导致印鉴保管人员发生舞弊行为，造成法律风险或经济损失	CA15.2-5	财务专用章由财务负责人保管，法人章由出纳保管	该项内控设计有效		0	CVT15.2-5	该项内控运行有效			

续表

风险编号	风险描述	关键控制措施编号	关键控制措施	内控设计评价意见	得分	应抽取样本量	抽样测试底稿编号	内控运行评价意见	得分	改进建议	改进责任岗位
R15.2－6	印鉴使用未经适当审批，可能导致违规使用印鉴，造成公司法律风险或经济损失	CA15.2－6	经办人使用公司印章时，需填写《使用公司印章审批表》，与所需用印的文件一并交所属部门负责人审核，经部门负责人审核同意后报分管领导审核，分管领导审核同意后，若要求报总经理审核的应报总经理审核，若不需总经理审核的交由综合事务部部长审核，综合事务部部长审核同意后交公章保管员用印	该项内控设计有效		10	CVT15.2－6	该项内控运行有效			
R15.2－7	无印鉴使用登记记录，可能导致发生问责事故时无法追究事故责任人	CA15.2－7	加强印章使用管理，印章的使用必须有详细的登记记录，主管副总经理和综合事务部部长负责定期检查	该项内控设计有效		10	CVT15.2－7	该项内控运行有效			
R15.2－8	未经领导授权将重要印鉴携带外出使用，且无印章保管员陪同，可能导致印鉴违规使用，造成舞弊风险	CA15.2－8	各部门必须固定专人保管印章，严禁开具空白介绍信和便笺并盖公章，严禁任何职工随身携带各种印章外出办事	该项内控设计有效		10	CVT15.2－8	该项内控运行有效			

R15.3 公文管理

一级流程名称：15. 行政综合管理　　内控评价实施部门：审计监察部　　内控评价底稿编号：R15.3

内控评价时间：2015.9.2　　二级流程名称：公文管理　　评价人：王晓雷　　复核人：王士民

风险编号	风险描述	关键控制措施编号	关键控制措施	内控设计评价意见	得分	应抽取样本量	抽样测试底稿编号	内控运行评价意见	得分	改进建议	改进责任岗位
R15.3－1	未制定公司公文管理制度，可能导致公文管理混乱，影响工作效率和公司形象	CA15.3－1	为使广东省高速公路发展股份有限公司（以下简称公司）的公文处理工作制度化、规范化、科学化，建立规范、严谨、高效的公文处理程序，提高公文处理的效率和公文质量，参照《国家行政机关公文处理办法》，结合公司实际，特制订本制度	该项内控设计有效		1	CVT15.3－1	该项内控运行有效			
R15.3－2	公司公文未实行归口管理，可能导致文件管理混乱	CA15.3－2	公司综合事务部是负责公司公文处理和指导各参控股公司公文处理工作的部门，负责公文的统一收发、分办、传递、用印、立卷、归档和销毁	该项内控设计有效		1	CVT15.3－2	该项内控运行有效			

续表

风险编号	风险描述	关键控制措施编号	关键控制措施	内控设计评价意见	得分	应抽取样本量	抽样测试底稿编号	内控运行评价意见	得分	改进建议	改进责任岗位
R15.3－3	未对公文拟稿、审批、报送、密级等进行规范，出现拟稿责任主体不明、推诿的情况，或审批、报送流程部不明确，可能导致审批遗漏、报送错误或泄密	CA15.3－3	公文草拟完成后，应送本部门由负责人审核，需要会签的，主办部门应主动会签；对涉及国家或公司商业秘密的，主办部门还应划分文件密级；拟稿人经领导签发后，送综合事务部部长审核。综合事务部审核的重点是：行文方式是否妥当、是否符合行文规则和拟制公文的有关要求、公文格式是否符合本办法规定等	该项内控设计有效		10	CVT15.3－3	该项内控运行有效			
R15.3－4	对公文接受无记录或反馈，可能导致公文接受信息不明确，甚至公文遗失	CA15.3－4	按照集中统一的原则，综合事务部负责对所有收文的接收、登记、拟办，各部门要按照“对口管理，分工协作”的原则及时办理相关文件	该项内控设计有效		10	CVT15.3－4	该项内控运行有效			
R15.3－5	未对公文归档、保管工作进行规范，可能导致历史公文资料管理混乱，保管环境不符合安全条件	CA15.3－5	公文办完后，应当根据《中华人民共和国档案法》和《公司档案综合管理办法》有关规定，及时将公文正文和有关附件整理归档	该项内控设计有效		1	CVT15.3－5	未发生			

R15.4 会议管理

一级流程名称：15. 行政综合管理　　内控评价实施部门：审计监察部　　内控评价底稿编号：R15.4

内控评价时间：2015.9.2　　二级流程名称：会议管理　　评价人：王晓雷　　复核人：王士民

风险编号	风险描述	关键控制措施编号	关键控制措施	内控设计评价意见	得分	应抽取样本量	抽样测试底稿编号	内控运行评价意见	得分	改进建议	改进责任岗位
R15.4-1	公司未制定会议管理制度，可能导致会议组织混乱、会议效率低下	CA15.4-1	为完善公司现代企业管理制度，规范公司治理结构，有效防范经营风险，根据《公司法》、《公司章程》以及《广东省交通集团有限公司全资、控股公司董事会工作暂行规定》结合我公司实际情况，特制定本制度	该项内控设计有效		1	CVT15.4-1	该项内控运行有效			
R15.4-2	会议无通知或会议通知不完整，导致通知遗漏、被通知方没有确认，可能影响会议召开	CA15.4-2	所有会议的会务工作原则上由综合事务部负责牵头组织协调，综合事务部根据会议性质制定方案，按照层级管理程序报公司领导审批后执行	该项内控设计有效		2	CVT15.4-2	该项内控运行有效			
R15.4-3	会议召开期间没有做好与会人员的签到登记，不利于监督应参会人员的到会情况；没做好会议记录或不完整，可能影响会议成果的落实	CA15.4-3	会议牵头部门要加强会议管理，认真落实到会签字程序	该项内控设计有效		2	CVT15.4-3	该项内控运行有效			

续表

风险编号	风险描述	关键控制措施编号	关键控制措施	内控设计评价意见	得分	应抽取样本量	抽样测试底稿编号	内控运行评价意见	得分	改进建议	改进责任岗位
R15.4－4	未建立对会议决议内容执行的监督机制，可能导致议而不决、决而难执行的情况发生	CA15.4－4	重要会议要及时做好落实与追踪，综合事务部负责对各部门执行会议纪要的情况进行监督检查	该项内控设计有效		2	CVT15.4－4	该项内控运行有效			
R15.4－5	会议形成相关文件的归档、保管工作混乱，没有相关规范制度，可能导致文件破损、丢失、难以再查阅	CA15.4－5	《档案综合管理办法》中《文件材料归档范围及保管期限表》对会议形成相关文件的归档、保管做了明确规定	该项内控设计有效		2	CVT15.4－5	该项内控运行有效			

R15.5 车辆管理

一级流程名称：15. 行政综合管理　　内控评价实施部门：审计监察部　　内控评价底稿编号：R15.5

内控评价时间：2015.9.2　　二级流程名称：车辆管理　　评价人：王晓雷　　复核人：王士民

风险编号	风险描述	关键控制措施编号	关键控制措施	内控设计评价意见	得分	应抽取样本量	抽样测试底稿编号	内控运行评价意见	得分	改进建议	改进责任岗位
R15.5－1	用车申请未经审批，可能导致车辆调度不合理，影响公司的正常运营等	CA15.5－1	公司员工使用公务用车辆必须按程序填写派车单，提出申请并经所在部门部长审核签名同意后，提交综合事务部车辆管理员，以作为车辆调度的依据	该项内控设计有效		20	CVT15.5－1	该项内控运行有效			
R15.5－2	公司未统一办理充值加油卡，可能导致司机伪造加油记录，造成公司资金损失	CA15.5－2	每台车都设有固定加油卡，驾驶员要到指定的加油站加油；驾驶员出差前应将车辆加满油，如需在外地加油必须经车辆管理员同意并经用车人证明后方可报销	该项内控设计有效		1	CVT15.5－2	该项内控运行有效			
R15.5－3	公司没有针对每辆车分别建立车辆管理档案，包括行驶里程、耗油量、维修费台账等，纳入司机的考核范围，可能导致车辆使用成本提升，对司机的考核失去绩效作用等风险	CA15.5－3	每台车辆必须建立“车辆行驶记录表”记录用车情况，并跟踪统计各项费用支出情况，由驾驶员如实填写。车辆管理员不定期进行检查，如发现记录不实、不全者，待确认相关情况属实后，按照有关规定进行严肃处理	该项内控设计有效		3	CVT15.5－3	该项内控运行有效			

续表

风险编号	风险描述	关键控制措施编号	关键控制措施	内控设计评价意见	得分	应抽取样本量	抽样测试底稿编号	内控运行评价意见	得分	改进建议	改进责任岗位
R15. 5 – 4	司机没有注重车辆的日常维修和保养工作，可能导致车辆维修不及时和养护不到位，造成车辆提前报废的风险	CA15. 5 – 4	车辆日常保养由专职驾驶员负责，公司车辆原则上统一安排到各品牌4S店维修；公司车辆统一交由指定的清洁公司保养清洁	该项内控设计有效		2	CVT15. 5 – 4	该项内控运行有效			
R15. 5 – 5	车辆的维修、保养未经审批，可能导致司机和维修点相互串通，损害公司利益等风险	CA15. 5 – 5	车辆日常保养由专职驾驶员负责，车辆维修由驾驶员提出申请，经车辆管理员审查、综合事务部部长审核，报主管领导审批	该项内控设计有效		2	CVT15. 5 – 5	该项内控运行有效			
R15. 5 – 6	对车辆维修和养护的维修点未进行定点规定，可能导致维修成本变化不定风险	CA15. 5 – 6	公司车辆统一交由指定的清洁公司保养清洁，如驾驶员因出差需在外地洗车，须经车辆管理员同意后方可报销	该项内控设计有效		1	CVT15. 5 – 6	未发生			

R16.1　信息系统规划管理

一级流程名称：16. 信息系统　　内控评价实施部门：审计监察部　　内控评价底稿编号：R16.1

内控评价时间：2015.9.2　　二级流程名称：信息系统规划管理　　评价人：王晓雷　　复核人：王士民

风险编号	风险描述	关键控制措施编号	关键控制措施	内控设计评价意见	得分	应抽取样本量	抽样测试底稿编号	内控运行评价意见	得分	改进建议	改进责任岗位
R16.1－1	信息系统缺乏或规划不合理，造成信息孤岛或重复建设，可能导致企业经营管理效率低下	CA16.1－1	综合事务部负责编制信息化发展总体规划，报粤高速审批	该项内控设计有效		1	CVT16.1－1	该项内控运行有效			
R16.1－2	信息系统规划未经过科学论证和充分讨论，形成的可行性报告不深入、不客观或不完整，可能导致信息系统规划决策质量不高	CA16.1－2	各部门、各单位在编制信息化工作年度计划时应以粤高速信息化建设规划及本单位的信息化建设规划为依据，结合经营模式创新、业务创新、管理创新，考虑到行业的发展趋势	该项内控设计有效		1	CVT16.1－2	该项内控运行有效			
R16.1－3	信息系统规划未按照公司审批程序审批，可能导致信息系统规划不具备执行效力	CA16.1－3	粤高速各部门、直属各单位每年第四季度应编制次年的信息化工作计划上报粤高速综合事务部，经粤高速审批后于次年第一季度下达信息化工作年度计划由各部门、各单位执行	该项内控设计有效		1	CVT16.1－3	该项内控运行有效			

续表

风险编号	风险描述	关键控制措施编号	关键控制措施	内控设计评价意见	得分	应抽取样本量	抽样测试底稿编号	内控运行评价意见	得分	改进建议	改进责任岗位
R16.1－4	公司未指定专门机构对信息系统建设实施归口管理，相关部门的信息系统职责权限不明确，造成信息系统规划管理组织混乱或重复建设，可能导致企业信息系统效率低下	CA16.1－4	在粤高速董事会的领导下，成立粤高速信息化工作领导小组、粤高速综合事务部，作为信息化工作具体组织实施的管理机构	该项内控设计有效		1	CVT16.1－4	该项内控运行有效			
R16.1－5	信息系统规划未进行适当分解，形成年度计划和信息系统预算，可能导致信息系统规划流于形式或未得到按期执行	CA16.1－5	各职能部门根据信息化发展总体规划，制订本部门本专业的信息化年度工作计划。信息化建设项目和设备采购在实施前必须确定相关项目预算和制定具体实施方案与计划，并向粤高速办理项目立项审批或备案	该项内控设计有效		1	CVT16.1－5	该项内控运行有效			

续表

风险编号	风险描述	关键控制措施编号	关键控制措施	内控设计评价意见	得分	应抽取样本量	抽样测试底稿编号	内控运行评价意见	得分	改进建议	改进责任岗位
R16.1－6	信息系统规划未进行定期评估，使得影响信息系统规划的内外部条件已经发生根本性改变而未得到及时识别，可能导致信息系统规划不具备可行性，造成资源浪费或影响规划质量、实现进度	CA16.1－6	粤高速综合事务部定期开展对直属单位的信息化工作的考核评价，考核结果逐步运用到粤高速的经营考核体系，信息化工作考核主要包括信息化工作机制、信息化规划制定及执行情况、信息化工作计划执行情况等	该项内控设计有效		1	CVT16.1－6	未执行		因该项控制措施两年没有执行，建议公司考虑该项控制措施的可行性与相关风险承受度的关系，若可承担该项风险后果，则在制度条款中取消该项控制措施	综合事务部

R16.2　信息系统开发管理

一级流程名称：16. 信息系统　　内控评价实施部门：审计监察部　　内控评价底稿编号：R16.2

内控评价时间：2015.9.2　　二级流程名称：信息系统开发管理　　评价人：王晓雷　　复核人：王士民

风险编号	风险描述	关键控制措施编号	关键控制措施	内控设计评价意见	得分	应抽取样本量	抽样测试底稿编号	内控运行评价意见	得分	改进建议	改进责任岗位
R16.2－1	无信息系统建设方案或信息系统建设方案不完整，未明确建设目标、人员配备、职责分工、经费保障和进度安排等相关内容，可能导致系统建设失败或建设效率低	CA16.2－1	项目组应为系统构建提供详细方案设计	该项内控设计有效		1	CVT16.2－1	未发生			
R16.2－2	信息系统建设方案未按公司确定的程序审批，可能导致信息系统建设方案不合理或不具备执行效力	CA16.2－2	对形成的信息系统建设方案，项目组应组织相关人员对方案设计进行评审，通过后方可进行系统构建	该项内控设计有效		1	CVT16.2－2	未发生			
R16.2－3	内部业务各单位提出信息系统开发需求和关键控制点不明确，可能导致信息系统未能满足业务操作和管理需要，影响工作效率与效果	CA16.2－3	项目组根据合同要求，通过详细全面的需求调研，以获得项目组一致认可的最终系统需求，项目组应组织相关人员对需求进行评审，以保证构建的系统完全满足项目业主的需求	该项内控设计有效		1	CVT16.2－3	未发生			

续表

风险编号	风险描述	关键控制措施编号	关键控制措施	内控设计评价意见	得分	应抽取样本量	抽样测试底稿编号	内控运行评价意见	得分	改进建议	改进责任岗位
R16.2－4	未进行市场调研及系统开发商的比选，可能导致系统开发成本上升或系统开发商不具备系统开发能力，系统开发达不到预期目标	CA16.2－4	对供应商的选择，应经过系统的评选，对供应商进行考核，考核指标主要包括：产品质量水平、服务质量水平、进度保障水平、知识转移质量、变更事件应对能力、满意度等。形成供应商考核表	该项内控设计有效		1	CVT16.2－4	未发生			
R16.2－5	系统开发的程序设计不合理，将不相容职责的处理权限授予同一用户，可能导致用户系统作业舞弊	CA16.2－5	信息化项目建设管理主要包括项目立项、项目招标和项目开发等，在招标文件中，包括方案设计，主要包含数据库、应用模块、代码、输入、输出设计等，经过严格的招投标程序，以保证系统开发的有效性	该项内控设计有效		1	CVT16.2－5	未发生			
R16.2－6	不同数据的输入方式，未考虑对进入系统的数据设置检查校验功能和独立复核，使得不合规或错误的数据进入系统，可能导致系统输出错误	CA16.2－6	信息化项目建设管理主要包括项目立项、项目招标和项目开发等，在招标文件中，包括方案设计，主要包含数据库、应用模块、代码、输入、输出设计等，经过严格的招投标程序，以保证系统开发的有效性	该项内控设计有效		1	CVT16.2－6	未发生			

续表

风险编号	风险描述	关键控制措施编号	关键控制措施	内控设计评价意见	得分	应抽取样本量	抽样测试底稿编号	内控运行评价意见	得分	改进建议	改进责任岗位
R16.2－7	对于必需的后台操作，未建立规范的流程制度，对操作情况进行监控或者审计，可能导致后台操作绕开系统控制，违背内部控制要求，出现操作错误或系统舞弊	CA16.2－7	各单位应对公众外网进行有效管理与监控，其中包括：上网实时监控、互联网行为审计、上网情况统计分析、网络访问策略控制、宽带管理等	该项内控设计有效		1	CVT16.2－7	未发生			
R16.2－8	信息系统中未设置操作日志功能，系统操作不具有可审计性。对异常的或者违背内部控制要求的交易和数据，未设计由系统自动报告并设置跟踪处理机制，可能导致不当或非法系统操作绕开系统控制，违背内部控制要求，出现操作错误或系统舞弊	CA16.2－8	信息化项目建设管理主要包括项目立项、项目招标和项目开发等，在招标文件中，包括方案设计，主要包含数据库，应用模块、代码，输入、输出设计等，经过严格的招投标程序，以保证系统开发的有效性	该项内控设计有效		1	CVT16.2－8	未发生			
R16.2－9	信息系统归口管理部门未进行信息系统开发全过程的跟踪管理，开发单位与内部各单位沟通不畅，开发过程失去监控，可能导致系统开发过程不顺利，或延误开发进度	CA16.2－9	项目组应制订详细的项目计划，严格跟踪、衡量和评估项目状态，管理问题和需求变更，定期编写项目进度报告	该项内控设计有效		1	CVT16.2－9	未发生			

续表

风险编号	风险描述	关键控制措施编号	关键控制措施	内控设计评价意见	得分	应抽取样本量	抽样测试底稿编号	内控运行评价意见	得分	改进建议	改进责任岗位
R16.2-10	系统上线各项准备工作不充分，业务操作和系统管理人员培训不到位，未制订科学的上线计划和新旧系统转换方案，未考虑应急预案，可能导致应用系统实施上线失败，影响业务运营	CA16.2-10	系统上线前，项目组应制定详尽的上线投产方案，制定完善的系统培训推广方案，对最终用户和管理员进行培训	该项内控设计有效		1	CVT16.2-10	未发生			
R16.2-11	系统数据迁移，未制定详细的数据迁移计划并按公司规定的程序审批，可能导致数据迁移失败，系统数据丢失	CA16.2-11	系统构建应有详细的、可操作的数据迁移方案、初始化操作明细方案	该项内控设计有效		1	CVT16.2-11	未发生			

R16.3　信息系统安全管理

一级流程名称：16. 信息系统　　内控评价实施部门：审计监察部　　内控评价底稿编号：R16.3

内控评价时间：2015.9.2　　二级流程名称：信息系统安全管理　　评价人：王晓雷　　复核人：王士民

风险编号	风险描述	关键控制措施编号	关键控制措施	内控设计评价意见	得分	应抽取样本量	抽样测试底稿编号	内控运行评价意见	得分	改进建议	改进责任岗位
R16.3-1	系统运行维护和安全措施不到位，可能导致信息泄露或受损，使系统无法正常运行	CA16.3-1	粤高速计算机信息安全管理工作实行领导负责制，由分管保密工作和信息化工作领导负责统筹计算机信息安全管理工作。粤高速保密委员会办公室与信息化管理机构共同配合做好计算机信息安全管理，负责指导、检查、监督直属各单位计算机信息安全管理工作	该项内控设计有效		1	CVT16.3-1	该项内控运行有效			
R16.3-2	公司未制定信息系统工作程序、信息管理制度以及各模块子系统的具体操作规范，使得系统操作、系统管理不规范，可能导致系统管理工作混乱，系统操作失误，影响系统工作效率与效果	CA16.3-2	为加强公司计算机信息安全管理工作，规范操作流程，明确岗位职责，确保计算机信息系统的安全，公司制定了信息系统安全管理制度	该项内控设计有效		1	CVT16.3-2	该项内控运行有效			

续表

风险编号	风险描述	关键控制措施编号	关键控制措施	内控设计评价意见	得分	应抽取样本量	抽样测试底稿编号	内控运行评价意见	得分	改进建议	改进责任岗位
R16.3－3	未制定信息系统变更管理流程，信息系统操作人员擅自进行系统软件的删除、修改等操作；擅自升级、改变系统软件版本；擅自改变软件系统环境配置，系统变更管理混乱，可能导致系统程序遭到破坏或系统数据丢失	CA16.3－3	系统需求评审通过后，原则上不允许变更。如果有变更，应认真评估变更对项目带来的影响，形成项目组一致认可的需求变更文档	该项内控设计有效		1	CVT16.3－3	未发生			
R16.3－4	企业未制定相应的安全保障预案，可能导致系统遇到突发事件，未能进行合理应对，影响系统安全运行和业务开展	CA16.3－4	计算机信息安全管理主要包括建立完善信息安全组织、标准及制度，实施信息安全技术保障手段，制定重大信息安全事故的应急预案	该项内控设计有效		1	CVT16.3－4	该项内控运行有效			
R16.3－5	公司未建立不同等级信息的授权使用制度，使得未经授权获取、使用机密信息，可能导致系统信息泄密，损害公司利益	CA16.3－5	应对应用系统设置相关的安全访问策略，非授权的用户不能访问应用系统的相关资源，访问控制至少为模块级	该项内控设计有效		1	CVT16.3－5	该项内控运行有效			

续表

风险编号	风险描述	关键控制措施编号	关键控制措施	内控设计评价意见	得分	应抽取样本量	抽样测试底稿编号	内控运行评价意见	得分	改进建议	改进责任岗位
R16.3－6	公司未建立系统安全保密与泄密追究制度，可能导致系统接触人员未能对数据保密，公司机密数据外泄，损害公司利益	CA16.3－6	各单位必须保护好本单位和集团公司相关的主机及应用系统有保密要求的信息，不得擅自复制抄录和对外泄露	该项内控设计有效		1	CVT16.3－6	该项内控运行有效			
R16.3－7	委托专业机构进行系统运行与维护管理的，未审查该机构的资质，未与其签订服务合同和保密协议，可能导致该机构的资质达不到要求，或其泄露公司秘密而未受到约束和惩罚，损害公司利益	CA16.3－7	运维外包商主要选择交通系统内主流服务提供商	该项内控设计有效		1	CVT16.3－7	该项内控运行有效			
R16.3－8	系统中未安装有效安全软件或采取有效措施防范系统受到病毒等恶意软件的感染和破坏，可能导致系统无法持续稳定运行，影响公司日常经营活动	CA16.3－8	应在主机操作系统中安装防病毒系统，并定期对服务器主机进行恶意代码查杀，并实时更新病毒库	该项内控设计有效		0	CVT16.3－8	该项内控运行有效			

续表

风险编号	风险描述	关键控制措施编号	关键控制措施	内控设计评价意见	得分	应抽取样本量	抽样测试底稿编号	内控运行评价意见	得分	改进建议	改进责任岗位
R16. 3 - 9	公司未建立用户管理制度，未对重要业务系统进行访问权限管理，未定期审阅系统账号，使得授权不当或存在非法授权账号，不相容职务用户账号的交叉操作，可能导致系统信息被非法访问、泄密或恶意篡改，损害公司利益	CA16. 3 - 9	所有用户访问服务器资源时都应通过相对应的安全接入系统进行安全授权和管理，对所有终端计算机只开放所需的最小权限	该项内控设计有效		1	CVT16. 3 - 9	该项内控运行有效			
R16. 3 - 10	对于发生岗位变化或离岗的系统相关用户，未能及时调整、取消系统中账号的访问权限，可能导致数据被非法更改、利用或泄露	CA16. 3 - 10	人员离岗时，应回收相关用户身份鉴别信息，并调整相应用户权限	该项内控设计有效		1	CVT16. 3 - 10	该项内控运行有效			
R16. 3 - 11	未利用防火墙、路由器等网络设备，漏洞扫描、入侵检测等软件技术以及远程访问安全策略等手段，不能有效防范来自网络的攻击和非法侵入，可能导致系统信息被非法访问、泄密或恶意篡改，损害公司利益	CA16. 3 - 11	在业务外网边界处应部署网络防火墙、入侵防御、防病毒网关等安全设备，并制定细致的安全访问策略，原则上禁止互联网自由访问业务外网	该项内控设计有效		0	CVT16. 3 - 11	该项内控运行有效			

续表

风险编号	风险描述	关键控制措施编号	关键控制措施	内控设计评价意见	得分	应抽取样本量	抽样测试底稿编号	内控运行评价意见	得分	改进建议	改进责任岗位
R16.3－12	对于通过网络传输的涉密或关键数据，未采取加密措施，不能确保信息传递的保密性、准确性和完整性，可能导致机密信息或关键数据泄密，被非授权用户获取或丢失	CA16.3－12	公司应对敏感信息采取加密存储，不得在远程办公的相关终端设备上保存敏感信息	该项内控设计有效		0	CVT16.3－12	未发生			
R16.3－13	企业未建立系统数据定期备份制度，未明确备份范围、频度、方法、责任人、存放地点、有效性检查等内容，使得系统数据遇到故障、突发事件时，可能导致数据丢失或数据毁坏	CA16.3－13	各单位应制定本单位重要数据的备份与恢复方案，其中对备份内容、备份范围、备份方式和频率做了详细的规定	该项内控设计有效		2	CVT16.3－13	该项内控运行有效			
R16.3－14	公司未能对服务器等关键系统硬件设备建立良好的物理环境并指定专人日常负责，未经授权可随意进出设备存放地或触摸系统关键设备，可能导致无法有效防范设备出现异常，遭遇人为损坏、破坏而不能运行，影响公司日常经营	CA16.3－14	公司为保障信息系统的安全，制定了物理安全管理制度，对机房的防震、防干磁，机房环境的温度、湿度等做了一系列规定	该项内控设计有效		1	CVT16.3－14	该项内控运行有效			

续表

风险编号	风险描述	关键控制措施编号	关键控制措施	内控设计评价意见	得分	应抽取样本量	抽样测试底稿编号	内控运行评价意见	得分	改进建议	改进责任岗位
R16.3－15	公司《信息化管理办法》未规定信息系统UPS电池需要定期测试	CA16.3－15	机房应配备UPS设备，以保证机房设备的电源能在发生断电的情况下维持机房所有设备的电源供应。对UPS进行定期测试，并保留测试记录	该项内控设计有效		1	CVT16.3－15	该项内控运行有效			
R16.3－16	公司《信息化管理办法》未规定对信息系统备份资料进行定期测试	CA16.3－16	各单位应制定本单位重要数据的备份与恢复方案，并建立相应的备份与恢复系统，备份资料进行定期测试，并保留测试记录	该项内控设计有效		2	CVT16.3－16	该项内控运行有效			
R16.3－17	公司《信息化管理办法》未对员工信息系统授权程序进行明确规定；员工离职或岗位变动后，方对其信息系统账户进行冻结或变更管理，可能导致冻结或变更管理滞后	CA16.3－17	人员离岗时，应回收相关用户身份鉴别信息，并调整相应用户权限	该项内控设计有效		0	CVT16.3－17	该项内控运行有效			
R16.3－18	机房管理人员机房巡查未能形成巡查记录，难以判断是否进行了巡查	CA16.3－18	定期对机房进行巡检，并将巡检结果记录在案	该项内控设计有效		1	CVT16.3－18	该项内控运行有效			

续表

风险编号	风险描述	关键控制措施编号	关键控制措施	内控设计评价意见	得分	应抽取样本量	抽样测试底稿编号	内控运行评价意见	得分	改进建议	改进责任岗位
R16.3－19	外来人员进出机房未进行登记	CA16.3－19	应对进出机房人员进行管理。禁止未经批准的人员进入机房，外来人员进出机房应办理登记手续，并由专业管理人员陪同	该项内控设计有效		1	CVT16.3－19	该项内控运行有效			
R16.3－20	关键业务的信息系统运行存在中断现象，影响业务正常进行	CA16.3－20	各单位应制定本单位重要数据的恢复方案，并建立相应的恢复系统，当出现信息丢失、错误或出现系统故障时应及时进行信息和系统恢复工作，以保证各计算机信息和网络系统的正常运行	该项内控设计有效		2	CVT16.3－20	该项内控运行有效			
R16.3－21	受实施新的集团财务信息系统与原有财务系统之间的安全性无法有效对接，可能造成财务信息系统数据准确性下降和安全风险增加	CA16.3－21	系统上线前应对应用系统代码进行安全漏洞检测，识别可能存在的恶意代码，存在安全漏洞的应用系统不得上线	该项内控设计有效		1	CVT16.3－21	该项内控运行有效			

续表

风险编号	风险描述	关键控制措施编号	关键控制措施	内控设计评价意见	得分	应抽取样本量	抽样测试底稿编号	内控运行评价意见	得分	改进建议	改进责任岗位
R16.3-22	信息系统可能遭受病毒、黑客攻击，以及计算机防控病毒软件不能及时更新，可能造成关键数据泄露或损坏	CA16.3-22	在业务外网边界处应部署网络防火墙、入侵防御、防病毒网关等安全设备，并制定细致的安全访问策略，原则上禁止互联网自由访问业务外网	该项内控设计有效		0	CVT16.3-22	该项内控运行有效			
R16.3-23	信息系统备份、备灾等突发应急预案及计划缺失或执行演练不到位，导致问题一旦发生时无法恢复重要数据	CA16.3-23	计算机信息安全管理主要包括建立完善信息安全组织、标准及制度，实施信息安全技术保障手段，制定重大信息安全事故的应急预案，开展信息安全教育与培训	该项内控设计有效		1	CVT16.3-23	该项内控运行有效			

R17.1　突发事件管理

一级流程名称：17. 突发事件管理　　内控评价实施部门：审计监察部　　内控评价底稿编号：R17.1

内控评价时间：2015.9.2　　二级流程名称：突发事件管理　　评价人：王晓雷　　复核人：王士民

风险编号	风险描述	关键控制措施编号	关键控制措施	内控设计评价意见	得分	应抽取样本量	抽样测试底稿编号	内控运行评价意见	得分	改进建议	改进责任岗位
R17.1－1	公司重大事件应急管理不符合国家有关法律、法规及公司有关规章制度的要求，可能引起法律风险，外部处罚，导致经济损失和信誉损失	CA17.1－1	公司依据《中华人民共和国公司法》、《中华人民共和国突发事件应对法》、《国家突发公共事件总体应急预案》、交通运输部《公路交通突发事件应急预案》，结合粤高速实际，制定了《突发事件应急管理办法》	该项内控设计有效		1	CVT17.1－1	该项内控运行有效			
R17.1－2	公司未制定突发事件管理制度，无归口部门负责应急管理，可能导致未能有效预防突发事件	CA17.1－2	突发事件应急管理领导小组是突发事件应急的最高领导机构，负责突发事件的应急管理工作；应急领导小组的办事机构为应急管理办公室，设在综合事务部，履行应急管理日常工作、信息汇总和综合协调的职责；应急领导小组下设五个专项应急指挥部；各类突发事件应急处理的工作机构设在直属企业	该项内控设计有效		1	CVT17.1－2	该项内控运行有效			

续表

风险编号	风险描述	关键控制措施编号	关键控制措施	内控设计评价意见	得分	应抽取样本量	抽样测试底稿编号	内控运行评价意见	得分	改进建议	改进责任岗位
R17.1－3	公司不能及时提供有效应对措施，造成重大人员伤亡、财产损失、生态环境破坏和严重社会危害，危及公司安全及公共安全	CA17.1－3	突发事件发生后，启动高级别的应急预案时，低级别的应急预案同时启动。有关单位应制定和落实具体行动方案	该项内控设计有效		1整套资料	CVT17.1－3	该项内控运行有效			
R17.1－4	无应急管理体系和应急预案，可能导致发生突发事件时未能做出有效反应，造成人员伤亡和财产损失	CA17.1－4	公司要建立“横向到边，纵向到底”的应急预案体系。横向预案体系是指各类各种可能突发事件的预案集合。纵向预案体系是指按照垂直管理的要求，对同一种突发事件，粤高速、直属企业都要制定相应预案	该项内控设计有效		1	CVT17.1－4	该项内控运行有效			
R17.1－5	应急措施和程序安排不当，导致公司成本加大，解决问题效率低下，影响公司的正常生产经营	CA17.1－5	突发事件发生后，启动高级别的应急预案时，低级别的应急预案同时启动。有关单位应制定和落实具体行动方案	该项内控设计有效		1	CVT17.1－5	该项内控运行有效			
R17.1－6	日常生产中未能对应急预案进行演练并评审，可能导致预案难以执行，突发事故时人员未能及时做出救援反应	CA17.1－6	公司各级应急管理办公室每两年组织一次应急预案的演练，检验各类预案的实操性和执行力，及时解决演练中暴露的问题和不足，完善预案	该项内控设计有效		1	CVT17.1－6	该项内控运行有效			

续表

风险编号	风险描述	关键控制措施编号	关键控制措施	内控设计评价意见	得分	应抽取样本量	抽样测试底稿编号	内控运行评价意见	得分	改进建议	改进责任岗位
R17.1－7	未能定期对危险源进行检查、监控，可能导致突发事件发生	CA17.1－7	加强对重大危险源、重大事故隐患和重点要害部位的动态监控，做好突发事件的预测与预警工作	该项内控设计有效		1	CVT17.1－7	该项内控运行有效			
R17.1－8	突发事件发生后，未能按突发事件管理制度的要求进行处置，可能导致突发事件损失难以控制	CA17.1－8	突发事件应急处置工作实行领导负责制和责任追究制度	该项内控设计有效		1	CVT17.1－8	该项内控运行有效			
R17.1－9	发生突发事件时，未能对信息进行有效控制，可能导致公司声誉、经济利益受损	CA17.1－9	突发事件的信息发布严格按照《广东省交通集团有限公司新闻宣传工作管理规定（试行）》的有关规定执行	该项内控设计有效		1	CVT17.1－9	该项内控运行有效			
R17.1－10	突发事件处置完成后，未能形成书面总结，可能导致未能总结经验，进行责任追究	CA17.1－10	突发事件应急解除后，各相关单位应及时对突发事件造成的损失进行评估，总结应急工作，尽快恢复正常生产经营秩序	该项内控设计有效		1	CVT17.1－10	该项内控运行有效			
R17.1－11	对于高速公路突发事件（如冻雪、冻雨和交通事故等自然灾害和人为灾害等），善后处理及媒体报道应对不当，对公司声誉造成损害	CA17.1－11	突发事件发生后，粤高速直属单位必须积极、主动、妥善处理公共关系，负责接受公众咨询，接待、安抚事件受影响和波及的相关各方	该项内控设计有效		1	CVT17.1－11	该项内控运行有效			

R18.1 关联方管理

一级流程名称：18. 关联方管理　　内控评价实施部门：审计监察部　　内控评价底稿编号：R18.1

内控评价时间：2015.9.2　　二级流程名称：关联方管理　　评价人：王晓雷　　复核人：王士民

风险编号	风险描述	关键控制措施编号	关键控制措施	内控设计评价意见	得分	应抽取样本量	抽样测试底稿编号	内控运行评价意见	得分	改进建议	改进责任岗位
R18.1-1	公司未制定关联交易管理制度，可能导致关联方交易条款不公允，损害其他股东利益	CA18.1-1	为加强公司对关联交易的管理，维护公司所有股东的合法利益，制定关联方管理制度	该项内控设计有效		1	CVT18.1-1	该项内控运行有效			
R18.1-2	关联交易违反国家法律法规，可能使企业遭受外部处罚、经济损失和信誉损失	CA18.1-2	关联交易应该依据《中华人民共和国公司法》、《中华人民共和国证券法》等法律、法规及《深圳证券交易所股票上市规则》（以下简称《上市规则》）和《公司章程》有关规定进行	该项内控设计有效		1	CVT18.1-2	未发生			
R18.1-3	公司未能准确、及时识别关联方，可能导致关联方交易未被识别，交易条款不公允，损害其他股东利益	CA18.1-3	公司关联方包括关联法人和关联自然人，关联关系应从关联方对公司进行控制或影响的具体方式、途径及程度等方面进行实质判断	该项内控设计有效		1	CVT18.1-3	该项内控运行有效			

续表

风险编号	风险描述	关键控制措施编号	关键控制措施	内控设计评价意见	得分	应抽取样本量	抽样测试底稿编号	内控运行评价意见	得分	改进建议	改进责任岗位
R18.1－4	关联交易定价不合理、执行不当，可能导致企业经营效率低下或资产受损	CA18.1－4	关联交易的价格或收费原则应不偏离市场独立第三方的价格或收费的标准。公司应对关联交易的定价依据予以充分披露	该项内控设计有效		2整套资料	CVT18.1－4	该项内控运行有效			
R18.1－5	公司未按公司规定程序履行关联交易的审议程序，或审议程序违反公司制度规定，可能导致关联交易条款不公允，损害其他股东利益	CA18.1－5	公司与关联人发生的金额在3000万元以下，且占公司最近一期经审计净资产绝对值5%以下的关联交易由董事会批准。公司与关联人发生的金额在3000万元以上，且占公司最近一期经审计净资产绝对值5%以上的关联交易，由公司股东大会批准	该项内控设计有效		2	CVT18.1－5	该项内控运行有效			
R18.1－6	关联方界定不准确或关联交易记录不真实、不完整，无法满足财务报告和信息披露的要求	CA18.1－6	《关联交易管理制度》中对关联方有明确的界定	该项内控设计有效		1	CVT18.1－6	该项内控运行有效			
R18.1－7	公司关联方关系、关联方交易披露不符合会计准则、监管法规和公司制度要求，可能给公司造成负面影响或被监管部门处罚	CA18.1－7	公司披露关联交易事项时，应当按深圳证券交易所要求进行信息披露	该项内控设计有效		2	CVT18.1－7	该项内控运行有效			

R19.1 投资者关系管理

一级流程名称：19. 投资者关系与信息披露　　内控评价实施部门：审计监察部　　内控评价底稿编号：R19.1

内控评价时间：2015.9.2　　二级流程名称：投资者关系管理　　评价人：王晓雷　　复核人：王士民

风险编号	风险描述	关键控制措施编号	关键控制措施	内控设计评价意见	得分	应抽取样本量	抽样测试底稿编号	内控运行评价意见	得分	改进建议	改进责任岗位
R19.1－1	公司未制定投资者关系管理的制度，使得投资者关系管理不规范，可能导致公司声誉、利益受损	CA19.1－1	为进一步加强公司与投资者和潜在投资者（以下统称“投资者”）之间的沟通，加深投资者对公司的了解和认同，完善公司治理结构，提升公司的诚信度，制定投资者管理关系制度	该项内控设计有效		1	CVT19.1－1	该项内控运行有效			
R19.1－2	公司未指定专门部门和岗位负责投资者关系管理，使得投资者关系管理权责不明，可能导致公司声誉、利益受损	CA19.1－2	公司指定董事会秘书担任投资者关系管理负责人，证券事务部为承办投资者关系管理的日常工作机构	该项内控设计有效		1	CVT19.1－2	该项内控运行有效			
R19.1－3	公司未建立与投资者沟通的公共渠道，向投资者披露重要信息，使得与投资者沟通不畅，影响与投资者关系，可能导致公司声誉、利益受损	CA19.1－3	公司通过在公司网站开设投资者关系专栏的方式开展投资者关系活动，也可在网站上开设投资者论坛	该项内控设计有效		0	CVT19.1－3	该项内控运行有效			

续表

风险编号	风险描述	关键控制措施编号	关键控制措施	内控设计评价意见	得分	应抽取样本量	抽样测试底稿编号	内控运行评价意见	得分	改进建议	改进责任岗位
R19. 1 －4	在处理日常投资者的来电和来访工作中，接待人员不热情、不友好、不严谨、不耐心，影响与投资者的关系，可能导致公司声誉、利益受损	CA19. 1 －4	公司设立公开电子信箱和专门的投资者咨询电话，回复或解答投资者有关问题。电子邮件管理和咨询电话服务由董事会办公室工作人员负责。如遇重大事件或其他必要时候，公司可开通多部电话回答投资者咨询	该项内控设计有效		2	CVT19. 1 －4	该项内控运行有效			
R19. 1 －5	接待人员事后未将调研提纲及与投资者沟通的材料交证券事务部统一保管，使得与投资者沟通的内容无法追溯，可能导致与投资者沟通的内容得不到检查和监督	CA19. 1 －5	董事会秘书、证券事务代表应当负责建立投资者关系活动档案，包括投资者关系活动参与人员、时间、地点、内容等	该项内控设计有效		2	CVT19. 1 －5	该项内控运行有效			

续表

风险编号	风险描述	关键控制措施编号	关键控制措施	内控设计评价意见	得分	应抽取样本量	抽样测试底稿编号	内控运行评价意见	得分	改进建议	改进责任岗位
R19.1－6	未定期汇总投资者的问题、意见等信息，并传递给董事会秘书、董事及其他相关高级管理人员，可能导致公司高层不了解投资者关心的问题、意见，影响信息披露的准确性	CA19.1－6	公司通过深圳证券交易所的投资者关系互动平台与投资者交流，指派董事会秘书或者授权证券事务代表负责查看互动平台上接收到的投资者提问，依照深圳证券交易所《股票上市规则》等相关规定，根据情况及时处理互动平台的相关信息	该项内控设计有效		2	CVT19.1－6	该项内控运行有效			
R19.1－7	公司在遇到危机事项，未积极采取应对措施，向投资者介绍真实情况，可能导致引起投资者顾虑，影响公司声誉和利益	CA19.1－7	公司可通过召开新闻发布会、投资者恳谈会、网上说明会等方式，帮助更多投资者及时、全面地了解公司已公开的重大信息	该项内控设计有效		1	CVT19.1－7	该项内控运行有效			

R19.2　对外信息披露管理

一级流程名称：19. 投资者关系与信息披露　　内控评价实施部门：审计监察部　　内控评价底稿编号：R19.2
内控评价时间：2015.9.2　　二级流程名称：对外信息披露管理　　评价人：王晓雷　　复核人：王士民

风险编号	风险描述	关键控制措施编号	关键控制措施	内控设计评价意见	得分	应抽取样本量	抽样测试底稿编号	内控运行评价意见	得分	改进建议	改进责任岗位
R19.2－1	公司未制定信息披露管理制度，可能导致公司信息披露混乱，披露信息不符合监管部门的要求，受到监管部门处罚	CA19.2－1	根据《中华人民共和国公司法》、《上市公司信息披露管理办法》、《深圳证券交易所股票上市规则》、《深圳证券交易所主板上市公司规范运作指引》等相关法律、法规，结合本公司实际，制定本制度	该项内控设计有效		1	CVT19.2－1	该项内控运行有效			
R19.2－2	公司未指定岗位作为公司、子公司信息披露的负责人，使得信息披露权责不明确，可能导致信息披露不符合监管部门要求，受到监管部门处罚	CA19.2－2	董事会秘书负责组织和协调公司信息披露事务，证券事务部是具体操作公司信息披露事务的日常工作机构	该项内控设计有效		1	CVT19.2－2	该项内控运行有效			
R19.2－3	公司未真实、准确、完整、及时地披露信息，披露信息有虚假记载、误导性陈述或者重大遗漏，可能导致公司声誉受损，或受到监管部门的处罚	CA19.2－3	公司各部门负责人和各子公司指定的负责人应及时提供和传递本制度所要求的各类信息，并对其所提供和传递信息、资料的真实性、准确性和完整性负责	该项内控设计有效		10	CVT19.2－3	该项内控运行有效			

续表

风险编号	风险描述	关键控制措施编号	关键控制措施	内控设计评价意见	得分	应抽取样本量	抽样测试底稿编号	内控运行评价意见	得分	改进建议	改进责任岗位
R19.2－4	在内幕信息依法披露前，相关知情人公开或者泄露该信息，利用该信息进行内幕交易，而风险责任部门未采取必要的措施预先提醒相关知情人履行保密义务，可能导致其他股东和公司利益受损，或受到监管部门的处罚	CA19.2－4	公司董事会、监事会及其成员、高级管理人员及公司内部信息知情人士对未公开披露的信息负有保密义务	该项内控设计有效		1	CVT19.2－4	该项内控运行有效			
R19.2－5	信息披露义务人在公司网站及其他媒体发布信息的时间先于监管部门指定媒体，可能导致受到监管部门的处罚	CA19.2－5	公司披露的信息在公司网站及其他媒体发布信息的时间不得先于指定媒体	该项内控设计有效		1	CVT19.2－5	该项内控运行有效			
R19.2－6	公司以定期报告形式代替应当履行的临时报告义务，不符合信息披露要求，可能导致公司受到监管部门的处罚	CA19.2－6	证券事务部依重大事件的实际情况，组织临时报告的草拟	该项内控设计有效		1	CVT19.2－6	该项内控运行有效			
R19.2－7	信息披露文件格式不规范，或披露文字不符合要求，可能导致被监管部门退回或处罚	CA19.2－7	公司应披露信息的披露标准及编制格式，按照《深圳证券交易所股票上市规则》和《上市公司信息披露管理办法》的相关规定执行	该项内控设计有效		10	CVT19.2－7	该项内控运行有效			

续表

风险编号	风险描述	关键控制措施编号	关键控制措施	内控设计评价意见	得分	应抽取样本量	抽样测试底稿编号	内控运行评价意见	得分	改进建议	改进责任岗位
R19.2－8	公司所披露的信息未经公司制度规定的程序审议、签字确认或出具书面审核意见，使得所披露的信息不真实、不准确、不完整，不具备法律效率，可能导致公司声誉、形象受损或受到监管部门的处罚	CA19.2－8	公司总经理、总会计师、董事会秘书等高级管理人员负责编制公司定期报告草案；董事长负责召集和主持董事会会议审议定期报告，并签发审核通过的定期报告；董事和高级管理人员签署书面确认意见	该项内控设计有效		2	CVT19.2－8	该项内控运行有效			
R19.2－9	公司未及时披露应披露的信息，包括定期报告、临时报告、内部控制自我评估报告等，可能导致公司股价发生波动，声誉、形象受损或受到监管部门的处罚	CA19.2－9	公司披露的信息应在相关法律、法规及其他规范性文件规定的时间内完成	该项内控设计有效		1	CVT19.2－9	该项内控运行有效			
R19.2－10	公司披露信息应包括的内容不完整，可能导致公司受到监管部门的处罚	CA19.2－10	公司披露的信息不应有任何可能产生误导的重大遗漏	该项内控设计有效		10	CVT19.2－10	该项内控运行有效			

续表

风险编号	风险描述	关键控制措施编号	关键控制措施	内控设计评价意见	得分	应抽取样本量	抽样测试底稿编号	内控运行评价意见	得分	改进建议	改进责任岗位
R19.2－11	信息披露主办人员及内部信息管理提供部门主办人员未能充分履行审核职责，造成强制信息披露公告发生错误和遗漏，影响公司资本市场形象	CA19.2－11	董事长负责召集和主持董事会会议审议定期报告，并签发审核通过的定期报告；董事和高级管理人员签署书面确认意见	该项内控设计有效		2	CVT19.2－11	该项内控运行有效			
R19.2－12	公司未给予信息披露失职人员适当的处罚或未向其提出适当的赔偿要求，可能导致再次出现类似违反信息披露的事件，影响公司声誉，损害公司经济利益，或受到监管部门的处罚	CA19.2－12	当出现失职行为时，视情节轻重给予该责任人批评、警告，直至解除其职务的处分，还应按照中国证监会、深圳证券交易所相关规定的要求逐项如实披露更正、补充或修正的原因及影响，并披露董事会对有关责任人采取的问责措施及处理结果	该项内控设计有效		1	CVT19.2－12	未发生			
R19.2－13	公司对信息披露的相关文件未进行存档，可能导致信息披露的档案资料不全，无法进行事后检查、审计或不利于信息资料保管	CA19.2－13	公司对外披露信息的文件由证券事务部负责管理。股东大会文件、董事会会议文件、监事会文件、信息披露文件分类存档保管	该项内控设计有效		10	CVT19.2－13	该项内控运行有效			

续表

风险编号	风险描述	关键控制措施编号	关键控制措施	内控设计评价意见	得分	应抽取样本量	抽样测试底稿编号	内控运行评价意见	得分	改进建议	改进责任岗位
R19.2－14	控股子公司发生应进行披露的事件而未及时完成报告和披露的，可能导致公司信息披露不符合监管部门要求，而受到监管部门的处罚	CA19.2－14	各子公司指定的负责人应及时提供和传递本制度所要求的各类信息	该项内控设计有效		10	CVT19.2－14	该项内控运行有效			
R19.2－15	信息披露违反国家法律、法规和相关监管机构的要求，可能使企业遭受外部处罚及名誉损失	CA19.2－15	根据《中华人民共和国公司法》、《上市公司信息披露管理办法》、《深圳证券交易所股票上市规则》、《深圳证券交易所主板上市公司规范运作指引》等相关法律规范性文件及本公司章程的有关规定，进行信息披露	该项内控设计有效		1	CVT19.2－15	该项内控运行有效			
R19.2－16	信息披露管理出现漏洞，可能造成披露错误或披露不及时，损害投资者合法权益	CA19.2－16	监事应当对公司董事、高级管理人员履行信息披露职责的行为进行监督；关注公司信息披露情况，发现信息披露存在违法违规问题的，应当进行调查并提出处理建议	该项内控设计有效		1	CVT19.2－16	该项内控运行有效			

R19.3 内部信息沟通管理

一级流程名称：19. 投资者关系与信息披露　　内控评价实施部门：审计监察部　　内控评价底稿编号：R19.3

内控评价时间：2015.9.2　　二级流程名称：内部信息沟通管理　　评价人：王晓雷　　复核人：王士民

风险编号	风险描述	关键控制措施编号	关键控制措施	内控设计评价意见	得分	应抽取样本量	抽样测试底稿编号	内控运行评价意见	得分	改进建议	改进责任岗位
R19.3－1	内部重大信息传递不通畅、不及时，可能导致决策失误、相关政策措施难以落实	CA19.3－1	报告责任人应明确重要事项的具体业务经办人员，于确定事项发生或拟发生当日向董事会秘书报告	该项内控设计有效		1	CVT19.3－1	该项内控运行有效			
R19.3－2	内部重大信息传递中泄露商业秘密，可能削弱企业核心竞争力	CA19.3－2	重大信息内部报告责任人及其他知情人员在信息披露前，应当将该信息的知情者控制在最小范围内，不得泄露公司的内幕信息，不得进行内幕交易或配合他人操纵股票交易价格	该项内控设计有效		1	CVT19.3－2	该项内控运行有效			
R19.3－3	企业未制定内部报告流程，使得内部报告程序混乱，可能导致内部控制信息传递效率低或传递错误	CA19.3－3	报告责任人应明确重要事项的具体业务经办人员，于确定事项发生或拟发生当日向董事会秘书报告	该项内控设计有效		1	CVT19.3－3	未发生			

续表

风险编号	风险描述	关键控制措施编号	关键控制措施	内控设计评价意见	得分	应抽取样本量	抽样测试底稿编号	内控运行评价意见	得分	改进建议	改进责任岗位
R19.3－4	企业内部未指定专人负责内部报告工作，使得内部报告岗位职责权限不明确，可能导致内部信息传递效率低或传递错误	CA19.3－4	公司各部门重大信息报告责任人为本部门部长，直属公司重大信息报告责任人为直属公司总经理，参股公司重大信息报告责任人为公司外派高管人员	该项内控设计有效		1	CVT19.3－4	该项内控运行有效			
R19.3－5	企业未建立内部重大信息报告制度，内部报告信息质量得不到保证，可能导致传递的内部信息不准确、不完整，甚至是错误的	CA19.3－5	相关重大信息内部报告责任人将重大信息内部报告及相关资料提交董事会秘书进行审核、评估	该项内控设计有效		1	CVT19.3－5	该项内控运行有效			
R19.3－6	企业未制定严格的内部重大信息保密制度，可能导致内部信息泄密，损害公司利益	CA19.3－6	重大信息内部报告责任人及其他知情人员在信息披露前，应当将该信息的知情者控制在最小范围内，不得泄露公司的内幕信息，不得进行内幕交易或配合他人操纵股票交易价格	该项内控设计有效		1	CVT19.3－6	该项内控运行有效			

R20.1　子公司管理

一级流程名称：20. 子公司管理　　内控评价实施部门：审计监察部　　内控评价底稿编号：R20.1

内控评价时间：2015.9.2　　二级流程名称：子公司管理　　评价人：王晓雷　　复核人：王士民

风险编号	风险描述	关键控制措施编号	关键控制措施	内控设计评价意见	得分	应抽取样本量	抽样测试底稿编号	内控运行评价意见	得分	改进建议	改进责任岗位
R20.1－1	公司未制定对子公司的控制政策及程序，使得公司对子公司的管理原则不清晰、管理职能交叉，可能导致对子公司管理混乱，管理效率低下或缺乏管理	CA20.1－1	为加强公司对子公司的管理，维护公司和全体投资者利益，公司制定了子公司管理办法	该项内控设计有效		1	CVT20.1－1	该项内控运行有效			
R20.1－2	未明确向控股子公司委派的董事、监事及重要高级管理人员的选任方式和职责权限等，可能导致对子公司的管理控制政策未得到落实	CA20.1－2	外派管理人员的选派由公司党政联席会议决定，外派兼职监事每季度负责定期审阅由粤高速外派所在参控股公司高级管理人员提供的专项报告，并做好审阅记录，进行年度综合监督检查并向粤高速提交年度综合报告	该项内控设计有效		3	CVT20.1－2	该项内控运行有效			
R20.1－3	参控股公司派出人员的日常监管，各相关业务部门之间职责不清晰且缺乏系统和有效的协同管控措施和手段，可能造成管理失误，影响母公司利益	CA20.1－3	公司制度中规定了驻地产权代表及外派管理人员、外派财务人员、外派兼职监事需履行的职责义务等	该项内控设计有效		1	CVT20.1－3	该项内控运行有效			

续表

风险编号	风险描述	关键控制措施编号	关键控制措施	内控设计评价意见	得分	应抽取样本量	抽样测试底稿编号	内控运行评价意见	得分	改进建议	改进责任岗位
R20.1-4	未对子公司发展战略、年度财务预决算、重大投融资、重大担保、大额资金使用、主要资产处置、重要人事任免、内部控制体系建设等重要事项采取有效的管理控制措施，可能导致子公司发展脱离规划、面临重大风险或承担重大损失	CA20.1-4	子公司投资发展计划必须服从和服务于公司发展战略，在公司发展战略框架下，细化和完善自身投资发展规划。公司加强对子公司的管理，行使对子公司的重大事项管理，对子公司的重大工程项目投资和实施情况进行审计监督	该项内控设计有效		1	CVT20.1-4	该项内控运行有效			
R20.1-5	母公司对子公司，尤其是参股公司缺少如风险管理信息系统等有效控制手段和工具，导致管控力度偏弱	CA20.1-5	对于参股子公司拟进行决策的重大事项，股东派出人员应密切关注并及时向公司汇报	该项内控设计有效		2	CVT20.1-5	该项内控运行有效			
R20.1-6	未建立子公司报告程序，可能导致总公司无法及时了解子公司经营状况，影响总公司对子公司经营规划的掌控	CA20.1-6	子公司应当在规定的时间内向公司（职能部门）提交第一季度、半年度、第三季度、年度财务报表及经营活动分析，子公司在建工程和实施中的对外投资项目，应当在第一季度、半年度、第三季度、年度按公司有关制度规定的期限内向公司报告实施进度	该项内控设计有效		2	CVT20.1-6	该项内控运行有效			

续表

风险编号	风险描述	关键控制措施编号	关键控制措施	内控设计评价意见	得分	应抽取样本量	抽样测试底稿编号	内控运行评价意见	得分	改进建议	改进责任岗位
R20.1－7	内部审计、监事会等监督职能效果受主观及客观因素限制，监督效果不明显，造成弱化母、子公司管控力度	CA20.1－7	公司定期或不定期实施对子公司的审计监督。内部审计内容主要包括：经济效益审计、工程项目审计、重大经济合同审计、制度审计及单位负责人任期经济责任审计和离任经济责任审计等	该项内控设计有效		1	CVT20.1－7	该项内控运行有效			
R20.1－8	公司包括下属控参股公司对媒体及投资者关系处理较为简单、不规范，容易造成被动影响，导致公司形象和声誉受损	CA20.1－8	为加强公司的投资者关系管理，加深投资者对公司的了解，完善公司治理结构，提升公司的诚信度，公司制定了投资者关系管理制度	该项内控设计有效		1	CVT20.1－8	该项内控运行有效			

R21.1　内部审计

一级流程名称：21. 内部审计与监督　　内控评价实施部门：审计监察部　　内控评价底稿编号：R21.1

内控评价时间：2015.9.2　　二级流程名称：内部审计　　评价人：王晓雷　　复核人：王士民

风险编号	风险描述	关键控制措施编号	关键控制措施	内控设计评价意见	得分	应抽取样本量	抽样测试底稿编号	内控运行评价意见	得分	改进建议	改进责任岗位
R21.1－1	公司未制定内部审计制度，可能导致内部审计无章可循，内部审计工作管理混乱，影响内部审计工作效率与效果	CA21.1－1	为规范公司内部审计工作，完善自我约束机制，促进企业经营活动健康发展，依据《中华人民共和国审计法》、《中华人民共和国审计法实施条例》、《审计署关于内部审计工作的规定》等有关规定，制定内部审计管理办法	该项内控设计有效		1	CVT21.1－1	该项内控运行有效			
R21.1－2	企业组织架构不合理，审计机构或人员未能保持独立性、客观性，可能影响审计机构履行监督职责的有效性	CA21.1－2	公司按有关规定设立内部审计机构。内部审计机构在公司董事会领导下，依法独立履行内部审计职责，并报告审计工作	该项内控设计有效		1	CVT21.1－2	该项内控运行有效			
R21.1－3	审计机构不够尽职尽责，未能按审计计划履行监督职能，可能导致不能及时发现企业存在的舞弊等影响企业健康发展的不良现象	CA21.1－3	内部审计人员办理审计事项时应严格遵守内部审计职业道德规范和内部审计准则，忠于职守、做到独立、客观、公正、保密	该项内控设计有效		1	CVT21.1－3	该项内控运行有效			

续表

风险编号	风险描述	关键控制措施编号	关键控制措施	内控设计评价意见	得分	应抽取样本量	抽样测试底稿编号	内控运行评价意见	得分	改进建议	改进责任岗位
R21.1－4	内审人员不足或无内审人员，可能导致内审工作计划无法按期开展	CA21.1－4	公司按有关规定设立内部审计机构，配备相应的内部审计人员	该项内控设计有效		1	CVT21.1－4	该项内控运行有效			
R21.1－5	审计计划的制订和调整不合理，包括审计范围、时间、人员安排及确定下一年度审计工作实施重点等，可能导致审计资源分配不合理，影响审计工作的正常开展	CA21.1－5	根据上级审计机关的要求及公司的具体情况，拟定公司年度审计工作计划，报经公司董事会或经营班子批准后实施	该项内控设计有效		1 整套资料	CVT21.1－5	该项内控运行有效			
R21.1－6	未充分考虑参与项目内审人员的独立性，可能导致无法发现重大舞弊等审计风险，造成审计失败	CA21.1－6	内部审计人员在办理审计事项，与被审计单位或者审计事项有利害关系的，应当回避	该项内控设计有效		1	CVT21.1－6	该项内控运行有效			
R21.1－7	内审人员缺乏相应的胜任能力，未能发现下属单位存在的舞弊等影响企业健康发展的不良现象，可能导致内审工作的质量无法达标，出现误审造成审计失败	CA21.1－7	内部审计人员应具备良好的政治素质和职业道德水准，具备岗位必备的会计、审计等技术专业知识和技能。内部审计人员应每年定期或不定期地接受后续教育	该项内控设计有效		1	CVT21.1－7	该项内控运行有效			

续表

风险编号	风险描述	关键控制措施编号	关键控制措施	内控设计评价意见	得分	应抽取样本量	抽样测试底稿编号	内控运行评价意见	得分	改进建议	改进责任岗位
R21.1-8	审计实施方案的设计和调整不合理，包括审计目的、方法、步骤、程序、执行人员及日期等，可能导致未发现被审项目的重大风险，审计工作无法达到预期效果	CA21.1-8	实施审计前，应根据审计目标，拟定审计方案，说明审计目的，明确审计范围、内容、方式和时间，组织实施审计的步骤细节等	该项内控设计有效		1	CVT21.1-8	该项内控运行有效			
R21.1-9	审计工作底稿填写不完整，审计资料收集不全，可能导致检查风险，造成审计数据失真，影响审计报告的准确性	CA21.1-9	审计人员在执行审计业务过程中应形成审计工作记录和审计工作底稿，对审计中发现的问题，做出详细、准确的记录，并注明资料来源	该项内控设计有效		1	CVT21.1-9	该项内控运行有效			
R21.1-10	审计证据与事实缺乏相关性，可能导致审计证据缺乏有效的说服力，影响审计报告的准确性	CA21.1-10	内部审计时应获取能够证明审计事项的原始资料，有关文件和实物等	该项内控设计有效		1	CVT21.1-10	该项内控运行有效			
R21.1-11	审计底稿和结论未经审计组长复核，可能导致工作底稿中存在检查漏洞未及时发现，影响审计报告的准确性	CA21.1-11	审计组组长应当将审计报告送内部审计机构负责人审核，经内部审计机构负责人审核的审计报告呈送公司领导审批	该项内控设计有效		1	CVT21.1-11	该项内控运行有效			

续表

风险编号	风险描述	关键控制措施编号	关键控制措施	内控设计评价意见	得分	应抽取样本量	抽样测试底稿编号	内控运行评价意见	得分	改进建议	改进责任岗位
R21.1－12	内审工作结束后，审计小组对审计发现的问题没有进行讨论分析并提出审计意见，可能导致问题重复出现，无法达到内审目标	CA21.1－12	内审组应充分取证并与被审计单位及相关人员进行及时、充分的沟通，征求被审计单位意见，对审计发现有关事项提请被审计单位做出调整	该项内控设计有效		1	CVT21.1－12	该项内控运行有效			
R21.1－13	内审工作结束，下发审计意见后，审计部门未要求下属被审计单位报送审计意见执行情况报告，可能导致下属被审计单位未及时采取整改措施，问题重复出现，无法达到内审目标	CA21.1－13	被审计单位应当在规定的期限内落实纠正整改措施，并在规定的时间内以书面形式报告执行结果	该项内控设计有效		1	CVT21.1－13	该项内控运行有效			

续表

风险编号	风险描述	关键控制措施编号	关键控制措施	内控设计评价意见	得分	应抽取样本量	抽样测试底稿编号	内控运行评价意见	得分	改进建议	改进责任岗位
R21.1－14	未对下属单位定期或根据实际情况不定期进行专项审计，可能导致不能及时发现下属单位存在的问题，影响下属单位健康发展	CA21.1－14	公司内部审计机构负责对公司及子公司下列事项依法进行内部审计、监督与评价：①财务收支、财务预算及预算执行情况；②资产质量、经营业绩等有关经济活动；③对外投资、工程招投标等重要经济活动和重要积极合同等	该项内控设计有效		1	CVT21.1－14	未发生			
R21.1－15	在尚未正式移交公司档案室前，未将审计资料及底稿分类归档保存，可能导致重要的审计资料及底稿保管不全或遗失，造成相关部门对审计结论存在意见时无法查找对应的审计证据，影响审计结论的真实准确性	CA21.1－15	为使内部审计档案工作制度化、规范化，充分发挥内部审计档案的作用，公司制定了完整地审计档案管理办法	该项内控设计有效		1	CVT21.1－15	该项内控运行有效			

R21.2　综治、信访、维稳

一级流程名称：21. 内部审计与监督　　内控评价实施部门：审计监察部　　内控评价底稿编号：R21.2

内控评价时间：2015.9.2　　二级流程名称：综治、信访、维稳　　评价人：王晓雷　　复核人：王士民

风险编号	风险描述	关键控制措施编号	关键控制措施	内控设计评价意见	得分	应抽取样本量	抽样测试底稿编号	内控运行评价意见	得分	改进建议	改进责任岗位
R21.2－1	来访人员未填写《来访人员登记表》，且工作人员未认真检查来访者的身份或相关证件，可能导致来访人员身份不明，给公司造成安全方面的风险	CA21.2－1	来访人员须填写《来访人员登记表》，经工作人员认真检查来访者的身份或相关证件并取得被访人同意后，可准许进入公司；没有有效身份证件的，必须由被访人员来前台确认，否则不准进入公司	该项内控设计有效		2	CVT21.2－1	该项内控运行有效			
R21.2－2	节假日未安排工作人员值班，可能导致公司内部安全检查工作落实不到位，影响公司内部安全	CA21.2－2	在节假日期间和重要敏感时期，各单位要落实值班人员，值班人员必须24小时保持通信工具畅通，并做好公司的内部安全检查工作	该项内控设计有效		2	CVT21.2－2	该项内控运行有效			
R21.2－3	未及时进行信访登记、记录及呈报批示工作，可能导致信访事项得不到及时处理，造成矛盾激化，造成不良影响	CA21.2－3	对于来信、来访、来电，一律做好登记、记录和呈报批示，并自收到信访材料之日起15天内，决定是否受理并书面告知信访人。对重要、紧急信访事项，上级部门督办的信访事项，应通过发函、发交办单等方式交办或指定处理并要求限期办结	该项内控设计有效		2	CVT21.2－3	该项内控运行有效			

续表

风险编号	风险描述	关键控制措施编号	关键控制措施	内控设计评价意见	得分	应抽取样本量	抽样测试底稿编号	内控运行评价意见	得分	改进建议	改进责任岗位
R21.2－4	对于重大、紧急信访事项和信息，未按公司制度规定流程呈报，可能导致信访事项得不到及时、妥善的处理，造成不良影响	CA21.2－4	对于可能造成社会影响的重大、紧急信访事项和信访信息，应向省直主管部门报告。对信访事项涉及政治、经济和社会发展方面的重要情况和意见、建议，需要有关领导阅知或批示办理的，以原信、来访摘要等形式报送，同时抄送报集团主管部门	该项内控设计有效		2	CVT21.2－4	未发生			
R21.2－5	信访办理人员与信访事项或信访人有直接利害关系时，但未实行回避政策，可能导致信访事项处理不公，造成舞弊事件的发生	CA21.2－5	办理信访的工作人员与信访事项或者信访人有直接利害关系的，应当回避	该项内控设计有效		1	CVT21.2－5	该项内控运行有效			
R21.2－6	未保护好信访人，向被检举、揭发人员透露信访人的检举、揭发材料，可能导致信访事项处理不公，造成舞弊事件的发生	CA21.2－6	综合事务部要保护信访人的合法权益，不得将信访人的检举、揭发材料及有关情况透露或者转给被检举、揭发的人员或单位	该项内控设计有效		1	CVT21.2－6	该项内控运行有效			

续表

风险编号	风险描述	关键控制措施编号	关键控制措施	内控设计评价意见	得分	应抽取样本量	抽样测试底稿编号	内控运行评价意见	得分	改进建议	改进责任岗位
R21.2-7	对已办结的信访事项未及时归档，可能导致档案管理不当，造成档案遗失的风险	CA21.2-7	对已办结的信访事项要及时归档，做到一案一卷、材料齐全、装订整齐、统一保管，以利检索和使用	该项内控设计有效		1	CVT21.2-7	该项内控运行有效			
R21.2-8	未能及时做好信访事项的统计工作，且未定期通报信访事项的办理情况，可能导致信访事项无法得到及时处理的风险	CA21.2-8	综合事务部要按照信访事项目的、性质、单位等，将群众来信、来访、来电分类统计，认真分析排查，提出处置意见。应定期通报信访事项转送、交办、督办情况，每月将工作情况向有关领导报告，并定期通报信访事项办理情况，提出工作改进意见	该项内控设计有效		1	CVT21.2-8	该项内控运行有效			
R21.2-9	公司未追究在信访工作中失职、渎职的工作人员的责任，或处理措施不善，可能导致奖罚不当，影响信访工作的顺利开展，且无法起到警示作用	CA21.2-9	对在信访工作中失职、渎职，视情节轻重给予直接负责的主管人员和其他直接责任人员口头批评、责令改正、书面检查、通报批评、党纪政纪处分，构成犯罪的，移交司法机关依法追究刑事责任	该项内控设计有效		1	CVT21.2-9	未发生			

续表

风险编号	风险描述	关键控制措施编号	关键控制措施	内控设计评价意见	得分	应抽取样本量	抽样测试底稿编号	内控运行评价意见	得分	改进建议	改进责任岗位
R21.2－10	维稳工作无归口管理部门或机构负责，或管理职责不清，可能导致维稳工作无法正常开展	CA21.2－10	维稳工作领导小组负责领导和协调企业稳定工作，统一领导指挥粤高速特大突发事件。重大、一般突发事件，由维稳工作领导小组办公室协调粤高速本部有关部门指导直属企业开展应急处理工作	该项内控设计有效		1	CVT21.2－10	未发生			
R21.2－11	未根据上报信息或在接访中发现的异常情况，快速启动应急预案，可能导致事态扩大化、严重化，增加事件的解决难度	CA21.2－11	维稳工作领导小组办公室根据上报信息及在接访中发现异常情况时，以最快方式向维稳工作领导小组汇报，建议启动预案，根据事件性质确定处置方案。特殊情况下，可授权维稳工作领导小组办公室负责人启动应急预案	该项内控设计有效		1整套资料	CVT21.2－11	未发生			
R21.2－12	应急保障措施（如应急队伍、通信与信息、交通运输等）未到位，可能导致维稳工作的顺利进行得不到保证	CA21.2－12	直属企业应组织成立内部应急队伍，防止事态进一步恶化时，有足够力量劝解疏导、拦截控制；维稳工作机构应具备相应的通信条件，并确保信息通畅；应明确突发事件过程中车辆准备的具体方案等	该项内控设计有效		1整套资料	CVT21.2－12	该项内控运行有效			

续表

风险编号	风险描述	关键控制措施编号	关键控制措施	内控设计评价意见	得分	应抽取样本量	抽样测试底稿编号	内控运行评价意见	得分	改进建议	改进责任岗位
R21.2－13	维稳工作人员未采取合适的现场处置程序，可能导致矛盾激化，增加事件的解决难度	CA21.2－13	维稳工作领导小组及其办公室决定派员赶赴现场开展工作的，相关工作人员应按照职责分工，迅速投入工作	该项内控设计有效		1整套资料	CVT21.2－13	该项内控运行有效			
R21.2－14	后期维稳工作未落实到位，可能导致矛盾再次出现，浪费前期工作成果	CA21.2－14	公司按照《维稳如法事件应急预案》的规定，落实突发事件、信访事件、安全生产事故后期维稳工作，保证矛盾切实得到解决	该项内控设计有效		1整套资料	CVT21.2－14	该项内控运行有效			
R21.2－15	未及时总结经验教训，可能导致工作无法得到改进和提高，造成类似矛盾还会再次激化的隐患	CA21.2－15	维稳工作领导小组办公室应及时总结突发事件的经验教训，提出处理意见和改进工作建议。直属企业应认真总结经验教训，及时整改，完善本单位的应急预案并上报	该项内控设计有效		1整套资料	CVT21.2－15	该项内控运行有效			
R21.2－16	未追究维稳工作中失职、渎职的相关工作人员的责任，可能导致奖罚不当，影响维稳工作的顺利开展，且员工的工作水平得不到提高	CA21.2－16	对在预防、处置突发事件工作中失职、渎职的有关企业和人员，根据国家和省有关维稳和安全生产等规定，提出给予责任追究的建议。 对在预防、处置突发事件中有重大贡献的企业和人员应给予奖励	该项内控设计有效		1	CVT21.2－16	该项内控运行有效			

续表

风险编号	风险描述	关键控制措施编号	关键控制措施	内控设计评价意见	得分	应抽取样本量	抽样测试底稿编号	内控运行评价意见	得分	改进建议	改进责任岗位
R21. 2 - 17	未对维稳队伍进行定期或不定期的培训、演习，可能导致维稳队伍成员应急处理能力得不到提高	CA21. 2 - 17	公司因定期或不定期对维稳应急队伍开展不同形式和规模的法律法规培训、应急演习，提高应急处置能力	该项内控设计有效		1	CVT21. 2 - 17	该项内控运行有效			
R21. 2 - 18	未对提供举报违法违纪信息人员予以保护，可能导致员工未能及时对违法违纪行为主动举报，影响监管部门对事件的调查处理	CA21. 2 - 18	要保护信访人的合法权益，不得将信访人的检举、揭发材料及有关情况透露或者转给被检举、揭发的人员或单位	该项内控设计有效		1	CVT21. 2 - 18	该项内控运行有效			
R21. 2 - 19	对举报违法违纪举报事件的调查核实、编制初步报告由一人负责，可能导致调查结果不够客观，影响事件的处理结果	CA21. 2 - 19	信访事项的办理须客观公正，需派人调查核实的，应两人以上参加。办理信访的工作人员与信访事项或者信访人有直接利害关系的，应当回避	该项内控设计有效		1	CVT21. 2 - 19	该项内控运行有效			
R21. 2 - 20	初步调查核实举报违法违纪信息的过程中，参与调查的相关工作人员未严格保守工作机密，可能影响后续调查工作的开展	CA21. 2 - 20	要保护信访人的合法权益，不得将信访人的检举、揭发材料及有关情况透露或者转给被检举、揭发的人员或单位	该项内控设计有效		1	CVT21. 2 - 20	该项内控运行有效			

续表

风险编号	风险描述	关键控制措施编号	关键控制措施	内控设计评价意见	得分	应抽取样本量	抽样测试底稿编号	内控运行评价意见	得分	改进建议	改进责任岗位
R21.2－21	未经分管领导批准擅自采取措施对举报违法违纪的线索进行调查核实，可能导致调查行为不合理，影响后续的调查处理过程	CA21.2－21	对于可能造成社会影响的重大、紧急信访事项和信访信息的调查，应向省直主管部报告	该项内控设计有效		1	CVT21.2－21	该项内控运行有效			
R21.2－22	未对举报违法违纪的调查结果形成书面材料统一归档，可能导致对调查结果无归档记录，影响后续的处理结果	CA21.2－22	对已办结的信访事项要及时归档，做到一案一卷、材料齐全、装订整齐、统一保管，以利检索和使用	该项内控设计有效		1	CVT21.2－22	该项内控运行有效			
R21.2－23	未对查证属实的违法违纪事件进行总结、通报，可能导致无法起到警示作用，影响公司内部监督效果	CA21.2－23	对信访事项，应认真调查处理，及时办结，上报办结报告，并书面答复信访人	该项内控设计有效		1	CVT21.2－23	该项内控运行有效			

R21.3　内部控制

一级流程名称：21. 内部审计与监督　　内控评价实施部门：审计监察部　　内控评价底稿编号：R21.3

内控评价时间：2015.9.2　　二级流程名称：内部控制　　评价人：王晓雷　　复核人：王士民

风险编号	风险描述	关键控制措施编号	关键控制措施	内控设计评价意见	得分	应抽取样本量	抽样测试底稿编号	内控运行评价意见	得分	改进建议	改进责任岗位
R21.3－1	公司未制定内部控制管理制度，可能导致公司内部控制工作组织混乱，内控薄弱，影响公司内控目标的实现或不符合监管部门的要求，受到监管部门的处罚	CA21.3－1	为规范广东省高速公路发展股份有限公司（以下简称“公司”）内部控制与全面风险管理工作，提高内部控制与风险管理水平等，根据财政部《企业内部控制基本规范》、国资委《中央企业全面风险管理指引》和省交通集团相关要求等，结合公司的具体情况，制定本实施办法	该项内控设计有效		1	CVT21.3－1	该项内控运行有效			
R21.3－2	内部控制环境中董事会、监事会、经营管理班子尚未充分发挥有效制衡作用，可能导致经营管控弱化	CA21.3－2	董事会是内部控制评价的最高决策机构和最终责任者，审计委员会是内部控制评价领导机构和直接责任者，审计监察部是控制评价的归口管理部门	该项内控设计有效		1	CVT21.3－2	该项内控运行有效			

续表

风险编号	风险描述	关键控制措施编号	关键控制措施	内控设计评价意见	得分	应抽取样本量	抽样测试底稿编号	内控运行评价意见	得分	改进建议	改进责任岗位
R21.3－3	内控评价工作方案的设计和调整不合理，可能导致未发现企业经营管理过程中的重大风险，使内控工作无法达到预期效果	CA21.3－3	评价工作方案应当包括公司内部控制体系设计与持续运行效果，基本完整涵盖公司各种经营业务管理事项和风险控制活动和措施	该项内控设计有效		1	CVT21.3－3	该项内控运行有效			
R21.3－4	内控评价工作方案未经公司规定程序审批，可能导致计划不合理，不能达到实际效果，并浪费公司资源	CA21.3－4	审计监察部拟订内部控制评价工作方案，审计委员会审议内部控制评价工作方案，董事会审阅和批准内部控制评价工作方案	该项内控设计有效		1	CVT21.3－4	该项内控运行有效			
R21.3－5	内部审计过程受专业局限性和信息不对称的影响，可能造成审计人员未能有效发现内控中存在的重大缺陷，从而影响内部审计目标的实现	CA21.3－5	公司各相关职能部门和直属全资、控股企业应积极配合内部控制检查小组进行内部控制现场测评和评价工作，并提供真实、可靠、完整和有效的信息资料	该项内控设计有效		1	CVT21.3－5	未发生			
R21.3－6	内控测试与评价的工作程序不合规、不适当，可能导致检查、评价结果与实际情况不符，整改建议或改善方案不切实际，缺失可行性和指导意义	CA21.3－6	内部控制评价检查小组应当综合运用个别访谈、调查问卷、专题讨论、穿行测试等方法对被评价部门进行现场测试，充分收集内部控制设计与运行的有效性的相关证据	该项内控设计有效		1	CVT21.3－6	该项内控运行有效			

续表

风险编号	风险描述	关键控制措施编号	关键控制措施	内控设计评价意见	得分	应抽取样本量	抽样测试底稿编号	内控运行评价意见	得分	改进建议	改进责任岗位
R21.3－7	未对被评价部门或单位基本情况进行调查，可能导致评价范围和重点不符合部门实际情况，最终评价结果不准确	CA21.3－7	内控评价应当对被评价部门进行基本情况调查，由负责人复核；复核确定的内容应由被评价单位负责人签字确认	该项内控设计有效		1	CVT21.3－7	该项内控运行有效			
R21.3－8	现场测试未填写工作底稿、记录相关测试结果，可能导致查出的内部控制缺陷无证可查	CA21.3－8	内部控制评价检查小组在内部审计时充分收集公司内部控制设计与运行的有效性的相关证据，应形成内部控制评价工作底稿	该项内控设计有效		1	CVT21.3－8	该项内控运行有效			
R21.3－9	评价底稿未进行复核签字，可能导致控制缺陷描述不准确或有遗漏，影响评价结果的准确性	CA21.3－9	执行评价工作底稿质量交叉复核工作机制，评价工作小组负责人严格审核内部控制评价工作底稿	该项内控设计有效		1	CVT21.3－9	该项内控运行有效			
R21.3－10	评价结果及现场评价报告未由被评价单位相关责任人签字确认，可能导致被评价单位对内控缺陷事实认定的异议	CA21.3－10	内部控制评价检查小组应根据各部门自评结果和现场独立性测试评价工作底稿的结果编制内部控制缺陷认定汇总表，提出认定意见，并根据管理权限向总经理办公会、审计委员会、监事会和董事会报告，其重大缺陷应由董事会最终认定	该项内控设计有效		1	CVT21.3－10	该项内控运行有效			

续表

风险编号	风险描述	关键控制措施编号	关键控制措施	内控设计评价意见	得分	应抽取样本量	抽样测试底稿编号	内控运行评价意见	得分	改进建议	改进责任岗位
R21.3-11	内部控制评价频率太少，可能导致无法及时识别出控制缺陷	CA21.3-11	公司每年进行不少于一次的内部控制评价程序	该项内控设计有效		1	CVT21.3-11	未发生			
R21.3-12	内控检查发现的问题未及时整改，未进行追踪检查，可能导致内控发现的问题未得到纠正，影响内控检查的效果	CA21.3-12	对于公司存在的内控运行缺陷，内部控制评价检查小组应当及时下发整改通知单，督促相关职能部门采取整改措施，并对整改解决方案的落实情况进行持续的跟踪和反馈	该项内控设计有效		1	CVT21.3-12	未发生			
R21.3-13	公司未定期对内控管理制度进行检查、监督，使得内控管理制度未被落实执行、未被及时发现，可能导致内控管理应被追责而未被追责，影响公司制度的执行力	CA21.3-13	审计监察部应在审计委员会指导下，结合内部控制评价工作过程，定期修订、调整、改进和完善内部控制评价相关制度和工作程序、工作底稿模板设计和评价工作方法	该项内控设计有效		1	CVT21.3-13	未发生			
R21.3-14	内部控制管控水平的风险评价尚未形成系统化持续改进工作机制，可能导致内控评价利用率低，发挥作用低难以达到外部监管机构合规要求	CA21.3-14	审计委员会应定期或者不定期对内部控制评价工作机制实施全面评估，通过评估持续改进内部控制评价工作的效率和质量	该项内控设计有效		1	CVT21.3-14	该项内控运行有效			

第八章　行政事业单位内部控制评价测试清单

一、××行政单位内控评价测试清单

内部控制自我评价测试重点包括以下两个方面。

（1）内部控制设计的有效性，所谓设计有效性（也称完整性）是指为实现控制目标所必需的内部控制的程序都存在且设计恰当，能够为控制目标的实现提供合理保证。评价内部控制设计的有效性可重点考虑以下几个方面：

1）内部控制设计的合法性，指设计过程中是否以内部控制的基本原理作为前提，以相关法律法规为依据。

2）内部控制设计的全面性，指内控的设计是否覆盖了所有业务活动及关键控制点，对相关部门人员和相关工作业务都具备约束力。

3）内部控制设计制衡性，指决策权、执行权、监督权要相互分离、相互制约，做到分事行权、分岗设权、分级授权。

4）内部控制设计的适当性，指内部控制的设计是否与单位自身的业务特点、复杂程度以及风险管理要求相匹配。

5）内部控制设计的适应性，指内部控制的设计是否具有环境适应性，能够依外部环境和自身条件的变化适时地调整关键控制点与控制措施。

（2）内部控制执行的有效性，指在设计有效性的前提下，内控能够按照设计的内控程序正确地执行，从而为控制目标的实现提供合理的保证。评价内部控制执行的有效性，应重点考虑以下四个方面：

1）相关制度在评价期内是如何执行的，是否按设计的程序和要求运行。

2）相关控制是否得到了持续一致的运行。

3）实施控制的人员是否具备必要的权限和能力。

4）设计有效性与执行有效性是否密切配合。因为任何事物都是处于动态发展。当客观情况发生巨大变化时必须对内部控制程序和规范加以调整，才能促进

表 8－1 ××内部控制评价测试清单

序号	指标（赋值）	具体项目	评价指标具体标准	不适用	测评具体内容	设计有效性	执行有效性	平均得分	实得分	综合得分
1	一 内控组织机构建设情况（8）	（一）机构建立情况	1. 组长：由单位一把手担任。组员：由相关领导及科室领导组成		组长是否由一把手担任，组员是否符合规范要求					
2			2. 牵头科室：应为计财科或办公室，协助科室应是相关科室或部门		是否指定牵头科室，是否具备相应条件，协助科室是否明确，要查看文件					
3			3. 将内控建设作为一项重要工作来抓并密切结合了单位的实际情况		单位是否研究制定了加强内控建设实施方案、研究处理实施过程中出现问题及效果					
4			4. 单位主要负责人应当主持制定和实施工作方案，并对实施有效性承担责任		方案应明确工作分工，配备工作人员，建全工作机制，充分运用信息化手段，推动本单位内控建设					
5			5. 建立协调机制、推进内控建设		应逐步建立由财政、审计、监察等部门参与的协调体制，协同推进内部控制和监督检查工作					
6		（二）职责分工情况	6. 单位一把手应高度重视内控建设。确保制度健全、执行有力、监督到位		统一领导和集中单位所有力量、合理有效保障内控规范全面贯彻、实施到位					
7			7. 牵头科室应负责内控业务的实施推进，指定具体责任者负责落实		内控规范等相关业务培训、业务流程梳理、风险查找及应对等工作开展状况					
8			8. 协助人教科或××科：配合牵头科室做好内控业务开展		对关键岗位任职要求、人员配备、业务培训、轮岗制、定期考评、绩效考核等					
9			9. 协助监察科：配合牵头科室做好内控业务开展		纪律检查、廉政风险防范及执行状况，主体权力运用情况、监控行政执法状况等					
10			10. 协助内审科：配合牵头科室做好内审并列入工作计划		将内控业务列入审计划、将审核内控执行情况作为一项任务执行					
11			11. 宣传教育广大干部职工提高对内控认识，建设营造良好环境和氛围		员工是否认清强化内控的必要性和紧迫性，自觉提高风险防范和抵制权力滥用意识，确保权力规范有序运行					

续表

序号	指标（赋值）	具体项目	评价指标具体标准	不适用	测评具体内容	设计有效性	执行有效性	平均得分	实得分	综合得分
12	二 管理制度建设情况（12）	（一）集体决策管理制度	1. 制定本单位的工作规则和重大事项决策制度		议事决策工作规则的建立和执行情况。重大事项议事决策制度内容完整性及执行情况					
13			2. 重大决策制度及决策行为留痕		对业务复杂、专业性强的经济活动，是否明确了必须进行专家论证和技术咨询的要求，判别标准是否明确，如何履行决策留痕执行，是否到位					
14			3. “三重一大”具体内容及认定标准		“三重一大”具体内容是否明确，事项的认定标准是否建立，且一贯执行的情况如何					
15			4. 决策问责、追责制度或规定建设		决策问责追责制度是否建立，内容是否完善，执行是否有效，应验证实务情况					
16		（二）工作业务管理制度	5. 主要经济业务活动管理制度建设		预算、收支、采购、资产管理、工程项目、合同等主要经济业务活动是否建立了相应管理制度；内容完整性					
17			6. 主要经济管理活动在相关制度中明确		人事、财务、行政等主要经济管理活动是否在相关制度中明确其地位和作用					
18			7. 单位产业建设任务及目标管理落实		市区下达年度任务目标是否依据科室部门职责分解落实到各相关部门。并作为年度考评依据					
19		（三）内部监督管理制度	8. 建立内部审计制度和审计流程		建立明确的内部审计制度和相应的业务流程及关键控制点					
20			9. 建立纪监制度和相应的业务流程		建立明确的纪检、监察制度和相应的业务流程及关键控制点					
21			10. 制定监督活动的业务流程和岗位责任书		审计、纪检、监察等主要监督活动是否制定相应业务流程和岗位责任书（岗位职能描述）；配备的人员是否具备相适应资格和能力					
22			11. 通过监督促进内控建设		单位是否通过日常监督和专项监督，检查内部控制实施过程中存在的突出问题、管理漏洞和薄弱环节，进一步改进和加强内控建设，有无事例					

续表

序号	指标（赋值）	具体项目	评价指标具体标准	不适用	测评具体内容	设计有效性	执行有效性	平均得分	实得分	综合得分
23	二 管理制度建设情况（12）	（三）内部监督管理制度	12. 单位内部监督的强化与提高		检查是否将内部监督、自我评价与干部考核、追责问责结合起来，促进自我约束机制不断提高					
24			13. 建立内部控制报告制度，实施内控信息公开		单位是否将内部监督、自我评价结果采用适当方式内部公开					
25			14. 充分利用自我评价报告的作用		单位是否将内控自我评价情况作为部门决算报告和财务报告的重要组成内容进行报告					
26			15. 积极推进内部控制信息公开机制		是否定期向单位内部和外部公开内部控制相关信息，逐步形成规范有序，及时可靠的信息公开机制，发挥对内控建设的促进和监督作用					
27	三 权力制衡与运行情况（12）	（一）权力制衡设置	1. 单位权力制衡与运行规程的设计		单位是否根据自身的业务性质、业务范围、管理架构，按照决策、执行、监督相互分离、相互制衡的要求设立管理机构					
28			2. 科学设置内部机构和管理层级及授权		单位是否科学设置管理层级、岗位职责权限、权力运行规程，是否切实做到分事行权、分岗设权、分级授权					
29			3. 依据不同的业务事项授予不同权力并实现权力制衡		单位是否对经济和业务活动的决策、执行和监督做到分工明确、相互分离、分别行权，防止职责混淆、权限交叉					
30		（二）权力运行设置	4. 依据不同的业务事项授予不同权力		单位是否根据不同的业务事项在决策、执行和监督权力中，分别实行不同的授权，是否出现职责混乱现象					
31			5. 单位应根据不同业务事项要求分岗设权		单位是否对涉及经济和业务活动的相关岗位，做到依职定岗、分岗定权、权责明确，防止岗位职责不清、设权界限混乱					
32			6. 单位应根据不同管理层级及职责分级授权		单位是否按不同的管理层级和各工作岗位，实施依法依规分别授权，明确受权范围、授权对象、授权期限、授权与行权责任、一般授权与特殊授权界限，有无授权不当，越权办事					

续表

序号	指标（赋值）	具体项目	评价指标具体标准	不适用	测评具体内容	设计有效性	执行有效性	平均得分	实得分	综合得分
33	四 关键岗位责权建设情况（12）	（一）关键岗位责任制	1. 制定主要业务流程及关键岗位责任书		预算、收支、采购、资产、建设项目、合同等主要经济业务活动和人事、财务、行政等主要经济管理活动是否制定相应业务流程及岗位责任书					
34			2. 关键岗位职责权限、任职条件及要求		关键性岗位人员是否具备相应资格和能力、职责分工是否明确、廉政风险防范是否清晰、上岗前是否经过考核测验					
35			3. 建立岗位责任追究制度		对轮岗后发现原工作岗位存在失职和违法违纪行为的，是否按国家有关规定追责					
36		（二）关键岗位制衡机制	4. 关键岗位的不相容职务分离		申请、内部审核审批、业务执行、信息记录及内部监督等不相容岗位，是否完全相互分离、相互制约和相互监督					
37			5. 关键岗位人员要定期考评		预算、收支、采购、资产、建设项目、合同等主要经济业务活动和人事、财务、审计、纪检、监察等主要管理监督活动的关键岗位人员是否定期考评					
38			6. 建立关键岗位定期轮岗制度		对重点领域的关键岗位，在健全岗位设置、规范岗位管理、加强岗位胜任能力的基础上，是否明确轮岗范围、轮岗条件、轮岗周期、交接流程及责任追溯等制度					
39			7. 建立干部交流和定期轮岗制度		是否实施干部交流和定期轮岗制度，不具备轮岗条件单位是否采用专项审计等控制措施					

续表

序号	指标（赋值）	具体项目	评价指标具体标准	不适用	测评具体内容	设计有效性	执行有效性	平均得分	实得分	综合得分
40	五 组织保证机制建设情况（12）	（一）风险评估机制	1. 制定风险评估制度，建立风险评估工作小组		建立风险评估制度，是否对主要经济活动、主要管理活动存在风险进行全面、系统和客观评估					
41			2. 风险评估应形成业务流程图		首次风险评估时要形成业务流程图，并明确关键风险点及应对措施					
42			3. 定期对风险进行评估		按风险评估制度对风险进行定期评估，形成风险评估报告，呈报领导班子					
43		（二）信息系统机制	4. 会计实行电算化		是否实行会计电算化，实施状况如何					
44			5. 信息系统覆盖内容完整性		是否建立了覆盖预算、收支、采购、资产、建设项目、合同等主要经济业务活动及内部控制流程的信息系统					
45		（三）信息保证机制	6. 信息系统归口及数据备份制度		相关信息系统建设是否实施归口管理，并建立信息系统数据定期备份制度					
46			7. 业务数据在信息系统中应用		预算、收支、采购、资产、建设项目、合同等业务数据在信息系统内是否实现相互引用，实施综合查询、分析和应用					
47			8. 内部控制充分利用信息系统		信息系统为内部控制、关键岗位开设账号，并能够体现其职责与权限					

续表

序号	指标（赋值）	具体项目	评价指标具体标准	不适用	测评具体内容	设计有效性	执行有效性	平均得分	实得分	综合得分
48	六 预算业务控制情况（10）	（一）预算编制管理	1. 预算编制内容应包括全部公务活动		预算编制内容是否包含全口径收支预算、资产配置预算和政府采购预算					
49			2. 预算与计划应相互衔接		采购预算、会议预算、培训费预算是否与资产配置计划、会议计划、培训计划相衔接					
50		（二）预算批复管理	3. 下达预算指标应分解下达至基层组织		是否对来源于财政或上级部门的预算指标进行分解，并下达至内设的最基层组织					
51			4. 内部预算指标应事先确定开支范围		是否对单位内部预算指标事先确定开支范围，明确标准					
52		（三）预算执行管理	5. 重要开支事项执行事前申报审批		是否对重要开支事项执行事前申报审批，重要开支的范围与标准是否明确					
53			6. 杜绝不合规支出		是否能够杜绝无预算支出、超预算额度或超开支范围支出的情况					
54			7. 定期分析和通报预算执行情况		是否定期对预算执行情况进行分析，纠正偏差，并在单位内部各部门通报					
55			8. 内部预算调整的条件及程序		是否明确单位内部预算调整的条件、申报审批程序，并得到有效实施					
56		（四）决算绩效管理	9. 按规定公开决算内容		是否按规定公开决算内容，并听取职工意见					
57			10. 绩效评价开展及评价结果的运用		是否按规定开展绩效评价工作，绩效评价结果与后续预算安排是否挂钩，有无实效					

续表

序号	指标（赋值）	具体项目	评价指标具体标准	不适用	测评具体内容	设计有效性	执行有效性	平均得分	实得分	综合得分
58	七 收支业务控制情况（8）	（一）收入管理情况	1. 建立银行账户由财务管理		银行账户管理是否归口财务部门管理，银行账户开立、变更是否符合审批、备案规定					
59			2. 收入要全部纳入法定账户核算		收入是否全部纳入单位法定账户核算；有无账外“小金库”					
60			3. 票据管理和使用归财务部门统一管理		票据购买、使用和保管是否符合规定，是否归口财务部门管理，是否能够有效杜绝违反规定转让、出借、代开、买卖财政票据、发票等行为					
61			4. 非税收入上缴国库或财政专户		非税收入是否能够及时、足额上缴国库或财政专户					
62		（二）支出管理情况	5. 支出事项要实行归口管理		支出事项是否实行归口管理。包括：会议、培训、资产采购、工资管理、出国、招待、公务用车、运维等					
63			6. 支出审批流程，审批权责及双重审批		是否有明确的支出审批流程，明确不同审批人的权限和责任，支出是否进行业务经办审批和财务规范性审批双重审批					
64			7. 对违规审批应杜绝支付		是否能够有效杜绝超出审批权限和违反支出业务审批程序的支出事项					
65			8. “三公”经费支出控制		“三公”经费支出是否有效控制在批复预算额度内					
66		（三）债务管理情况	9. 大额债务的举借和偿还		大额债务的举借和偿还是否进行充分论证，并由单位领导班子集体研究决定					
67			10. 债务应及时清理偿还		债务是否及时清理并能有效杜绝逾期未偿还的情况					

续表

序号	指标（赋值）	具体项目	评价指标具体标准	不适用	测评具体内容	设计有效性	执行有效性	平均得分	实得分	综合得分
68	八 采购业务控制情况（4）	（一）采购需求和价格评估	1. 单位采购预算编制依据		单位是否根据实际需求和相关标准编制政府采购预算					
69			2. 对采购需求的审核与评估		单位是否建立采购申请评估审核机制，确定需求的必要性，以及价格、金额、技术指标的合理性					
70			3. 应有效杜绝违规采购行为		是否能够有效杜绝未按规定选择政府采购方式的行为					
71		（二）政府采购执行情况	4. 政府采购计划按安排		是否按照已批复的预算安排政府采购计划					
72			5. 应按规定组织政府采购和验收		单位是否按照规定组织政府采购和执行验收程序					
73			6. 单位应掌握各项采购活动的进度		单位是否能够适时掌握各项采购活动的进程及发生问题					
74	九 资产业务控制情况（4）	（一）货币资金管理情况	1. 出纳不得兼管稽核、档案保管和债权、债务账目登记		是否采取措施避免出纳兼管稽核、会计档案保管和收入、支出、债权、债务账目登记情况					
75			2. 收付款项所需的印章不得由同一人保管		是否避免同一人保管收付款项所需的全部印章					
76			3. 库存现金、银行存款余额及调节表，非经办人核查		是否指定不办理货币资金业务会计人员定期和不定期抽查现金，核对银行存款余额，抽查银行对账单、银行日记账及编制银行存款余额调节表					
77		（二）实物资产管理情况	4. 资产应实行归口管理，日常管理应按规定执行		资产是否进行归口管理，日常使用、调剂、租借、处置等管理是否按照规定执行					
78			5. 资产应建立台账，定期与财务核对		是否建立资产管理台账，定期与财务部门对账					
79			6. 年终定期清查盘点资产		是否定期清查盘点资产（以获签盈亏盘点表或相关账务处理为准）及盈亏处理					

续表

序号	指标（赋值）	具体项目	评价指标具体标准	不适用	测评具体内容	设计有效性	执行有效性	平均得分	实得分	综合得分
80	九 资产业务控制情况（4）	（三）对外投资管理情况	7. 对外投资应由领导班子决定		单位对外投资是否由单位领导班子集体研究决定（无对外投资得全分，下同）					
81			8. 对越权审批对外投资能有效杜绝		是否能够有效杜绝超权限审批对外投资事项					
82			9. 对投资业务应进行追踪管理		是否对投资业务进行追踪管理					
83	十 工程项目控制情况（8）	（一）工程项目实施管理情况	1. 工程项目管控流程及责任		工程项目内部控制流程环节的完整性及流程科学性					
84			2. 项目预算审批程序手续		项目立项申请、审批程序及手续完善性、合规性					
85			3. 工程项目支出不得超概预算		是否能够有效保证建设项目不超概算					
86			4. 项目款支付凭证手续齐全		项目款支付凭证是否合规，审批手续是否齐全					
87			5. 重要变更及费用审核手续合规		重要变更及费用审核手续是否合规，证件是否齐全，程序是否清晰					
88			6. 项目资金应专款专用，专账核算		建设项目资金是否专款专用，专账核算					
89		（二）竣工移交情况	7. 项目进度日常管理与监督		是否指定专业科室负责相关项目的进度、质量及合同执行情况，及时反映执行存在问题					
90			8. 项目组织竣工验收		建设项目是否及时组织竣工验收，存在问题能否及时解决					
91			9. 竣工决算、资产移交处理		是否及时编制竣工决算，资产是否及时移交和入账					
92			10. 项目档案资料保管		建设项目档案资料是否完备并及时归档保管					

续表

序号	指标（赋值）	具体项目	评价指标具体标准	不适用	测评具体内容	设计有效性	执行有效性	平均得分	实得分	综合得分
93	十一合同业务控制情况（5）	（一）合同归口管理	1. 合同管理部门是否明确		是否明确合同归口管理部门，该部门能否胜任					
94			2. 经济合同文本应实行统一管理		经济合同文本是否实行连续编号、统一分类和登记。合同档案是否归口管理					
95		（二）合同订立管理	3. 杜绝对违反合同管理制度及流程事项		是否能够有效杜绝违反本单位合同管理制度、签订流程及权限审批的情况					
96			4. 合同签署双方应具有法定资格或授权委托书		合同文本签署是否规范，双方代表是否都具有法定资格或授权委托书					
97		（三）合同执行情况管理	5. 合同履行情况应实行监督审查		是否对合同履行情况实行监督审查，由哪个部门负责					
98			6. 发生违约情况的处理规定		发生违反合同约定的差异情况是否及时按规定处理，是如何规定的					
99	十二行政许可及执法情况（7）	（一）行政许可	1. 办理行政许可的岗位应责权明确、流程清晰。应报送资料完整性		各科室负责办理行政许可岗位的责权是否清楚、流程是否清晰、时限是否明确。资料审核完整性、一次性告知明确性					
100		（二）行政执法	2. 行政处罚岗位应依法办事、处罚应合规合法		执行行政处罚的岗位权责是否明确、流程是否清晰、执行法规是否掌握、是否记录、是否简明扼要、是否全面系统。档案管理是否合规					
101		（三）廉洁从政	3. 对防范舞弊和预防腐败关注情况		权力行使过程中潜在权力滥用风险、制度机制风险、思想道德风险，是否侵蚀权力主体思想品德及权力行使，是否出现利用政府授予权力营私舞弊的行为，在群众中造成不好影响					
			合　计							

评分结果可分为：优（85 分以上）、良（70 ~ 85 分）、中（50 ~ 70 分）、差（50 分及以下），或一般缺陷（80 分以上）、重要缺陷（60 ~ 80 分）及重大缺陷（60 分以下）三类。

事物的发展。当内部控制机制适应经济基础时，它就会对经济业务的发展产生促进作用，否则它只能起阻碍作用。

评价测试打分方法：清单列示 101 项测试内容，每项指标最低给 1 分、最高给 5 分。不适用（打×）不给分，最后汇总分数越高，表明控制能力越好。

得分计算方法：

平均得分 = 设计有效性 ×0.5 + 执行有效性 ×0.5

实得分 = 平均得分 × 赋值

综合得分 = $\sum$ 各部分实得分

各部分赋值应根据各部分在单位内控中作用的大小确定，但赋值合计为 100 分。

二、行政事业单位内控评价测试清单

（一）单位层级内部控制自我评价

单位层级内部控制自我评价主要包括组织架构、决策机制、执行机制、监督机制以及协同机制等。如表 8－2 所示。

表 8－2　行政事业单位组织层级内部控制评价表

一级评价要素	二级评价要素	内容	制度情况		执行情况		
			尚未建立（0）	基本建立（1）	未能执行（0）	基本执行（1）	完全执行（2）
1. 组织架构	职责分工	明确各内设机构、下属单位和岗位的职责分工，厘清各部门在组织层级和业务层级内部控制中的角色和分工					
	三权分立	决策权、执行权和监督权的分离，归属到不同的机构，达到权力制衡的效果					
	关键岗位责任制	对内部控制中的关键性岗位应明确其岗位职责权限，人员配置以及按照规定的工作标准进行考核及奖惩					
2. 决策机制	风险评估	通过一定的技术手段找出那些影响单位目标实现的有利和不利因素，并对其存在的风险隐患进行定量和定性分析，从而确定相应的风险应对策略					
	专家论证	对业务或项目的可行性进行分析论证，并将论证结果作为决策的依据之一					
	审核审批	根据权责对等原则建立分事行权、分岗设权、分级授权审核审批制度					
	集体决策	对重大经济活动的决策应当实行集体决策制度，防范决策风险和腐败风险					

续表

一级评价要素	二级评价要素	内容	制度情况		执行情况		
			尚未建立（0）	基本建立（1）	未能执行（0）	基本执行（1）	完全执行（2）
3. 执行机制	内部控制实施责任制度	明确相关人员对内部控制的组织实施职能及相应的责任					
	权责分工明确	在执行机制中要明确权责和职能分工，划分单位内设部门、下属单位和岗位的权利、责任和利益范围，实现权责利的对等分配					
	控制制度体系化	建立内部控制的控制标准控制手段，明确各个控制活动的主要任务					
	信息技术的利用	将内部理念、控制活动、控制手段等要素通过信息化的手段固化到信息系统，实现内部控制体系的系统化与常态化					
4. 监督机制	日常监督	监督机制贯穿于日常经济活动，由单位领导、财务部门负责人和各业务部门负责人共同负责					
	内部审计	及时发现并纠正内部控制缺陷，将单位的风险控制在可接受的范围内					
	绩效考评制度	运用特定的标准，采取科学的方法，对承担职责的各级管理人员工作成绩做出价值评价					
	党委纪检和监察制度	单位党委、纪检和检查部门对干部和党员的舞弊和腐败行为进行监督和惩处					
5. 协同机制	机构人员的协同机制	从组织机构和人员岗位上对业务流程的总体优化，加强机构之间的协同					
	业务流程的协同机制	通过单位各业务流程之间的衔接加强业务运行的整体性					
	信息沟通的协同机制	用于单位内部决策与考评的管理信息和用于内部与外部披露的财务信息能够在各部门及岗位中沟通顺畅					
合计		共计 182 项					

（二）业务层级内部控制自我评价

单位业务层级内部控制自我评价主要包括预算控制、收支控制、采购控制、资产控制、工程项目控制、会计控制和合同控制，如表 8－3 所示。

表8-3　行政事业单位组织层级内部控制评价表样例

一级评价要素	二级评价要素	内容	制度情况		执行情况		
			尚未建立（0）	基本建立（1）	未能执行（0）	基本执行（1）	完全执行（2）
1. 预算控制	预算编审	预算编制是否依据以前年度单位收支的实际情况，真实反映单位本年度全部业务收支计划					
		是否存在单位为了足额甚至超额的获取财政资金而虚增预算					
		对于专业性较强的重大项目，例如基建和信息化的项目，是否在预算编审过程中进行专业事前立项评审					
	预算批复	单位是否建立专门的预算管理机构并有相应的预算工作管理办法					
		是否设置专人专岗对内部预算批复进行管理					
		内部预算批复是否将以前年度的业务支出金额和本年度的业务工作计划作为依据					
		预算管理机构是否对部门（下属单位）业务计划进行评审					
		预算管理机构是否按照支出事项性质不同和重要性的排列对预算资金进行指标分解，即是否建立了科学合理的预算执行规则					
		当实际支出超过预算批复指标额度后是否建立预算指标追加机制					
		预算管理机构是否对预算指标调整进行审议					
		预算指标调整后是否对预算支出事项的重要性顺序进行重新排列					
	预算执行	预算执行环节中是否保持与单位财务核算和业务工作的一致性					
		是否建立财务核算工作对预算批复和执行工作的信息反馈与验证机制					
	决算与考评	是否建立决算指标体系，科学计算预算执行情况					
		是否建立通过决算对内设部门和干部预算工作绩效进行考评					

续表

一级评价要素	二级评价要素	内容	制度情况		执行情况		
			尚未建立（0）	基本建立（1）	未能执行（0）	基本执行（1）	完全执行（2）
2. 收支控制	收入预算	财政经费拨款收入和政府性基金收入按财政部门定员定额标准及单位工作计划需要据实编制，不得弄虚作假，虚编基础及业务数据					
		根据业务工作和以前年度的实际收入编制年度非税收入征收预算计划，并按照相关政策和规定，根据征收计划返还比例，对非税收入返还资金安排支出预算					
		事业收入、经营收入等应全部纳入单位预算编制范围，全面反映单位实际收支情况					
	收入登记	财政经费拨款收入和政府性基金收入，应根据国库指标下达时进行收入登记并确认资金来源，匹配财政批复的预算指标，以跟踪财政预算资金的实际到账情况					
		非税收入，应根据缴入国库或财政专户资金进行收入上缴确认登记，注意做好应缴未缴的银行存款和现金存量与非税票据的核对工作，严格执行“收支两条线”管理					
		事业收入和经营收入，应根据开具纳税发票额进行收入登记，注意做好应收款项的管理工作					
	收入到账确认	财政经费拨款收入和政府性基金收入，应根据国库额度到账进行收入确认，非税收入按返还额确认到账收入的可使用资金					
		各单位应保证收支平衡，在进行预算执行发生资金支付时，需要明确资金支出所使用的预算到账资金					

续表

一级评价要素	二级评价要素	内容	制度情况		执行情况		
			尚未建立（0）	基本建立（1）	未能执行（0）	基本执行（1）	完全执行（2）
2. 收支控制	支出事项分类	对不同资金的财务管理风险按不同的执行方式和审批权限进行管理					
	支出事项的执行方式	支出事项的执行方式在预算内部批复时予以明确，分为政府集中采购执行、内部采购执行、经费申请执行和单位自行执行四种					
	支出过程控制	单位应按事前审核与审批程序执行支出过程的控制，依据采购或审批结果提出资金支付申请，单位财务部门负责进行资金支付审核并匹配对应的收入资金来源					
3. 采购控制	采购预算和采购计划的编制与审核	各采购单位应按实际需求编制采购预算并确定采购方式					
		各采购单位应当在采购预算指标批准范围内，按季度组织本单位采购计划编制工作					
		建立采购需求单位内部的分权和岗位分离机制，采购需求计划评审要设置不同岗位进行管理					
	采购组织方式确定	采购需求严格按照政府采购目录和金额的规定，将符合政府采购标准的采购行为纳入政府采购管理中					
		采购需求单位设立专人专岗对采购支出的历史数据进行汇总，在审核流程中设置为必经环节，在政府规定的最短采购周期内，审查产品目录、名称相同的采购事项的出现次数					
		采购需求单位设立专人专岗对政府采购信息进行审验，及时全面地获取并将政府采购信息（包括摘要、目录、金额、支出科目）与采购需求部门、供应商相对接					

续表

一级评价要素	二级评价要素	内容	制度情况		执行情况		
			尚未建立（0）	基本建立（1）	未能执行（0）	基本执行（1）	完全执行（2）
3. 采购控制	采购方式确定	采购单位应以批复的预算指标为依据，填写《政府采购项目采购登记表》，登记采购项目名称和采购金额，确定资金来源（部门预算、专项资金、其他资金）、需求登记日期、采购项目分类（货物类采购、服务类采购、工程类采购）等，将采购方式确认为集中采购或自行采购方式					
		采购单位负责人对登记的采购需求进行复核后，提交归口部门审核，然后提交采购小组，最后由单位领导班子审批					
	政府采购代理机构确定	经财政部或者省级财政部门认定，单位选取具有政府采购招标资质的代理机构，代理政府采购事宜					
	政府采购计划实施	价格预算确定需要采购需求部门设置岗位进行估价、询价和套算					
		专家选取要建立需求评审专家数据库并设置科学合理的运行机制					
		对招标要素设置的合理性和公允性进行审核，招标规则要公开公正					
		招标文件确定后，由政府采购代理机构按规定向财政部门指定的政府采购信息公告媒体上提供招标信息					
		在政府采购代理机构确定开标时间后，各采购单位的采购小组在限定时间内以书面、通告或电子邮件方式通知各需求部门，要载明开标时间、开标地点、政府采购代理机构联系人、联系方式等					

续表

一级评价要素	二级评价要素	内容	制度情况		执行情况		
			尚未建立（0）	基本建立（1）	未能执行（0）	基本执行（1）	完全执行（2）
3. 采购控制	政府采购计划实施	开评标结束后，各采购单位采购小组应于收到政府采购代理机构的预中标通知当日，将预中标通知下达给需求部门进行确认					
		中标结果公示及通知，各采购单位接到中标通知书后，应留存作为合同签订及资金支付依据，并公示中标结果					
	自行采购计划实施	符合预选供应商库模式的自行采购项目，由各采购单位自行抽取供应商					
		各采购单位申请自行采购评标会议的项目，按照评标要求组织评标，并将评标记录（包括评标人员名单产生过程、评标小姐签到表和评标结果确认表）自行备案					
	合同签订与备案	合同签订要求单位按照采购需求和招标文件的要求签订合同					
		各采购单位应当对合同进行备案登记和保管，限额以上的重大合同应上报上级单位进行报备					
	组织验收	相关部门或指定专人对所购物品的品种、规格、数量、质量和其他相关内容进行验收，出具验收证明					
	采购支付	采购单位依据采购合同、验收报告、竣工决算报告等文件，按照资金支付的相关规定，填写相关表格，办理采购资金支付申请					

续表

一级评价要素	二级评价要素	内容	制度情况		执行情况		
			尚未建立（0）	基本建立（1）	未能执行（0）	基本执行（1）	完全执行（2）
4. 资产控制	资产配置	对有规定配备标准的资产，应当按照标准进行配备；对没有规定配备标准的资产，应当从实际需要出发，从严控制，合理配备					
	资产新购	资产新购要符合资产购置标准和资产预算					
	资产更新	资产更新要与资产使用年限保持一致，保证资产更新与日常保养、维护和报废相关联					
	资产处置	资产处置的管理权应下放到各部门，单位加强对资产处置的整体审批和监控					
5. 工程项目控制	工程立项	单位应当建立建设项目管理决策环节的控制制度，对项目建议和可行性研究报告的编制、项目决策程序等做出明确规定，确保项目决策科学、合理					
		单位应当根据职责分工和审批权限对建设项目管理进行决策，决策过程应有完整的书面记录					
	设计下概预算	单位应当建立相应的设计单位选择程序和标准，严格审查设计单位证书的等级，择优选取具有相应资质的设计单位，并签订合同。重大工程项目应采用招投标方式选取设计单位					
		单位应加强对建设项目设计过程的控制，组织相关部门及专业技术人员对设计方案进行分阶段审核，监督设计工作，确保设计方案的使用、经济、合理以及与经批准的可行性研究报告所确定的涉及范围的一致性					

续表

一级评价要素	二级评价要素	内容	制度情况		执行情况		
			尚未建立（0）	基本建立（1）	未能执行（0）	基本执行（1）	完全执行（2）
5. 工程项目控制	设计与概预算	单位应当建立建设项目概预算环节的控制制度，对概预算的编制、审核等做出明确的规定；应当组织工程、技术、财会等部门的相关专业人员对编制的概预算进行审核，重点审查编制依据、项目内容、工程计量的计算、定额套用等是否真实、完整、准确					
	工程招标	单位应当建立建设项目招投标管理办法，根据项目的性质和标的金额，明确招标范围和要求，规范招标程序，不得人为肢解工程项目，规避招标					
		需要编制标底的，可以自行或委托具有相应资质的中介机构编制标底					
		单位应当组建评标小组负责评标。评标小组应由单位的代表和有关技术、经济方面的专家组成。评标小组应客观、公正地履行职务，遵守职业道德，对所提出的评审意见承担责任					
		单位应当按照规定的权限和程序从中标候选人中确定中标人，及时向中标人发出中标通知书，在规定的期限内与中标人订立书面合同，明确双方的权利、义务和违约责任					
	工程建设	单位应当实行严格的建设项目监理制度，监理人员应当具备相应的资质和良好的职业操守，深入施工现场，做好建设项目进度和质量的监控，及时发现和纠正建设过程中问题，客观公正地执行各项监理任务					
		单位应当建立建设项目进度价款支付环节的控制制度，对价款支付的条件、方式以及会计核算程序做出明确规定，准确掌握工程进度，根据合同约定，及时、正确地支付工程款					

续表

一级评价要素	二级评价要素	内容	制度情况		执行情况		
			尚未建立（0）	基本建立（1）	未能执行（0）	基本执行（1）	完全执行（2）
5. 工程项目控制	工程建设	实行国库集中支付的建设项目，单位应当按照财政国库管理制度相关规定，根据项目支出预算和工程进度办理资金支付等相关事项					
		单位应当建立与工程物资采购、验收和付款相关的控制程度，监督工程承包方的工程质量					
		单位应严格控制项目变更，对于必要的项目变更应经过相关部门或中介机构（如建设项目监理、财务监理等）的审核					
		单位应当加强对建设项目资金筹集与运用，物资采购与使用、财产清理与变现等业务的会计核算，真实、完整地反映建设项目成本发生情况、资金流入流出情况及财产物资的增减变动情况					
	工程竣工验收	单位应当建立竣工决算环节的控制制度，对竣工清理、竣工决算、决算审计、竣工验收等做出明确规定，确保竣工决算真实、完整、及时					
		单位应依据国家法律、法规的规定及时组织审核竣工决算。重点审查决算依据是否完备，相关文件资料是否齐全，竣工清理是否完成，决算编制是否正确					
		单位应当建立竣工决算审计制度，及时组织竣工决算审计。未经竣工决算审计的建设项目，不得办理资产验收和移交手续					
		单位应当及时组织设计、施工、监理，对建设项目进行竣工验收，确保建设项目质量符合设计要求					

续表

一级评价要素	二级评价要素	内容	制度情况		执行情况		
			尚未建立（0）	基本建立（1）	未能执行（0）	基本执行（1）	完全执行（2）
5. 工程项目控制	工程竣工验收	单位应建立建设项目后评估制度，对完工建设项目的经济性与项目建设书和可行性研究报告提出的预期经济目标进行对比分析，作为绩效考评和责任追究的基本依据					
	工程项目核算	单位应当如实记载业务的开展情况，妥善保管相关记录、文件和凭证，确保建设过程得到全面反映					
		财务部门会计人员应当认真审核建设项目相关手续，根据审核无误的有关单据，及时归集建设项目成本，并进行财务处理					
6. 会计控制	财务收支审批和报销	财务收支审批。明确审批人及对业务的授权批准方式、权限、程序、责任和相关控制措施					
		报销环节。根据执行与检查的职责需要分离的原理，要求任何级别业务人员都不能权签自己的费用					
	会计凭证填制和传递	会计凭证填制。为了确保会计核算资料的真实、正确并及时反映行政事业单位应当根据相关规定，建立原始凭证填制的内部控制，并组织实施					
		记账凭证填制。单位必须按照会计准则的规定填制记账凭证					
		会计凭证传递。规定会计凭证的传递程序，确定会计凭证在各个环节停留的时间，制定会计凭证传递过程中的交接签收制度					
	会计账簿登记	按照国家统一会计制度的规定和会计业务的需要设置会计账簿					

续表

一级评价要素	二级评价要素	内容	制度情况		执行情况		
			尚未建立（0）	基本建立（1）	未能执行（0）	基本执行（1）	完全执行（2）
6. 会计控制	财务报告编审和披露	按照国家统一会计制度的规定，定期编制财务报告					
		应当按照国家规定的期限和内容对外报告财务报告					
7. 合同控制	合同控制职责分工	单位应设立经济合同管理的牵头单位或者负责人，全权责任合同的管理的全过程工作，建立一套合同管理归口和审批机制，在单位领导审批之前须由合同负责人审核					
	合同订立	经济合同的财务管理必须与预算指标批复进行衔接，在合同的签订之前确认预算指标和执行规则；涉及跨期业务合同要将当年预算指标预留，以备跨年使用					
		应当加强合同订立管理，明确合同订立的范围和条件。对于影响重大、涉及专业技术较强或法律关系复杂的合同，应当组织法律、技术、财会等工作人员参与谈判，必要时可聘请外部专家参与相关工作。谈判过程中的重要事项和参与谈判人员的主要意见，应当予以记录并妥善保管					
	合同履行	单位应当对合同履行情况实施有效监控，针对对方无法履行合同时，应当及时采取应对措施。单位应当建立合同履行监督审查制度。对合同履行中签订补充合同，或变更、解除合同等应当按照国家有关规定进行审查					
	合同后续管理	合同归口管理部门应当加强合同登记管理，定期对合同进行统计、分类和归档，详细登记合同的订立、履行和变更情况，实行合同的全过程封闭管理					
	合同特殊事项管理	合同中特殊事项的风险，包括合同的变更、赔偿金和保证金的业务非常琐碎，单位应设置专门机构与岗位对特殊事项的归口和审批管理进行组织与审批					
合计		88 项					

三、内部控制评价工作底稿

××有限公司部分内部控制评价工作底稿

单位：××有限公司　一级流程名称：采购业务　评价人：＊＊＊　内控评价实施部门：审计部

内控评价时间：　二级流程名称：供应商管理流程　复核人：＊＊＊　内控评价底稿编号：R10.1

对应控制目标编号	关键控制措施	对应制度	应保留控制痕迹	应抽取样本量	评价意见	测试底稿编号	改进建议	改进责任岗位
CA10.1－1	公司制定制度规定了公司对供应商进行合格评价的管理职责、管理内容与要求、检查与考核等。其标准适用于公司对供应商进行合格评价的管理	《合格供方评价控制程序》	合格供方评价控制程序文件	1				负责人
CA10.1－2	物资部、运营部每年定期分别对分工范围内的供应商进行调查，为评审会议做好准备，要填写“供应商评价表”，经会议评审后，形成“合格供应商名录”	《合格供方评价控制程序》	新进供应商评价表	2				负责人
CA10.1－3	物资部、运营部对供应商提供的营业执照等级/资质证书、代理证书、专营证书、质量认证书等进行评价验证，确认其有效性	《合格供方评价控制程序》	供应商调查表与评价表	2				负责人

续表

对应控制目标编号	关键控制措施	对应制度	应保留控制痕迹	应抽取样本量	评价意见	测试底稿编号	改进建议	改进责任岗位
CA10.1－4	物资部、运营部对供应商提供的营业执照等级/资质证书、代理证书、专营证书、质量认证书等进行评价验证，确认其有效性。对供应商财务状况及履约能力进行验证，调查了解其生产能力、运输能力、支付能力等。对供应商的服务、安装等技能及以往业绩进行评价确认，可通过电话核实，必要时实地考察，确认其真实性，对供应商质量保证能力进行评价，核实其质量审核报告、质量记录等	《合格供方评价控制程序》	供应商调查表与评价表	2				负责人
CA10.1－5	根据供应商的资质、信誉和为本公司所提供的服务情况，把供应商分为A、B、C、D四类，进行动态管理，原则上每年一次对各供应商的类别进行重新认定，并分别进行评审	《合格供方评价控制程序》	供应商资质水平质量认证表	2				负责人
CA10.1－6	对于涉密物资采购需同供应商单独设立保密协议，在保密协议中明确供应商的保密责任和违约责任，双方签字确认	《合格供方评价控制程序》	供应合同、保密协议	2				负责人

续表

对应控制目标编号	关键控制措施	对应制度	应保留控制痕迹	应抽取样本量	评价意见	测试底稿编号	改进建议	改进责任岗位
CA10.1－7	物资部、运营部分别根据《供方资料卡》的内容评估其供应能力，并参考供应商以往业绩及业界评价提出初步入选范围。经过评价合格的供应商，可继续登录于合格供应商名单并由分管副总经理、总经理、董事长审批后执行，在物资招议标过程中，可以得到优先选择权	《合格供方评价控制程序》	供方评价表	2				负责人
CA10.1－8	每年对供应商予以重新评价，不合要求的予以淘汰，从候选队伍中再行补充合格供应商	《合格供方评价控制程序》	供应商评审表、供应商名单	2				负责人
CA10.1－9	物资部每年组织测量设备的使用部门对测量设备的制造商进行至少一次合格供方评定，更新合格外部供方名录，报供应商评价小组审核，经公司领导批准后交物资部存管	《合格供方评价控制程序》	供应商评审表	1				负责人
CA10.1－10	公司成立供应商评价小组，由公司领导、运营部、物资部、生技部、安健环部、检修部、运行部、财务部、监察审计室、党政办等部门组成。负责每年一次的供应商的评价考核工作	《合格供方评价控制程序》	供应商评价表	1				负责人

续表

对应控制目标编号	关键控制措施	对应制度	应保留控制痕迹	应抽取样本量	评价意见	测试底稿编号	改进建议	改进责任岗位
CA10. 1 – 11	为防止舞弊、对不相容职位进行分离，物资采购部门不得兼任合格供应商管理	《合格供方评价控制程序》	职能说明书	1				负责人
CA10. 1 – 12	根据供应商的资质、信誉和为本公司所提供的服务情况，把供应商分为 A、B、C、D 四类，进行动态管理	《合格供方评价控制程序》	供应商名录	1				负责人
CA10. 1 – 13	为进一步优化采购流程，提高采购运作效率，保证产品质量，以便与供应商建立长期合作的信任关系，优势互补	《合格供方评价控制程序》	供应商名录	1				负责人
CA10. 1 – 14	将供应商管理工作纳入综合营运部、物资管理部的月度与年度考核	《合格供方评价控制程序》	综合营运部、物资管理部月度与年度考核记录	1				负责人
CA10. 1 – 15	生技部每年组织进行至少一次综合评定，更新合格外部供方（实验室）名录，报生技部经理审核，经分管副总经理批准后交生技部存管，相关部门留底	《合格供方评价控制程序》	供应商名录、评审资料、档案目录	1				负责人

单位：××有限公司　　一级流程名称：采购业务　　评价人：＊＊＊　　内控评价实施部门：审计部

内控评价时间：　　二级流程名称：采购及招标管理　　复核人：＊＊＊　　内控评价底稿编号：R10.2

对应控制目标编号	关键控制措施	对应制度	应保留控制痕迹	应抽取样本量	评价意见	测试底稿编号	改进建议	改进责任岗位
CA10.2－1	公司制定物资管理标准规定了公司物资的计划、采购、验收、入库、报销、出库、稽核、统计、仓储管理、仓储积压物资处理等管理职责、管理内容与要求、检查与考核	《物资管理标准》	物资管理制度文件	1				经理
CA10.2－2	编制物资采购计划，应符合企业MAXIMO系统物资采购计划填报要求和采购编码要求编制，物资采购计划的内容应完整、准确、规范	《物资管理标准》	采购计划文件	25				经理
CA10.2－3	编制完成的物资采购计划，由物资采购计划的编制部提交后，依据费用项目，依次按物资需用部门、费用归口管理部门、物资部、总工或主管企业领导的传递顺序进行审核、审批后生效	《物资管理标准》	采购计划文件审批单	2				经理
CA10.2－4	各类建设工程项目，包括为完成项目所必需的勘察、设计、施工、监理、项目管理、可行性研究等服务以及与工程建设有关的设备、材料的采购等，达到下列标准之一的，必须进行招标	《招投标管理标准》	采购计划、采购计划审批单	2				负责人

续表

对应控制目标编号	关键控制措施	对应制度	应保留控制痕迹	应抽取样本量	评价意见	测试底稿编号	改进建议	改进责任岗位
CA10.2－5	公司的招标工作要严格按依法、依规、依程序的"三依"原则执行，同时根据水力生产的特点和企业实际情况，自行开展招标活动	《招投标管理标准》	采购信息调查表、文件	1				负责人
CA10.2－6	提出招标申请，招标文件编制完成后，项目承办部门向公司招投标领导小组提出招标申请，经运营管理部等相关职能部门审核会签后，报公司招投标领导小组审核、批准	《招投标管理标准》	招标申请表、单	1				负责人
CA10.2－7	项目承办部门根据招标项目的特点和需要组织编制项目招标文件。招标文件编制完成后，项目承办部门向公司招投标领导小组提出招标申请，经运营管理部等相关职能部门审核会签后，报公司招投标领导小组审核、批准	《招投标管理标准》	标书文件	1				负责人
CA10.2－8	评价工作应遵循国家有关法律、法规。委托代理招标项目的评标委员会由招标人的代表和评标专家组成，人数为5人以上单数，聘请的专家人数至少占评委总数的2/3。自行组织招标项目的评标委员会由公司招投标工作各专业小组成员组成，同时根据各项目的具体情况，各招投标专业小组组长可视需要指定1～2名专业技术人员参加	《招投标管理标准》	评标方案、评标文件	1				负责人

续表

对应控制目标编号	关键控制措施	对应制度	应保留控制痕迹	应抽取样本量	评价意见	测试底稿编号	改进建议	改进责任岗位
CA10. 2 – 9	采购相关岗位人员应实行定期轮岗规则	《招投标管理标准》	岗位职责说明书	1				经理
CA10. 2 – 10	物资部采购员提出询价方案在合格供应商名单中选定采购单位，通过MAXIMO物资管理系统报批并由相应审批权限审核同意后实施采购	《物资管理标准》	采购审批单	1				经理
CA10. 2 – 11	采购到货的通用性物资到货后，通知相关部门人员到仓库参加验收，做好交货验收记录；填制公司到货物资质量验收单，由参加验收的人员进行会签。依据物资供货合同验收条款约定，需到生产厂进行验收的物资，由委托代理人委派专人负责	《物资管理标准》	采购合同、验收单	1				经理
CA10. 2 – 12	备品配件到货后，物资部组织人员负责开箱验收；对备品配件进行外观检查完好、无破损	《备品配件管理标准》	验收单、入库单	1				经理
CA10. 2 – 13	验收合格的物资，仓库管理员应以审核无误的物资采购计划、到货凭证、交货验收记录等资料为依据，于1个工作日内在MAXIMO物资系统办理物资接收手续，物资部采购员凭供货发票在MAXIMO物资系统办理物资入库手续。入库单的内容应完整，符合物资入库管理规定和MAXIMO物资系统管理要求	《物资管理标准》	验收单、入库单、盘点表	1				经理

续表

对应控制目标编号	关键控制措施	对应制度	应保留控制痕迹	应抽取样本量	评价意见	测试底稿编号	改进建议	改进责任岗位
CA10.2－14	采购到货的物资验收入库后，应办理付款结算手续，并及时进行报销。物资部采购员为结算责任人，付款结算时应负责对供货发票、入库单、物资购销合同或采购计划及相关的验收凭证认真审核，确认无误后，将供货发票附上相关入库资料并按财务结算程序审批	《物资管理标准》	供货发票、入库单、物资购销合同或采购计划	1				经理
CA10.2－15	采购部应在核对无误后催促供应商开具发票，并提交至财务部。财务部收到发票后及时核对办理核算手续	《物资管理标准》	付款台账	1				经理
CA10.2－16	物资部采购员为结算责任人，付款结算时应负责对供货发票、入库单、物资购销合同或采购计划及相关的验收凭证认真审核，确认无误后，将供货发票附上相关入库资料并按财务结算程序审批	《物资管理标准》	付款申请、付款审批	1				经理
CA10.2－17	物资采购过程应严格遵守国家相关法律法规，按公司《合格供方评价控制程序》的管理规定，充分发挥物资采购主渠道的作用，坚持比质、比价、比服务的原则，坚持对合格供方的评价、管理，确保物资采购及时、准确、经济、合理，维护本企业利益。物资采购应以招标采购、网上采购、货比三家、直接采购等多种方式进行	《物资管理标准》	采购合同履行情况台账	1				经理

续表

对应控制目标编号	关键控制措施	对应制度	应保留控制痕迹	应抽取样本量	评价意见	测试底稿编号	改进建议	改进责任岗位
CA10. 2 – 18	物资供货合同文本或合同变更资料的正本，印一式四份，合同双方各执两份，合同文本及合同变更资料的副本，根据需要印若干份。合同承办人和党政办（法律科）、财务部各保留一份，合同审批手续、合同文本及合同变更资料的正本及其他副本由党政办（法律科）做好登记，并由党政办（法律科）将正本交档案室存档管理	《物资管理标准》	公司资料目录、采购归档资料	1				经理

单位：××有限公司　一级流程名称：采购管理　评价人：＊＊＊　内控评价实施部门：审计部
内控评价时间：　二级流程名称：议价或指定采购　复核人：＊＊＊　内控评价底稿编号：R10. 3

对应控制目标编号	关键控制措施	对应制度	应保留控制痕迹	应抽取样本量	评价意见	测试底稿编号	改进建议	改进责任岗位
CA10. 3 – 1	物资需求部门在编制物资采购计划时，要充分考虑生产实际，确保计划准确性。确有特殊原因须补充采购计划，同一项目只允许补充一次	《物资管理标准》	采购计划书、计划审批文件	1				经理

续表

对应控制目标编号	关键控制措施	对应制度	应保留控制痕迹	应抽取样本量	评价意见	测试底稿编号	改进建议	改进责任岗位
CA10.3－2	由物资部采购员提出询价方案在合格供应商名单中选定采购单位，通过MAXIMO物资管理系统报批，并由相应审批权限审核同意后实施采购	《物资管理标准》	职责划分文件、采购审批文件	1				经理
CA10.3－3	同一采购计划下，总金额未达到招标限额，依据比质、比价、比服务的原则，物资部应以货比三家或网上询价方式进行采购	《物资管理标准》	询价议价资料表	1				经理
CA10.3－4	由物资部采购员提出询价方案在合格供应商名单中选定采购单位，通过MAXIMO物资管理系统报批，并由相应审批权限审核同意后实施采购	《物资管理标准》	采购申请表、审批单	1				经理

单位：××有限公司　　一级流程名称：资产管理　　评价人：＊＊＊　　内控评价实施部门：审计部

内控评价时间：　　二级流程名称：存货——材料物资　　复核人：＊＊＊　　内控评价底稿编号：R9.3

对应控制目标编号	关键控制措施	对应制度	应保留控制痕迹	应抽取样本量	评价意见	测试底稿编号	改进建议	改进责任岗位
CA9.3－1	为了加强公司物资管理，规范物资管理程序，特制定《物资管理标准》	《物资管理标准》	《物资管理标准》文件	1				经理
CA9.3－2	①订货人员与复核、审批人员的岗位分离；②订货人员与验收、存货保管人员岗位分离；③存货保管人员、会计记账人员岗位分离	《物资管理标准》	材料管理部门岗位说明	1				经理
CA9.3－3	物资验收过程及验收结果以书面形式进行记录，记录内容应完整、准确、清晰，并负责按规定将验收记录分别存档管理。财务部每月末到物资部，会同仓管员以 MAXIMO 物资管理系统中库存台账为基准，一并进行稽核，对账实不符的情况应查明原因，立刻予以整改；保障账实相符，促进库存物资管理工作	《物资管理标准》	库存台账	2				经理
CA9.3－4	原材料按实际成本计价，发出时采用先进先出法；周转材料按实际成本计价，按使用周期摊销；低值易耗品按实际成本计价，领用时采用一次摊销法		材料分配表、成本核算单	2				经理

续表

对应控制目标编号	关键控制措施	对应制度	应保留控制痕迹	应抽取样本量	评价意见	测试底稿编号	改进建议	改进责任岗位
CA9.3－5	仓储物资的存放根据物资的自然属性进行分类，按照物资的类别、型号、规格、性能、用途等分别存放。存放应科学合理，并符合物资保管保养的要求	《物资管理标准》	存货区域存放图	1				经理
CA9.3－6	仓储物资的存放，建立物品标识牌，按物资的类别、型号、规格、性能、用途等分别存放。存放应科学合理，并符合物资保管保养的要求	《物资管理标准》	物品标识牌	1				经理
CA9.3－7	物资使用部门应对物资领料单的完整性、正确性负责，领料单必须得到相关领导的审批签字	《物资管理标准》	出库单、领料单	25				经理
CA9.3－8	物资使用部门应对物资领料单的完整性、正确性负责，仓库保管员应对物资领料单的准确性负责。由此引起的后果，由责任人承担	《物资管理标准》	物品登记簿、出库时系统信息记录痕迹	25				经理
CA9.3－9	仓储物资根据有效的出库凭证办理出库手续。出库凭证包括：物资领料单、物资调拨单、物资出售单等。本企业生产使用物资，应根据有效的物资领料单办理出库手续	《物资管理标准》	物品登记簿、出库时系统信息记录痕迹	1				经理
CA9.3－10	出库单一式四联，一联存根，一联领料单位用，一联本单位会计记账，一联业务部门对账。物资领料单及出库单应编号且连续编号	《物资管理标准》	领料单	25				经理

续表

对应控制目标编号	关键控制措施	对应制度	应保留控制痕迹	应抽取样本量	评价意见	测试底稿编号	改进建议	改进责任岗位
CA9.3-11	需退回仓库管理的物资，由所属部门报批《退库单》，由退库部门、技术部门和物资仓库负责人确认是否符合退库条件，仓库管理员按照退库单内容接收并签字	《物资管理标准》	退库单	5				经理
CA9.3-12	仓储物资的定期盘点，在规定的时间，对仓储物资的数量和资金占用进行校核，并对仓储物资的质量情况进行检验。年末由财务部负责组织物资部对仓储物资全面进行一次定期盘点，物资部负责对库存物资的数量及库存结构进行检查。财务部负责对仓储物资的数量和资金占用进行校核，审计室负责对盘点过程进行监督	《物资管理标准》	物资盘点表	2				经理
CA9.3-13	盘点结果由物资部编制物资盘点表，物资部、财务部、主管副总经理、总经理在各类物资盘点表中签字认可，账实不符的情况应查明原因，落实责任，按规定进行账务处理。签字后的物资盘点情况表由财务部留存，物资部及总经办各留一份以备查	《物资管理标准》	物资盘点表	2				经理

续表

对应控制目标编号	关键控制措施	对应制度	应保留控制痕迹	应抽取样本量	评价意见	测试底稿编号	改进建议	改进责任岗位
CA9. 3 - 14	仓储物资盘点时，应由仓库保管员负责查明盘亏原因，并按照规定填制公司物资盘点盈亏表，经财务部核实后，经部门签批后报公司领导审批，审批后结果交财务部进行处理	《物资管理标准》	物资盘点表、盘盈盘亏审批表	2	经理			
CA9. 3 - 15	财务部每月末到物资部，会同仓管员以 MAXIMO 物资管理系统中库存台账为基准，一并进行稽核，对账实不符的情况应查明原因，立刻予以整改；保障账实相符，促进库存物资管理工作。签字后的物资稽核情况表应留财务部、物资部各一份以备查	《物资管理标准》	物资盘点表	1				经理
CA9. 3 - 16	仓储物资库存的数量占用流动资金，应控制在科学合理的范围之内，要保障生产需求，同时节约流动资金的占用。对仓储物资制定科学合理的储备定额，是仓储物资库存分析控制管理的基础	《物资管理标准》	库存余量表	1				经理
CA9. 3 - 17	检修部应负责对仓储物资的动态变化情况，根据生产需求，结合物资流通及资源情况，及时进行综合分析，并及时调整仓储物资的库存数量，使仓储物资库存数量始终处于合理状态	《物资管理标准》	库存余量表	1				经理

续表

对应控制目标编号	关键控制措施	对应制度	应保留控制痕迹	应抽取样本量	评价意见	测试底稿编号	改进建议	改进责任岗位
CA9. 3 – 18	由于仓储原因或物资自然属性等原因，造成仓储物资损坏或变质，使物资失去使用价值，应进行报损报废处理。属于报损报废范围内的仓储物资，应由物资部负责组织鉴定，运输公司负责处理。鉴定工作应由物资部、财务部、审计室、生产技术部、检修部、安健环部、运输公司等部门共同参与工作	《物资管理标准》	物资处置相关文件	1				经理
CA9. 3 – 19	仓库建立出入登记簿，非仓库管理人员进入库房前应进行登记确认	《物资管理标准》	出入登记簿	1				经理
CA9. 3 – 20	仓库安全管理是仓储各项管理工作的重中之重，严格执行《消防管理标准》、《危险化学品管理标准》、《治安保卫管理标准》等相关管理规定，做好仓库“十防”安全工作，即防破坏、防盗、防火、防中毒、防工伤事故、防自然灾害、防漏跑混油、防危险品事故、防物资霉烂残损、防设备损坏和装卸搬运事故。保管员必须定期对其安全情况进行巡检	《物资管理标准》	仓库巡查记录	2				负责人

单位：××有限公司　　一级流程名称：内幕交易　　评价人：＊＊＊　　内控评价实施部门：审计部

内控评价时间：　　二级流程名称：内幕交易流程　　复核人：＊＊＊　　内控评价底稿编号：R19.1

对应控制目标编号	关键控制措施	对应制度	应保留控制痕迹	应抽取样本量	评价意见	测试底稿编号	改进建议	改进责任岗位
CA19.1－1	为规范公司的内幕信息管理，公司建立了内幕信息知情人管理制度	《内幕信息知情人管理制度》	《内幕信息知情人管理制度》文件	1				总经理、董秘
CA19.1－2	公司应如实登记内幕信息未披露前报告、筹划、编制、传递、审批、披露等环节，各环节所有内幕知情人名单，以及内幕知情人知悉内幕信息的时间等相关档案，供公司自查和相关检查机构查询	《内幕信息知情人管理制度》	内幕信息档案台账	1				总经理、董秘
CA19.1－3	公司应对《内幕信息知情人管理制度》进行专项培训，使相关人员知悉其内幕管理要求	《内幕信息知情人管理制度》	《内幕信息知情人管理制度》培训记录	1				总经理、董秘
CA19.1－4	公司内幕信息尚未公布前，内幕信息知情人不得将有关内幕信息内容向外界泄露、报道、传送；不得将相关信息泄露给亲属、朋友、同事或其他人；不得利用内幕信息为本人、亲属或他人谋利；不得买卖公司证券或建议他人买卖公司证券	《内幕信息知情人管理制度》	《内幕信息知情人管理制度》文件	1				总经理、董秘
CA19.1－5	公司依据法律法规的要求应当报送的，需要将报送的外部单位相关人员及其关联人作为内幕知情人登记在案备查，并要求其履行保密义务，必要时应与相关方签订保密协议，明确各方权利、义务和违约责任	《内幕信息知情人管理制度》	保密提示函记录	1				总经理、董秘

续表

对应控制目标编号	关键控制措施	对应制度	应保留控制痕迹	应抽取样本量	评价意见	测试底稿编号	改进建议	改进责任岗位
CA19.1－6	公司应编制内幕信息知情人登记表；登记表保存年限不少于10年	《内幕信息知情人管理制度》	内幕信息知情人档案	1				总经理、董秘
CA19.1－7	公司各部门、各下属公司及分支机构责任人作为突发事件的预警、预防工作第一负责人，定期检查及汇报部门或公司有关情况，做到及时提示、提前控制，将事态控制在萌芽状态中	《内幕信息知情人管理制度》	内幕信息知情人档案	1	总经理、董秘			
CA19.1－8	发生突发事件时，应急领导小组要立即采取措施控制事态发展，组织开展应急救援工作，并根据职责和规定的权限启动制定的相关应急预案，及时有效地进行先期处置，控制事态	《内幕信息知情人管理制度》	内幕信息知情人档案	1				总经理、董秘
CA19.1－9	应急领导小组是公司突发事件处理工作的领导机构，统一领导公司突发事件应急处理，就相关重大问题做出决策和部署，根据需要研究决定公司对外发布事件信息	《内幕信息知情人管理制度》	内幕信息知情人档案	1	总经理、董秘			
CA19.1－10	事件结束后，应急领导小组应尽快消除突发事件的影响，并及时解除应急状态，恢复正常工作状态；同时，应及时对突发事件的起因、过程、性质、责任、影响、恢复重建以及事件处理效果等事项进行调查评估，并以此总结经验吸取教训	《内幕信息知情人管理制度》	内幕信息知情人档案					

单位：××有限公司　　一级流程名称：突发事件　　评价人：＊＊＊　　内控评价实施部门：审计部
内控评价时间：　　二级流程名称：突发事件管理流程　　复核人：＊＊＊　　内控评价底稿编号：R9.1

对应控制目标编号	关键控制措施	对应制度	应保留控制痕迹	应抽取样本量	评价意见	测试底稿编号	改进建议	改进责任岗位
CA9.1－1	公司重大事件应急管理符合国家有关法律、法规及公司有关规章制度的要求	《突发事件总体应急预案》	《突发事件总体应急预案》文件	1				经理
CA9.1－2	为在遭遇突发事件时尽最大可能地减少企业人员伤亡、社会影响和财产损失，特制定本总体应急预案	《突发事件总体应急预案》	《突发事件总体应急预案》文件	1				经理
CA9.1－3	有关部门接到报告后，应问清重要信息和情况，立即报告公司领导，并将公司领导做出的处置突发事件的批示或指示传达给事发部门，启动相关的应急预案，指导事发部门开展应急处置工作，跟踪反馈落实情况	《突发事件总体应急预案》	应急预案	5				领导小组负责人
CA9.1－4	公司建立了应急管理体系和应急预案，能够在突发事件发生时做出有效反应	《突发事件总体应急预案》	应急预案	1				经理
CA9.1－5	公司在突发事件预防和处理工作中，必须遵循“以人为本，预防为主”的方针，贯彻“统一指挥、分级负责、措施果断、依靠科学、加强合作、快速反应”的原则，使突发事件损失降到最低程度	《突发事件总体应急预案》	会议纪要、应急预案	2				领导小组负责人

续表

对应控制目标编号	关键控制措施	对应制度	应保留控制痕迹	应抽取样本量	评价意见	测试底稿编号	改进建议	改进责任岗位
CA9.1－6	公司、各部门年初应进行应急救援与突发事件应急预案的演练。对演练的结果进行总结和评价，对预案在演练中暴露的问题和不足应及时解决	《突发事件总体应急预案》	培训记录、演练记录	10				经理
CA9.1－7	各部门应在每年10月底前完成对实施控制后的危险源的自评，更新危险源清单和不可允许清单，并将结果报安健环部。安健环部应在11月底前，完成公司下一年度的危险源清单和不可允许清单的更新报批工作	《突发事件总体应急预案》	日常检查记录	10				经理
CA9.1－8	突发事件应急指挥部门接到突发事件报警后，对报警情况进行核实，通知应急相关部门和本部门相关人员到位，开展突发事件分析、抢险、善后处理工作	《突发事件总体应急预案》	突出事件处理台账	2				领导小组负责人
CA9.1－9	公司接受过培训的人员证书需复审或换证的根据相关的文件规定，进行审核或继续教育	《突发事件总体应急预案》	操作人员审定表	2				领导小组负责人
CA9.1－10	应急终止后，公司突发事件指挥部门负责编制事件总结报告，并组织应急过程评价，及时修订应急预案	《突发事件总体应急预案》	事故总结报告	25				领导小组负责人

注：根据抽查结果提出评价意见及改进建议。

××有限公司
议价或指定采购管理流程内控执行有效性测试底稿

控制点编号	CA10. 3 －1
关键控制措施	特资需求部门在编制物资采购计划时，要充分考虑生产实际，确保计划的准确性。确有特殊原因须补充采购计划，同一项目只允许补充一次
评价方法	查看临时采购计划书及计划审批文件
业务发生频率	不确定
抽样数量	1

抽凭资料编号	凭证号码	内容	是否正确	具体异常表现
1				
2				
3				
4				
5				
6				
7				
8				
9				
10				
11				
12				
13				
14				
15				
16				
17				
18				
19				
20				
21				
22				
23				
24				
25				

评价意见：

测试人：　　　　　　　　　　　　复核人：

日期：　　　　　　　　　　　　　日期：

××有限公司

资金收支计划管理流程内控执行有效性测试底稿

控制点编号	CA6.2－1
关键控制措施	各结算单位在每月的2日前，向股份公司财务资金部提交本单位的《月度经营活动资金收支计划》
评价方法	查看各单位报送的月度经营活动资金收支计划
业务发生频率	每月1次
抽样数量	2

抽凭资料编号	凭证号码	内容	是否正确	具体异常表现
1				
2				
3				
4				
5				
6				
7				
8				
9				
10				
11				
12				
13				
14				
15				
16				
17				
18				
19				
20				
21				
22				
23				
24				
25				

评价意见：

测试人：　　　　　　　　　　复核人：

日期：　　　　　　　　　　　日期：

××有限公司
资金使用和费用支出管理流程内控执行有效性测试底稿

控制点编号	CA6.4-6
关键控制措施	稽核员要复核制单员的账务处理是否正确，再对制单员复核的内容复核，抽查核实收款凭证与对账单等是否相符；对会计凭证稽核后由会计主管执行自动记账
评价方法	查看相关会计凭证
业务发生频率	每天多次
抽样数量	25

抽凭资料编号	凭证号码	内容	是否正确	具体异常表现
1				
2				
3				
4				
5				
6				
7				
8				
9				
10				
11				
12				
13				
14				
15				
16				
17				
18				
19				
20				
21				
22				
23				
24				
25				

评价意见：

测试人：　　　　复核人：

日期：　　　　日期：

第九章　企业内部控制知识竞赛试题[①]

为宣传贯彻企业内部规范体系，普及内控知识，进一步提升内控管理水平，由财政部会计司、中国注册会计师协会、国资委财务监督考核评价局、证监会会计部等单位联合举办企业内部控制知识竞赛。本次竞赛共设计 100 题，每题 1 分。试题如下：

一、选择题（请在备选答案中选择 1 个或 1 个以上正确答案，选出全部正确选项得 1 分，错选、少选、多选、不选均不得分。本题共 70 题，每题 1 分，共 70 分）

1. 内部控制的基本概念是从早期（　　）思想的基础上逐步发展起来的。

A. 科学管理　　B. 内部牵制　　C. 内部审计　　D. 管理控制

2. 下列有关企业内部控制的表述中，正确的有（　　）。

A. 内部控制是一个过程

B. 内部控制是由企业的董事会和管理层实施的

C. 有效的内部控制可以绝对保证控制目标的实现

D. 内部控制不仅是制度和手册，而且是渗透到企业活动之中的一系列行为

3. 下列有关企业内部控制信息与沟通要素的表述中，正确的有（　　）。

A. 内部控制信息与沟通针对的是企业内部生成的信息，不涉及企业外部的信息

B. 信息系统生成与控制目标及其实现程度有关的信息，从而使对业务的管理和控制成为可能

C. 有效的信息沟通需要自上而下、自下而上或平行地贯穿于企业之中

D. 管理层与下属相处时的行为也会成为有效的信息沟通方式

4. 下列各项中，属于导致内部控制固有局限原因的有（　　）。

A. 控制的有效性会受到决策过程中人为判断的影响

① 财会信报，2013 年 8 月 5 日。

B. 内部控制只能为控制目标的实现提供合理保证

C. 管理人员可能会凌驾于内部控制之上

D. 内部控制的设计与实施需要考虑成本与效益

5. 关于美国科索委员会（COSO）发布的《内部控制——整合框架》（1992）和《企业风险管理——整合框架》（2004）之间的关系，下列说法正确的有（　　）。

A. 后者并没有取代前者，对于那些着眼于内部控制的主体，前者依旧有用

B. 后者增加了战略目标，并将报告目标扩大到非财务报告

C. 后者延续了前者中有关主体风险偏好、风险容忍度和风险组合观等基本概念，将风险评估扩充为目标设定、事项识别、风险评估、风险应对四个要素

D. 前者和后者都认为风险发生在主体的各个层次上，并且来源于许多内部和外部因素

6. 与《内部控制——整合框架》（1992）相比，2013 年 5 月，美国科索委员会（COSO）发布的修订后的《内部控制——整合框架》主要变化表现有（　　）。

A. 修改了内部控制核心定义

B. 概括了“对诚信和道德价值观的承诺”等 17 条原则

C. 将报告的范围从对外财务报告目标扩展到内部和外部、财务和非财务的报告目标

D. 将目标设定作为内部控制的组成部分

7. 上市公司分类分批实施企业内部控制规范体系的要求，正确的有（　　）。

A. 中央和地方国有控股上市公司，应于 2012 年全面实施企业内部控制规范体系，并在披露 2012 年公司年报的同时，披露董事会对公司内部控制的自我评价报告以及注册会计师出具的财务报告内部控制审计报告

B. 非国有控股主板上市公司，且于 2011 年 12 月 31 日公司总市值（证监会算法）在 50 亿元以上。2009 年至 2011 年平均净利润在 3000 万元以上的，应在披露 2013 年公司年报的同时，披露董事会对公司内部控制的自我评价报告以及注册会计师出具的财务报告内部控制审计报告

C. 选项 A、B 范围之外的其他主板上市公司，应在披露 2014 年公司年报的同时，披露董事会对公司内部控制的自我评价报告以及注册会计师出具的财务报告内部控制审计报告

D. 新上市的主板上市公司应于上市当年开始建设内控体系，并在上市的下一年度年报披露的同时，披露内部控制自我评价报告和审计报告

8. 下列关于中央企业实施企业内部控制规范体系的要求正确的有（　　）。

A. 中央企业应当按照《企业内部控制基本规范》和配套指引的要求，建立

规范、完善的内部控制体系

B. 中央企业在开展内部控制自我评价的同时，必须聘请会计师事务所对财务报告内部控制的有效性进行审计并出具审计报告

C. 中央企业应当建立内部控制重大缺陷追究制度，内部控制评价和审计结果要与履职评估或绩效考核相结合

D. 中央企业应当自2013年起，于每年4月30日前向国资委报送内部控制评价报告，同时抄送派驻本企业监事会

9. 公开发行证券的公司在年度报告中应披露的财务报告内部控制信息包括（　　）。

A. 公司财务报告内部控制的建立健全及其运行情况的说明

B. 董事会对评价基准日财务报告内部控制的自我评价报告

C. 注册会计师对公司财务报告内部控制的审计报告

D. 报告年度财务报告内部控制审计费用情况

10. 企业建立与实施内部控制应当遵循的原则有（　　）。

A. 全面性原则　　B. 重要性原则

C. 成本效益原则　　D. 制衡性原则

11. 下列有关企业内部控制目标的表述中，正确的有（　　）。

A. 企业经营管理合法合规　　B. 追求利润最大化

C. 财务报告真实完整　　D. 促进企业实现发展战略

12. 企业内部控制的实施主体包括（　　）。

A. 全体员工　　B. 监事会　　C. 经理层

13. 建立健全和有效实施内部控制是（　　）的责任。

A. 高级管理层　　B. 董事会

C. 注册会计师　　D. 内审部门

14. 企业应当建立规范的公司治理结构和议事规则，明确决策、执行、监督等方面的职责权限，形成科学有效的职责分工和制衡机制。下列选项中，属于股东（大）会主要职责的有（　　）。

A. 依法行使企业的经营决策权

B. 监督企业董事、经理和其他高级管理人员依法履行职责

C. 依法行使企业经营方针、筹资、投资、利润分配等重大事项的表决权

D. 审议批准监事会或监事的报告

15. 下列选项中，属于内部控制范畴内的风险应对策略有（　　）。

A. 风险规避　　B. 风险降低

C. 风险分担　　D. 风险承受

16. 根据功能分类，可以将控制分为预防性控制和（　　）。

A. 发现性控制　　B. 反馈性控制　　C. 矫正性控制

17. 企业建立健全反舞弊机制，重点关注的领域包括（　　）。

A. 未经授权或者采取其他不法方式侵占、挪用企业资产，牟取不当利益

B. 在财务会计报告和信息披露等方面存在的虚假记载、误导性陈述或者重大遗漏等

C. 董事、监事、经理及其他高级管理人员滥用职权

D. 相关机构或人员串通舞弊

18. 企业在确定职权和岗位分工过程中，应当体现不相容职务相互分离的要求。下列各项中属于不相容职务的有（　　）。

A. 可行性研究与决策审批　　B. 执行与监督检查

C. 决策审批与执行　　D. 决策审批与监督检查

19. 企业发展战略方案应最终报经（　　）批准后付诸实施。

A. 战略委员会　　B. 总经理

C. 董事会　　D. 股东（大）会

20. 关于企业人力资源管理内部控制，下列说法错误的有（　　）。

A. 企业在选拔员工时，应当切实做到因人设岗、以人选岗，确保选聘人员能够胜任岗位职责要求

B. 企业对考核不能胜任岗位要求的员工，应直接解除劳动合同

C. 企业人力资源管理风险包括人力资源退出机制不当，可能导致法律诉讼或企业声誉受损

D. 企业应当定期对年度人力资源计划执行情况进行评估

21. 下列各项中，表明内部控制环境存在缺陷的有（　　）。

A. 甲企业为上市公司，其关键管理人员在母公司兼职，在该人员的指令下，上市公司承担了母公司发生的捐款

B. 乙企业为降低生产成本，减少环保投入，致使大量污水排放造成环境污染

C. 丙企业设立审计委员会，负责监督公司内部控制的有效实施和内部控制自我评价情况

D. 丁企业的企业文化是“不惜一切代价做大市场”

22. 针对资金营运内部控制的关键控制，下列说法正确的有（　　）。

A. 印章要与空白票据分管

B. 由一人办理资金全过程业务

C. 严禁收款不入账，设立“小金库”

D. 出纳人员根据资金收付凭证登记日记账

23. 关于企业筹资内部控制，下列说法正确的有（　　）。

A. 企业应当对筹资方案进行严格审批，重大筹资方案，应当由企业一把手审批

B. 企业财务部门可以根据市场变化等情况，自行决定是否改变资金用途

C. 企业应当按照筹资方案或合同约定的本金、利率、期限、汇率及币种，准确计算应付利息，与债权人核对无误后按期支付

D. 企业的股利分配方案应当经过公司董事会批准，并按规定履行披露义务

24. 关于企业采购业务内部控制，下列说法正确的有（　　）。

A. 应采取多头采购或分散采购的方式，避免采购业务集中

B. 应当对办理采购业务的人员定期进行岗位轮换

C. 任何采购都不得安排同一机构办理采购业务全过程

D. 重要和技术性较强的采购业务，应当组织相关专家进行论证，实行集体决策和审批

25. 关于存货保管内部控制，下列说法错误的有（　　）。

A. 存货在不同仓库直接流动时可以不必办理出入库手续

B. 按仓储物资所要求的储存条件储存

C. 为便于集中管理，代管、代销、受托加工的存货与本单位存货一同存放和记录

D. 对存货进行保险投保，保证存货安全

26. 针对工程项目内部控制，企业应当明确相关部门和岗位的职责权限，做到不相容职务互相分离。下列各项中属于不相容职务的有（　　）。

A. 可行性研究与决策　　B. 概预算编制与审核

C. 项目实施与价款支付　　D. 竣工决算与审计

27. 关于工程立项内部控制，下列说法正确的有（　　）。

A. 企业应指定专门机构归口管理工程项目

B. 工程项目可行性研究必须由企业自行开展，不得委托外部专业机构开展

C. 企业可以委托具有相应资质的专业机构对可行性研究报告进行评审，出具评审意见

D. 企业应当按照规定的权限和程序对工程项目进行决策，决策过程应有完整的书面记录

28. 关于企业担保业务内部控制，下列说法正确的有（　　）。

A. 企业应当建立担保授权和审批制度，规定担保业务的授权批准方式、权限、程序、责任和相关控制措施，在授权范围内进行审批，不得越权审批

B. 企业应当采取合法有效的措施加强对子公司担保业务的统一监控。企业内设机构未经授权不得办理担保业务

C. 企业为关联方提供担保的，与关联方存在经济利益或近亲属关系的有关人员在评估与审批环节应当回避

D. 被担保人要求变更担保事项的，企业应当重新履行调查评估与审批程序

29. 下列与业务外包有关的风险中，属于选择承包商环节所应当关注的风险有（　　）。

A. 承包方在合同期内因市场变化等原因不能保持履约能力，导致业务外包失败

B. 承包方缺乏应有的专业资质，导致企业遭受损失

C. 业务外包成本过高导致难以发挥业务外包的优势

D. 承包方不是合法设立的法人主体，导致企业陷入法律纠纷

30. 关于业务外包内部控制，下列说法正确的有（　　）。

A. 总会计师或分管会计工作的负责人应当参与所有业务外包的决策

B. 重大业务外包方案应当提交董事会或类似权力机构审批

C. 企业应当按照规定的权限和程序从候选承包方中确定最终承包方，并签订业务外包合同

D. 企业外包业务需要保密的，应当在业务外包合同或者另行签订的保密协议中明确规定承包方的保密义务和责任

31. 企业编制、对外提供和分析利用财务报告，应当关注的风险有（　　）。

A. 编制财务报告违反会计法律法规和国家统一的会计准则制度，可能导致企业承担法律责任和声誉受损

B. 提供虚假财务报告，误导财务报告使用者，造成决策失误，干扰市场秩序

C. 不能有效利用财务报告，难以及时发现企业经营管理中存在的问题，可能导致企业财务和经营风险失控

D. 因财经媒体或外部财务分析师发布负面评价而导致股价下跌

32. 关于企业预算管理内部控制，下列做法正确的有（　　）。

A. 预算管理工作机构设在财会部门

B. 在预算年度开始前完成全面预算草案的编制工作

C. 对于工程项目、对外投融资等重大预算项目，密切跟踪其实施进度和完成情况，实行严格监控

D. 为了紧密跟随市场经济环境的变化，企业批准下达的预算可以调整，不用再履行审批程序

33. 关于合同管理内部控制，下列说法正确的有（　　）。

A. 企业对外发生经济行为，除即时结清方式外，应当订立书面合同

B. 重大合同或法律关系复杂的特殊合同应当由法律部门参与起草

C. 合同应由合同起草部门负责人与对方当事人签订生效

D. 合同生效后，企业就质量、价款、履行地点等内容与合同对方没有约定或者约定不明确的，可以协议补充

34. 关于企业内部报告的形成和传递，下列说法正确的有（　　）。

A. 企业应当建立内部报告审核、保密和评估制度

B. 企业内部各管理层级均应当指定专人负责内部报告工作，在任何情况下不得越权上报信息

C. 内部报告应当简洁明了、通俗易懂、传递及时

D. 企业应当拓宽内部报告渠道，广泛收集合理化建议

35. 关于信息系统内部控制，下列做法错误的有（　　）。

A. 负责 SAP 系统上线的顾问和人员保留了后台操作的权限，便于及时解决问题

B. 系统开发完成后，由开发机构对信息系统进行验收测试，确保符合需求方的要求

C. 企业实行异地备份制度，重要的数据每三个月交指定地点由专人保管

D. 为了保证业务正常进行，在收款人员临时出差时，销售会计人员用收款人员 ID 登录系统操作

36. 企业应当切实做好信息系统上线的各项准备工作，包括（　　）。

A. 培训业务操作和系统管理人员

B. 制定科学的上线计划和新旧系统转换方案

C. 考虑新旧系统顺利切换和平稳衔接的应急预案

D. 系统上线涉及数据迁移的，应制订详细的数据迁移计划

37. 某企业负责人关于信息化的下列说法中，错误的有（　　）。

A. 公司信息系统建设由信息部领导负全责

B. 信息化要大力推进，各个部门要认真结合业务梳理流程，各自开发自身的业务信息系统

C. 加强信息系统运行与维护的管理，建立和完善信息系统安全保密和泄密责任追究、用户管理、数据定期备份、信息系统安全保密和泄密责任追究等制度，确保系统安全运转

D. 已用的信息系统不适应业务开展的，应由信息部门及时变更

38. 下列各项中符合有效控制原则的有（　　）。

A. 为了加强投资控制，公司聘请有实力的咨询公司做投资项目的可行性研究报告、明确投资方案、回报率等内容

B. 与员工签订协议，规定不得以私人名义经营与公司有关的业务，保守商业秘密等，并规定相应的处罚条款

C. 企业研究成果的开发应当分步推进，通过试生产充分验证产品性能，在获得市场认可后方可进行批量生产

D. 资金管理信息系统允许多人用同一用户名在同一个 IP 地址操作

39. 根据企业《内部控制评价指引手册》内部控制的有效性包括（　　）。

A. 设计的有效性　　B. 体制的有效性

C. 运行的有效性　　D. 机制的有效性

40. 主板上市公司开展内部控制评价的频率为（　　）。

A. 至少每两年一次　　B. 至少每年一次

C. 至少每季度一次　　D. 至少每月一次

41. 下列属于内部环境评价范畴的有（　　）。

A. 企业文化　　B. 社会责任

C. 内部审计　　D. 治理结构

42. 内部控制评价工作应当形成工作底稿，详细记录企业执行评价工作的内容，其中包括（　　）。

A. 评价要素　　B. 企业经营目标

C. 主要风险点　　D. 采取的控制措施

43. 企业开展内部控制评价工作，可以采取的组织形式有（　　）。

A. 授权内部审计机构具体实施内部控制有效性的定期评价工作

B. 成立专门的内部控制机构组织实施内部控制评价工作，其工作直接由董事会或类似权力机构负责

C. 根据自身特点，成立内部控制评价工作的非常设机构，抽调内部审计、内部控制等相关机构的人员组成内部控制评价小组，具体组织实施内部控制评价工作

D. 委托中介机构实施内部控制评价

44. 关于内部控制评价范围，下列说法错误的有（　　）。

A. 运用重要性原则判断应当被纳入评估范围的重要业务单位，应以企业整体合并层面的重要性水平为衡量标准

B. 对于纳入内部控制评估范围的下属分子公司，其所有的业务流程都应当进行内部控制评估

C. 纳入内部控制评估范围的业务流程应与《内部控制应用指引手册》所规

定的业务流程保持一致

D. 各年度内部控制评估的范围应保持一致，如果评估范围出现变化，应经过公司董事会或授权机构的审批

45. 集团性企业在确定内部控制评价范围时，应当关注重要业务单位。下列选项中属于重要业务单位的有（　　）。

A. 集团总部

B. 资产占合并资产总额比例较高的分公司和子公司

C. 营业收入占合并营业收入比例较高的分公司和子公司

D. 利润占合并利润比例较高的分公司和子公司

46. 内部控制评价工作组应当对被评价单位进行现场测试，运用的方法通常包括（　　）。

A. 个别访谈　　B. 实地查验

C. 函证确认　　D. 调查问卷

47. 关于企业内部控制评价中的内部控制缺陷标准认定，下列说法中正确的是（　　）。

A. 重大缺陷是指一个或多个控制缺陷的组合，可能导致企业严重偏离控制目标

B. 重要缺陷是指一个或多个控制缺陷的组合，其严重程度和经济后果低于九大缺陷，但仍有可能导致企业偏离控制目标

C. 一般缺陷是指除重大缺陷、重要缺陷之外的其他缺陷

D. 企业内部控制缺陷的认定标准由外部审计师确定

48. 关于内部控制缺陷，下列说法错误的有（　　）。

A. 内部控制缺陷按其成因或来源分为设计缺陷和运行缺陷

B. 企业内部控制评价工作组应根据现场测试获取的证据，对内部控制缺陷进行最终认定

C. 内部控制缺陷按其严重程度分为财务报告缺陷和非财务报告缺陷

D. 内部控制的缺陷可能导致企业偏离控制目标

49. 2011 年，甲公司针对各类资金支出的审批权限和程序建立了专门的制度。2012 年，甲公司对组织机构和岗位设置进行了调整，但甲公司没有及时对该制度进行修订，导致该制度规定与公司的实际操作并不相符。这种情形表明该公司内部控制存在（　　）。

A. 设计缺陷

B. 运行缺陷

C. 既不属于设计缺陷也不属于运行缺陷

D. 制度缺陷和运行缺陷

50. 下列选项中，通常表明可能存在非财务报告重大缺陷的有（　　）。

A. 把握市场机会的能力不强

B. 企业未制定“三重一大”决策制度、办法、程序

C. 违反国家《环境保护法》，受到环保部门的严厉处罚

D. 管理人员或技术人员大量流失，流失率达到50%

51. 下列关于内部控制缺陷报告的时间要求，正确的有（　　）。

A. 一般缺陷、重要缺陷和重大缺陷一旦发现，应立即报告

B. 一般缺陷、重要缺陷应定期（至少每年）报告，重大缺陷应立即报告

C. 一般缺陷、重要缺陷和重大缺陷应定期（至少每年）报告

D. 一般缺陷应定期（至少每年）报告，重要缺陷和重大缺陷应立即报告

52. 内部控制缺陷整改后，应当进行再测试后方能得出内部控制有效性的结论。下列关于再测试工作错误的有（　　）。

A. 再测试应当由评价工作组以外的人员实施，以确保独立性和客观性

B. 再测试应当在整改完成后立即实施，以保证内部控制评价工作的效率

C. 再测试所使用的样本量和测试方法应与此前的测试工作完全相同，方能得出内部控制有效性的结论

D. 如再测试证明整改后的内部控制是有效的，则一般情况下不影响企业得出内部控制有效的结论

53. 企业内部控制评价报告的内容应当包括（　　）。

A. 高级管理层对内部控制报告真实性的声明

B. 内部控制评价的依据、范围、程序和方法

C. 内部控制缺陷及其认定情况和整改情况

D. 内部控制有效性的结论

54. 企业在内部控制评价实际操作中，评价结果的客观性往往受到现实各方面因素的影响，表现在（　　）。

A. 高管层对工作重视不够，有意回避存在的问题

B. 评价人员业务能力不强，缺乏科学的评价手段，对存在的风险识别不足

C. 内部控制、审计、专业部门沟通不够，信息无法共享

D. 内部控制评价独立性不强，评价过程中受下属单位管理层干涉

55. 在内部控制评价过程中，下列做法错误的有（　　）。

A. 在年度中间完成内部控制设计与执行有效性评估且未发现重大缺陷，则企业可以据此直接认定内部控制有效

B. 在执行有效性测试中，某项内部控制出现抽样偏差的，则应认定为内部

控制缺失

C. 在执行有效性测试中，某项内部控制出现抽样偏差的，则可以直接追加样本量进行测试，未见偏差的，则可以判断该内部控制有效

D. 如果企业出现多项内部控制重要缺陷和一般缺陷，则企业不能认定内部控制有效

56. 企业年度内部控制评价报告的基准日是（　　）。

A. 1 月 1 日　　B. 12 月 31 日

C. 3 月 31 日　　D. 6 月 30 日

57. 内部控制评价报告应当报经（　　）批准后对外披露或报送相关部门。

A. 股东大会或类似权力机构　　B. 董事会或类似权力机构

C. 监事会或类似权力机构　　D. 管理层

58. 内部控制审计的对象是（　　）。

A. 特定基准日财务报告内部控制设计与运行的有效性

B. 整个期间财务报告内部控制设计与运行的有效性

C. 被审计单位编制的内部控制评价报告

D. 被审计单位的财务报告

59. 企业财务报告内部控制审计报告的审计意见类型包括（　　）。

A. 无保留意见　　B. 保留意见

C. 否定意见　　D. 无法表示意见

60. 关于注册会计师对非财务报告内部控制重大缺陷的责任，下列说法错误的有（　　）。

A. 注册会计师没有任何责任发现和报告非财务报告内部控制存在的重大缺陷

B. 对财务报告内部控制审计过程中注意到的非财务报告内部控制重大缺陷，注册会计师应当在内部控制审计报告中增加“非财务报告内部控制重大缺陷段”予以披露

C. 注册会计师应当对非财务报告内部控制是否存在重大缺陷提供合理保证

D. 注册会计师应当实施有限的审计程序以识别非财务报告内部控制存在的重大缺陷

61. 关于注册会计师测试控制运行有效性的审计程序，下列说法正确的有（　　）。

A. 测试程序的性质在很大程度上取决于拟测试控制的性质

B. 注册会计师应当综合运用询问适当人员、观察控制的执行、检查相关文件以及重新执行等程序

C. 针对同一被审计单位同一控制，每年的测试程序应当相同

D. 与检查相比，重新执行提供的审计证据的效力更高

62. 在财务报表审计与财务报告内部控制审计中，注册会计师均需评价内部控制。下列说法正确的有（　　）。

A. 财务报表审计中对内部控制的了解和测试工作，足以支持对财务报告内部控制审计发表审计意见，不需执行额外的工作

B. 两者评价内部控制可以选用的审计程序相同，都可能用到询问、观察、检查、重新执行等程序

C. 两者评价内部控制的目的不同，前者是为了支持注册会计师对控制风险的评估结果，进而确定实质性程序的性质、时间安排和范围；后者是为了支持对内部控制有效性发表的意见

D. 两者对控制缺陷的评价要求不同，后者要求比前者更严

63. 针对内部控制审计业务，下列有关企业层面控制的说法中，正确的有（　　）。

A. 如果一项企业层面控制足以应对已评估的错报风险，注册会计师就不必测试与该风险相关的其他控制

B. 对某项业务层面的控制而言，与该项控制相关的风险受企业层面的控制影响

C. 注册会计师在评价内部控制时，通常应当首先评价业务层面控制，然后评价企业层面控制

D. 注册会计师应当识别了解和测试对内部控制有重要影响的企业层面控制

64. 关于同一企业的内部控制审计和财务报表审计的审计意见之间的关系，下列说法正确的有（　　）。

A. 如果注册会计师对企业的财务报表审计出具了否定意见的财务报表审计报告，对于该企业的内部控制审计，通常应出具否定意见的内部控制审计报告

B. 如果注册会计师对企业的内部控制审计出具了否定意见的内部控制审计报告，对于该企业的财务报表审计，应出具否定意见的财务报表审计报告

C. 如果注册会计师对企业的财务报表审计出具了否定意见的财务报表审计报告，对于该企业的内部控制审计，应出具无法表示意见的内部控制审计报告

D. 如果注册会计师对企业的内部控制审计出具了否定意见的内部控制审计报告，对于该企业的财务报表审计，可能出具无保留意见的财务报表审计报告

65. 在评价一项控制缺陷或多项控制缺陷组合是否可能导致账户或列报发生错报时，注册会计师应当考虑的风险因素包括（　　）。

A. 所涉及的账户、列报及其相关认定的性质

B. 相关资产或负债易于发生损失或舞弊的可能性

C. 该项控制与其他控制的相互作用或关系

D. 确定相关金额时所需判断的主观程度

66. 下列情形中，注册会计师应当视为被审计单位财务报告内部控制存在重大缺陷迹象的有（　　）。

A. 注册会计师发现涉及被审计单位总经理的小额舞弊行为

B. 被审计单位重述以前公布的财务报表，以更正由于错误导致的重大错报

C. 注册会计师在审计过程中发现当期财务报表存在重大错报，而被审计单位的内部控制在运行过程中未能发现该错报

D. 被审计单位的审计委员会对内部控制的监督无效

67. 在财务报告内部控制审计过程中，注册会计师应当向被审计单位获取书面声明。书面声明的内容应当包括（　　）。

A. 被审计单位将足额支付审计费用

B. 被审计单位已向注册会计师披露识别出的所有内部控制缺陷

C. 被审计单位董事会认可其对建立健全和有效实施内部控制负责

D. 被审计单位已向注册会计师披露导致财务报表发生重大错报的所有舞弊，以及其他不会导致财务报表发生重大错报，但涉及管理层、治理层和其他在内部控制中具有重要作用的员工的所有舞弊

68. 在测试控制的有效性时，注册会计师应当根据与控制相关的风险，确定所需获取的审计证据。下列各项因素中，影响与某项控制相关的风险的包括（　　）。

A. 相关账户或列报是否曾经出现错报

B. 该项控制在运行中依赖判断的程度

C. 该项控制是人工控制还是自动化控制

D. 企业层面控制的有效性

69. 在注册会计师选择拟测试的控制时，下列说法正确的有（　　）。

A. 注册会计师应当针对每一相关认定获取控制有效性的审计证据

B. 针对每一相关认定，注册会计师应当测试与其相关的所有控制

C. 对被审计单位在财务报告内部控制评价中测试的控制，注册会计师均应当予以测试

D. 在确定是否测试某项控制时，注册会计师应当考虑该项控制单独或连同其他控制，是否足以应对评估的某项相关认定的错报风险

70. 下列各项因素中。影响注册会计师确定内部控制审计收费的有（　　）。

A. 内部控制审计范围　　　　B. 制定的内部控制审计计划

C. 拟采用的内部控制审计程序　　　　D. 内部控制审计风险

二、判断题（本题型共30题，每题1分。判断正确得分，判断错误不得分）

71. 2002年美国颁布的《萨班斯—奥克斯利法案》中的第404条款要求在美上市公司管理层就财务报告内部控制结构及程序有效性做出认定声明，并提交内部控制报告；公司审计师对公司管理层关于财务报告内部控制的评价发表鉴证意见。 （　　）

72. 2013年5月，美国科索委员会（COSO）更新了《内部控制——整合框架》（1992），对原框架的许多重要原则和概念进行了革命性修正。 （　　）

73. 加强和完善企业内部控制建设可以提高企业经营管理水平和风险防范能力，从而为企业经营目标的实现提供绝对保证。 （　　）

74. 企业监事会负责对董事会建立与实施内部控制进行监督。 （　　）

75. 企业应当重视风险评估，只有将风险全部规避，才能实现企业的可持续发展。 （　　）

76. 内部监督是内部审计机构或经授权的其他监督机构的职责。 （　　）

77. 企业应当编制授权的权限指引，严格禁止超出授权指引的授权行为。（　　）

78. 企业对照内部控制各项应用指引条文，对本单位公司层面和业务层面的控制措施进行逐条核对检查，并据此修改内部控制相关制度与流程，能确保内部控制有效性。 （　　）

79. 甲集团对其某一子公司进行重组，需要在方案A和方案B中选择一套执行，领导班子集体讨论确定为A方案，在实施过程中，发现重组条件发生改变，方案B更有利，集团董事长决定改用方案B。 （　　）

80. 企业董事会及战略委员会可以聘请社会专业人士担任顾问，提供专业咨询意见。 （　　）

81. 企业应当根据市场情况和采购计划合理选择采购方式。大宗采购应当采用招标方式；一般物资或劳务等的采购可以采用询价或定向采购的方式并签订合同协议；小额零星物资或劳务等的采购可以采用直接购买等方式。 （　　）

82. 某企业销售部门正在开发客户管理系统，该部门负责人认为，将客户管理业务流程、关键控制点和处理规则嵌入系统程序就实现了建立该信息系统的控制目标。 （　　）

83. 企业在进行工程项目招标时，在确定中标人前，为保证供求双方的充分了解，企业应同投标人就投标价格、投标方案等内容进行谈判。 （　　）

84. 对异常的或者违背内部控制要求的交易和数据，开发信息系统时应当设计由系统自动报告并设置跟踪处理机制。 （　　）

85. 某国有大型企业内部控制评价部门从机关部门和下属单位A公司抽调相关

业务人员，组成内部控制评价工作组，对所有下属单位进行内部控制评价。( )

86. 内部控制评价程序一般包括：制定评价工作方案、组成评价工作组、实施现场测试、认定控制缺陷、汇总评价结果、编报评价报告等环节。( )

87. 穿行测试法是指在内部控制流程中任意选取一笔交易作为样本，追踪该交易从最初起源直到最终在财务报表或其他经营管理报告中反映出来的过程，以此测试控制措施运行的有效性。( )

88. 企业内部控制一般缺陷、重要缺陷、重大缺陷，应当由董事会最终予以认定。( )

89. 企业内部控制评价报告应当先于内部控制审计报告对外披露或报送。( )

90. 国务院国资委加强对中央企业内部控制工作的监督检查。对于在监督检查中发现的重大缺陷，企业在自我评价和审计工作中未充分揭示或未及时报告的，将追究内部控制评价部门和外部中介机构的责任。( )

91. 如果会计师事务所在内部成立咨询部门和审计部门两个部门之间相互独立，人员不交叉使用，则可以为同一企业提供内部控制审计和咨询服务。( )

92. 企业委托会计师事务所等中介机构实施内部控制评价，可以充分利用中介机构的专业知识和人才优势，并由其承担内部控制评价责任。( )

93. 某企业的内部评价基准日是12月31日，评价团队在对1月1日到12月31日进行业务测试后，未发现有重大缺陷，就可以判定其内部控制有效。( )

94. 对于某一被审计单位，会计师事务所既从事财务报表审计业务，又从事内部控制审计业务，会计师事务所应当与被审计单位签订单独的内部控制审计业务约定书。( )

95. 如果知悉对基准日内部控制有效性有重大负面影响的期后事项，注册会计师应当对财务报告内部控制发表否定意见。( )

96. 在内部控制审计中，如果针对某一重要账户的某一相关认定的内部控制在以前年度审计后未发生变化，注册会计师可以每三年对这些控制测试一次。( )

97. 就内部控制审计而言，在判断某账户是否属于重要账户时，注册会计师应当综合考虑其固有风险和相关控制的影响。( )

98. 被审计单位进行内部控制评价时，可以利用注册会计师在内部控制审计中执行的审计程序及获取审计证据。( )

99. 会计师事务所的质量控制政策和程序应当要求，在出具财务报告内部控制审计报告后，完成项目质量控制复核。( )

100. 如果被审计单位在基准日前对存在重大缺陷的内部控制进行了整改，但截止基准日新控制还没有运行足够长的时间，注册会计师应当出具带强调事项段的内部控制审计报告。( )

附　录

本附录共13篇文章，其中，最后一篇是《企业内部控制评价指引》，主要说明由于内部控制存在缺陷，不能发挥应有功能，导致腐败丛生、资产流失。通过测试评价发现内控体系中的薄弱环节及短板，“亡羊补牢”将管控前移，防范风险的再次发生。

附录1

我国内部控制常见的十大问题①

胡锰彬

内部控制是单位为控制经营风险、实现经营目标而制定的各项政策与程序。内部控制能够帮助单位达到目标，同时将风险降低至合理范围内，保证单位资产安全，有效防范各种舞弊活动。内部控制的权威人士安德瑞·卡德伯里爵士曾说：“公司的失败都是由内部控制失败引起的。”这一点通过众多的企业失败案例都得到了验证。从我国的现实情况看，单位内部控制普遍比较薄弱，有关挪用、侵占或诈骗单位财产的新闻亦屡见不鲜，单位资产和股东权利得不到应有保护，甚至给单位造成灾难性的损失导致经营陷入困境。因此，笔者结合众多内控失败案例和内控咨询工作的经验，归纳了我国内部控制常见的十大问题，供大家参考。

一、出纳领取银行对账单、编制银行存款余额调节表

之所以把这个问题列在十大问题之首，是因为它非常普遍且后果严重。但遗

① 《财会信报》，2016年2月22日。

憾的是，直到今天，仍有很多单位根本没有意识到这个问题，或虽然意识到了却不以为然，低估了其可能造成的严重后果。不相容职务分离是内部控制的一个基本原理。通常需要分离的不相容职务包括授权与执行、执行与审核、执行与记录、保管与记录。“管钱不管账，管账不管钱”是不相容职务分离原理的一个典型运用。货币资金是最容易出现舞弊的一项资产，如果由出纳负责领取银行对账单、编制银行存款余额调节表，出纳就有可能挪用或侵占公司货币资金，并通过伪造对账单或在余额调节表上做手脚以掩盖自己的舞弊行为。

从笔者了解的情况看，80%以上的企业存在出纳领取银行对账单、编制余额调节表的现象。究其原因，主要是从工作方便的角度出发。由于出纳经常跑银行，办理各种收付款，于是便“顺理成章”地领取银行对账单、编制余额调节表。殊不知，这种习惯做法存在巨大的风险隐患。其实防范这种风险并不难，只要改由出纳以外的人负责银行对账单领取和账面银行存款余额核实工作即可，关键是企业应从思想意识上重视起来。

二、领导“一支笔”审批，缺乏完善内控制度和流程保障

领导“一支笔”，表面看起来似乎控制很严格，不容易出问题，但事实上，这种“一支笔”控制反映了单位内部控制方式的落后。

首先，事无巨细都由领导审批，囿于时间和精力，领导最后可能疲于应付，分不清主次，审批“一支笔”变成签字“一支笔”而已，控制流于形式。

其次，如果缺乏相关支撑信息，领导无法对收支合理性进行判断，“一支笔”就会失去控制作用。例如，经办人员申请购买某种设备，而领导没有该设备的经济可行性、价格合理性的相关数据，审批就会演变成一种过场。

最后，领导“一支笔”会造成高度集权，不利于对领导的制约和监督，可能导致腐败。因此，合理的内部控制应当按照重要性程度大小，适当地分事行权、分岗定权、分层授权，逐级审批。

三、过于依赖业务人员，单位资源掌握在个人手中

企业业务资源完全掌握在业务员个人手中，对企业来说是一件非常危险的事情。现实中经常可以看到，不少企业的业务员一旦跳槽或离职，原有的客户和业务关系也被随之带走，形成企业对业务人员过于依赖的局面。更有甚者，有的企业业务员明着使用单位各项资源，暗地里却为自己或亲友开拓业务、牟取私利，严重损害了企业利益。针对这种现象，企业应当通过完善制度设计，例如采取建立统一的客户档案和客户关系管理系统、同一笔业务有两人以上共同参与，适当进行工作轮换和加强财务对业务过程的控制等措施，将业务员手中的客户资源转

化为企业资源，让客户“认”的是企业本身而不是认个人。这样，企业的业务就不会依赖于某一两个人，从而保持稳定的发展。例如，2003年，花旗银行台湾区总经理陈圣德率领20多位主管集体跳槽，但在经历短暂的人事“地震”以后，花旗银行在短短两三个月内基本恢复了业务且正常开展，当年业绩并未受到大的影响，盈利反而创下历史新高。这靠的就是花旗银行内部已经形成完整的制度和流程，用制度保障业务开展，而不是依赖于某个业务人员或主管。

四、内控制度文字描述多，流程图和配套表单少

很多企业有这样一种现象，员工在某个岗位工作久了变得驾轻就熟，经验老到，工作起来游刃有余，而一旦这个员工有事调离或辞职，后面接替的人员则需要花很长时间熟悉情况，重新摸索工作程序方法，影响工作质量及效果。造成这种现象的原因是企业制度中主要是文字性东西，缺乏清晰的岗位说明和工作流程图，执行的人往往凭自己的经验和别人“言传身教”做事，岗位新手在开始工作时不知从何入手，通常需要很长一段时间学习和熟悉。

因此，一套完整的企业制度应包括三部分：①文字描述的精、准、细支撑；②工作流程图或流程的文字描述；③相关凭证、表单、文件的样式汇总。通过绘制清晰的工作流程图，可以让每个人能一目了然地知道办事程序、涉及的部门、人员和规章制度，而且能够将工作形成的好经验固化下来。并且，通过流程图也比较容易发现内部控制的不足之处和风险点，从而有助于企业内部控制的持续改进。

五、内控制度“救火式”的较多，系统性和完整性欠缺

很多企业的内部控制制度是在发展中逐步建立起来的。经常是管理中出现了某种问题，于是相应地出台制度来规范。这种“救火式”的制度往往只能防控已发生过的风险，而对未发生的风险考虑不足。此外，这样的制度体系无论在内容上还是形式上，都缺乏系统性和完整性，没有科学合理的分类，甚至不同制度之间存在矛盾或重叠的现象。部分企业的不同部门常根据自身需要制定制度，造成内控制度政出多门，相互“打架”。为此，企业应有一套规范的制度制定程序和形式规范，包括制度的编号、格式、分类、内容、审批程序、执行及其他应注意事项，进行统一的规范化管理，并以书面形式予以明确。

六、员工临时休假或出差时，缺乏明确的工作交接制度

任何一个岗位，总会出现员工因急事、生病或出差等原因而不能正常上班的情形，很多企业在制度设计时没有考虑到员工暂时离岗时工作由谁接替的问题。

实际操作中，在遇到员工休假或出差时，便临时指派一位相关人员来兼任。但事实上，这种“临时抱佛脚”的做法，稍有不当就可能会给企业带来风险。企业正常的工作安排中通常会将不相容职务由两个以上的人担任，以便相互牵制，而临时指派某人兼任的做法，可能会导致不相容职务由同一人担任。因此，企业有必要明确规定一些重要岗位的临时离岗工作交接制度，防止员工临时休假或出差时留下内部控制“真空”的现象。

七、招聘时注重笔试和面试的考察，忽视背景调查

如果雇用了不诚实的人，那么即使是最好的控制也无法防范舞弊。如果企业不仔细地筛选应聘者，雇用了不诚实的员工，则很有可能遭受损害。很多企业在招聘过程中非常强调应聘者的诚信，但较多注重于笔试或面试的考察，而忽略了对应聘者背景的调查。实际上，背景调查能有效地发现应聘者有无虚构个人信息，是否存在不诚信记录，在以前雇主处工作的情况，从而帮助企业甄别应聘者，防止将不合格人员招进来。背景调查本身并不需要复杂的技术，只需要向应聘者以前工作过的单位了解一些信息即可，实施成本比较低。

曾经被称为北京市医疗系统头号女贪、案发前为北京肿瘤医院住院部主任的石巧玲，四年时间贪污挪用1000多万元。检察官办案时，发现她自己在不同表格上填写的出生日期有三个版本。而在填写工作简历时她又玩起了花样：1979年5月石巧玲亲自填写的《工作人员履历表》中，她在前页写“售货员”，而在后页则写在“工商局工作”，等等。对石巧玲来讲，严肃的履历表成了可随意填写的“草纸”。其实，对相关企业讲，这些问题通过对应聘者简历的认真审核和相应背景调查是不难发现的。

八、关键岗位无强制轮换或带薪休假制度

企业员工在某一岗位工作时间长了，会比较熟悉内部控制漏洞所在，实施舞弊的可能性更大。现实中，有不少挪用或贪污等舞弊现象都是在工作交接时被发现的。2005年4月，仪征化纤公司在工作交接过程中发现营销部一会计挪用资金5000多万元，该会计1989年毕业后被分配至仪征化纤从事财务工作，16年来他的岗位和职务一直都没有变化。由于在这个岗位上的时间很长，规律摸得非常透，他知道什么时候将款项交给单位，也清楚什么时候要进行财务检查或审计，总能找到新的款项填补以前的漏洞。自1999年开始挪用资金，作案时间长达6年，期间一直未露蛛丝马迹，直到2005年因单位内部人事改革他被迫交接工作时才败露。过去我们比较强调“螺丝钉”精神，殊不知，“螺丝钉”在一个地方时间拧长了也会容易生锈的。

通过强制轮换，或者带薪休假，在休假期间工作由别人暂时接替，由于员工离岗时的工作交接会受到他人监督，那么他实施并掩盖舞弊的机会将大大减少。美国货币管理局要求全美的银行雇员每年休假一周，在雇员休假期间，安排其他接替人员做他的工作，就是为了防止员工长期在同一岗位工作可能产生舞弊。对我国企业来说，对一些关键岗位，例如财务、采购中的部分岗位，通过建立强制轮换和带薪休假制度，既可以提升员工的工作能力，也是防范和发现舞弊的一项有效措施。

九、过分强调控制成本，经常将效率作为弱化或逾越内部控制的理由

实施内部控制无疑需要成本，并且在一定程度上会影响到运行效率。于是，一些单位管理人员便常常以影响效率为由，反对内部控制措施的推行。事实上，如果将各项职能都交给某一个部门或某一个人去执行，没有必要的授权批准和审核，效率上可能会很高，但由此产生的风险也急剧上升。因此，为了防止一些重大风险给企业带来灾难性损失，牺牲一定程度的效率是控制风险所必须付出的成本。现实中经常碰到的情形是，在企业推行新的内部控制制度，往往会涉及原有利益格局的打破和调整，这时一些管理人员便以影响效率为由而反对内部控制新举措推行，实际是由于个人或部门利益受到影响。因为内部控制制度不完善带来的损失可能关系到企业存亡问题，而效率则影响企业发展的快慢，作为企业的领导者，不能过分强调成本因素而忽视内部控制制度的建设，应当合理权衡内部控制成本和效率的关系。

十、说一套，做一套，制度放空炮

内部控制制度是否得到有效执行是老生常谈的问题，却又不得不谈，很多出问题的案例往往不是因为制度缺乏规定，而恰恰是制度有明文规定却未能遵照执行。以中航油（新加坡）为例，尽管公司有完整的风险管理规章制度，是由国际“四大”事务所之一的安永会计师事务所制定的，在风险管理委员会设置、风险控制流程等各方面制度都比较完备，公司的风险管理基本结构是从交易员，到风险管理委员会，到内审部，到首席执行官，再到董事会层层上报；每名交易员亏损20万美元时，要向风险管理委员会报告，亏损达37.5万美元时向首席执行官汇报，亏损50万美元时，必须斩仓。但遗憾的是，公司这些制度并未得到有效执行，公司内部风险管理内控系统形同虚设，最终给公司造成了超过5亿美元的灾难性损失。

内部控制制度不能有效执行的原因主要有二：一是制度本身制定得不合理，或过于理想化，或随着新情况出现，原有制度已不能适应却没有及时修改，从而使得制度不具可操作性，自然不会被执行；二是缺乏保证制度执行的机制，一些单位对内部控制执行情况既没有检查监督，也没有相应的奖惩措施，内部控制制度成为“墙上摆设”和“一纸空文”也就不奇怪了。为此，企业一方面需要提高制度可操作性，另一方面要加强制度执行力，不能为制度而制度。

附录 2

葛兰素史克行贿大案的水落石出[①]

冷萌晓　卢义杰

药品价格问题是关乎老百姓切身利益的民生问题，但让不少中国老百姓难以理解的是，为什么中国的药价会那么高，知名药企的某种药品价格为什么在中国会高出其他国家多倍。在一次审计中，审计人员以专业视角抓住关键点，并以一查到底的精神，抽丝剥茧，重拳出击，才得以揭开这一鲜为外界所知的医药行业秘密。

2013 年 7 月，公安部首次向社会公开了英国著名制药公司葛兰素史克（中国）投资有限公司（以下简称“葛氏公司”）的部分高管涉嫌严重经济犯罪，被湖南长沙、上海和河南郑州等地公安机关依法立案侦查的消息，引起社会舆论巨大反响。这一案件被公安部列为 2013 年十大经济犯罪案件之首。当然，此案所涉及的远不止一家药企，还有相关医疗单位，甚至包括政府官员。而葛氏公司因行贿被判罚金 30 亿元，被媒体称为“中国史上最大罚单”。

从葛氏公司“贿赂门”的曝光，人们终于看清了中国医疗行业滋生行业腐败的土壤以及医、药行业之间的潜规则：虚高的药价中包含了诸多的行贿成本。

这一轰动全球的行业行贿违法违规问题的线索，是审计署驻上海特派办在 2011 年的一次常规审计中发现和查实的，并依法移送公安部门进一步查处。

一、名不见经传的“临江国旅”

2011 年初，审计署驻上海特派办处长王海（化名）带队对某市国税局开展审计。审计过程中，王海和审计人员小肖、小陆等仔细分析了企业的年度报税资料，将营业费用居高的如药品、化妆品等行业作为此次审计关注的重点，发现一家外资药企两年营业费用约 6 亿元，占主营业务收入的 30%。

“以审计职业的敏感，这么高的营业费用，背后很可能隐藏着‘秘密’。是虚列费用偷税，还是多列支出套取资金？必须看一看。”他们通过税务部门协调，对多家药企实地查访，并要求这些企业提供 2009 年和 2010 年两年营业费用的明细。

对药企财务资料的分析发现，药企的营销费很大一部分付给了旅行社。这些

---

① 《中国青年报》，2015 年 7 月 13 日。

旅行社中，有国有的也有民营的。一家名叫“临江国际旅行社”（以下简称临江国旅）的民营公司作为供应商在药企中相当活跃，与许多药企都有业务往来。调查发现，有些药企第一年和某家国有企业合作，第二年就转到了临江国旅。这再一次引起了审计人员的关注。

审计人员的职业素养就在于，不能放过哪怕是一个极小的疑问，因为有些不起眼的问题背后也许藏着一个巨大无比的“黑洞”。强烈的责任感驱使着审计人员将药企的“生态环境”作为下一步的研究对象，而这家名不见经传的“临江国旅”是非延伸调查不可的。当时收集到的资料显示，临江国旅为非本地注册企业，是注册地旅游局十大旅行社之一，日常主要业务是组织在沪外企高端商务人员在中国境内及世界各地开展会议、会务、会展和培训工作。

在税务专管员的陪同下，审计人员来到了临江国旅。这是一家规模不大的民营企业，公司有员工20多人。但是，在临江国旅的财务账上却发现，其年收入1.5亿元，业务量相当惊人，的确可以称得上当地十大旅行社之一。令人费解的是，这些收入基本上来自各制药企业，没有散客旅游收入。

审计人员通过对临江国旅账目的分析，掌握了该旅行社的成本核算方式，从中找到了与其订单成本不符的几单业务，其中计入成本的几次50万元支出进入了审计人员的视野。经查，有200多万元最终付给了天津的一家房地产公司。而这家房地产公司与临江国旅并非有直接的业务往来。询问财务人员关于这笔资金的问题，财务人员闪烁其词。

临江国旅暴露出的种种疑点，使审计人员迅速做出一个决定：去天津延伸调查事实。

二、锲而不舍追踪多家药企和旅行社

在天津这家房地产公司，审计人员对临江国旅购买房产情况进行了调查。在公安机关配合下，审计人员取得了一个关键性证据，购房方是葛氏公司的一名业务经理，临江国旅为其支付购房款。这一线索的发现，为日后葛氏公司行贿事件的查证奠定了基础，并更加坚定了审计人员对药品行业进行“探底”的决心。

为了解开越来越多的问号，审计实施方案几经调整。他们从医药企业和旅行社中筛选重点企业，兵分几路进行延伸调查，将审计的“触角”不断扩大。

从2009年1月至2010年11月，葛氏公司等数十家制药企业以会议费名义支出5.2亿元，其中支付给临江国旅就高达3亿元。为什么没有组织游客旅游？临江国旅法人代表翁某的说法是，他们是专门为制药企业服务的，负责其会务等工作。由于机制灵活，在药企行业很有知名度。

在延伸调查中，审计人员一方面深入多家旅行社调取资料；另一方面延伸调查了5家知名医药企业，并多次赴异地调查。审计人员也曾面对如山的资料、千头万绪的凭证而感到无从下手，如去旅行社收集旅游行程安排数据，这些数据基本都在导游个人手里保管，数据不完整、材料缺损严重。获得医药企业名单后，再延伸医药企业又能获得大量旅行社名单，旅行社和医药企业成蜘蛛网紧密联系。原因在于每家旅行社为多家医药企业服务，每家医药企业又会选择不同旅行社安排会务，因此审计工作量犹如滚雪球一般越滚越大。

但大家凭着执着的信念、精湛的业务能力和强烈的责任感，终于完成了艰巨的调查取证任务。

三、"会议费"是谁在消费，又是谁来买单

审计人员以临江国旅为例向记者揭示所谓的会务服务是怎样的"平台"，以及葛氏公司与众多医疗单位、医务人员是如何沆瀣一气做成"买卖"、推高药价的。

旅行社收到制药企业资金后分期分批召集全国各地医院、疾病预防控制中心、医学会的医务人员开会和旅游，地点大多选择我国的省会城市、旅游景点以及世界各地的名胜旅游城市，花费巨大。例如，葛氏公司2009年4月邀请业内人士12人赴法国戛纳开会，耗资85.08万元；同年10月邀请业内人士13人赴加拿大蒙特利尔开会，耗资90.47万元；2010年7月邀请业内人士近500人在成都开会，耗资332.95万元。一些旅行社已成为制药企业违法违规向医疗机构和医药人员输送利益的专业"操盘手"。仅2009年和2010年，临江国旅就收到了葛氏公司2500多万元"会议费"。

审计人员推断，葛氏公司可能是通过旅行社套现行贿、赞助相关医药行业协会和给予代理商推广服务费等方式实施"带金销售"，向少数国家机关工作人员、部分相关医药行业协会和医院领导及医生行贿。

按照《我国药品管理法》的规定，禁止药品的生产企业、经营企业或者其代理人以任何名义给予使用其药品的医疗机构的负责人、药品采购人员、医师等有关人员以财物或者其他利益。禁止医疗机构的负责人、药品采购人员、医师等有关人员以任何名义收受药品的生产企业、经营企业或者其代理人给予的财物或者其他利益。

奇高的会议费，这一审计线索在日后起到了至关重要的作用。经公安部门侦查发现，葛氏公司多名中层干部还涉嫌职务侵占。比如，旅行社声称组织了150人的会议，葛氏公司将150人的费用打给了旅行社，但事实上，会议只有100人参加，多出的50人的经费便留在旅行社的账上，用于给葛氏公司中层干部回扣、行贿或组织关键人物旅游。比如，临江国旅为葛氏公司人员支付天津某房地产公

司的购房款。

记者从有关渠道了解到，医药行业存在的权钱交易、商业贿赂问题，是国内目前药价虚高、过度用药的重要原因，加重了患者的医疗支出负担。“会议费”等推高了医药推广费，而医药推广费通常被制药企业列在营业费用之下。

四、移送查处 水落石出

“民生问题和社会热点难点问题是审计部门一贯所关注的，尤其是这些导致老百姓看病贵、看病难的问题，我们作为审计人员有责任也有义务克服各种阻力查深查透。”王海说。审计工作在业外看来是一项四平八稳的工作，实际上却是一项攻坚克难的工作，既需要审计人员扎实的业务功底，又需要有锲而不舍的韧劲和顽强的突破能力。

2011 年 4 月前后，根据法律规定，审计部门将线索移交给公安机关，并建议有关部门对涉嫌违规利益输送和商业贿赂的行为进行专项治理。案件随后步入司法的“快车道”。警方披露，包括葛氏公司 4 名高管在内，超过 20 名药企和旅行社工作人员被警方立案侦查。

2013 年 7 月，公安部发布消息时，王海已经带领审计人员奔赴下一个审计项目了。对于这些东奔西走的审计人员来说，令他们倍感骄傲的时刻正是犯罪分子被绳之以法、国家和人民的利益被挽回之际。

附录 3

内控失控、国有资产流失①

——邓崎琳治下武钢股份深陷巨额国资流失丑闻

冷萌晓　卢义杰

从技术员到董事长，扎根武汉钢铁（集团）公司（A 股上市公司武钢股份，股票代码 600005，下称“武钢”）40 年的邓崎琳或许未曾想到，恰逢到龄退休，中央第十三巡视组进驻武钢，自己随后因被查出问题而落马。

2015 年 8 月 29 日，中纪委公布称邓崎琳接受组织调查。2016 年 1 月 8 日，邓崎琳被开除党籍后，最高检随即以涉嫌受贿罪对其立案侦查。以邓崎琳为核心的武钢利益联盟逐渐瓦解。此前的 2015 年 4 月，武钢副总经理孙文东先于邓崎琳落马；2016 年 1 月 12 日，武钢工会主席、武钢监事会主席张翔被刑拘。

对此，武钢知情人士对记者透露，孙文东和张翔均为邓崎琳亲信，但“行业寒冬下，反腐风暴来得太晚”。执掌武钢期间，邓崎琳主导的国内重组和海外并购的扩张战略，已将武钢置于“骑虎难下”的困境。而邓崎琳等人长期以来的“以钢谋私”，更导致难以计数的国有资产流失。

一份武钢审计部文件显示，可查的武钢内部利益输送、关联公司违规交易等行为，至少早于 2007 年。但隐藏其中的部分关联公司，直到 2015 年中央巡视组通报，方为外界知晓。

前述种种，让武钢积重难返。2015 年上半年，武钢的营收在 111 家央企中排名跌落至第 107 位，而公司钢铁吨材利润，更严重下滑至每吨亏损 32 元。

一、贱卖长协矿致巨额国资流失

2015 年 9 月，武钢发布中央巡视组巡视整改通报，就“国有资产巨额损失”问题，对武钢国贸违规与私企武宝联公司进行矿石买卖进行“检讨和反思”。

上述通报中提及的武钢国贸，是武钢全资子公司武钢集团国际经济贸易有限公司，而武宝联公司则较为神秘。根据国内信用风险管理机构棱镜征信的数据，武宝联注册地在上海（2007 年成立），全称为上海武宝联钢铁炉料有限公司（2011 年注销），无其他任何信息记录。

---

① 《财会信报》，2016 年 2 月 15 日。

多名武钢职工对记者称，武宝联公司的实际控制人为邓崎琳的胞弟等亲属。而通过前述武钢审计部文件及武钢内部人士证实，武钢国贸与武宝联的交易模式及过程，终于明晰。

2007年11月，武钢国贸以每吨1093元的长协矿（即国外进口铁矿石的长期协议价格，一般只有央企等单位有进口资质）价格，购入一船16.05万吨的巴西粉矿。但此船粉矿并未按正常程序挂账武钢股份，而是在时任武钢国贸总经理孙文东的批示下，以每吨1450元的价格出售给武宝联公司。当时，巴西粉矿的国内市场价格为每吨1560元，差价达每吨110元。

对于这一“不正常”交易，武钢国贸解释道，作为武钢供应商，武宝联公司曾在2007年3月为武钢旗下的鄂州球团厂提供15万吨应急造球精粉，因此须以低价出售巴西粉矿的形式，对武宝联公司进行“归还”。同时，武钢国贸购入的巴西粉矿因质量问题无法投入武钢的生产。

最终，武钢国贸与武宝联公司于2008年4月至8月，分5次达成13.64万吨的巴西粉矿交易。以每吨110元差价计算，武钢损失额达1500万元。

不可思议的是，按计划，武宝联公司低价购入的巴西粉矿为整船16.05万吨。但在第五次完成最后的2.41万吨巴西粉矿交易时（2008年8月），铁矿石价格突然大幅下跌。为此，武钢国贸随即又以交易原价回购了武宝联公司2.41万吨的巴西粉矿，理由是武宝联公司要求“退货”。

虽然武钢审计部对前述交易提出了质疑，但武钢国贸的低价私售行为并未受到查处，反而以完成“非武钢贸易”的形式，获得了武钢数额丰厚的奖金。所谓非武钢贸易，是武钢国贸自2006年推行的、不涉足武钢自身生产部分的多元化经营项目。

据武钢审计部统计，2007~2009年，通过诸如前述与武宝联公司的交易方式，武钢国贸共低价外销武钢长协矿254.89万吨，违规骗取非武钢贸易奖金4318.21万元。而武宝联公司从中获利多少，却难以统计。

前述武钢知情人士表示，受困于体制，武钢内部审计不但难以根治央企弊病，反而“提醒”非法牟利行为转入地下。

2008年11月，武钢国贸总经理孙文东调任武钢集团鄂城钢铁有限责任公司（下称“鄂钢”）总经理；2011年1月，与武钢国贸进行巴西粉矿交易的武宝联公司注销。而若要完全确定武宝联公司与邓崎琳、孙文东等人之间的神秘关系，以及三方“合作”造成的具体国资流失数额，唯有等待司法机关的调查结果。

二、联合中间商分食煤炭采购利润

和武宝联公司一样，平顶山市平远贸易有限责任公司（下称“平远贸易”）

亦成立于2007年。记者调查发现，自平远贸易开始，邓崎琳治下的武钢在自身与供应商之间，费尽心机搭建中间商网络，导致采购成本无形增加。

熟悉平远贸易的河南某煤炭公司负责人将上述中间商网络形容为“绕圈”交易。据他估算，钢企若通过中间商“绕圈”采购1万吨煤炭，将比直接对接供应商采购多支出成本超过百万元。而这百万元成本，将成为中间商与钢企进行“分赃”的隐秘利润。

如上述负责人所言，曾参与武钢煤炭采购的一位内部人士向记者提供了一份交易记录。该交易记录显示，2008年10月，武钢国贸曾向河南平顶山及江西新余的两家贸易公司采购了三批共计2.11万吨煤炭。

作为中间商，平远贸易联合另外两家贸易公司参与采购环节，3家中间商层层加价后，将武钢国贸上述三批煤炭的采购成本提高了429.41万元。而成立仅一年后，依托武钢的平远贸易便实现利润共计3746.35万元。

对此，武钢相关部门曾进行审计并上报给武钢高层。但武钢内部人士向记者透露，因平远贸易的“特殊身份”，当时武钢高层并未对此有任何表态。

资料显示，平远贸易为武钢国贸与中国平煤神马集团物流有限公司出资组建，董事长为吴声彪，而吴声彪同时为武钢采购总监，并曾担任过武钢审计部部长。

此外，中国平煤神马集团为上市公司、主营煤炭开采与销售的平顶山天安煤业股份有限公司（A股上市公司平煤股份，股票代码601666）的第一大股东。武钢股份则为中国平煤神马集团第二大股东（持股11.92%）。

如此来看，武钢与平煤股份的关系其实十分紧密，平远贸易的存在显得更为“另类”。2013年，曾有媒体对武钢不直接向平煤股份采购煤炭，而是通过平远贸易复杂辗转表示“不解”。

前述武钢国贸与平远贸易的2.11万吨煤炭交易细节，或可为此“不解”提供答案。而不论是武宝联还是平远贸易，均为邓崎琳管理武钢问题的冰山一角。

据中央巡视组巡视整改通报，武钢无烟煤采购的一家中间商公司通过和平远贸易相同的操作，获取不当利益达1.03亿元。截至2015年7月，武钢按巡视组反馈，共清退“不具备资格或有特殊关系的中间商”13家。

武钢官方微信公众号“幸福武钢”2016年1月20日发布的信息显示，经过5个月的专项清理，武钢还自查出2012年1月1日至2015年9月15日发生的挂靠、转包、违规等111个项目。

虽然邓崎琳管理武钢的一系列违规行为暂时受到整顿清理，但面对邓崎琳主导成型的扩张版图，重压之下的武钢想要走出困境，并非易事。

三、强推防城港项目或将“骑虎难下”

据了解，国内重组加海外并购，是邓崎琳带领下武钢的重要发展战略。2005～2008年，武钢对鄂钢、昆明钢铁控股有限公司及广西柳州钢铁（集团）公司（A股上市公司柳钢股份，股票代码601003，下称“柳钢”）进行联合重组。此后，武钢在巴西、加拿大、利比亚等国加快了并购步伐。

记者了解到，武钢的海外并购共涉及8座铁矿，但至今仅1座投产。而在国内重组中，武钢与柳钢合作，计划投资达639.9亿元的广西防城港钢铁基地项目（下称“防城港项目”）亦争议不断，风险渐增。

2005年12月，武钢与广西国资委控股的柳钢签署重组协议，成立广西钢铁集团，联合建设千万吨级的防城港项目，其中武钢持股80%，广西国资委以柳钢全部净资产出资持股20%。

然而直到2014年，武钢才公布防城港项目的建设时间表。邓崎琳表示，项目规划在2016年形成500万吨生产能力，2017年形成1000万吨生产能力。

但柳钢却对项目失去了兴趣。2015年9月8日，柳钢股份发布公告，宣布广西国资委全部减资，柳钢退出防城港项目。

对此，原在鄂钢管理炼钢设备，并长期从事炼钢技术研发的余世光，直言防城港项目注定为“悲剧”。他对记者分析道，在钢铁行业产能过剩的大环境下，武钢投资新建钢铁基地，实为战略上的严重失误。而大型钢企的改革出路，不在于重组兼并和产能调整，而在于管理模式的转变。

正因如此，早于防城港项目启动时，余世光便写下万字长信，并向相关部委建言“防城港项目不能上”。据余世光回忆，在防城港项目的论证中，武钢内部也曾提出诸多质疑，但邓崎琳的态度格外强硬，“力排众议”。

同于余世光的观点，一位不愿具名的资深冶金专家对记者强调，2013年落马的原柳钢董事长梁景理，和邓崎琳一样均是在行业内摸爬滚打多年且才能成为卓著的传统“钢铁人”。而通过不同场合下的交流，梁、邓二人对留下“身后名”的观念也根深蒂固，防城港项目便是最明显的例子。

如今，武钢必须独自面对防城港项目难题。而余世光告诉记者，在防城港项目上，曾任宝钢股份总经理、此后“空降”武钢担任董事长的马国强，当时已感觉武钢处境尴尬，想撤出而不能。

2016年1月11日，马国强出任中国钢铁工业协会新任会长。在任职讲话和媒体采访中，马国强表示，防城港项目符合城市钢厂向沿海搬迁的策略，所以武钢对其支持态度“很坚决”，但在规模选择上，须结合武汉地区的产能减量考虑。而武钢对防城港项目建设推进时机的选择、投资的控制也更会趋于严格。

附录4

酒鬼酒亿元资金 缘何被盗?①

2016年1月15日，曾经轰动一时的酒鬼酒（000799. SZ）亿元存款“失踪”案在湖南省湘西州中级人民法院公开宣判，6名被告均被判处犯金融凭证诈骗罪。其中，主犯寿满江被判处无期徒刑，没收个人全部财产；农行杭州分行华丰路支行原行长方振被判处有期徒刑15年，并处罚金50万元。

究竟是资金使用方串通银行恶意盗取，还是酒企与资金使用方达成灰色借款生意，各方仍旧争议不止。此案涉及的三方分别为资金方酒鬼酒供销有限责任公司（简称“酒鬼酒供销公司”）、借款方杭州皎然实业有限公司、银行方农行杭州市华丰路支行。其中，进入调查审理且受到审判的只有后两者，酒鬼酒则无人涉刑，对于“购酒贴息”的运作是否合法和牵涉人员如何处理，判决书上也无解释。

值得注意的是，2016年1月18日，酒鬼酒高层发生大变动，董事长赵公微、董事沈建忠、总经理夏心国三人均因个人原因辞职。此外，记者获悉，在庭审结果宣判时，6名被告均表示要上诉；同时，方振家属已向中纪委举报酒鬼酒高管、财务人员等人。

一、1亿元资金存入异地

2014年1月27日，酒鬼酒公告称，子公司酒鬼酒供销公司活期结算账户1亿元资金被盗取，有人在公司不知情的情况下先后在公司账户存现几百元，然后分三次转取1亿元，被盗账户余额仅剩1176.03元。

2015年8月18~21日，该案在湘西州中院公开开庭审理，当庭未宣判结果。湘西州人民检察院指控，“被告人寿满江、罗光、陈沛铭、唐红星、郭贤斌以非法占有为目的，与银行工作人员方振勾结，用购酒存款贴息为诱饵，骗取酒鬼酒供销公司信任，然后盗盖印章，将该公司1亿元存款非法转出并占有”。

庭上，“最大利益受害者”酒鬼酒方面无人出庭。辩方律师和被告要求酒鬼酒相关人士出庭作证时，法庭以“与本案无关或前期已将事实查清没有必要必须出庭”为由，未能允许。

从庭审过程及检察机关起诉书等材料，可以窥见酒鬼酒亿元存款“失踪”的大致脉络。

---

① 《财会信报》，2016年2月1日。

2013 年 11 月，罗光（南京金亚尊酒业公司法定代表人）与寿满江（杭州皎然实业公司法定代表人）等人向酒鬼酒购买 600 万元的高价酒，同时寿满江要求所在地为湖南湘西的酒鬼酒供销公司在杭州指定银行存入 1 亿元，并做出承诺：一年内不提前支取、不质押、不转让、不挂失、不调查、不开通网银和电话银行。

有律师指出，酒鬼酒供销公司此举若是一个纯粹的开户行为，按照常理推测，不开通网银、不开通短信通知，对企业实时掌握账户情况是极其不利的。

农行杭州分行相关人士告诉记者，罗光曾经是南京烟酒公司的高层，与酒鬼酒供销公司非常熟悉，在酒鬼酒案件中扮演的是资金掮客的角色。寿满江则是资金需求方，在酒鬼酒获取的资金中有 4000 万元投向了其运作的牡丹江旧城改造项目。

2013 年 11 月 29 日，酒鬼酒供销公司以成立华东销售分公司为由，在财务人员赵岚在罗光、唐红星等人的陪同下来到华丰路支行开户。银行视频录像显示，赵岚第一次开户时，部分材料是由唐红星手持公章加盖的。

2013 年 12 月 5 日，依照审慎管理要求，为进一步确认酒鬼酒供销公司授权的真实性，华丰路支行原行长方振与客户经理到酒鬼酒供销公司长沙总部办理授权面签手续，酒鬼酒供销公司法定代表人夏心国当面签字确认。但当时夏心国称公章不在公司，日后会派人到杭州补盖。

二、盗用公章制作凭证

农行杭州分行提交的材料显示，在此期间，罗光、寿满江等人向方振咨询委托理财等银行业务，方振答复了银行相关咨询。之后，罗光与寿满江、陈沛铭等人与酒鬼酒供销公司财务高层商量 1 亿元资金的具体运作模式，并明确告知要动用这笔资金。寿满江等人提出委托理财、不提供凭证或提供假凭证等建议，但酒鬼酒财务人员坚持表示要真凭证。

上述农行杭州分行相关人士向记者透露，被告人原本打算将存款通过银行理财的账外方式转款，但账外方式提供不了凭证，而酒鬼酒是上市公司，理财需要公示。因此，双方商定将 1 亿元存款由定期改为活期，同时再加付定活存款一年利息差 290 万元，并修改了原协议。之后，酒鬼酒供销公司在三天时间内通过网银转账方式将 1 亿元资金化整为零，分 79 笔转入其在华丰路支行开立的账户。

2013 年 12 月 9 日，酒鬼酒供销公司派赵岚一人携带公司财务专用章、单位公章、法人代表人名章等一整套预留银行的印鉴到杭州给授权书补盖公章。

12 月 10 日，罗光、陈沛铭等人全程安排赵岚吃住且到西湖游玩，并以景区人多不方便为由让赵岚将包留在车里。开车尾随的寿满江将包里的印章拿走，直接赶到华丰路支行，加盖在购买电汇凭证和转账凭证上。12 月 11 ~ 13 日，唐红星持加盖酒鬼酒供销公司银行预留印鉴的电汇凭证到银行办理转账，以付“材料款”的名义要求银行将 1 亿元资金分三笔全部转入杭州皎然实业有限公司账户。

三、酒鬼酒高层参与

方振辩护律师指出，上市公司印章应由两人分开保管，且此次业务只需一枚公章，酒鬼酒却仅派一名财务人员只身携带三枚公章到杭州。“印章应不离身保管，赵岚却将存有全套财务印章的手提包随意放在了被告车上，接受被告安排其游览西湖，致使被告轻易盖到了印章，转出了资金，这是一种默契。”

判决书显示，在盗取 1 亿元后，寿满江转给陈沛铭 3900 万元，转给卓铭 1615 万元，转给罗光 1050 万元，转给唐红星 25 万元，转给蒋晶 65 万元，转给跟随卓铭的朱建国、朱美青、胡国兴三个中介人共 380 万元。

证据表明，酒鬼酒供销公司在 2014 年 1 月 6 日收到银行的对账单，发现亿元资金被转走后，不是第一时间向银行查询或报案，而是专程派人到杭州与罗光、寿满江等人以电话、短信等方式密切联系，要求尽快还款。

农行杭州分行方面人士告诉记者，罗光等人在办妥转款手续后给酒鬼酒供销公司副总郝刚发短信称“事已办妥，友情后表”。由此可见，酒鬼酒事先就知道这笔钱会被转走。但在上市公司年审时，对账单上留的地址无法修改至别处而导致事发，于是夏心国要求提前把 1 亿元转回来应对审计，“根本转不回来了，迅速被投向急需用钱的项目上了”。

商谈无果，因寿满江等人未按约定时间还款，2014 年 1 月 10 日，酒鬼酒以合同诈骗为由向公安机关报案，拖延了 18 天后向公众发布“资金被盗”公告。随着公安机关侦查深入，酒鬼酒公司又发布公告修正为“诈骗”。

四、购酒贴息模式引争议

在庭审时，湘西法院认为，“6 名被告人行为均已构成金融凭证诈骗罪，且数额巨大，至今仍有近 6000 万元资金无法追回，损失特别重大，犯罪情节特别严重，依法应予严惩”。

而寿满江、罗光、陈沛铭、唐红星则称，其做的是“非阳光”资金生意，属于“购酒 + 借款 + 贴息”模式，并事先与酒鬼酒供销公司达成协议，通过项目运作在约定期限内完全有能力归还借款。

一位酒企经销商称，“购酒 + 借款 + 贴息”模式在酒企中是公认的秘密。一些龙头酒企账面往往趴着大量现金，尤其是上市公司，融资、贷款都很便利，但资金利用率极差。有些经销商在签署购酒协议时要求酒企向指定银行存入巨额存款，自己贴补高额利息，资金则借作他用。“近年来因为反腐、经济下滑，白酒行业业绩承压，销售端压力较大，这种方法既能做好销售业绩，也能获得高额贴息，何乐而不为呢？”

庭审时被告人也表示，事先与酒鬼酒公司约定了明确的贴息利率、方式和要求。在酒鬼酒公司还未将资金转入开户银行前，他们便作为资金贴息方，先将“回报”打入了酒鬼酒公司指定账户，先后三次共计1940万元。

法庭上，罗光称，这种“非阳光”融资好多酒企都在做，出事后都是好好协商的，不像酒鬼酒马上就报警抓人。陈沛铭称：“我是借款借到这里来了。”寿满江称：“我的项目现在都荒废了。我当时就向公安机关表明，给我两个月时间，我兜底还清。”

农行杭州分行方面人士也认为，酒鬼酒事件是由其自身原因造成的。酒鬼酒因经营效益严重下滑，与社会不法人员合作，隐瞒银行事前达成“购酒借款”等协议，是“始作俑者”。“如果酒鬼酒公司知道犯罪嫌疑人要挪用款项并放任这一行为，且提供种种机会和便利，则对案件定性有直接影响，涉及到底是民事纠纷还是刑事案件。但遗憾的是，判决书对酒鬼酒的过错轻轻带过。”

附录 5

农行 39 亿元银票　怎么变成了报纸？[①]

一桩银行票据大案，让“票据江湖”的灰色食物链成为舆论焦点。2016 年 1 月 22 日，农业银行发布公告称，该行北京分行票据买入返售业务发生重大风险事件。经核查，涉及风险金额为 39.15 亿元。目前公安机关已立案侦查。

多位业内人士表示，不仅农行存在这类问题，众多银行都牵涉其中。票据市场积弊已久，资金从银行被套出，最终进入股市等高回报领域，正是票据掮客的拿手好戏。若不是 2015 年的股市巨震引发“退潮”，那些“裸泳”的人可能还不会这么快被发现。

一、票据如何变报纸？

据了解，事件的大致脉络是：农行北京分行与某银行进行银行承兑汇票（下称“银票”）转贴现业务，在回购到期前银票应存放在北京分行的保险柜里，不得转出。但实际情况是，银票在回购到期前就被票据中介提前取出，与另外一家银行进行了回购贴现交易，而资金并未回到农行北京分行的账上，进入了股市。保险柜中的票据，则被换成了报纸。

某国有大行浙江省分行曾有多年票据从业经验的刘总对记者表示，目前买入返售业务都是分行一级通过票据中心、票据部门在操作，并且是不折不扣的小众业务，在省一级分行配备的人员力量很小。比如，农行在该省专门做这项业务的员工不过三四个人。由于票据买入返售有银行做背书且风险较低，所以容易导致票据保管环节出现疏漏。

“一般来说，存兑纸质汇票是以 1000 万元作为最高单张票面金额的，39 亿元需要多少票？一定是银行内部保管出问题了。”刘总对记者说。

目前，农行北京分行的两名员工已被立案调查，原因正是涉嫌非法套取票据。那么，农行北京分行在买入返售持票中，真票据究竟是在入库前、入库后还是上门取票封包时被盗的？

“在我之前待过的银行，票据、章子都是跟着车一起运到金库，农行北京分行大概也不会例外。”有银行业内人士称。买入返售环节中，农行肯定要验票，之后封存，票据部的人若想作案还需要串通会计。但银行是条线管理，会计部不可能听票据部摆布。

---

① 《财会信报》，2016 年 2 月 1 日。

他表示，农行北京分行的票据一开始入库时就是一包报纸的可能性不大。因为无论是移交、审验，还是保管，都要由会计部的两名同事在摄像头下完成，盗取难度太大。而如果是先入库再偷偷出库，同样很复杂，也是双人出库，而且全程都有摄像头。

据分析，与入库前验票封存过程中被调换和入库后被盗出相比，上门取票封包受监控较少。票据交易员为了做手脚，可能避开票据在本行入库，提出携带一名会计人员上门取票，年轻的会计人员受到利诱或工作疏忽被利用，最终封包带回一包报纸。这是可能性较大的一种情况。

不过，上述猜测是建立在上门取票时封包不拆开看基础上的。刘总告诉记者，封包和入库是两个环节的风控程序。如果前面一道双人复核制度没有约束到位，被两个人串通好了，一旦封包后，后面一道程序就是进入库房，库房的人确实不知道封包里的东西是什么。每天大银行的各省分行都有很多封包要入库，让库房的人挨个去查并不现实，目前银行也都不是这么做的。

据了解，对于上门取票封包的管理环节，各个商业银行并不一致。“封包是指交易双方共同签字，保证正回购方在到期领回票据时仍然原封不动。逆回购方会计携带封包回行入库，一般不拆包。”有业内人士称。

二、票据掮客怎么玩?

即便是本该保管在银行保险柜中的票据被成功取出，到了票据中介手中，但为何另一家银行可以与票据中介做两家银行才可以做的回购贴现交易？对此，刘总告诉记者，这里似乎有“同业户”的影子，也是银行大案频发、资金外流的一个病根。

银行票据交易中的同业账户，业内称之为“同业户”。当市场上的票据掮客潜入，通过某种形式实际控制了利益链中部分银行的“同业户”后，银行体系的资金就流进了掮客们的“包装户”。

有多年票据行业从业经验的小周对记者表示，他凭借在市场上多年练就的身手和资源：一能控制几个银行的“同业户”，玩转票据期限错配；二能在票据交易中无成本滚动占有多笔利息，从而形成资金沉淀并用来放息或投资；三能靠他掌握的业务模式“无中生有”从银行套出钱；四能靠票据期限错配再赚差价；五能把市面上所有原本大行不能合规持有的票据，都通过小银行当通道过桥“洗白”。

据了解，银行一向都有腾挪表内外规模的需求，这几年也越来越强调票据自营，做大交易而非持票到底。不过，银行固然能够直接联系同业，一些票据业务活跃的股份制银行也居间做期限错配买卖角色，但相比银行，掮客们的业务正是因为不规范而更高效：他们能按合作银行的要求去市场上收票、买断票据，打包成资产包；他们能为了“掩护”合作银行的同业部门走通合规流程而先行找城商行或村镇银行作为通道银行贴现，然后甩给通道银行 1 ~ 2 个基点了事；他们还能简化交易过程，票据交易多半离柜办理，掮客还能自行完成背书。

业内分析称，从 2012 年的“杭州润银”事件开始，票据案件年年有，资金最终总是被用于炒房、炒期、炒矿、炒股等。只要某个领域出现资产泡沫现象，融资性票据就是给力的来钱工具，票据掮客总能“大显身手”。

而现在看，农行爆发的票据案好似压死骆驼的最后一根稻草。2015 年底银监会下发的《关于票据业务风险提示的通知》指出，部分银行业金融机构违规办理银票买入返售业务。银监会要求银行业金融机构将“低风险”业务全口径纳入统一授信范围。

“五大行的纸票交易基本上停掉了，每个银行都心照不宣只开出几亿元的额度，就给关系户用了。”当记者询问纸票转贴利率报价时，有上海银行业同业部门人士说，虽然还有 3.5% 的报价，但已经有价无市。

目前，工行某分行已下发通知要求暂停办理铁矿石、钢贸、煤贸三个行业的票据贴现业务，仅办理工行、政策性银行、农行、中行、建行及部分全国性股份制商业银行银票的票据贴现业务。

虽然纸票转贴现受到抑制，但上述同业部门人士称，电票直贴和电票转贴业务仍基本正常进行。某股份制银行分行同业部门副总经理也表示，在票据市场风暴后，更具透明度、能够降低操作风险的电票业务将在 2016 年得到快速发展，电票逐步替代纸票是票据市场发展的必然趋势。

附录 6

南阳地税窝案为什么会产生?①

日前，一件发生在河南省税务系统的贪腐大案吸引了世人的关注。因先后85次收受他人钱物，受贿百余万元，河南省南阳市中级人民法院判处该市地税局局长高新运有期徒刑8年零6个月。与之关联的南阳市地税局直属分局原局长周松山、南阳市地税局原副局长王晨煜也分别以受贿罪被判处有期徒刑11年零6个月和11年。据悉，该案同时牵涉60余名当地税务系统的干部、职工，其中包括局长、副局长26名。

在南阳地税系统“窝案”发生后，当地检察机关和税务部门加强了税收征管，仅唐河县的66户房地产企业就自查出各项少缴、漏缴税款4399.38万元，已入库税款共计3888.81万元。这样的结果可谓触目惊心，却也不禁令人好奇，这件发生在税务系统中的贪腐窝案究竟是如何发生的？通过这起案件，我们又能得到哪些深刻的教训和启示呢?

一、南阳地税干部贪腐有两招

南阳市地方税务局党组书记、局长高新运自2009年就任后，一直到2014年8月案发，在5年多时间里，先后数十次贪污受贿。他贪污腐败、以权谋私的主要途径有两个：一是通过调整下属税务干部而收受他人贿赂；二是接受当地企业贿赂，随意为其减免税，以便从中中饱私囊、“发家致富”。

据悉，高新运在其任期之内曾8次调整税务干部，平均8个多月一次。他在2010年6月和2012年4月分别对南阳市地税系统的干部进行了两次大规模的调整。通过调整，高新运先后收受40名干部的贿赂共计66.5万元现金，以及10万元购物卡和加油卡。这股不正之风在南阳市税务系统中上行下效，逐渐蔓延开来，有不少人开始效仿高新运的做法。其中，南阳市地税局原副局长王晨煜先后收受直属分局原局长周某某、高新区地税局原局长张某某、税务稽查局原局长李某某的贿赂，为这些人的提拔、任命提供帮助。

除了利用干部调整受贿，以高新运、周松山、王晨煜为代表的南阳市地税系统贪官，还通过随意给企业减免缓税收以实现自己“致富”的目的。南阳市中级人民法院在审理中发现，为求得高新运在涉税方面的关照，河南宛运集团副总经理杨某某、河南天工集团董事长张某某、河南中源化学股份公司总经理孙某某

① 《财会信报》，2015年11月2日。

等企业负责人，多次向其行贿。而这些税官会在收到好处后，在减少税务稽查、缓缴税款等方面为行贿企业提供帮助。

与这些侵占国家税款的行为相对应的，则是涉贪税务干部个人的“富足”。根据对南阳市地税局副局长王晨煜夫妇的调查发现，王晨煜夫妇在银行有近千万元的资金流转，在南阳、海口、北京等城市的繁华地段有数套房产。办案人员对其住宅进行搜查，发现总价值 100 余万元的财物。

在这股贪腐歪风中，不仅有税务干部牵涉其中，普通的税务人员也在贪污。2008 年 8 月，唐河县宛东建筑安装工程有限公司副经理王某某、项目经理汪某为减少某项目税收支出，先后 3 次向时任唐河县地税局城关分局负责建筑房地产开发税收的管理员曾献科行贿共计 3. 28 万元，最终致使国家税收损失达 93. 48 万元。

二、干部管理及税务制度的不完善是贪腐滋生的根本原因

中央财经大学税务学院副院长张广通在接受《财会信报》记者采访时，为我们分析了南阳市税务系统贪腐窝案发生的根本原因。他指出，贪腐案件滋生是由于目前部分单位的干部选拔任免机制不完善以及我国税制本身还存在漏洞。

首先，从干部管理机制看，目前存在的问题主要表现在两个方面：一是干部人事方面，南阳市地方税务局的干部在工作中独断专行，收受贿赂；二是在具体的业务中违法乱纪，地方税务局的人员在税收征管过程中没有严格按照国家相关规定执行，而是任意为利益当事人减免缓欠税款。例如，税务系统除了进行税收征管之外，与群众的接触较少，其干部选拔是在系统内部完成，外界无法对税务系统提拔、任免干部产生监督作用。这样就形成了系统内部的自我封闭和自我循环。既缺失社会监督，而且系统内部的监督和上下级之间的监督也往往无法执行到位。干部任免机制的不公开和不透明，为腐败现象的产生提供了温床。

其次，税制本身存在的漏洞也体现在税务人员执行业务的过程中。总体而言，地税相比国税具有更大的自主权，地方税的征收也比较有弹性。这是因为国税局管的是中央税、共享税、一些大的税种，因此国税的税法制定很严谨，多年来经过了多次改革，税收征管制度比较完善和规范。而地方税的税源是一些分散的小税种，大都集中于第三产业，加上地方税的改革相对滞后，地方税的立法进程十分缓慢。同时，地方税的小税种税源零星分散，存在征管成本高、管理粗放的问题，因此在征管方面给地方政府留有很大的自主权，很容易造成以权谋私现象的产生。

具体看，地方税的税源通常是零星分散的第三产业，这一事实决定了地方税的管理方式需要变通，不能完全按照国家相关规定执行。例如，属于地方税之一

的土地增值税，这是对买卖房地产的增值部分，按照增值率的多少征收的一种税。按照国家的有关规定，税率很高。但在实际执行中，多数土地增值税并没有按照以例计征、查账征收的方式进行，而是采用了预缴税款的方法，即按照当地每年房地产销售额的1%或者2%缴税。等该房地产项目销售全部结束后，地税局再进行清算，多退少补。这种粗放的管理方式给地税局的税务干部提供了很大的自由裁量权，而房地产企业为了资金周转，希望缓缴税，就会向税务干部行贿，从而造成腐败行为，其实质上是对国家税款的占用。

此外，在实际的地方税的征管过程中，并不是完全依法治税，绝大部分是按照税收计划进行。近年来，随着经济发展，我国的税收计划每年需要保持一定比例的增长，但税收计划每年增长比例的弹性很大，本身就是腐败的一个诱因，税务系统的上下级之间形成税收计划摊派的利益链条。如果一个地方的税收计划今年无法完成，当地的地税局可能就会向效益好的大企业“借税”，用下一年的减免税等作为条件进行交换，形成一种“潜规则”。这也是税务系统腐败现象的一种表现。不仅如此，地方税制度改革之后，由于“营改增”推进等因素，使得地方税的收入减少，在一定程度上加剧了地方政府对地方税的粗放管理行为。

张广通表示，其实像南阳市这样的贪腐窝案是带有一定普遍性的，不仅是在税务系统，其他的行业可能也存在类似的问题。这些现象都反映出了制度缺失的问题。不是有关单位在用人方面的违法乱纪，还是在执法过程中的违法乱纪，都是监督机制不到位，个人独断专行、以权谋私的后果。我国在法律制度以及具体工作中监督机制的缺位，使各项制度不能严格执行，用人治代替了法治，且没有及时得到纠正，导致部分单位的领导干部走上了违法犯罪的道路，把公权转化为私权，拿公利和私利交换。

三、加快税制改革　强化监督很必要

张广通认为，针对目前存在的制度漏洞应如何弥补，需要从两个方向改进。一是用人的制度，即对干部的管理。我国的税务系统，如国税和地税，都实行垂直管理，一级管一级，干部选拔、任用机制没有在阳光下运行，缺乏有效的监督，因此在干部任命中存在普遍的不透明、不公开现象。下级干部为了得到提拔任用，需要对上级领导行贿，而上级领导的权力过于集中，就会形成集体腐败的局面。现在我国开始进行的干部管理体制改革，举办公开透明竞选，进行群众打分、公示，设置考核期、试用期等措施，其实都是在探索一种集体表决的机制。二是实行整治四风、反腐败等活动，对税务干部加强思想教育，加强培训，确保干部选拔、任命机制能在阳光下运行。

对于地方税的改革，张广通指出，适当增加地方政府的自主权是有必要的。

中国的情况很复杂，每个地区的具体情况都不同，地方税比较分散，税源分布差异大，必须因地制宜，在地方税的征收中体现地方特色。因此，应该在税法中保留一定的自由裁量权，地方政府可以在中央规定的权限范围内自主决策，但需要防止这个“自由”在基层执行的过程中被放大。

另外，地方税的税种很多，但立法进程十分滞后，长期执行的都是国务院出台的法规、暂行条例等，既不符合依法治税的精神，也无法体现出法律的权威性。因此，有必要加快地方税的立法进程。同时，还要对地方税征管的条款进行改革，从税制要素层面重新梳理、调整地方税之间的关系，进行税种的合并或独立。当然，地方税的征管模式也要改革，对地税局自由裁量权的运用进行约束。

最后，张广通强调称，对于税务系统腐败风险的防范，不仅要完善干部选拔、任命制度，更要完善税法，堵上征管机制的漏洞，严格执行有关制度。制度完善是立法的问题，执行制度是执法的问题，处理违法乱纪是司法的问题，三个方面要协调配套才行。只有从立法、执法、司法和思想教育等多个角度考虑问题，才能真正加强管理，杜绝腐败。

附录 7

长江证券董事长缘何自杀?[①]

2016 年 1 月 6 日早间，长江证券公告称，公司于 1 月 5 日收到湖北省纪委的《立案决定书》，“公司党委书记、董事长杨泽柱因个人原因涉嫌违纪，正在接受组织调查”。没想到在时隔 20 天后，1 月 26 日，杨泽柱以跳楼的方式结束了自己的生命。

记者注意到，目前长江证券正受多重问题困扰，包括股权转让迟迟未见下文、股价低于定增价格及研报涉嫌违规等。

一、任期内业绩中规中矩

2016 年 1 月 26 日下午，一条消息震惊 A 股市场，目前正处于调查中的长江证券原董事长杨泽柱在当日上午跳楼身亡。

1 月 6 日早间，长江证券公告披露了杨泽柱正接受调查的消息，杨泽柱就此成为 2016 年券商“打虎”风暴中的“首虎”。1 月 6 日晚间，长江证券又公告称，公司董事会决定：停止杨泽柱公司第七届董事会董事长职务；在董事长停止职务期间，由副董事长崔少华先生代为履行第七届董事会董事长职责。

资料显示，杨泽柱有长达 7 年的时间都在湖北省国资委担任一把手，曾兼任当地多个大型国企董事长和党委书记等职。2013 年 12 月，杨泽柱从国资系统调离，出任长江证券董事长。次年 4 月在接受媒体采访时，他称“我来公司就是干事业的”，并明确了三条预期：当一个不搞鬼、能挣钱、不出事的董事长。

不过，在调任长江证券董事长之前，湖北就开始流传杨泽柱被查的传闻。据媒体报道，“多位武汉人士表示，当地关于杨泽柱及其子杨奔的传言甚多，而主要问题集中在杨奔身上，涉及收受贿赂、贪腐等多重问题”。

记者注意到，宣称并不是去长江证券“养老，拿高薪享清闲”的杨泽柱，在 2013 年底上任一周便拿了 70 万元年薪，2014 年年薪更是高达 349.11 万元。而从杨泽柱上任后长江证券的业绩表现来看，可以用中规中矩来形容，主要问题在于业绩增幅在行业排名中一直相对靠后。

财报显示，2014 年，长江证券实现净利润 17.05 亿元，同比增长 69.43%。而根据中国证券业协会统计，长江证券这一业绩当年在行业排名第 15 位，较 2013 年下降 1 位。公司利润增长率行业排名靠后，仅排第 90 位；在当时的 23 家

① 《财会信报》，2016 年 2 月 1 日。

上市券商（不包括现在的申万宏源）中，排名第21位。2015年前三季度，长江证券实现净利润31.82亿元，同比增长159.38%，业绩增长率在24家上市券商中排第20位。

在杨泽柱上任以后，长江证券也有亮点。2014年，公司在证监会的分类评级中被评为A级，2015年则上升为AA级，离最高AAA级券商又近了一步。

二、研报涉嫌违规

值得注意的是，长江证券1月23日公告称，湖北证监局下发了《关于对长江证券股份有限公司采取责令增加内部合规检查的次数监管措施的决定》，认为公司在开展研究报告业务时，存在内部控制不完善的情形，违反了《证券公司监督管理条例》的有关规定。湖北证监局责令公司在2016年2月1日至2017年1月31日，每3个月对公司研究报告业务增加一次内部合规检查，并在每次检查后10个工作日内向该局报送合规检查报告。

在业内看来，长江证券研报业务“内部控制不完善”，大概是与2015年以来引发热议的“奇葩研报”有关。特别是被称为“桃子姐”的长江证券金融工程分析师覃川桃，其报告有“语不惊人死不休”之势，风格幽默诙谐，热词满屏飞，甚至有不太雅观之词。

2015年1月23日，覃川桃在一份对大盘走势的技术分析报告中用“爱有多销魂，就有多伤人”形容市场。同年4月，覃川桃又以一篇《侠之大者，为国接盘》打响旗号，之后连续发布了不少标题雷人、调侃之风愈演愈烈的研报，比如《长得帅就死得快吗?》《别时容易见时难，东风若无力，官人花残》《千金散尽还复来，教你闷声发大财》等。

对于如此娱乐化的行文风格如何能过证券公司研报发表时的审核环节，“桃子姐”2015年曾在接受媒体采访时称：“我们这边审核这方面是不太管的，只要格式没什么问题一般就都OK。”

为此，记者向长江证券多位分析师咨询研报审批程序，回答均是，研报提交后，将会有3~4道审批程序，分系统自动审核敏感词和人工审核，大致为“先是由审核小组初审，再由两人复审，最后终审”这样的程序。

但一位接近长江证券的人士表示，“桃子姐”如此随意的研报风格，也可能是因为此前这些报告都是在微信平台上发表的，以调侃的角度分析市场形势。之后公司要求全部对外发布，所以传播范围扩大，引起不良影响。

事实上，在研报问题上，长江证券已栽了不止一个跟头。2015年5月4日晚，多家网络媒体转载了内容涉及“长江证券研报预测三季度或提高印花税”的文章，成为市场热议对象。事后证明，此言为虚。证监会6月12日称，经过调查发现，此研报违反《发布证券研究报告暂行规定》，对其采取出具警示函的行政监管措施。

三、定增等事宜无进展

2015 年 4 月 29 日，长江证券发布公告称，公司接到第一大股东海尔投资通知，海尔投资已与新理益集团签署了协议，拟通过协议转让方式将其持有的公司股份 6.98 亿股（占公司总股本的 14.72%）全部转让给新理益集团。根据公司披露的《简式权益变动书》，此次转让以公司停牌前 30 个交易日收盘价均价为基础，考虑 10% 的大宗交易折让，经双方协商一致确定为 100 亿元。此次权益变动完成后，新理益集团将成为公司第一大股东。

不过，2015 年 5 月 25 日，长江证券公告称，海尔投资于 5 月 22 日将其所持 6.98 亿股公司股份全部质押给了广发证券，质押期限不超过 15 个月。同年 10 月 13 日晚间，长江证券披露，海尔投资所持 6.98 亿股已于 10 月 12 日全部解除质押。但截至目前，长江证券公开的第一大股东仍为海尔投资，后者与新理益集团的股权转让事宜没有任何进展。

除了股权转让事宜，公司此前被市场关注的定增事项同样迟迟没有落地。长江证券 2015 年 5 月 14 日公告，拟以不低于 15.25 元/股的价格非公开发行不超过 7.87 亿股，募集资金不超过 120 亿元，扣除发行费用后拟全部用于增加公司资本金，补充营运资金，以扩大业务规模，优化业务结构，提高公司的综合竞争力。

不过，随着市场行情突变，长江证券股价持续下跌。在此情形下，长江证券 2015 年 8 月 4 日公告称，拟对非公开发行方案进行调整，将定增价从原计划的 15.25 元/股下降到 10.91 元/股。

2015 年 12 月 26 日，长江证券公告称，证监会发行审核委员会对公司非公开发行股票申请进行了审核，并予以通过。

可是，在获得证监会批准一个月后，公司定增事项仍没有后文。值得注意的是，经过 1 月 26 日市场再次下跌后，长江证券股价跌至 10.03 元/股，已经低于调整后 10.91 元/股的定增价，为定增事项又蒙上了一层阴影。

附录 8

金亚科技自曝财务造假①

2016 年 1 月 18 日，金亚科技发布了自查公告，对公司此前的一些财务问题进行了说明。这家曾经头顶“创业板 28 星宿”耀眼光环的公司，财务状况竟然十分混乱。

金亚科技称，经自查，发现 2014 年货币资金账实不符数据，依据 2014 年末财务报表货币资金科目余额与 2014 年末银行对账函证单的差异，调减了货币资金科目金额约 2.2 亿元。

公司自查发现，在确认 2014 年销售业务时，未遵循谨慎原则，导致多计应收账款，经公司逐一核实后，调减应收账款金额 3213 万元；少计往来款项，造成公司其他应收款项账实不符，调增了其他应收款项约 2.35 亿元；2014 年金亚科技股份有限公司账上所列支付四川宏山建设工程有限公司工程预付款 3.1 亿元，没有实际支付，因此调减了其他非流动资产 3.1 亿元。

公司在确认 2014 年销售业务时，未遵循谨慎原则，导致多计应收账款、营业收入和营业成本，调减营业收入约 3033 万元，调减营业成本 1628 万元，导致营业利润调减约 1415 万元；因调减营业收入造成的多交增值税无法退回，因此调增了营业外支出约 515 万元，以上两项导致净利润调减约 1931 万元。

金亚科技表示，调整后，2014 年末未分配利润金额约 3.08 亿元，导致调减的因素为：因 2014 年会计差错更正调减约 1931 万元；因 2014 年度以前会计差错更正调减约 2.88 亿元。

公司称，出现这样的问题，主要是因为“公司整体的内控意识不强，内部控制制度在经营管理活动中未能充分发挥作用，公司内控制度执行的有效性存在缺陷，个别管理人员法律意识淡薄，导致出现重大会计差错”。

“目前已有近 200 位投资者进行了前期的准备工作，在证监会下发处罚之后，我们会进行民事诉讼。”上海明伦律师事务所王智斌律师称，“根据自查公告，金亚科技构成财务造假。这种行为在法律上被认定为重大虚假陈述，投资者可以根据《证券法》的相关规定进行索赔。”

王智斌认为，从金亚科技公告来看，自查公告里有许多细节未披露，因此，可以索赔的投资者的范畴目前尚未确定。

① 《财会信报》，2016 年 2 月 1 日。

附录 9

光与暗的交织——路灯下的舞弊阴影[①]

一、案例

杭州市电力局原路灯管理所工程科科长吴某利用职务之便，帮助灯具销售、路灯照明等企业增加产品的销售，助其顺利中标，从中受贿 116 万元及价值 1 万多元的金条 1 根，2014 年 10 月在杭州江干区法院进行一审。

围标一直是招投标中被重点关注和防范的问题，但在实际操作中，由于制度或人员的漏洞，往往给犯罪分子可乘之机。2006 年，为了让企业能在河道照明工程项目中顺利中标，杭州某装饰照明工程有限公司的董事长余某收买了吴某。于是，在工程招标时，余某所在的公司拉拢了其他几家管理企业参与了投标。而原本应该在资格预审环节被发现的围标问题，却被吴某利用权力掩盖下来。余某的公司和关联公司轻而易举地被列入投标单位并参与投标。最终，余某参加了投标并中标。为答谢吴某，余某赠送其人民币 90 万元。

从此，尝到了"甜头"的吴某在一次次的金钱攻势下逐渐沦陷。浙江某灯具销售有限公司总经理邵某拜托吴某帮忙，在照明工程中使用其公司产品，2010～2013 年，邵某的公司在吴某的"护送"下，为最终中标赢得了"便利"。为报答吴某，邵某送给其现金共 23 万元。2010～2012 年，被告人吴某还利用对相关照明工程负责监理、预决算、审计等职务便利，收受某灯具厂贿赂现金 3 万元及金条 1 根。

二、评述

（一）舞弊是如何发生的

路灯照明工程舞弊案件的高发环节主要集中在招投标和采购环节。本案中，在招投标过程中吴某同时拥有推荐投标单位入围和资格预审的权力，极易造成在招标前段就失去原本对于投标单位的监督作用，从而导致舞弊漏洞的出现。

（二）舞弊行为如何被发现

在招投标过程中，围标是很难杜绝的一个难题，一是难以发现，二是难以界定。所以要发现围标问题，可以从以下几方面着手：

投标报价相近，且明显异常高于市场价。由于围标通常都是为了获取合理成

① 《财会信报》，2016 年 1 月 11 日。

本之外的非法利益，且参与围标的企业一般会有某种形式的利益分成，这使围标单位操纵的标价超出了合理低价范围，所以如果有几家单位报价相近，且高于市场价，一般都有围标的嫌疑。

参与投标的单位之间有明显关联关系。一般的招投标都会有资格预审环节，在资格预审环节需要对投标单位的资格进行严格审查，如果发现有明显关联关系，则应该注意围标的风险。

投标文件之间有内容、文字类同、抄袭的。如果出现投标文件的内容、文字出现类同、抄袭的情况，同样也应该注意围标的风险。

（三）如何防止和避免此类舞弊发生

本案中，出现围标情况的主要原因在于风控体系的不完善，作为工程科科长吴某的职责范围和权力过大，缺乏制衡，使得其有机会进行权力寻租。对此，公司可以通过以下手段进行防范或规避：

招标文件的制作需加强审核。对于招标的技术文件，在编制完成后可聘请另一专家对此进行审核，检查技术要求是否明确以及是否存在上述情况。此外，对于编制技术文件的人员，不得让其参与评标打分。

制定标的或者最高限价。甲方可通过秘密制作标底或最高限价等方式，使自身对投标人的报价是否存在问题做到心中有数，防止通过串标左右中标价格问题的发生。

投标保证金由企业基本户划转。投标保证金必须通过投标企业基本户划转，不能以现金方式缴纳，而退回投标保证金也只能打入参与投标企业的基本户。通过保证金的划转也可以在一定程度上降低围标风险。

加强资格预审环节的检查力度。在此过程中，加强检查力度可有效防止围标的情况发生。

评标过程需严谨。评标人员可阅读投标企业的投标文件，检查有无雷同或由同一文件改写的情况，通过此途径也可发现围标串标行为。

附录 10

挪用公款玩私彩　伪造假票账难平[1]

一、案例

黄某在深圳某建筑设计公司南京分公司（国企）任出纳会计，主要负责开票、费用报销、凭证管理、工资发放和制作财务报表等工作。2012 年底，她开始参加网络彩票平台赌博，在投入 2 万元后，很快中了 7000 元，但不久这个彩票平台突然消失了，黄某的钱都被骗走。2013 年初，网上又出现了一个新的“彩票平台”。黄某手里没钱，决定拿公款先赌一把。

黄某一开始只采取收取现金不入账的方式，动用几千元到几万元不等，但没多久就全部输光。她又将单位的现金业务款一律存入自己的银行账户，不到半年，竟挪用公款 200 余万元。黄某为了尽快挣钱还款，开始把目光投向了业务单位的承兑汇票。截至 2014 年 2 月，她先后动用公款 786 万元承兑汇票，兑换现金 700 万余元，最后都输了。

为了应付公司核查，黄某使用承兑汇票的复印件做账，将各种账面做平。2014 年 5 月，黄某辞职。为了不露破绽，她先登录公司财务系统，用自己的权限将银行存款私自减少了 200 万元，并在资金中心往来账户上增加了 200 万元。离职后，黄某还是不放心，擅自盗用公司会计权限，再一次偷偷登录公司财务系统进行调整，企图蒙混过关。

经查，黄某在 2013 年 1 月至 2014 年 5 月期间，利用职务之便挪用公款共 1100 余万元，给被害单位造成了巨大经济损失。

二、评述

在本案例中，黄某在公司担任出纳会计。这一般是中小微企业或者大型企业的分支机构出于人员成本节约考虑而设置的岗位。出纳会计从内控角度说属于典型的不相容职责，若既负责现金收付，又负责账务处理，有非常多的机会进行舞弊。这种中小企业不相容岗位兼任的情况比较常见，但并不意味着无法进行有效的控制。下面将结合本案例进行详细分析。

（一）本案例中该公司存在的管理漏洞

（1）财务印鉴章由黄某一人保管。通过案例中对承兑汇票的管理描述可以

---

① 《财会信报》，2016 年 1 月 25 日。

推测，该公司对财务印鉴章的管理存在漏洞。财务印鉴章一般包括两枚，即财务专用章与法人章。只有当两枚章均真实无误地加盖在支票、承兑汇票等企业支付凭据上时，银行才会根据单据要求办理相关业务。案例中，黄某能办理多次额度不等的承兑汇票贴现，可见两枚印鉴均保管在她手中。对于中小企业而言，即便出纳和会计由同一人兼任，财务的印鉴章也不应由同一人保管，而应由单位负责人或者其他的非财务人员进行妥善保管。

（2）黄某离职后仍可进入公司财务系统，由此可见，该公司的离职流程存在严重的管理漏洞，未能及时关闭离职员工的所有系统账号。

（二）中小企业该如何防范此舞弊行为

中小企业领导出于成本或其他因素考虑，未能保证将出纳与会计工作绝对分离，这在经营管理中比较常见。那么，中小企业该如何防范此案例中的舞弊风险呢？

（1）增加检查频次以警醒出纳会计。既然无法在人员分离上保证事中的现金和票据收付与账务监督相互独立，那就需要建立较为频繁的事后检查机制。

（2）财务印鉴章分开保管。对于存在支票使用、承兑汇票收取或开立业务的企业来说，财务印鉴章分开保管尤为重要。当然，也可以跟银行协议要求，对一定金额以上的资金支付，必须与企业负责人进行确认后方可进行操作。中小企业可以考虑将法人章保留在单位负责人或者其授权人（非出纳）手中。

（3）可以考虑代理记账。中小微企业可以考虑外聘代理记账单位负责单位的账务处理、税务申报等工作。单位仅设置专职或兼职出纳，既能降低舞弊风险，也能节约人力成本。

（4）集团企业需加强审计监督。对于集团公司而言，有必要加强内部审计监督工作，定期或不定期地进行分支机构的财务、内控、专项等检查。在财务管理方面应该加强内控，与时俱进，及时弥补管理漏洞。

附录 11

银川："惩小贪""责小过"夯实反腐基础[1]

从2009年起，宁夏银川市开始制度化推进"惩小贪""责小过"，一手抓案件查办，严查"职级不高、金额不多、事情不大"的"三不"案件；一手抓制度建设，先后制定了12个针对公职人员的"小事问责"办法。"惩小贪""责小过"在织密制约基层干部手中权力网的同时，惩前毖后，治病救人，初步改变了反腐"要么是'好同志'要么是'阶下囚'"的状况，有效夯实了反腐基础。

一、严查"三不"案件防微杜渐

银川市一乡镇民政专干，给低保户发放200元低保费，竟然索取50元钱的好处费……在银川市，类似这样"职级不高，但影响较大；金额不多，但性质恶劣；事情不大，但群众反映强烈"的基层腐败案件被称为"三不"案件。

根据银川市纪委对近年来查办案件情况的梳理、总结，这些基层腐败案件一度有蔓延趋势。一方面，涉及层面越来越大，从掌握钱财物的关键岗位向一般岗位渗透；另一方面，涉及领域越来越广，从行政审批、执法领域向教育、社保、卫生等一般领域蔓延。

银川市委常委、纪委书记左新军说，在反腐倡廉工作方面，曾经有一段时间，我们的基本策略是"抓大放小"，注重查处"大要案"，而对于小问题则基本上处于一种"法不责众"的无奈状态，这种对小问题的忽视，往往也是导致大问题的重要原因。

"'三不'案件都是发生在老百姓身边的腐败现象，群众亲眼所见、亲身经历。"左新军说，普通群众对这类案件深恶痛绝，一个涉案金额不大的案件就可以抹黑一群人心中党和政府的形象，久而久之动摇的是党的执政根基。

为此，银川市纪检部门从2009年初开始把"三不"案件作为查办的着力点，围绕基层"人、权、钱"等关键岗位和粮农补贴发放、扶贫救灾资金等重点环节，做到发现一起、查办一起，并且"一案一建议"，针对案件暴露出的弊端和漏洞提出监察建议。

2014年7月，银川市纪委根据举报线索查办了银川职业技术学院腐败窝案。银川一制衣公司为了承接该学校的校服业务，分别行贿副院长张秀芹和学生处主任孙姗姗20000元和8800元。此外，孙姗姗还利用财务漏洞，贪污学生军训费

---

① 《半月谈》，2016年第3期。

7200 元。

“像这样的案子，涉案金额都不大。但大贪源于小利，大腐源于小蚀。从我们查办的案件来看，很多涉案人员都是度过了胆战心惊的第一次，才一步步坠入腐败的深渊。”左新军说，查办“三不”案件，让干部从小事、小节上吸取教训，只有把小纪律守好，才不会出现大问题。

北京航空航天大学廉洁研究与教育中心主任任建明认为，反腐败“抓大放小”很容易造成反腐倡廉“标准”的不断降低。银川的创新实践就是坚持反腐倡廉的高标准，把日益降低的反腐倡廉标准又提升到一个更高的位置。

二、立问责之规，织密制度之笼

在反腐倡廉工作中，惩治小贪小腐有明确的纪律和法律规定，但在处理干部轻微违纪、慵懒不作为方面却长期面临章法不清、依据不明的问题。银川市纪委常委李发强说，小事问责“多有问责之事，鲜有问责之法”，基本上处于法不责众的状态。

为了从制度上解决干部队伍中存在的“领薪不用心、占职不担责、把事不当事”现象，银川市 2009 年出台了全国首个《党和国家机关及其工作人员不当行为问责办法》，将过去对小事的口头问责上升为制度问责。

2013 年 1 月，银川市医疗保险事务管理中心的工作人员金某在负责咨询电话接听期间，将电话听筒放置一旁，并用报纸遮盖，被媒体曝光。银川市社保局依据相关问责办法给予金某记过处分。

随着作风建设过程中“不当行为”种类越来越多、花样不断翻新，银川市的问责办法越来越细。《行政败诉过错责任追究办法》《公职人员违反交通法规问责办法》《失信行为问责办法》等 11 个问责办法相继出台，这些问责办法囊括了 50 个方面 293 种“不当行为”，“笼子”越织越密。

2012 年 3 月，银川市西夏区农业综合开发办公室副主任陈某醉酒驾驶，结果在 110 国道上将车驶入逆向车道，并与一辆货车相撞，造成两人受伤。西夏区根据《公职人员违反交通法规问责办法》的规定，在其承担的法律责任之外，给予陈某免职的问责处理。

银川市的“小事问责”甚至细微到工作中的失误和态度上。2014 年 10 月，银川市兴庆区城管北局在制作公益广告牌时，直接套用其他省份图文，使“美丽从化”的广告牌立在了银川的大街上。兴庆区纪委给予该局通报批评并取消评优。2015 年 1 月，银川市永宁县市场监管局工作人员马颖上班期间用手机玩自拍，被给予警示谈话的问责处理。

银川市立足于建立一套与党纪国法衔接的“不当行为”管理制度，紧紧抓住执行环节，明确了以各级纪检监察机关作为执行的主要责任主体，大事必追究，小事必问责，取得了明显效果。

任建明说，不当行为类型繁多，且演变迅速，这种把“不当行为”分离出来进行管理的做法很有针对性。不断更新的“不当行为”，让问责有依据，使制度的“牢笼”越织越密。

统计显示，6 年来银川市共计问责了 291 个单位、2108 人，其中处级干部 60 人。这些党纪轻处分和组织处理，占全部违纪违法案件的绝大多数，而严重违纪违法立案审查的案件成为极少数。

三、抓早抓小夯实反腐治本基础

银川“惩小贪”“责小过”的效果并不仅限于个案，查办一起“三不”案件能堵住整个系统的漏洞，问责一个人的不当行为也能改变整个行业的风气。

银川市教育局副局长马小林说，银川职业技术学院的案子虽然金额不大，但在银川市教育系统引起很大震动。针对案件反映出的学校财务管理漏洞，教育部门专门制定了财务人员轮岗制度，并要求主要领导不得分管财务工作。

如今在银川市人社局，每一个工作人员都对 2013 年的那次问责记忆犹新。银川市医保中心主任朱丽莉说，开会动员多次，不如问责一次。不接电话这么一件看似普通的小事被媒体曝光，并被问责，这在人社局每个人心里都引起震动，给大家提了醒。“以往社保医保大厅在全市行风评议中总排在后面，去年我们排名第五，这在窗口服务单位中成绩是最好的。”

李发强说，对小问题的忽视是导致大问题的一个重要原因，查小案、责小过，把纪律挺在前面，使问题发现在源头，控制在苗头，遏制在念头。

采访中，一些基层干部建议，长期坚持查小案、责小过，还需进一步发挥社会监督，规范问责程序和结果。

银川市人社局纪检组长吴泽东说，“三不”案件和公职人员不当行为往往发生在和老百姓打交道的过程中，因此对这一类案件线索的搜集要更多地依靠社会监督，畅通举报监督渠道，充分发挥媒体的监督力量。

李发强建议，目前一些单位在问责时未经提起、受理、调查、决定、执行等环节，而成为领导干部推动工作的随意之举，领导不满意就进行问责。问责的虽然是小事，但要规范问责程序，防止问责随意性。另外，问责结果要充分运用到干部绩效考核中，作为任用干部的重要依据，放大警示效应。

附录 12

一亿多惠农资金为何没发下去[①]

位于海南省中北部的定安县是一个农业大县，作为省级贫困县，农业发展、农民增收一直是定安县经济发展的重头戏。然而，记者近日调查发现，这个省级贫困县自 2012 年以来，仅农业部门就沉积了约 1.19 亿元支农惠农资金，占全部支农资金的 66%。问题到底出在哪儿?

一、大量支农惠农资金趴窝

记者日前从定安县农业局提供的一份表格上看到，自 2012 年至 2015 年 10 月 30 日，该县 93 个支农惠农项目 1.79 亿元资金，余额高达约 1.19 亿元，占比高达 66%，不少项目分文未动。

例如：2014 年 500 万元预冷库建设补贴、2014 年中央财政 170 万元农技推广项目、黄秋葵项目资金 100 万元、2013 年中央财政 180 万元农民专业合作社补贴资金、2014 年中部农业生产发展资金项目竹产业县级配套资金 172 万元……尽管有些项目资金正在使用或即将使用，然而，大量资金趴窝已是不争事实。

近年来，定安大力发展畜牧业、养殖业、林下经济，在海南中部市县农民增收三年行动计划中成绩突出，但如何更好地使用大量支农惠农资金，为农民提供更多产业扶持，依然是摆在这个省级贫困县面前的一大难题。

定安县龙河镇农民邱育彬说，他和村里人希望政府能多扶持几个项目，包装本土品牌，提升农产品价值，也希望大力扶持合作社，提高农民的组织化程度。

然而，分析定安县近 4 年的支农资金使用情况发现，不仅大棚补贴、冷库建设、田洋改造等基础设施建设资金没用出去，麻竹、黄秋葵等很多产业补贴资金的支出也寥寥无几，农民专业合作社扶持资金 7 笔共 1037 万元，仅 2012 年花出去 120 万元，90% 趴窝在账户上。

二、多重因素致资金沉积

一些农业部门的干部告诉记者，支农惠农资金“趴窝”在海南并非个案，是多种因素造成的。

一些支农项目本身设计不科学。一位县农业局干部告诉记者，以瓜菜大棚为例，海南并不真正适合发展普通大棚设施农业，建设瓜菜大棚的初衷是解决夏秋

① 《半月谈》2015 年第 23 期。

两季高温多雨季节种菜难问题，大棚设施虽能挡住雨水，但解决不了高温。如今海口、澄迈等地大量大棚设施搁置。

基层管理财政资金项目的能力较弱。海南省农业厅在书面答复中称，省厅借鉴农业部和兄弟省份的经验，在制定项目实施总体方案时没有做过细的规定，只对项目资金的使用方向、基本原则和底线要求做出规定，这要求市县切实提高管理财政资金项目的能力。然而，目前不少市县对这方面法律法规、管理制度学习理解不够，甚至“缺乏常识”，在方案制定、资金拨付、项目验收等方面不会作为、不敢作为，明显能力不足。

扶持对象达不到资金使用要求。一些基层干部说，以农民专业合作社补贴资金为例，不少合作社实际是个人或家庭经营，按照财政资金项目要求，合作社要得到财政扶持必须要规范运营，要有明细的财会账目，由于达标合作社少之又少，大量扶持资金使用不下去。

此外，随着财政资金管理日益严格，一些干部也出现“为了不出事，宁可不干事”的思想，遇到矛盾和困难不是躲就是拖，不愿开动脑筋解决问题。

三、支农资金到底该怎么用

支农资金到底该怎么管如何用，基层有识之士指出，这有待制度创新和手段跟进。

首先，项目下达应科学试验和评估，充分听取地方意见。一些农民和农业干部指出，每个地方的土壤、气候不同，种植习惯也不同，是否适合推广某一项目需要科学试验和评估，否则不但不能助农增收，还可能造成资源浪费或滞销伤农的情况。

其次，鼓励基层创新支农惠农资金使用方式。基层干部建议，可在进一步加强资金使用培训的同时，鼓励基层创新操作方式，例如针对种苗补贴基准价难确定的问题，可将价格确定工作交由专业的物价部门负责，或由财政、纪检、物价等多部门参与实施，提高资金使用的科学性。

海南澄迈果菜运销协会秘书长许泉则表示，帮扶方式不能僵化，扶持农民专业合作社不一定是给现金，不少合作社恰恰急需政府提供可靠的技术培训和管理培训，帮助他们逐渐更加规范。

最后，整合支农资金和使用环节，赋予基层更多自主权。记者采访发现，市县大农口、小农口各单位往往各管一块，每个部门都有支农资金，互相很难协调配合，支农资金难以发挥最大效应。而最了解基层情况的乡镇只有落实各部门项目的任务，却没有资金调配的权力，建议以市县为资金使用整合单位，实现“一个漏斗向下”，避免政出多门，同时赋予乡镇更大自主权。

附录 13

《企业内部控制评价指引》

第一章　总　则

第一条　为了促进企业全面评价内部控制的设计与运行情况，规范内部控制评价程序和评价报告，揭示和防范风险，根据有关法律法规和《企业内部控制基本规范》，制定本指引。

第二条　本指引所称内部控制评价，是指企业董事会或类似权力机构对内部控制的有效性进行全面评价、形成评价结论、出具评价报告的过程。

第三条　企业实施内部控制评价至少应当遵循下列原则：

（一）全面性原则。评价工作应当包括内部控制的设计与运行，涵盖企业及其所属单位的各种业务和事项。

（二）重要性原则。评价工作应当在全面评价的基础上，关注重要业务单位、重大业务事项和高风险领域。

（三）客观性原则。评价工作应当准确地揭示经营管理的风险状况，如实反映内部控制设计与运行的有效性。

第四条　企业应当根据本评价指引，结合内部控制设计与运行的实际情况，制定具体的内部控制评价办法，规定评价的原则、内容、程序、方法和报告形式等，明确相关机构或岗位的职责权限，落实责任制，按照规定的办法、程序和要求，有序开展内部控制评价工作。

企业董事会应当对内部控制评价报告的真实性负责。

第二章　内部控制评价的内容

第五条　企业应当根据《企业内部控制基本规范》、应用指引以及本企业的内部控制制度，围绕内部环境、风险评估、控制活动、信息与沟通、内部监督等要素，确定内部控制评价的具体内容，对内部控制设计与运行情况进行全面评价。

第六条　企业组织开展内部环境评价，应当以组织架构、发展战略、人才资源、企业文化、社会责任等应用指引为依据，结合本企业的内部控制制度，对内部环境的设计及实际运行情况进行认定和评价。

第七条　企业组织开展风险评估机制评价，应当以《企业内部控制基本规范》有关风险评估的要求，以及各项应用指引中所列主要风险为依据，结合本企业的内部控制制度，对日常经营管理过程中的风险识别、风险分析、应对策略等进行认定和评价。

第八条 企业组织开展控制活动评价，应当以《企业内部控制基本规范》和各项应用指引中的控制措施为依据，结合本企业的内部控制制度，对相关控制措施的设计和运行情况进行认定和评价。

第九条 企业组织开展信息与沟通评价，应当以内部信息传递、财务报告、信息系统等相关应用指引为依据，结合本企业的内部控制制度的有效性等进行认定和评价。

第十条 企业组织开展内部监督评价，应当以《企业内部控制基本规范》有关内部监督的要求，以及各项应用指引中有关日常管控的规定为依据，结合本企业的内部控制制度，对内部监督机制的有效性进行认定和评价，重点关注监事会、审计委员会、内部审计机构等是否在内部控制设计和运行中有效发挥监督作用。

第十一条 内部控制评价工作应当形成工作底稿，详细记录企业执行评价工作的内容，包括评价要素、主要风险点、采取的控制措施、有关证据资料以及认定结果等。

评价工作底稿应当设计合理、证据充分、简便易行、便于操作。

第三章 内部控制评价的程序

第十二条 企业应当按照内部控制评价办法规定的程序，有序开展内部控制评价工作。

内部控制评价程序一般包括：制定评价工作方案、组成评价工作组、实施现场测试、认定控制缺陷、汇总评价结果、编制评价报告等环节。

企业可以授权内部审计部门或专门机构（以下简称内部控制评价部门）负责内部控制评价的具体组织实施工作。

第十三条 企业内部控制评价部门应当拟订评价工作方案，明确评价范围、工作任务、人员组织、进度安排和费用预算等相关内容，报经董事会或其授权机构审批后实施。

第十四条 企业内部控制评价部门应当根据经批准的评价方案，组成内部控制评价工作组，具体实施内部控制评价工作。评价工作组应当吸收企业内部相关机构熟悉情况的业务骨干参加。评价工作组成员对本部门的内部控制评价工作应当实行回避制度。

企业可以委托中介机构实施内部控制评价。为企业提供内部控制审计服务的会计师事务所，不得同时为同一企业提供内部控制评价服务。

第十五条 内部控制评价工作组应当对被评价单位进行现场测试，综合运用个别访谈、调查问卷、专题讨论、穿行测试、实地查验、抽样和比较分析等方法，充分收集被评价单位内部控制设计和运行是否有效的证据，按照评价的具体内容，如实填写评价工作底稿，研究分析内部控制缺陷。

第四章 内部控制缺陷的认定

第十六条 内部控制缺陷包括设计缺陷和运行缺陷。企业对内部控制缺陷的认定，应当以日常监督和专项监督为基础，结合年度内部控制评价，由内部控制评价部门进行综合分析后提出认定意见，按照规定的权限和程序进行审核后予以最终认定。

第十七条 企业在日常监督、专项监督和年度评价工作中，应当充分发挥内部控制评价工作组的作用。内部控制评价工作组应当根据现场测试获取的证据，对内部控制缺陷进行初步认定，并按其影响程度分为重大缺陷、重要缺陷和一般缺陷。

重大缺陷，是指一个或多个控制缺陷的组合，可能导致企业严重偏离控制目标。

重要缺陷，是指一个或多个控制缺陷的组合，其严重程度和经济后果低于重大缺陷，但仍有可能导致企业偏离控制目标。

一般缺陷，是指除重大缺陷、重要缺陷之外的其他缺陷。

重大缺陷、重要缺陷和一般缺陷的具体认定标准，由企业根据上述要求自行确定。

第十八条 企业内部控制评价工作组应当建立评价质量交叉复核制度，评价工作组负责人应当对评价工作底稿进行严格审核，并对所认定的评价结果签字确认后，提交企业内部控制评价部门。

第十九条 企业内部控制评价部门应当编制内部控制缺陷认定汇总表，结合日常监督和专项监督发现的内部控制缺陷及其持续改进情况，对内部控制缺陷及其成因、表现形式和影响程度进行综合分析和全面复核，提出认定意见，并以适当的形式向董事会、监事会或者经理层报告。应当由董事会予以最终认定。

企业对于认定的重大缺陷，应当及时采取应对策略，切实将风险控制在可承受范围之内，并追究有关部门或相关人员的责任。

第五章 内部控制评价报告

第二十条 企业应当根据《企业内部控制基本规范》、应用指引和本指引，设计内部控制评价报告的种类、格式和内容，明确内部控制评价报告编制程序和要求，按照规定的权限报经批准后对外报出。

第二十一条 内部控制评价报告应当分别对内部环境、风险评估、控制活动、信息与沟通、内部监督等要素进行设计，对内部控制评价过程、内部控制缺陷认定及整改情况、内部控制有效性结论等相关内容做出披露。

第二十二条 内部控制评价报告至少应当披露下列内容：

（一）董事会对内部控制报告真实性的声明。

（二）内部控制评价工作的总体情况。

（三）内部控制评价的依据。

（四）内部控制评价的范围。

（五）内部控制评价的程序和方法。

（六）内部控制缺陷及其认定情况。

（七）内部控制缺陷的整改情况及重大缺陷拟采取的整改措施。

（八）内部控制有效性的结论。

第二十三条 企业应当根据年度内部控制评价结果，结合内部控制评价工作底稿和内部控制缺陷汇总表等资料，按照规定的程序和要求，及时编制内部控制评价报告。

第二十四条 内部控制评价报告应当报经董事会或类似权力机构批准后对外披露或报送相关部门。

企业内部控制评价部门应当关注自内部控制评价报告基准日至内部控制评价报告发出日之间是否产生影响内部控制有效性的因素，并根据其性质和影响程度对评价结论进行相应调整。

第二十五条 企业内部控制审计报告应当与内部控制评价报告同时对外披露或报送。

第二十六条 企业应当以 12 月 31 日作为年度内部控制评价报告的基准日。

内部控制评价报告应于基准日后 4 个月内报出。

第二十七条 企业应当建立内部控制评价工作档案管理制度。内部控制评价的有关文件资料、工作底稿和证明材料等应当妥善保管。

参编单位介绍

上海财苑企业管理咨询有限公司，是打造内部控制与风险管理专业咨询的服务机构

公司建立以来在总裁领导和专家指导下，在内部控制与风险管理体系建设方面获得了丰富经验，为企业创造了价值，业绩卓越，客户盈门，服务质量受到好评。根基来自于一支理论联系实际能攻善战的团队，成员有上海市重点院校教授、注册会计师、风险管理专家委员会委员、注册资产评估师、注册高级企业风险管理师、高级会计师、高级工程师、内部控制专业资深人士、私募股权投资基金合伙人、国有企业高管和海外学习归国学子等。其中教授和博士占15%，硕士研究生占47%，本科学历占38%。专业结构合理，平均年龄为38岁，公司员工具有经营管理的实践经验，曾为多家上市公司及大型企业进行内控与风险管理咨询工作，并针对单位特点和存在薄弱环节，制定了全面系统的内部控制手册、企业风险管理手册，廉政风险防控手册，针对管理职责不清的状况，研讨、设计了一套“职责权限规范系统”，进一步完善了内部控管理制度，培养了内控人才。使企业经营管理旧貌换新颜，颇受客户好评，并总结经验进行推广。公司核心业务是：

➢ 内部控制、风险管理、廉政风险防控等体系建设与开拓；

➢ 经营战略拟定与管理，业务流程优化及标准化建设；

➢ 企业人力资源、全面预算、资金管控、成本管控、集团管控与授权管理、客户信用管理、供应链管理、中长期股权激励等；

➢ 信息系统咨询服务、信息系统规划、项目实施监理、信息系统风险管理；

➢ 商业并购尽职调查、财务尽职调查、人力资源尽职调查等提供服务；

➢ 内部审计外包服务与内部控制评价服务。

上海财苑咨询坚持以“中国卓越的管理咨询”为愿景，以“专注风险管理成就客户百年基业”为使命，营造“责任、进取、分享”的企业文化。紧跟最前沿的企业管理理论，崇尚学习，积极进取，尊重实践。针对单位经营管理存在的薄弱环节，为客户提供具有特色的整体解决方案，为员工输送科学思维能力，为企业创造价值。

公司网站：www. shcaiyuan. cn。上海总部：宋先生（13916979604），广东分部：徐先生（18616509950），北京分部：马先生（13611305900）。

北京质安环是质量认证与内控体系建设咨询公司

北京市质安环质量认证咨询有限公司（简称质安环，英文缩写：ZAH）是依据国家有关法律法规，经北京市工商行政管理局登记注册的独立法人组织，还是经国家认证认可监督管理委员会审查批准的备案机构（批准号：CNCA－Z－01Q－2006－022），是专门从事内控体系、风险评估、信息安全、战略与运营评价、财务规划与内部审计、质量、环境、职业健康安全管理体系认证咨询、企业标准化及安全生产标准化等咨询的专业机构。近年来与中国风险管理者联谊会专家、委员联合开展了内控体系与风险管理在企事业单位落地生根，创建一套体系并取得较好成效。

公司主要业务：面向国内及国际生产经营单位进行内控技术咨询；内控培训与企业文化策划；提供信息风险评估的技术服务；进行内控体系、风险管理应用推广、企业标准化文化产品研究开发、服务等活动。

公司拥有一支国内外多领域、多专业、经验丰富的咨询专家队伍，多年来，一直从事内控体系咨询工作。公司自成立以来，咨询范围涉及航天、航空、冶金、矿山、建材、建筑、结构、道路、食品和饮料、电气工程、机械工程、石油化工、化学、制药、原材料、研究、开发、设计、计算机、汽车、饭店/餐饮、加工工业、电子、橡胶和塑料、煤炭、软件、其他服务业、其他（信息技术）等领域。质安环是我国咨询机构首家获得英国国家认可委员会（UKAS）认可的独立公正的第三方认证机构，获得了英国国家认可委员会（UKAS）颁发的国际质量管理体系认证证书。

公司地址：北京市朝阳区东四环北路10号瞰都国际1807室

电　　话：010－64466398

参考文献

［1］高立法等：《现代企业内部控制实务》（第二版），经济管理出版社2013年版。

［2］方周文等：《行政事业单位内部控制规范讲解》，立信会计出版社2013年版。

［3］刘永泽：《行政事业单位内部控制制度设计操作指南》，东北财经大学出版社2013年版。

［4］宋方红等：《企业内部控制手册》，经济管理出版社2015年版。

［5］高立法等：《廉政风险防控手册》，经济管理出版社2015年版。

［6］高立法等：《行政单位内部控制手册》，经济管理出版社2016年版。

［7］《财会信报》。